제 2 판

대외무역법·관세법·외국환거래법

무역법규

김희길 · 추선애

탑북스

제2판 머리말

급변하고 있는 무역환경 속에서 무역업에 관계하는 이들에게 복잡한 무역관계 법령을 간결하고 알기 쉽게 이용할 수 있도록 하는 방법은 없을까를 고민하면서 책을 출간하고 수업에 사용한지도 꽤 시간이 지났다. 그 간 급변하는 무역환경 변화에 따라 법률의 개정, 삭제, 일부개정 등 내용의 변화가 여러 번 있었다. 이에 재 · 개정된 내용이 반영된 교재의 필요성을 느끼게 되었고, 기본 구성을 바탕으로 최근의 개정 법률과 주요하게 다루어지는 법률을 중심으로 개정판을 발간하게 되었다.

무역은 경제발전에 중요한 요소로 자리매김하고 있고 무역과 관계한 무역법규는 무역업의 실질적인 부분을 지배하고 있다고 해도 과언이 아닐 것이다. 무역에 직접적으로 종사하는 무역인, 무역에 관심을 가지고 있는 자 및 무역학도는 무역이 경제 전반에 지배하고 있는 경제환경하에서 효율적이고 또한 경제적인 불이익을 받지 않도록 통상 및 무역관련 법규에 대한 지식을 가지고 있어야 한다.

그러나 급변하는 무역환경의 변화에 따른 현행제도의 미비섬을 개성보완하기 위하여 법규, 시행령, 시행규칙 및 관련 규정들이 계속하여 신설, 개정, 폐지되는 등 실무현장 뿐만 아니라 무역학도들도 무역법규에 대한 어려움을 호소하고 있다. 이에 강의 및 관련 자격증 반을 지도하면서 무역법규의 내용을 간결하고 접근을 용이하게 할 수 있는 방법이 없을까를 고민하게 되었다. 그 결과 최근 개정된 내용을 최대한 반영하여 대외무역법, 관세법, 외국환거래법을 한 곳에서 확인할 수 있도록 개정판을 출간하게 되었다.

본서의 구성과 특징은 다음과 같다.

첫째, 최근의 개정 법률을 중심으로 우리나라 무역의 3대 법규인 대외무역법, 관세법, 외국환거래법을 한 권으로 접할 수 있도록 크게 4부로 구성하였다.

제1부는 국제무역과 법규에 관한 것으로서, 국제무역과 국내법 일반, 국제통상법과 관련법규, 국제상사법규 등으로 구성하여 무역관계법령에 관한 이해를 돕도록

하였다.

제2부는 대외무역법에 관한 것이다. 대외무역법의 총칙으로써 대외무역법의 개관, 무역거래의 주체에 대한 관리, 무역기관, 대외무역법령상의 용어의 정의와 통상진흥정책에 대한 내용을 다룬다. 또한 수출입거래에 따른 관리로 수출입품목의 분류에 따른 관리, 수출입형태 및 특정거래형태의 수출입과 수출입승인제도, 외화획득용원료 · 기재의 수입과 구매에 따른 관리, 전략물자, 원산지 표지, 수출입의 질서유지와 벌칙으로 2016.7.28. 시행 [법률 제13838호, 2016.1.27., 일부개정]을 반영하여 구성하였다.

제3부는 관세법에 관한 것이다. 우리나라의 관세영역을 넘나드는 수출입물품에 대한 관세부과 및 통관절차에 관한 법률로써 관세법의 개요, 관세의 부과 · 징수, 관세의 감면 · 환급 · 분할납부, 납세자의 권리 및 구제제도, 보세제도 및 통관, 세관공무원의 권한과 벌칙으로 2018.1.1시행[법률 제15218호, 2017.12.29., 일부개정] 내용을 반영하였다.

제4부는 외국환거래법에 관한 것이다. 외국환거래 및 대외거래의 자유를 보장하고 시장기능을 활성화하여 대외거래의 원활화 및 국제수지의 균형과 통화가치의 안정을 도모함으로써 국민경제의 건전한 발전에 이바지함을 목적으로 하며, 외국환거래법의 주요 내용 · 적용대상 및 관리기관, 외국환평행기금, 지급과 거래, 행정처분 및 벌칙으로 2017.7.18. 시행 [법률 제14525호, 2017.1.17., 일부개정] 내용으로 구성되어 있다.

둘째, 무역규범과 관련된 각종 자격증취득을 위한 참고지침으로 각 법령의 하단에 해당 기출문제를 배치하여 문제풀이를 통한 법률의 이해 및 실무적용에 도움이 되도록 하였다.

셋째, 교재 발행 시기에 개정은 되었으나 시행이 되지 않은 법률은 별도의 표로 표시하여 한 권의 책으로 변화된 법률을 바로 확인할 수 있도록 하였다.

마지막으로 부록 1에서는 빈번이 사용되는 법률용어를 정리하였고, 부록 2에서는 무역법규와 관련된 각종 자격증 제도에 대한 안내를 수록하였다. 이를 통하여 무역규범과 관련하여 부족하나마 이 한 권의 책으로 무역실무 및 자격증 취득에 도움이 될 수 있도록 하였다.

본서는 무역과 관련된 업무에 종사하는 이와 무역관련 자격증 취득을 준비 중인 학생들의 이해를 돕기 위한 마음으로 시작하였지만 처음의 의도와는 달리 3 가지 법률을 한권으로 정리하기에는 부족한 점이 많을 것으로 생각한다. 부족한 부분에 대해서는 독자들의 넓은 아량으로 이해를 바라며 앞으로 계속 보완해 가도록 하겠다.

또한 본 교재를 이용함에 있어 법제처(http://www.moleg.go.kr)의 최근 법령의 해당 조문내용을 확인해보는 것도 최신 법의 접근에 좋을 것으로 생각한다.

책을 출간하는데 많은 도움을 주신 탑북스의 김광식 사장님과 이신정 주간님께 깊은 감사를 드린다.

2018년 2월

머리말

WTO출범 이후 자유무역의 확대와 더불어 FTA 체결의 가속화는 세계무역환경을 급속히 변화시키고 있다. 우리나라는 2011년 1조 달러 달성이래로 이래로 최근(2014년 현재) 무역규모가 1조1,709억 달러(수출 ; 6,280억 달러, 수입 ; 5,429억 달러)에 달하는 무역의존도가 높은 국가이다. 또한 2015년 1.1현재 11건의 FTA(50개국)협정체결로 경제적 영토의 확장과 더불어 교역규모는 더욱 확대되고 있다.

무역은 경제발전에 중요한 요소로 자리매김 하고 있고 무역과 관계한 무역법규는 무역업의 실질적인 부분을 지배하고 있다고 해도 과언이 아닐 것이다. 무역에 직접적으로 종사하는 무역인, 무역에 관심을 가지고 있는 자 및 무역학도는 무역이 경제전반에 지배하고 있는 경제환경하에서 효율적이고 또한 경제적인 불이익을 받지 않도록 통상 및 무역관련 법규에 대한 지식을 가지고 있어야 한다.

그러나 급변하는 무역환경의 변화에 따른 현행제도의 미비점을 개정보완하기 위하여 법규, 시행령, 시행규칙 및 관련 규정들이 계속하여 신설, 개정, 폐지되는 등 실무현장 뿐만 아니라 무역학도들도 무역법규에 대한 어려움을 호소하고 있다. 이에 강의 및 관련 자격증 반을 지도하면서 무역법규의 내용을 간결하고 접근을 용이하게 할 수 있는 방법이 없을까를 고민하게 되었다. 그 결과 최근 개정에 따른 무역 3법이라고 일컫는 대외무역법, 관세법, 외국환거래법을 한 곳에서 확인할 수 있도록 본 교재의 내용을 구성해 보았다.

본서의 구성과 특징으로는

첫째, 최근의 개정 법률을 중심으로 우리나라 무역의 3대 법규인 대외무역법, 관세법, 외국환거래법을 한 권으로 접할 수 있도록 크게 제4부로 구성하였다.

제1부는 국제무역과 법규에 관한 것으로서, 국제무역과 국내법 일반, 국제통상법과 관련법규, 국제상사법규 등으로 구성하여 무역관계법령에 관한 이해를 돕도록 하였다.

제2부는 대외무역법에 관한 것이다. 물품의 이동과 대금결재를 총괄하는 수출입질서에 대하여 관리하고 있는 무역의 기본 법률로써 대외무역법의 개관, 무역거래의 주체에 대한 관리, 무역기관, 대외무역법령상의 용어의 정의와 통상진흥정책, 수출입거래에 따른 관리와 원산지 표지, 수출입의 질서유지와 벌칙으로 [법률 제12285호, 2014.1.21., 일부개정]을 반영하여 구성하였다.

제3부는 관세법에 관한 것이다. 우리나라의 관세영역을 넘나드는 수출입물품에 대한 관세부과 및 통관절차에 관한 법률로써 관세법의 개요, 관세의 부과·징수, 관세의 감면·환급·분할납부, 납세자의 권리 및 구제제도, 보세제도 및 통관, 세관공무원의 권한과 벌칙으로 [법률 제12847호, 2014.12.23., 일부개정] 내용을 반영하였다.

제4부는 외국환거래법에 관한 것이다. 외국환거래 및 대외거래의 자유를 보장하고 시장기능을 활성화하여 대외거래의 원활화 및 국제수지의 균형과 통화가치의 안정을 도모함으로써 국민경제의 건전한 발전에 이바지함을 목적으로 하며, 외국환거래법의 주요 내용·적용대상 및 관리기관, 외국환평형기금, 지급과 거래, 행정처분 및 벌칙으로 [법률 제11407호, 2012.3.21., 타법개정] 내용으로 구성되어 있다.

둘째, 무역규범과 관련된 각종 자격증취득을 위한 참고지침으로 각 법령의 하단에 해당 기출문제를 배치하여 풀이를 통한 법률의 이해 및 실무적용에 도움이 되도록 하였다.

마지막으로 부록 1에서는 빈번이 사용되는 법률용어를 정리하였고, 부록 2에서는 무역법규와 관련된 각종 자격증 제도에 대한 안내를 수록하였다. 이를 통하여 무역규범과 관련하여 부족하나마 이 한 권의 책으로 무역실무 및 자격증 취득에 도움이 될 수 있도록 하였다.

본서는 앞서 밝힌 취지와 같이 무역과 관련된 업무에 종사하는 이와 무역관련 자격증 취득에 필수과목인 무역법규에 대한 수험준비 및 무역법규에 대한 강의를 수강하는 학생들의 이해를 돕기 위한 마음으로 시작하였지만 처음의 의도와는 달리 3가지 법률을 한권으로 정리하기에는 부족한 점이 많을 것으로 생각한다.

부족한 부분에 대해서는 독자들의 넓은 아량으로 이해를 바라며 앞으로 계속 보완해 가도록 하겠다.

또한 본 교재를 이용함에 있어 법제처(http://www.moleg.go.kr)의 최근 법령의 해당 조문내용을 확인해보는 것도 최신 법의 접근에 좋을 것으로 생각한다.

책을 출간하는데 많은 도움을 주신 탑북스의 김광식 사장님과 이신정 주간님께 깊은 감사를 드린다.

2016년 2월

차 례

제 1 부 국제무역 관계법에 대한 이해

제1장 국제무역과 법규

제2부 대외무역법

제2장 대외무역법의 총칙

제3장 통상의 진흥

제4장 수출입거래에 따른 관리

제3부 관세법

제7장 관세법의 개요

제 8 장 관세의 부과 · 징수

제9장 관세의 감면 · 환급 · 분할납부

제10장 납세자의 권리 및 구제제도

제12장 통 관

제13장 세관공무원의 권한 및 벌칙

제4부 외국환거래법

제14장 외국환거래법의 주요 내용

제16장 외국환평형기금

제17장 지급과 거래

제18장 행정처분 및 벌칙

제 1 부

국제무역 관계법에 대한 이해

제1장 국제무역과 법규

제1절 국제무역법과 국내법 일반

1. 국제무역과 국내법과의 관계

1) 국제무역과 헌법[1]

헌법은 국가의 기본법으로 국가의 통치조직과 그 작용의 원리를 정하고 국민의 기본적 권리와 의무를 규정하는 국가 최고의 근본법을 말한다. 우리나라 헌법에서 경제질서는 자본주의경제를 원칙으로 하되(경제질서의 기본, 규제와 조정 : 헌법 제119조), 모든 국민에게 인간다운 생활을 보장하며(사회보장 : 헌법 제34조) 국민생활의 균등한 향상을 시도하는 사회복지주의 실현을 위한 사회적 시장경제질서를 내용으로 하고 있다. 특히 무역거래와 관련하여서는 헌법 제125조(대외무역의 육성 · 규제 · 조정)는 "국가는 대외무역을 육성하며, 이를 규제, 조정할 수 있다."라고 하여 대외무역법 설치의 근거이유를 밝히고 있다.

2) 국제무역과 행정절차법

행정은 국가작용의 일부분으로서 성립, 발전된 관념이다. 근대국가의 작용이 입법, 행정, 사법 등으로 3권이 분리되면서 근대적 의미의 행정의 관념이

---

1) 김희길, 무역관계법규, pp. 29~34, 탑북스, 2011.

성립되었으나 국가작용을 원활히 수행하기 위해서는 이들 3권을 엄격히 분리하기가 어렵게 되었다. 이로 인하여 실질적 의미의 입법, 행정, 사법은 현실과 반드시 일치하여 구분되지 않는다.

행정법은 국가·공공단체 등 행정주체의 기관·조직·권한 및 그 상호관계에 관하여 법 및 행정주체와 사인(私人)간의 공법상의 관계를 규율하는 법을 총칭해서 행정법이라 한다. 여기서 행정법이라고 하는 것은 행정에 적용되는 모든 법규를 의미하는 것은 아니고 행정에 적용되는 여러 가지 법규 중에서 다른 법 분야에서 독립되어 그 자체로서 행정의 조직과 작용, 구제 등에 관하여 고유한 법적 체계를 가지고 있는 행정을 규율하는 특유한 국내공법을 의미한다. 행정법은 체계적으로 통일된 법전이 존재하지 않으며, 여러 가지 법체계가 모여 하나의 행정법체계를 형성하고 있다.

무역거래와 관련하여서는 행정법의 제규정을 행정관청이 제한, 통제, 관리함으로써 실제 무역거래가 개인이나 법인에 의하여 이루어지지만 공익과 사회질서유지를 위해 대외무역법, 외국환거래법 그리고 관세법 등이 각각 산업통상자원부, 기획재정부, 관세청 등 행정관청의 관장 아래 운용되고 있다.

3) 국제무역과 민법

민법은 시민사회에 있어서의 일반적인 사회생활에 관하여 사법으로서 국민이 영위하는 일상생활과 거래에 관련한 계약관계를 규율한다. 민법의 주체는 자연인과 법인이며 민법의 객체는 동산과 부동산, 주물과 종물, 원물과 과실(果實)이다. 민법의 주체가 민법의 객체를 지배하는 모든 행위를 민법에서 물권법과 채권법으로 크게 나누어 다루고 있다.

민법은 사법(私法)이다. 인간의 생활관계는 보통 국가나 공공단체의 구성원으로서의 생활관계와 개인(個人) 대 개인간의 또는 법인(法人) 대 자연인의 관계 등 인류로서의 생활관계로 나눌 수 있다. 전자를 규율하는 법을 공법(公法)이라 하고, 후자를 규율하는 법을 사법(私法)이라 한다. 이 후자에서도 가족생활관계와 경제생활관계가 있는데, 전자를 규율하는 것이 가족법(친족법·상속법)이고 후자를 규율하는 것이 재산법(물권법·채권법)이다. 또한 민법은 실체법(實體法)인데, 실체법은 직접 권리·의무의 귀속, 변동 및 범위를 정하는 법을 말하고, 절차법은 실체법상의 권리·의무를 실현시키기 위한 방법과 절차를 정한 법을 말한다. 민법은 실체법에 속하며 민사소송법은 절차법에 속한다.

무역거래와 관련하여서는 민법상 채권법이 주종을 이루고 있는데 채권이란 특정인에 대한 권리로써 그 효력이 채무자에게만 미치는 특정한 행위의 요구만을 할 수 있는 권리이다. 물권법이 물건에 대한 직접적·배타적 지배를 내용으로 하는데 대해, 채권은 대인적 권리로서 물건을 대상으로 하는 경우에는 사람의 행위를 개입시켜 간접적으로 효력을 미치게 하는 것이다. 채권법에 있어서 강조되는 이념은 계약자유의 원칙이다.

4) 국제무역과 상법

상법이란 기업관계의 특유한 상행위를 대상으로 하는 법이다. 기업이란 영리목적을 달성하기 위하여 계획적이고 계속적인 의도에서 영리행위를 실현하려는 독립된 경제적 조직체이다. 현대 자본주의사회는 기업의 경영과 이에 따른 활동영역이 자본주의, 즉 시장경제를 이끌어 가는 결정적이고 중요한 역할이 위치를 담당하고 있다. 상법은 기업에 대해서 기업이 설치, 조직, 수단 등에 관하여 기업의 조직적인 측면과 기업의 활동에 관하여 기업거래의 측면에 대해서 법적 규제를 가하고 있다.

상법은 민법에서와 같은 전통이나 관습 속에 지배되지 않고 자유로운 상관습법이 형성된다. 상법은 비교적 합리주의가 지배하는 영역이므로 각국의 상법전의 내용이 대체로 유사하며 또한 세계경제의 결속으로 인하여 각국 상법의 통일이 요구되고 있으나 상당히 어려운 과제다. 무역거래와 관련하여서는 가장 관계가 깊은 법이 바로 상법이다. 특히 보험,[2] 운송, 결제에 관하여 내용이 상세하게 명시되어 있으며 대외무역법의 모법에 해당한다고 하겠다. 무역거래도 상행위인 이상 상법상의 규제를 받게 되고, 무역회사의 대부분이 주식회사의 형태를 취하여 그 업을 유지하고 있으므로 무역거래와 밀접한 관계가 있다.

---

2) 우리나라에서는 보험이 별도의 독립된 단행법이 아니고 상법 속에 편재되어 있다. 우리나라 상법에서 보험의 분류로는 해상보험으로 되어 있다.

5) 국제무역과 형법

형법은 공법으로서 어떤 특정범죄에 대해 그것이 국가적 법익을 침해했거나 사회적 법익을 침해했거나 또는 개인적 법익을 침해한 경우 그 범죄행위자에게 형사제재로서 어떠한 형벌을 가할 것인지를 정한 법규범이다. 실질적 형사제재로서는 형법에 규정한 사형, 징역, 구금, 구류, 자격상실, 자격정지, 벌금, 과태료, 몰수 이외에 민법, 상법, 그 밖에 행정법규 등에 규정된 과징금, 징계 등과 같이 법익을 박탈 또는 제한하는 것을 그 내용으로 하고 있다.

무역거래와 관련해서는 공공의 신용에 대한 죄로서 밀수범 통화, 유가증권, 문서, 인장 등을 위조, 변조하거나 이것을 행사하는 범죄를 들 수 있다. 이러한 것들은 물건의 교환매개 또는 사실증명의 수단으로서 경제적·법률적 거래에 있어서 주요한 기능을 하는 것이므로 형법에서는 공공의 신용을 보호하기 위하여 이를 법령에 위반되게 사용하면 유죄로 인정하고 있다.

2. 국가 간 상거래와 관련한 국제법규

오늘날의 세계는 아직까지 통일적인 국제사회를 형성하기까지에는 이르지 못하고 있다. 그러나 적어도 국가라는 지역적 단체를 구성단위로 하여 이것을 기반으로 하여 일정한 국제기구를 형성하고 있다. 지금까지의 국제법은 국가 간의 관계를 규율하는 법으로서 국가의 권리, 의무만을 주장하였다. 그러나 최근에는 국제사회가 조직화됨으로써 국가 간의 관계뿐만 아니라 국제조직에 관하여 법도 포함하게 되었고, 또한 점차적으로 개인의 지위 또는 영향력이 확대됨에 따라 개인도 직접 국제법상의 권리와 의무를 가지게 됨으로써 국제법은 개인에 관하여서도 직접 규정을 하게 되었다.

국제법의 법원(法源)으로서는 조약과 국제관습법이 있다. 통일적인 입법기관이 없는 현재의 국제사회에서 국제관습법은 국제법의 중심적인 역할을 담당하고 있다. 또한 우리나라 헌법 제6조 제1항에서 "헌법에 의하여 체결·공포된 조약과 일반적으로 승인된 국제법규는 국내법과 같은 효력을 가진다"고 규정하고 있으므로 조약은 국내법의 특별한 제정 없이 직접적으로 국내법으로서의 효력을 가지게 된다.

조약은 문서에 따른 국가 간의 명시적 합의를 말하며, 협정, 약정, 협약, 규약, 헌장, 규정, 의정서, 결정서, 선언, 합의문, 잠정협정 등의 명칭으로도 불린다. 그러나 의회의 동의 없이 행정부에서 체결되는 행정협정은 넓은 의미의 조약과는 다르다. 행정협정은 조약이나 법률에 의해 수권된 사항을 정한다든가 조약을 시행하기 위하여 필요한 세부적 사항을 행정부가 의회의 동의 없이 단독으로 체결하는 것이다. 무역거래와 관련하여서는 조약은 물론이거니와 행정협정들도 일반적으로 승인된 국제법규의 개념에 포함하는 것으로 본다.

제2절 국제통상법의 이해

1. 국제통상법의 개념

국내법은 한 국가에 의하여 제정 및 인정되어 그 국가에 적용되는, 국가와 국민 또는 상호간의 권리·의무관계를 규정하는 법인 데 반해, 국제법(國際法)은 국제사회에 통용되는 국가 상호간의 권리·의무와 국제기구에 관한 법이다. 이러한 국제법적 의미에서 국제통상법을 볼 때, 그 개념에 대하여는 아직까지 구체적인 범위와 대상에 따라 학자 및 국가마다 그 견해를 달리하고 있다. 그러나 대체적으로 국가와 국가 사이의, 정부간 또는 정부와 기업 또는 개인들 간에 그리고 기업(개인) 상호간에 이루어지는 상품과 서비스교역, 자본과 노동, 기술투자 및 지적재산권의 이전 등에 관련하여 규율하는 모든 국제공법 내지는 국제사법이라고 그 개념을 정의할 수 있다. 즉, 국제통상법은 국제공법·국제사법(國際私法, 또는 涉外私法)3)·국제경제법·국제

3) 국제사법은 국가 상호관계를 정하는 것이 아니라 한 국가 안에서의 국민과 외국인과의 법률관계를 정함에 있어서 자국법(自國法)을 적용하느냐 그 외국인의 본국법(本國法)을 적용하느냐를 정하는 법이 대부분이다. 모두 자국법을 적용해도 좋겠지만 사정에 따라 그렇게 할 수 없는 때도 있으므로 각 경우에 준거해야 할 법을 지정해 두는 것이다.

상사법을 포괄하는 개념으로서 국제통상법은 국가와 국가 간의 통상관계를 규율하는 법이다. 보다 구체적으로는 국가 간의 통상을 영위하는데 있어서의 이해관계를 조절하여 국제통상의 질서를 형성하고 유지하는 법규범이라고 볼 수 있다.

국제통상은 각국의 정부 간에 이루어 질 수도 있지만 실제로는 서로 다른 지역에 위치하는 국가 또는 정부와 기업 간에 또는 거래당사자간에 이루어지는 경우가 대부분이다. 따라서 국제통상법의 범위는 각국의 교역증진을 위한 국제경제관계 등을 규율하는 국제경제법에서부터 수출자·수입자 당사자 간에 이루어지는 무역관련 계약과 상사분쟁의 해결 등을 규율하는 국제상사법까지를 포괄하여야 한다고 볼 수 있다.

2. 국제통상법의 주체 및 대상

1) 국제통상법의 주체

국제통상법의 주체는 기본적으로는 국가나 국제기구이다. 그러나 독립된 경제주체로서 인정되는 국가 아닌 정부도 주체가 될 수 있으며 지역경제통합기구도 주체가 된다. 세계무역기구(WTO)에서는 회원이 될 수 있는 자격으로 국가와 아울러 대외무역관계나 협정을 준수하고 이를 수행할 수 있는 완전한 자치권을 보유하는 독자적 관세영역도 대상으로 하고 있다. 회원이 되는 요건이 자치권을 가지는 독자적 관세영역이기 때문에 국가뿐만 아니라 홍콩, EU[4] 등도 비국가단위로서 회원이 되는 것이다. 세계무역기구에서는 협정에서 사용되는 이와 같은 표현은 독자적인 관세영역을 포함하는 것으로 해석하도록 하고 있다.

국내통상법의 경우에서는 사인(私人)도 주체가 되나, 그 법규범의 특성상 국제통상활동에서 국가로부터 의무를 부과받기만 하는 제한적인 주체로서

---

4) 1957년 3월25일 이탈리아 로마에 6개국 지도자들이 모여 EEC(유럽경제공동체)출범에 서명한 로마조약이 유럽통합의 출발점이 되었다. EU는 반세기 만에 세계최대의 경제 블록이 되었으며, 현재(2015.1.1. 기준) 가입국수 28개국(기존 회원국 15개국, 2004년 가입국 10개국, 2007년 가입국 2개국, 2014년 가입 1개국)으로 자리잡았다.

의 성격을 가진다. 그러므로 국제법으로서의 국제통상법은 국가의 권리·의무를 구성하며, 사인에 대해서는 직접 적용되지 않는다. 국가 간 무역을 하는 사인은 국내 통상법의 적용을 받게 된다. 예를 들면, 한국 수입자의 수입통관에 적용되는 법은 WTO 규정이 아니라 WTO 협정내용에 맞추어서 규정되어 있는 우리나라의 관세법이다.

2) 국제통상법의 대상

국제통상법의 대상은 기본적으로 물품, 서비스, 지식재산권[5] 등과 같이 국가 간에 교역될 수 있는 모든 재화와 서비스의 교역관계라고 할 수 있다. 물론 이 중에서 물품에 대한 교역관계가 가장 중요하다. 물품은 유체동산으로서 전통적으로 이에 대한 교역이 무역의 중심이었다. 국제교역량에서도 절대적인 비중을 차지하고 있을 뿐만 아니라 교역상의 많은 절차나 제도가 물품의 교역을 대상으로 하고 있다.

최근에는 서비스산업의 비중 증대에 따른 서비스무역의 증가와 지식산업화에 따른 지식재산권의 중요성이 증가함에 따라 이들의 국제교역관계도 비중이 증대되고 있고, 국제교역관계도 점차 중요성을 더해가고 있다. 이러한 추세에 따라 과거 GATT체제에서는 물품만을 대상으로 하였으나 WTO체제에서는 서비스교역과 무역관련 지식재산권도 포함하게 되었다.

국제통상법의 대상은 통관이나 수출입절차와 같은 재화의 교역에 대하여 직접적으로 관련되는 사항에 그 범위가 한정되지 않는다. 국가내의 표준제도와 같이 무역과 직접적으로 관련되지 않는 간접적인 것이라도 이 제도가 원활한 무역을 제한할 수 있다는 점에서 국제통상법의 대상이 될 수 있는 것이다.

따라서 기술적 무역장벽[6], 무역관련투자조치, 지식재산권 등 교역과 관련

5) 지식재산권이란 인간의 창조적 활동 또는 경험 등에 의하여 창출되거나 발견된 지식·정보·기술·사상이나 감정의 표현, 영업이나 물건의 표시, 생물의 품종이나 유전자원, 그 밖에 무형적인 것으로서 재산적 가치가 실현될 수 있는 것인 지식재산에 관한 법령 또는 조약 등에 따라 인정되거나 보호되는 권리(지식재산기본법 제3조 제1항·제3항).

6) 기술규정과 산업표준은 국제무역에 있어 매우 중요한 역할을 수행하고 있지만 그 기준이 국가들마다 많은 차이가 있다. 이러한 기술적 무역장벽에 관하여 국가 간 기준의 차이가 국제무역의 장애물로 작용하는 경우 생산자와 수출업자에게 많은 문제를 야기시킬

될 수 있는 다양한 영역에서의 국제교역 관련사항들이 국제통상법의 대상이 된다.

3. 국제통상법의 법적 지위

법은 그 형성과정에 따라 그것이 자연적으로 존재하는 것인지, 아니면 인간이 만든 것인지에 따라 자연법과 실정법으로 구분될 수 있는데, 국제통상법은 국제무역을 영위하기 위하여 인간이 만든 실정법에 속한다. 또한 법은 무차별적으로 그 적용대상을 정한 것인지, 아니면 특정의 사람, 물건, 행위 등에만 적용하기 위한 것인지에 따라 일반법과 특별법으로 나눌 수 있는데, 국제통상법은 국내법 및 국제사회의 기본법에 대하여는 특별법적 성격을 갖는다. 또한 국제통상법은 국가 또는 정부단위의 조약이나 협정에 따라 정부나 공공기관의 활동을 수직적으로 규율하는 국제공법에 속하는 것도 있으며, 또 타국에 있어서의 기업이나 개인의 활동을 수평적으로 규율하는 국제사법에 속하는 것도 있기 때문에 국제통상법은 공법성과 사법성을 함께 포함하고 있다.

국제통상관계를 규율하는 법의 존재형식(法源)은 주로 조약이나 협정이다. 국제관습이나 법의 일반원칙도 국제통상법의 법원(法源)이 되지만 이에 의존하는 부분은 매우 작다. 따라서 개별국가의 국제통상법상의 권리·의무는 대부분 국가 간의 합의로서 설정한 국제조약에 기초하게 되는 것이다.

이러한 국제조약은 여러 국가들의 다자간 조약과 두 국가 간의 양자 간 조약으로 나누어진다. 다자간 조약은 다시 세계적 차원의 다자간 조약과 지역적 차원의 다자간 조약으로 나누어진다. 세계적 차원의 다자간 조약으로 WTO협정을 들 수 있고, WTO협정은 국제통상의 헌법이라고 할 수 있을 정도로 절대적인 위치를 차지하고 있다. 지역적 다자간 조약으로는 EU, NAFTA, APEC 등 지역경제협정이 이에 해당한다. 그리고 양자 간 협정으로는 한·미 통상협정, 한·일 통상협정 등과 같이 양국 간에 체결되는 통상협정을 말한다.

수 있다. WTO 기술적 무역장벽에 관하여 협정의 목적은 기술규정과 기준, 검사, 증명절차 등이 불필요한 무역장벽으로 역할을 하지 못하게 하는데 있다.

또한 국제통상법을 넓은 의미로 볼 때는 국가마다 두고 있는 국가의 무역관리를 위한 국내통상법(우리나라의 경우 대외무역법, 관세법, 외국환거래법 등)들도 법원이 된다. 이러한 국내통상법과 국제법으로서의 통상법은 서로 연관되어 있으므로 상호간에 모순이 되어서는 무역질서를 규율할 수 없으므로 국내통상관련법규와 국제통상법 양자 간에는 서로 밀접한 영향을 미치고 있다.

❑ 북미자유무역협정(미국・캐나다・멕시코 3국의 자유무역협정, 1994년 1월 발효, North American Free Trade Agreement)
❑ 아시아・태평양경제협력체(Asia-Pacific Economic Cooperation)는 아시아 및 태평양 연안 국가들의 원활한 경제협력을 위한 정책대화와 협의를 목적으로 한다. 국제조약에 따라 설치된 정부간 국제기구와는 달리 정부와 민간이 자발적으로 참여하는 “포럼”형태를 지닌다.
❑ 유럽연합(European Union)은 유럽의 정치와 경제통합을 실현하기 위하여 1993년 11월1일 발효된 마스트리히터조약(유럽통합조약)에 따라 유럽12개국이 참가하여 출범한 연합기구이다. 원래 유럽경제공동체(EEC, European Economic Community) 회원국인 벨기에, 프랑스, 독일, 이탈리아, 룩셈부르크, 네덜란드 6개 국가로 시작되었다. 이후 덴마크, 아일랜드, 영국, 그리스, 포르투갈, 스페인 등이 가입해 12개 회원국으로 늘어났고, 1995년에 스웨덴, 오스트리아, 핀란드가, 2004년에는 폴란드, 헝가리, 체코, 슬로바키아, 슬로베니아, 리투아니아, 라트비아, 에스토니아, 키프로스, 몰타 등 10개국이 가입했으며, 2007년에는 불가리아와 루마니아가 가입하였으며, 2013년에는 크로아티아가 가입하여 총 28개국이 회원국으로 되었다. 현재 EU는 세계 최대의 지역경제연합체이다.

4. 법의 유사법과 차별성

첫째, 국제경제법과의 구분이다. 국제경제법은 국제기구나 정부간 또는 정부와 개인 간에 있어서의 국제경제관계를 규율하는 각종 규범을 대상으로 하고 있을 뿐이며 이는 각국에 속하여 있는 기업이나 개인간의 사적인 거래규범을 대상으로 하는 것이 아니다. 이러한 측면에서 국제경제법은 사법적인 측면보다는 오히려 공법적인 측면에 더욱 가까운 국제법의 한 분야로 인식되고 있다. 이에 비하여 국제통상법은 그 주체가 국제기구나 각국의 정부뿐만 아니라 기업이나 개인이 될 수도 있으며, 또한 이들 사이의 사적인 거래규범까지를 그 대상으로 하고 있다. 그리고 국제경제법이 일반적인 국제경제관계만을 규율하는 상위개념의 법률이라면, 국제통상법은 통상에 관련된 국제경제관계와 이에 따른 국제상사관계를 모두 다루는 개념으로서의 법률이라는 점에서도 구별된다.

둘째, 국제거래법과의 구분이다. 국제거래법은 물품이라는 유형재의 수출입무역에 관한 법률로서, 국가 간에 상호 무역이익을 추구하기 위한 국제물품매매, 교환, 증여 등 물품양도 계약에 따른 실물거래가 대상이 된다. 즉, 국제거래법은 국가 간의 실물거래당사자들 사이에 소유권의 이전을 위한 물품매매법이 그 주된 분야이다. 그러므로 국제거래법의 대부분은 국가 간 거래의 당사자인 사인을 주체로 하여 그 사인이 상대방과 국제거래를 수행하는데 있어서 당면하는 사적인 법률관계를 규율하는 법규이다. 이에 비하여 국제통상법은 국제거래의 당사자들 사이에 발생하는 물품의 수출입에 관한 법률뿐만 아니라 자본과 기술 그리고 서비스 및 지적재산권의 국제적인 이전을 비롯한 국제경제법적인 요소를 포함하고 있다는 점에서 국제거래법과 구별된다.

5. 국제통상법의 법적 성격

1) 국내법과의 관련성이다.

국제통상법은 국내법과 밀접한 관련을 갖고 있다. 국가는 국가 간에 합의된 통상조약의 이행을 위해서 조약의 내용을 국내법에 일치시켜야 하며, 또 국제통상법의 규범 중 상당수는 국내법의 규범에서 유래된 것이다. 따라서 국제통상법을 넓은 의미로 이해할 때 이러한 국내통상법도 국제통상법의 영역 속에 들어가게 되는 것이다.

2) 성문법적 성격이다.

국제통상법은 다른 법들에 비하여 관습법의 영역은 매우 적은 편이다. 조약이 대부분을 차지하고 있어 성문법의 성격을 강하게 지니고 있다.

3) 연성법성(軟性法性)을 갖는다.

국제통상법은 유연한 성질인 연성법의 성격을 가지고 있다. 국제통상관계는 국가 간에 있어서 나라마다 각기 다른 경제발전과정과 이에 따른 수준의 차이, 국가 간의 특수관계 등 각국이 지니고 있는 이해관계가 현실적으로 중요하기 때문에 일률적으로 규율하기 어렵다. 따라서 국제통상법은 많은 예외를 허용하고 있으며 법을 준수하는 강제성이 약하고 철저한 의무준수보다는 바람직한 일반적 행위준칙을 제시하고 있는 경우가 많다.

4) 적용평등성이다.

국제통상법은 국제법으로서 국가 간에 평등한 법적용을 기초로 하고 있으며, 대부분의 국제통상법규에서는 국가 간의 차별을 배제하는 최혜국대우(最惠國待遇)[7]를 원칙으로 하고 있다.

5) 회피허용성이다.

글로벌(global)화 된 국제경제와 한 국가의 국내경제는 예기치 않은 사정으로 경제상의 변화가 자주 발생하는 경우가 많아 원래대로의 법규적용에 어려움이 생기는 경우가 빈번하게 일어나게 된다. 특히 오늘날과 같이 세계경제와 한 나라의 국내경제가 밀접한 관련성을 갖고 있는 경우는 더욱 그렇다. 따라서 일정한 정치적·경제적 사정이 있어 경제적 혼란이 발생하는 경우 해당 규정을 준수하는 것이 그 국가의 이익을 심각하게 손상할 우려가 있다고 인정되는 경우에는 그 국가에 대하여 규약준수의무를 면제해 주는 회피조항을 두는 것이 일반적이다. 이로써 조약의 폐기를 방지하여 장기적으로 조약을 지속시킬 수 있는 것이다.

---

7) 이는 통상조약을 체결한 국가가 통상·항해·관세면에서 이제까지 제3국에 제공한 특혜가 있었으면 동일한 우대를 조약상대국에게 적용하는 의무를 지며 상대국은 이것을 청구할 권리를 갖는다.

6) 전문성을 갖는다.

국제통상법에서 규율하고 있는 규범의 내용은 대단히 기술적이고 전문적인 지식을 많이 필요로 한다. 따라서 규범의 제정과 운영과정에서 전문가의 역할과 참여가 절대적으로 필요하며 중시되고 있다.

6. 국제통상법의 체계

국제통상의 흐름은 각 나라가 자국이 처하고 있는 여건에서 경제학적으로 무역이익을 분석하고 통상정책에 따라 외국과 통상협상을 진행한다. 일례로 독자들은 한·미 자유무역협정의 체결과정에서 나타나고 있는 사례에서 그 과정을 확인하였을 것이다.[8] 거래당사자인 기업 및 개인은 각각 수출입전략을 수립하고 이에 따라 수출입계약을 체결하여 그 계약을 이행해 나가는 단계를 거친다. 국제통상법은 이러한 국제통상의 모든 단계에 걸쳐 질서유지와 교역증진 또는 규제를 위하여 존재하는 법률이다. 그러므로 국제통상법은 거시적인 국제경제관계를 규율하는 국제경제법의 영역과 또 다른 한편으로는 거래당사자간의 사적인 무역관련 계약과 상사분쟁해결 등을 규율하는 국제상사법의 영역으로 구분되어진다. 이를 나누어 보면,

첫째, 국제경제법의 영역은 대체로 WTO나 OECD를 비롯한 국제경제기구, 지역공동체 또는 국가단위와 같은 국제경제주체에 관하여 규범, 그리고 국제경제활동의 객체에 따른 상품무역규범, 서비스무역규범, 자본거래규범, 국제지식재산권규범 등에 의하여 구성되어 진다.

둘째, 국제상사법의 영역은 일반적으로 거래당사자간에 무역관련계약이 체결되어 상거래가 종료되기까지의 진행과정에 따라 분류할 수 있는데, 그 대표적인 구성요소로는 국제무역계약법규, 국제무역결제법규, 국제화물운송법규, 국제해상보험법규, 국제상사중재법규 등이 있다.

---

8) 자동차·농업·섬유부분이 마지막까지 협상의 쟁점사항으로 대두되었다.

7. 국제통상법의 규제대상

국제통상법은 국제무역의 질서를 유지하고 국가 간의 상거래에 관하여 국제규범을 정하여 효율적이고 안정적인 무역거래가 이루어지도록 하며, 또한 상거래 중 발생되어질 수 있는 각종 상사분쟁을 해소시키거나 경감시키는 것을 목적으로 만들어진 법률이다. 따라서 국제통상법의 규제대상은 국제통상을 수행해 나가는 주체일 수도 있고 이러한 통상거래의 대상물인 객체일 수도 있다. 국제통상의 주체에는 크게 국제기구, 국가 또는 정부가 될 수 있으며 작게는 기업이나 개인 등의 형태가 될 수 있다. 통상거래 객체에는 상품과 서비스 · 지식재산권의 교역 · 자본과 노동의 이동 등이 있다.

제3절 국제상사법규

일반적으로 무역거래는 수출상과 수입상의 시장조사 · 신용조회 · 거래제의와 오퍼(offer) 또는 주문(order)에 따른 무역매매계약의 성립 → 화환신용장의 개설 → 수출품의 제조(또는 매입)와 선적전 검사 → 국제운송계약의 체결 → 해상적하보험계약의 체결 → 수출통관과 선적절차 → 운송서류의 구비와 수출입대금의 결제 → 클레임(claim)제기와 그 해결 등의 과정을 거쳐 종료된다. 국제상사법(international commercial law)은 무역거래 당사자간의 계약에 따른 법률관계를 규율하는 법이기 때문에, 이러한 법의 구성체계도 무역거래의 일반적인 진행과정에 따라 분류하는 것이 합리적이다.[9] 따라서 국제상사법을 크게 무역계약법(국제무역계약법규), 무역결제법(국제무역결제법규), 국제운송법(국제화물운송법규), 해상보험법(국제해상적하보험법규), 상사분쟁과 중재법(국제상사분쟁과 중재) 등 다섯 가지 영역으로 분류할 수 있겠다.

9) 서정두, 국제통상법(제3판), 삼영사, 2001, pp. 87～88.

1. 국제통상과 WTO와의 관계

국제통상을 국제무역보다 넓은 의미의 개념이라고 본다면 이는 세계무역질서를 관장하고 있는 세계무역기구와도 밀접한 관련성을 갖는다. 1995년 1월1일 출범한 세계무역기구(WTO)는 한 나라의 국민경제를 세계경제로 편입하고 통합하는데 결정적인 기여를 한 조직이라고 볼 수 있다. 실제로 그동안 협의의 개념으로 받아들여지던 국제무역이라는 개념을 국제통상이라는 포괄적 개념을 도입할 수밖에 없게 만들었던 결정적인 역할을 하였던 주체가 세계무역기구(WTO)라고 볼 수 있다.

WTO의 출범으로 인하여 국제통상은 그동안 주로 재화의 국제거래만을 총칭하던 개념이 서비스와 무역관련 지식재산권(TRIPs) 및 분쟁해결절차까지 포괄하는 넓은 개념으로 확대될 수가 있었던 것이다.

WTO의 출범과 운영은 국제통상의 범위를 재화와 서비스의 국가 간의 거래, 무역관련 지식재산권, 분쟁해결절차로 영역을 확대시키게 했으며, 이러한 과정에서 발생하는 다자간 협상노력과 통상규범의 제정노력 과정까지도 국제통상의 범위에 포함되게 하였다. 그리고 WTO의 핵심이라고 할 수 있는 WTO협정은 국민경제의 세계화와 관련된 경제활동과정에서 발생할 수 있는 여러가지 통상문제들을 규율할 수 있는 국가 간의 기본규범으로 그 역할을 수행하고 있는 것이다.

그러므로 WTO와 동 협정을 이해하는 것이 결국 국제통상의 기본원칙과 운용원리를 이해하는 것이 되고, 이를 통해 향후 발생할 수 있는 국제통상 현안들을 논리적으로 분석할 수 있게 하는 틀을 제공할 것이다.[10)]

이러한 점에서 볼 때 국제통상과 연관하여 세계무역기구협정은 큰 틀에서 세계무역의 흐름과 질서를 관장하는 핵심이 될 것이다.

---

10) 여택동 외2인, 전게서, p. 13.

2. 국제통상과 FTA

FTA(Free Trade Agreement)는 협정을 체결한 양국 간 또는 지역간의 상품 및 서비스 교역에 대한 제반 무역장벽을 철폐함으로써 국가 간 배타적인 무역의 특혜를 서로 부여하는 협정이다. 무역자유화를 실현하기 위한 지역경제통합의 초보적 단계로서 가장 느슨한 형태의 지역 경제통합 형태로 WTO 체제의 출범(1995)을 전후하여 FTA의 적용범위도 크게 확대되어 대상범위가 점차 넓어지고 있어 국제무역의 흐름의 한 핵심분야가 될 것이다.

1) FTA의 경제적 효과

FTA의 경제적 효과는 FTA를 체결함으로 인하여 FTA국가 간의 관세율 및 무역장벽이 제거됨으로 인하여 기존에 거래하지 않던 국가와의 거래가 형성되어 새로운 무역이 발생하는 무역창출효과와 FTA체결로 관세의 인하와 무역장벽의 제거 등으로 기존 거래국가에서 FTA체결 국가로 거래가 바꾸는 현상인 무역전환효과를 들 수 있다.

(1) 무역창출효과(Trade Creation Effects)

회원국 간에 상품, 서비스의 교역 및 투자가 체결전보다 확대되는 효과이다. 즉, 관세동맹의 결성으로 인하여 가입국간의 분업과 무역이 증가되어 후생상의 이익이 창출되는 것을 말한다.

(2) 무역전환효과(Trade Diversion Effects)

FTA 체결 후 회원국과 비회원국 간의 교역 및 투자가 감소하는 효과이다. 역내국가와 역외국가들 사이의 무역과 분업을 부분적으로 후퇴시켜 그 영향이 역내국가에 파급되는 것을 의미한다. 즉, 세계전체를 볼 경우에는 후생상의 이익을 저해하기도 한다.

3. WTO와 FTA와의 관계

1) FTA와 WTO의 공통점

회원국 간에 무역장벽 축소, 상품·서비스의 교역 및 투자 증대로 회원국의 고용 증대와 경제발전, 경제적 후생을 증대시키려는 목표는 동일하다.

2) FTA와 WTO의 차이점

- WTO는 모든 회원국에게 최혜국대우(Most-Favoured-Nation Treatment)를 보장해주는 다자주의를 기본원칙으로 한다.
- FTA는 양자주의 및 지역주의로 회원국 간에 낮은 관세 및 수출입 비제한을 원칙으로 한다. 비회원국에게는 WTO 협정 범위내에서 관세 및 제한을 유지한다.

3) FTA 허용조건과 기준

회원국과 비회원국에 적용되는 "관세 및 그 밖에의 상업적 제한"이 FTA 및 관세동맹 창설 이전 보다 더 높거나 규제적이지 않아야 한다.[11)]

〈표 1-1〉 자유무역 규범의 진화와 주요 특징

	GATT (1948 ~ 1994)	WTO (1995 ~ 2000)	FTA (2000 ~)
주요 목적	다자간 관세인하로 국제무역 확대	다자간 관세 및 비관세 장벽 제거	WTO체제를 바탕으로 뜻 맞는 나라끼리 주기적으로 대폭 관세 및 비관세 장벽 제거
법인 여부	법인격 있는 기구 조직 없이 협정체제로 운영	스위스(제네바)에 본부를 둔 법인격 있는 국제기구	협정 당사국 관련부처 간에 협의 하에 운영
주요 대상	주로 공산품	공산품, 농산물, 서비스, 지재권정부조달, 환경, 노동, 규범 등으로 적용 확대	공산품, 농산물, 서비스, 지적재산권 등 기본으로 하고 환경, 노동 등 논란 분야 회피

11) GATT 1947 제24조 제4항 및 제5항

	GATT (1948 ~ 1994)	WTO (1995 ~ 2000)	FTA (2000 ~)
기본 원칙	최혜국대우의 원칙 + 내국민대우의 원칙	- 좌 동 -	최혜국대우 원칙의 예외 허용 + 상호이익 균형/민간성 존중
무역 구제	긴급수량제한 (Safeguard) 허용	Safeguard 허용 + 반덤핑관세, 상계관세 부과	- 좌 동 -

자료: 관세청 FTA포털

4) 우리나라 FTA 추진현황

〈표 1-2〉 추진현황 (2017. 5. 1 현재)

체 결 (15건, 54개국)	서명 · 협상타결 (1긴, 1개국)	협상중 (4건, 21개국)	협상여건조성 FTA (2건, 2개국)	협상준비 · 공동연구 (1건, 1개국)
칠레(04.4.1) 싱가포르(06.3.2) EFTA(06.9.1) ASEAN(07.6.1, 국가별 상이) 인도(10.1.1) EU(11.7.1), 페루(11.8.1) 미국(12.3.15) 터키(13.5.1) 호주(14.12.2) 캐나다(15.1.1) 콜롬비아(15.12.2) 중국(15.12.20.) 뉴질랜드(15.12.20) 베트남(15.12.20)	중미(6개국)	한국 · 중국 · 일본, RECP(16개국), 에카도르, 이스라엘	멕시코, GCC(6개국)	EAEU민간공동연구완료(2016.8)

자료 : 관세청, FTA포털, 우리나라의 FTA체결현황

〈표 1-3〉 발효된 FTA (2017. 5. 1. 현재)

	칠레	'04.4.1 발효
	싱가포르	'06.3.2 발효
	EFTA (4개국)	'06. 9. 1 한-EFTA 발효 (스위스, 노르웨이, 아이슬란드, 리히텐슈타인 4개국)
	아세안 (10개국)	말레이시아, 싱가포르('07.6.1), 베트남('07.6.29), 미얀마('07.11.27), 인도네시아('07.12.7), 필리핀('08.1.1), 브루나이('08.7.1), 라오스('08.10.1), 캄보디아('08.11.1), 태국('10.1.1) 발효
	인도	'10. 1. 1 한-인도 CEPA 발효
	EU (28개국)	'11. 7. 1 한-EU 발효 (오스트리아,벨기에,영국,체코,키프로스,덴마크,에스토니아,핀란드,프랑스,독일,그리스,헝가리,아일랜드,이탈리아,라트비아,리투아니아,룩셈부르크, 몰타,네덜란드,폴란드,포르투갈,슬로바키아,슬로베니아,스페인,스웨덴, 불가리아,루마니아, 크로아티아 28개국)
	페루	'11. 8. 1 한-페루 FTA 발효
	미국	'12. 3. 15 한-미 FTA 발효
	터키	'13. 5. 1 한-터미 FTA 발효
	호주	'14. 12. 2 한-호주 FTA 발효
	캐나다	'15. 1. 1 한-캐나다 FTA 발효
	중국	'15. 12. 20 한-중 FTA 발효
	뉴질랜드	'15. 12. 20 한-뉴질랜드 FTA 발효
	베트남	'15. 12. 20 한-베트남 FTA 발효
	콜롬비아	'15. 12. 20 한- 콜롬비아 FTA발효

〈표 1-4〉 타결된 FTA (2017. 5. 1. 현재)

상대국		협상 개시	진행 상황	의의
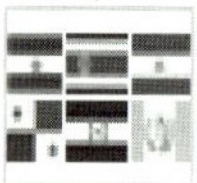	중미(6개국)	2015년 9월	한-중미FTA 가서명 (2017.3)	북미와 남미를 잇는 전략적 요충지 (중미 6개국) : 파나마, 코스타리카, 과테말라, 온두라스, 엘살바도로, 니카라과

〈표 1-5〉 협상중인 FTA (2017. 5. 1. 현재)

상대국		협상 개시	진행 상황	의의
	한국, 중국, 일본	2013년 3월	12차 협상 개최(2017.4)	동북아 경제통합기반 마련
	RCEP (16개국)	2013년 5월	17차 협상 개최(2017.3)	동아시아 경제통합 (RCEP : 아세안10개국, 한국, 중국, 일본, 호주, 뉴질랜드, 인도)
	에콰도르	2016년 1월	5차 협상 개최(2016.11)	중남미 시장진출을 위한 교두보확보
	이스라엘	2016년 5월	4차 협상 개최 (2017.4)	서부 중동지역 거점시장

제 2 부

대외무역법

대외무역법은 대외무역거래를 육성, 조정, 규율하는 법이다.

즉, 무역거래의 질서를 확립하고 국민경제에 절대적 영향을 미치는 무역을 보호하고 육성하는 근간을 제공한다. 대외무역법의 규제대상인 국가 간의 무역을 넓게 본다면 물품의 거래뿐만 아니라 운송·보험·금융 등의 거래, 즉 무체물의 거래까지 포함한다. 그러나 좁은 의미의 무역이라고 할 경우에는 단지 물품의 수출입만을 뜻한다.

유형과 무형의 무역을 관장하는 대외무역법은 법 목적을 실현시키기 위하여 제정되었지만 내용상으로 실질적인 무역의 육성·조정·규제방식은 법률의 추상적인 성격 때문에, 대외무역법 시행령, 대외무역관리규정 및 고시에 위임하는 형식을 취하고 있다. 즉, 무역거래의 대상인 물품에 관해서는 수출입공고 등 고시체계에 의하여 종합적이고 체계적으로 관리되어지고 있다. 그리고 구체적인 수출입승인절차와 특정거래형태 및 수출입인정절차는 대외무역관리규정에서 그 내용들을 규정하고 있다.

제2장 대외무역법의 총칙

제1절 대외무역법의 개관

1. 대외무역법의 제정

「대외무역법」은 자유롭고 공정한 무역을 영위하고 이를 동하여 국내산업의 효율성을 높이기 위하여 종래의 무역거래법, 수출조합법, 산업설비수출촉진법 등을 통합하고 미비한 내용을 보완하여 1986년 12월 31일 제정, 공포되어 1987년 7월 1일부터 시행되게 된 대외무역관리 및 지원을 위한 무역에 관한 기본법이다.

「대외무역법」은 제정시행 후 2007년 전부개정(2007.4.11 법률 세8356호)과 2016. 1. 27 일부개정 [2016.7.28.시행, 법률 제13838호]까지 수차례에 걸쳐 개정되게 되었다. 이러한 빈번한 개정은 급변하는 무역환경에 맞추어 관계법령이 정비되어야 효율적인 무역질서의 도모와 아울러 실질적인 무역지원 및 관리를 할 수 있는 방편이 되기 때문이다. 법률 제13838호의 개정이유 및 주요내용은 다음과 같다.

무역의 자율성과 공정성을 보장하기 위하여 물품 등의 수출 또는 수입이 제한 또는 금지되는 사유에 교역 상대국과의 경제협력 증진, 국방상 원활한 물자 수급 등을 명시하고, 전략물자 등에 대하여 국내 항만 또는 공항의 경유나 국내 환적(換積)을 허가하려는 경우 국제평화, 안전유지 및 국가안보 등을 고려하도록 경유 또는 환적 허가의 기준을 마련하며, 현재 시행되고 있지 아니한 특정국 물품에 대한 특별수입수량 제한조치 규정을 삭제하는 등 현행 제도의 운영상 나타난 일부 미비점을 개선·보완하려는 것이다. 이렇듯 그동안 대외무역법의 개정은 국제무역환경의 변화를 수용하고 우리나라의 전반적인 무역관리 및 지원제도의 시행과 관련한 제반 문제점을 지속적으로 보완한 개정이라고 본다.

시행 2016.7.28., 법률 제13838호의 개정 주요 내용

제11조제1항을 다음과 같이 한다.

① 산업통상자원부장관은 다음 각 호의 어느 하나에 해당하는 이행 등을 위하여 필요하다고 인정하여 지정・고시하는 물품등의 수출 또는 수입을 제한하거나 금지할 수 있다.

1. 헌법에 따라 체결・공포된 조약과 일반적으로 승인된 국제법규에 따른 의무의 이행
2. 생물자원의 보호
3. 교역상대국과의 경제협력 증진
4. 국방상 원활한 물자 수급
5. 과학기술의 발전
6. 그 밖에 통상・산업정책에 필요한 사항으로서 대통령령으로 정하는 사항

제11조제2항 본문을 다음과 같이 한다.

제1항에 따라 수출 또는 수입이 제한되는 물품등을 수출하거나 수입하려는 자는 대통령령으로 정하는 바에 따라 산업통상자원부장관의 승인을 받아야 한다.

제23조제4항부터 제6항까지를 각각 제5항부터 제7항까지로 하고, 같은 조에 제4항을 다음과 같이 신설하며, 같은 조 제6항(종전의 제5항) 및 제7항(종전의 제6항) 중 "제4항"을 각각 "제5항"으로 한다.

④ 산업통상자원부장관과 관계 행정기관의 장은 제3항에 따른 경유 또는 환적 허가의 신청을 받은 경우 국제평화, 안전유지 및 국가안보 등 대통령령으로 정하는 기준에 따라 허가할 수 있다.

제26조의 제목 "(전략물자 수출입고시)"를 "(전략물자 수출입고시 등)"으로 하고, 같은 조 제목 외의 부분을 제1항으로 하며, 같은 조 제1항(종전의 제목 외의 부분) 중 "제19조부터 제25조까지의 규정"을 "제19조, 제20조, 제22조부터 제24조까지, 제24조의2, 제24조의3 및 제25조"로 하고, 같은 조에 제2항을 다음과 같이 신설한다.

② 관세청장은 전략물자등의 수출입 통관절차에 관한 사항을 고시하여야 한다.

제30조제1항 중 "전략물자의"를 "전략물자등의"로 하고, 같은 조 제3항 중 "협의회는 협의회의 안건에 관하여"를 "협의회의 구성원인 각 행정기관의 장은 전략물자등의 수출입통제에"로 하며, 같은 조 제4항을 제5항으로 하고, 같은 조에 제4항을 다음과 같이 신설한다.

④ 제3항에 따른 정보수사기관의 장 또는 관세청장은 전략물자등의 불법수출 행위를 인지한 경우에는 협의회의 각 행정기관의 장에게 통보하는 등 필요한 조치를 취할 수 있다.

제32조제4항 중 "「해외건설촉진법」"을 "「해외건설 촉진법」"으로 한다.

제41조(특정국 물품에 대한 특별 수입수량 제한조치의 시행 등)를 삭제한다.

1) 대외무역법의 주요 내용

현행 대외무역법령은 대외무역법→대외무역법시행령→대외무역관리규정→수출입공고 등으로 흐름이 체계화되어 있다. 대외무역법은 제1장 총칙, 제2장 통상의 진흥, 제3장 수출입거래, 제3장의 2 원산지의 표시 등 제4장 수입수량제한조치, 제5장 수출입의 질서유지, 제6장 보칙, 제7장 벌칙으로 구성되어 있다.

대외무역법의 주요 내용을 보면,

제1장은 총칙으로서 대외무역법의 목적, 용어의 뜻, 자유롭고 공정한 무역의 원칙, 무역의 진흥을 위한 조치, 무역에 관한 제한 등 특별조치, 무역에 관한 법령 등의 협의 등 무역전반에 관한 중요한 사항을 규정하고 있다.

제2장은 통상의 진흥으로서 통상진흥시책수립 등 통상에 관한 규정을 대폭 보완하여 대외무역법이 종합통상법으로서의 기능을 수행할 수 있도록 하였다. 이를 위하여 교역상대국의 통상관련 제관행 등과 우리 기업이 해외에서 겪는 어려움을 조사할 수 있도록 함은 물론, 시·도 등 지방자치단체와 함께 통상진흥시책을 마련하고, 통상관련 기관·단체 등 민간의 통상협력활동을 지원할 수 있도록 하고 있다. 종전의 종합무역상사 대신에 전문무역상사의 지정 및 지원에 대하여도 규정하고 있다(2014.1.21.신설). 우리나라가 체결한 무역에 관한 조약의 이행을 위하여 필요한 경우에는 대통령령으로 정하는 바에 따라 관련 공공기관, 기업 및 단체 등으로부터 필요한 자료의 제출을 요구할 수 있도록 하고 있다. 〈개정 2013.3.23.〉

제3장은 수출입거래로서 제1절 수출입거래의 총칙에서는 수출입의 원칙, 수출입의 제한, 통합공고, 특정거래형태의 인정 등, 수출입승인 면제의 확인, 과학적 무역업무의 처리기반 구축에 대한 내용을 담고 있다. 제2절에서는 외화획득용 원료·기재의 수입과 구매 등에 대한 것으로 외화획득용 원료·기재의 수입승인, 외화획득용 원료·기재의 목적을 벗어난 사용 등, 구매확인서의 발급 등에 대한 내용을 규정하고 있다. 제3절 전략물자의 수출입에서는 전략물자의 고시 및 수출허가 등, 서류의 보관, 전략물자의 수출입고시 등, 전략물자 등의 수출입 제한 등의 내용을 규정하고 있다. 제4절은 플랜트 수출로서 플랜트 수출의 촉진 등을, 제5절은 정부간 수출계약〈신설 2014.1.21.〉

및 원산지의 표시 등〈2010.4.5. 신설〉에 관하여 규정하고 있다.

제4장은 수입수량 제한조치로서 수입수량 제한조치, 수입수량 제한조치에 대한 연장 등으로 구성되어 있다. 제41조(특정국 물품에 대한 특별 수입수량 제한조치의 시행 등)에 관란 규정은 2016년 1월 27일부로 삭제되었다.

제5장은 수출입의 질서유지로서 수출입 물품등의 가격 조작 금지, 무역거래자간 무역분쟁의 신속한 해결, 선적전 검사와 관련한 분쟁조정 등, 조정명령 등을 규정하였다.

제6장은 보칙으로서 청문, 보고와 검사등, 교육명령, 「독점규제 및 공정거래에 관한 법률」과의 관계, 「국가안보법」과의 관계 및 권한의 위임・위탁에 대한 내용으로 구성되어 있다.

마지막, 제7장은 벌칙으로서 전략물자등의 국제적 확산을 꾀할 목적으로 위반행위를 한 자에 대한 징역 또는 벌금 및 미수범, 과실범, 양벌규정, 벌칙 적용시의 공무원의제 및 과태료로 구성되어 있다.

◇ 대외무역법 시행체계 ◇

대외무역법
(국회입법)
▼
대외무역법시행령
(대통령령)
▼
대외무역관리규정
(산업통상자원부고시)
▼
수출입공고
(산업통상자원부 공고)

2. 대외무역법의 목적

제1조 목적에서 "이 법은 대외무역을 진흥하고 공정한 거래질서를 확립하여 국제수지의 균형과 통상의 확대를 도모함으로써 국민경제를 발전시키는

데 이바지함을 목적으로 한다"고 대외무역법 제정의 목적을 밝히고 있다. 대외무역법의 목적에서 나타내고 있는 대외무역의 진흥은 무역의 확대와 무역의 참여자에게 도움을 줄 수 있는 법적 장치를 의미한다고 볼 수 있다. 또한 공정한 거래질서의 확립은 무역에서의 공정한 거래질서의 확립과 더불어 부당한 무역거래자에 대한 규제와 공익(公益)을 침해하는 무역거래자에게 제한을 가함으로써 건전한 국민경제발전에 기여함을 목적으로 하고 있다.

3. 대외무역법의 성격 및 특성

대외무역법은 국내법이지만 국가 간의 상거래를 규율하는 법이므로 일반적 국내법들이 갖는 성격뿐만 아니라 국제통상법적 성격도 가지므로 복합적 특성을 갖고 있다고 볼 수 있다.

1) 무역에 관한 기본법

수출입관리를 위한 무역에 관한 기본법으로 대외무역법은 대외무역관리에 관한 지원 및 규제에 관한 법이나.

우리나라 헌법 제125조는 "국가는 대외무역을 육성하며 이를 규제・조정할 수 있다"라는 규정과 대외무역법 제6조(무역에 관한 법령 등의 협의 등) 제1항의 규정에서 "무역에 관하여는 이 법이 정하는 바에 따른다"라고 규정하고 있다. 그리고 제2항에서는 "관계행정기관의 장은 물품 등의 수출 또는 수입을 제한하는 법령이나 훈령・고시 등(이하 "수출・수입요령"이라 한다)을 제정하거나 개정하려면 미리 산업통상자원부장관과 협의하여야 한다"고 밝히고 있다. 이 경우 "산업통상자원부장관은 관계행정기관의 장에 대하여 당해 수출・수입요령의 조정을 요청할 수 있다"고 규정함으로써 대외무역법이 무역에 관한 기본법임을 나타내고 있다.

2) 무역에 관한 일반법

국내법상으로 대외무역법은 특별법이면서 다른 한편으로는 일반법이라는 측면을 지니고 있다. 즉, 수출입관리를 위한 일반법이자 기본법이다. 국내법상으로 대외무역법은 특별법이면서 다른 한편으로는 일반법이라는 측면을 지니고 있다. 즉, 대외무역법은 민법・상법 등 일반 사법(私法)에 대하여는 특별법이면서도 대외무역거래에 관하여는 일반법이자 기본법이다. 대외무역법은 국가 간의 상거래를 대내적 측면에서 규율한다는 특성을 지니고 있다. 이에 따라 우리나라의 대외무역거래와 관련하는 각종의 관계법령에 의하여 규제를 받는 이외에 국가 간 상거래라는 별개의 행위를 영위함에 있어서 국제사법(國際私法)과 국제상관습에 따른 제한을 받아야 하는 부문도 있다.

3) 무역에 관계되어진 다른 법령에 대한 특별법

앞서 서술한 바와 같이 대외무역법은 특별법적인 성격을 갖는다. 대외무역법 제51조(「국가보안법」과의 관계)에서 "이 법에 따른 물품 등의 수출・수입 행위에 대하여는 그 행위가 업무수행상 정당하다고 인정되는 범위에서 「국가보안법」을 적용하지 아니한다."라고 규정함으로써 국가보안법에 대한 특별법적 성격을 부여하고 있다.

〈표 2-1〉 국제무역에 관련된 국내법규

법 령	주요 내용	소관부처	비 고
대외무역법	대외무역진흥을 위한 지원과 공정한 무역거래질서를 위한 관리 및 규제에 관한 사항	산업통상자원부	· 대외무역법시행령 · 대외무역관리규정
관세법	관세의 부과기준 및 징수, 수출입물품의 통관에 관한 사항	기획재정부	· 관세법시행령 · 관세법시행규칙
외국환거래법	외국환거래의 원활화와 국제수지의 균형과 통화가치 안정화의 도모	기획재정부	· 외국환거래법시행령 · 외국환관리규정
자유무역협정의 이행을 위한 관세법의 특례에 관하여 법률 (약칭: 자유무역협정(FTA) 관세법)	양국 간 또는 지역의 제반 무역장벽을 완화하여 무역자유화를 실현	기획재정부	· FTA관세특례법시행령 · FTA관세특례법시행규칙
		관세청	· FTA관세법 이행고시

법 령	주요 내용	소관부처	비 고
무역거래기반 조성에 관하여 법률	무역거래기반을 효율적 · 체계적으로 조성하여 균형적인 무역거래 확대도모	산업통상 자원부	· 무역거래기반 조성에 관한 법률 시행령
전자무역촉진에 관하여 법류(약칭: 전자무역법)	무역자동화망의 구축 및 운영에 관한 사항	산업통상 자원부	· 전자무역촉진에 관한 법류 시행령 · 전자무역촉진에 관한 법률 시행규칙
불공정무역행위조사 및 산업피해 구제에 관하여 법률	수입물품증가에 따른 국내산업의 피해구제절차와 불공정무역행위등에 관한 조사절차의 명료화를 통한 공정무역질서 확립과 국제경쟁력강화	산업통상 자원부	· 불공정무역행위조사 및 산업피해 구제에 관한 법률 시행령 · 불공정무역행위조사 및 산업피해 구제에 관한 법률 시행규칙
자유무역지역의 지정 및 운영에 관한 법률	제조업중심의 자유무역지역과 물류업중심의 관세자유지역을 통합하여 외국인투자환경개선	산업통상 자원부	· 자유무역지역의 지정 및 운영에 관한 법률 시행령 · 자유무역지역의 지정 및 운영에 관한 법률 시행규칙
무역보험법	무역업자에게 결제상의 위험을 담보하여 무역활성화를 도모	산업통상 자원부	· 무역보험법시행령 · 무역보험법시행령규칙

출처: 무역관계법규, 김희길, 탑북스, 2011, pp. 90~91, 수정.

4) 국제성과 무역규제의 최소화

대외무역법은 국가 간 상거래에 적용되는 법률이다. 대외무역법 제3조 제1항에서는 "우리나라의 무역은 헌법에 따라 체결 · 공포된 무역에 관하여 조약과 일반적으로 승인된 국제법규에서 정하는 바에 따라 자유롭고 공정한 무역을 조장함을 원칙으로 한다."고 규정하고 있으며, 동조 제2항의 규정에서 "정부는 이 법이나 다른 법률 또는 헌법에 따라 체결 · 공포된 무역에 관한 조약과 일반적으로 승인된 국제법규에 무역을 제한하는 규정이 있는 경우에는 그 제한하는 목적을 달성하기 위하여 필요한 최소한의 범위에서 이를 운영하여야 한다"고 규정하고 있다. 이와 같이 국제조약과 일반적으로 승인된 국제법규를 준수하도록 한 것은 대외무역법의 대외적 성격 및 국제성을 나타내고 있는 것이다. 이렇듯 대외무역법은 대외무역거래를 관리하는 법이므로 국제성을 인정하여 국제상관습이나 국제조약을 준수하되, 국제법규나 국제협정에서 무역에 관하여 제한규정이 있을 경우 최소한의 범위에서 규제하도록 하고 있다.

5) 포괄성 및 위임법적 성격

무역거래의 규제대상은 유동적이고 무역거래 내용에서는 많은 변화가 계속되므로 이를 지원하고 규제하는 방법은 복잡할 수 밖에 없다. 따라서 대외무역법에서는 원칙적인 사항만 규정해 두고 시행에 관하여 세부적 사항은 대외무역법 시행령이나 산업통상자원부장관이 제정하는 대외무역관리규정[1]에 위임시키고 있다. 즉, 무역거래의 대상인 물품에 관해서는 수출입공고 등 고시체계에 의하여 종합적 · 체계적으로 관리하고 있을 뿐만 아니라, 구체적인 수출입승인절차와 특정거래형태 수출입인정절차는 대외무역관리규정에서 규정하고 있다. 그리고 이들을 다시 보충하기 위해 법규의 보충적 작용을 담당하는 고시, 유권해석, 예규, 통첩 등이 활용된다.

6) 위임 · 위탁에 따른 관리

대외무역법은 적용대상이 되는 국가 간의 상거래는 거래가 빈번하고 또한 규모가 크고 광범위하므로 산업통상자원부가 일괄 관리하기가 힘들다. 국제경제상황과 국내경제상황 역시 수시로 변동되므로 이에 적절하게 대처하기 위해서는 산업통상자원부장관의 권한 및 업무 일부를 관계행정기관에 위임 · 위탁하여 관리하도록 하여 효율성을 기하고 있다.

4. 대외무역법의 원칙

대외무역법 제3조 제1항에서 “우리나라의 무역은 헌법에 따라 체결 · 공포된 무역에 관하여 조약과 일반적으로 승인된 국제법규에서 정하는 바에 따

1) 대외무역법과 동법시행령에서 위임한 사항과 그 시행에 관하여 필요한 사항을 정함을 목적으로 한다(대외무역관리규정 제1조 목적). 대외무역관리규정은 8장 및 별표로 구성되어 있다.

라 자유롭고 공정한 무역을 조장함을 원칙으로 한다."고 규정하고 있으며, 제2항에서는 "정부는 이 법이나 다른 법률 또는 헌법에 따라 체결·공포된 무역에 관하여 조약과 일반적으로 승인된 국제법규에 무역을 제한하는 규정이 있는 경우에는 그 제한하는 목적을 달성하기 위하여 필요한 최소한의 범위에서 이를 운영하여야 한다"고 규정하고 있다.

5. 대외무역법과 관련된 주요 국내법

대외무역과 관련된 주요 3대 법규로서는 무역에 관한 기본법이며 일반법인 「대외무역법」, 일국의 관세영역을 들고나는 물품의 관세부과와 통관절차의 적정성을 다루고 있는 「관세법」, 외화의 거래와 관련된 「외국환거래법」이 있다.

◇ 대외무역에 관한 주요 3대 법규 ◇

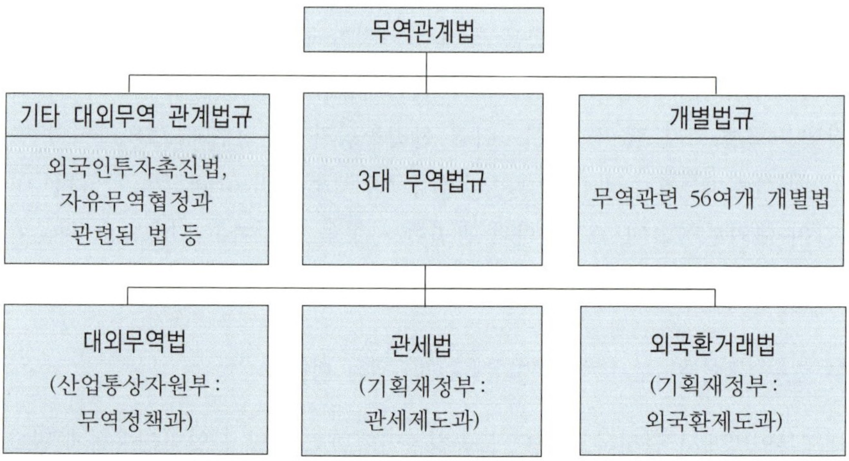

1) 관세법

「관세법」은 대외무역법과 달리 물품이 관세선(관세영역)으로 들고 나는 유체물에 대한 관리규정이다. 물품이 수출입 되려면 필연적으로 세관이라는 법적 기관을 거쳐 가야만 한다. 세관의 제반 법적 규제사항은 관세법에서 통제를 받게 된다. 한 예로 원산지에 관한 규정은 대외무역법에서도 규정하고 있지만 관세법에서도 관련규정을 하고 있다. 물품의 생산이나 거래에 관하여 대외무역법에서 규정한다면 통관에 관한 규정은 관세법에서 하게 된다. 이것은 양 법이 상호 밀접한 관련성을 가지지 않을 수 없는 부문이다. 이런 연유로 대외무역이 이루어지는 과정을 보면 대외무역법과 관세법은 상호 연결고리를 가지지 않을 수 없다.

2) 외국환거래법

무역계약은 수출자의 입장에서는 물품의 공급이라는 측면과 물품대금의 수령이라는 또 다른 측면이 있다. 수입자는 이 반대의 입장에 있다. 여기에는 국내거래가 아니므로 필연적으로 외화라는 다른 국가의 통화, 즉 이종(異種)의 통화가 개입되게 된다. 외국통화의 개입은 환율이라는 문제가 발생하고 이와 더불어 국가 간의 통화이동이 발생되게 된다. 여기에서 외환거래의 자유라는 대원칙이 존재하지만 외국환거래도 국가경제에서 중요한 영향을 미치므로 국가는 외국환거래법을 통해서 일정한 규제를 하게 된다. 예로, 대외무역법에서 "기획재정부장관이 외국환거래관계법령에 의하여 무역대금결제방법을 정하고자 할 경우에는 미리 산업통상자원부장관과 협의하여야 한다(대외무역법 제13조 특정거래형태의 인정 등에서 제2항)."라고 규정하고 있다. 이와 같이 대외무역법에서도 외환과 관련한 사항을 규정하고 있으므로 외국환거래법과도 관계되어진다.

3) 불공정무역행위조사 및 산업피해구제에 관한 법률

대외무역법에서 규정하고 있던 불공정무역행위조사 및 산업피해구제에 관한 조항을 별도로 분리하여 제정한 법률인데, 이 법은 교역상대국의 불공정무역행위 또는 과도한 수입증가로 인해 발생되어지는 국내산업피해를 조사하고 이를 구제하는 절차를 전문적으로 다루기 위하여 제정되어진 법률이다.[2] 이 법은 대

---

2) 불공정무역행위조사 및 산업피해구제에 관한 법률 제27조(무역위원회 설치) 제1항 및 제2항에서 불공정무역행위에 대한 조사·판정, 수입증가·덤핑·보조금 등으로 인한 국내산업피해의 조사·판정 산업경쟁력 영향조사 등에 관한 업무를 수행하기 위하여 산업통상자원부에 무역위원회를 둔다.〈개정 2013.3.23.〉 그리고 업무 및 국제무역제도의 연구 등 무역위원회의 업무를 처리하기 위하여 무역위원회에 사무기구를 둔다. [전문개정 2008. 3.21.]

외무역법에서 파생된 법으로 대외무역법에 대하여 특별법의 지위를 갖는다.

> ❑ **무역구제조치(trade remedies)** : 무역구제제도는 불공정한 수입으로 인하여 국내 산업이 피해를 입거나 입을 우려가 있는 경우 또는 공정한 수입이라도 국내산업이 심각한 피해를 입거나 입을 우려가 있는 경우 당해 수입품에 대해 관세부과, 수입수량 제한 등의 조치를 취하는 제도이다. 이 제도는 불공정무역행위 조사 및 산업피해구제에 관하여 법률, 관세법 및 WTO 협정으로 보장되어 있다.

4) 독점규제 및 공정거래에 관한 법률

대외무역법 제50조(「독점규제 및 공정거래에 관한 법률」과의 관계) 제1항에서 "제46조에 따른 산업통상자원부장관의 조정명령의 이행에 대하여는 「독점규제 및 공정거래에 관한 법률」을 적용하지 아니한다."고 규정하고 있다. 〈개정 2008.2.29., 2013.3.23.〉 그리고 동법 제2항에서 "산업통상자원부장관은 제46조에 따른 조정명령이 「독점규제 및 공정거래에 관하여 법률」 제2조 제1호에 따른 사업자간의 국내시장에서의 경쟁을 제한하는 것이면 공정거래위원회와 미리 협의하여야 한다."〈개정 2008.2.29., 2013.3.23.〉고 규정하여 대외무역법과 독점규제 및 공정거래에 관한 법률과의 관계를 나타내고 있다.

5) 국가보안법

대외무역법 제51조(국가보안법과의 관계)에서 "이 법에 따른 물품 등의 수출·수입행위에 대하여는 그 행위가 업무 수행상 정당하다고 인정되는 범위에서 「국가보안법」을 적용하지 아니한다."고 규정하여 대외무역법이 국가보안법에 대하여 특별법의 지위에 있음을 밝히고 있다.

6) 경제자유구역지정 및 운영에 관한 법률

「경제자유구역의 지정 및 운영에 관한 법률」로 한국을 동북아시아의 비즈니스 중심국가로 육성하기 위해 제정한 법률로서 경제자유구역의 지정 및 운영을 통해 외국인투자기업의 경영환경과 외국인의 생활여건을 개선함으로써 외국인 투자를 촉진하고, 나아가 국가경쟁력 강화와 지역간 균형발전을 도모할 목적으로 2002년 11월 국회 통과를 거쳐 같은 해 12월 30일 법률 제6835호로 제정되었다. 법률 제14839호로 2017년 7월 26일 타법개정, 2017년 7월 26일부로 시행되고 있다.

제2절 무역거래의 주체에 대한 관리

국가 간의 상거래에는 이를 영위하는 무역거래의 주체인 무역거래자가 있으며, 무역거래자를 관리 또는 지원하는 기관이 필요하게 되어 국가는 관계 법령에 의하여 이를 체계적으로 관리 또는 지원하고 있다.

1. 무역거래자

"무역거래자"라 함은 무역을 업으로 영위하는 자를 말하는데, 대외무역법 제2조(정의)제3호에서 "무역거래자란 수출 또는 수입을 하는 자, 외국의 수입자 또는 수출자에게서 위임을 받은 자 및 수출과 수입을 위임하는 자 등 물품 등의 수출행위와 수입행위의 전부 또는 일부를 위임하거나 행하는 자를 말한다."고 규정하고 있다.

여기서 수출·수입행위의 전부 또는 일부를 행하는 자라 함은 자기명의로 자기 책임하에 물품 등의 수출과 수입을 업으로 영위하는 무역업자를 말하고, 물품 등의 수출·수입행위의 전부 또는 일부를 위임하는 자라 함은 자기 명의로 소유권 이전을 전제로 한 수출입을 하지 못하고 단순히 계약대리권만 행사하는 무역대리업자를 말한다.

2. 무역업고유번호

"무역업고유번호"는 수출입거래가 질서 있고 효율적으로 이루어질 수 있도록 산업통상자원부가 무역업자에게 부여하는 번호를 말한다.

무역업고유번호는 의무사항은 아니므로 이를 부여받지 않고 무역업을 영위하더라도 이에 대한 벌칙이 적용되지 않으며, 한국무역협회와 대한상사중재원에 회원으로 가입할 의무가 없다. 그러나 수출실적의 인정 등 무역금융으로 수출자금을 조달하려는 경우나 수출입신고를 할 때는 무역업고유번호를 기재해야 하므로 무역업자는 무역고유번호를 부여받아야 할 것이다. 대외무역법 시행령 제21조제1항 및 대외무역관리규정 제24조에 따라 산업통상자원부장관은 국가 수출입 통계 처리를 위해 무역업을 영위하는 자에게 무역업고유번호를 부여(무역업고유번호부여증 발급)하고 있다. 따라서 무역업을 영위하고자 하는 개인이나 법인은 세법상의 사업자등록을 하고 방문 또는 우편・팩스・e-mail, 전자문서교환체제(EDI) 등의 방법으로 한국무역협회장에게 신청하여야 하며, 한국무역협회장은 접수 즉시 신청자에게 무역업고유번호를 부여해야 한다.

무역거래자는 「관세법」 제241조에 따른 수출(입)신고시 제1항에 따른 무역업고유번호를 수출(입)자 상호명과 함께 기재하여야 한다(대외무역관리규정 제24조6항).

1) 변동사항의 수전

무역업고유번호를 부여받은 자가 상호, 대표자, 주소, 전화번호 등의 변동사항이 발생한 경우에는 별지 제2호의 서식에 따른 무역업고유번호신청사항 변경통보서에 따라 변동사항이 발생한 날부터 20일 이내에 한국무역협회장에게 알리거나 한국무역협회에서 운영하고 있는 무역업 데이터베이스에 변동사항을 수정입력하여야 한다(대외무역관리규정 제24조3항).

2) 무역업고유번호의 유지 및 수출입실적의 승계

무역업고유번호를 부여받은 자가 합병, 상속, 영업의 양수도 등 지위의 변동이 발생하여 기존의 무역업고유번호를 유지 또는 수출입실적 등의 승계를 받으려는 경우에는 변동사항에 대한 증빙서류를 갖추어 무역업고유번호의 승계 등을 한국무역협회장에게 신청할 수 있다(대외무역관리규정 제24조4항).

3) 무역업 관리번호의 기록 및 관리

한국무역협회장은 무역업고유번호의 부여 및 변경사항을 확인하고 무역업고유번호관리대장 또는 무역업 데이타베이스에 이를 기록 및 관리하여야 한다(대외무역관리규정 제24조5항).

문제 1

다음 중 대외무역법상 무역업고유번호에 대한 설명으로 올바른 것은?

(제40회 국제무역사 기출문제, 2017년)

① 산업통상자원부장관은 수출입 거래가 질서 있고 효율적으로 이루어질 수 있도록 전산관리체제를 개발·운영하기 위하여 무역거래자별 무역업고유번호 를 부여할 수 있다.

② 무역업고유번호를 부여받으려는 자는 우편, 팩시밀리, 전자우편, 전자문서 교환체제(EDI) 등의 방법으로 산업통상자원부장관에게 신청하여야하며, 산업통상자원부장관은 접수 즉시 신청자에게 고유번호를 부여하여야 한다.

③ 무역거래자는 내국신용장 및 구매확인서 발급 시 무역업고유번호를 반드시 기재하여야 한다.

④ 무역업고유번호를 부여받은 자가 합병, 상속, 영업의 양수도 등 지위의 변동이 발생하여 기존의 무역고유번호를 유지 또는 수출입실적 등의 승계를 받으려는 경우에는 무역업고유번호를 반드시 신규로 발급받아야 한다.

정답 ①

문제 2

다음 중 대외무역법령상 무역업고유번호제도에 대한 설명이 잘못된 것은?

(제39회 국제무역사 기출문제, 2017년)

① 수출입 거래질서를 위하여 산업통상자원부장관이 개발 · 운영하여야하는 전산관리체계에는 무역업고유번호의 부여 및 관리 등 수출입통계 데이터베이스 체제와 불공정무역행위를 방지하기 위한 전산관리체제가 있다.

② 무역업고유번호를 부여받으려는 자는 관련 서식을 구비하여 우편, 팩시밀리, 전자우편, 전자문서교환체제(EDI) 등의 방법으로 각 시도 지자체장에게 신청하여야 하며, 지자체장은 접수 즉시 고유번호를 부여하여야 한다.

③ 무역업고유번호를 부여받은 자가 상호, 대표자, 주소, 전화번호 등의 변동 사항이 발생한 경우에는 무역업고유번호신청사항 변경통보서에 따라 변동사항이 발생한 날부터 20일 이내에 관련 기관에 알리거나 무역업 데이터베이스에 수정입력 하여야 한다.

④ 무역업고유번호를 부여받은 자가 합병, 상속, 영업의 양수도 등 지위의 변동이 발생하여 기존의 무역업고유번호를 유지 또는 수출입실적 등의 승계를 받으려는 경우에는 변동사항에 대한 증빙서류를 갖추어 무역업고유번호의 승계 등을 관련 기관에 신청할 수 있다.

정답 ②

3. 개별행정법에 따른 무역거래자의 관리

대외무역법상 사업자등록을 필한 개인 또는 법인은 누구든지 무역업고유번호를 무역협회로부터 부여받아 무역업을 영위할 수 있다. 그러나 인간의 건강, 안전, 환경, 안보, 공서양속 등 경제외적인 부분에서 관리가 필요한 물품 등의 수출입에 대해서는 개별행정법에서 그 요건을 별도로 통합공고로 규정하고 있다. 따라서 개별행정법에서 관리하는 물품 등을 수출 또는 수입하고자 하는 자는 해당 행정법상의 요건을 동시에 충족시켜야만 당해품목의 수출입이 가능하다. 이러한 개별행정법에 따른 개별 법률은 아래와 같다.

통합공고는 대외무역법 제12조의 규정에 의하여 동법 이외의 다른 법령에서 해당물품의 수출입의 요건 및 절차 등을 정하고 있는 경우에 수출입 요건확인 및 통관 업무의 간소화와 무역질서 유지를 위하여 다른 법령이 정한 물품의 수출입의 요건 및 절차에 관한 사항을 조정하고 이를 통합 규정함을 목적으로 한다(통합공고 제1조 목적).

❑ 무역관련 58여개의 개별법(2017년 9월 29일 시행): 약사법, 마약류관리에 관한 법률, 화장품법, 식품위생법, 검역법, 화학물질관리법, 화학물질의 등록 및 평가 등에 관한 법률, 양곡관리법, 비료관리법, 농약관리법, 가축전염병예방법, 식물방역법, 종사산입법, 축산법, 품질경영 및 공산품안전관리법, 전기용품안전관리법, 계량에 관한 법률, 석유 및 석유대체연료사업법, 원자력법, 전파법, 야생동식물보호법, 폐기물의 국가간 이동 및 그 처리에 관한 법률, 대기환경보전법, 소음·진동관리법, 자동차관리법, 산업안전보건법, 오존층보호를 위한 특정물질의 제조 규제등에 관한 법률, 건설기계관리법, 먹는 물 관리법, 자원의 절약과 재활용촉진에 관한 법률, 화학무기·생물무기의 금지를 위한 특정화물물질의 제조·수출입규제 등에 관한 법률, 축산물가공처리법, 건강기능식품에 관한 법률, 농수산물품질관리사법, 방위사업법, 수산업법, 고압가스안전관리법, 영화 및 비디오물의 진흥에 관한 법률, 게임업진흥에 관한 법률, 음악진흥에 관한 법률, 하수도법, 주세법, 지방세법, 총포·도검·화학류 등의 안전관리에 관한 법률, 출판 및 인쇄진흥법, 의료기기법, 인체조직안전 및 관리등에 관한 법률, 수산생물질병 관리법, 사료관리법, 생물다양성 보전 및 이용에 관한 법률, 폐기물 관리법, 전기·전자제품 및 자동차의 자원순환에 관한 법률, 액화석유의 안전관리 및 사업법, 목재의 지속가능한 이용에 관한 법률, 농수산생명자원의 보존·관리 및 이용에 관한 법률, 기타 특정물품의 수출입절차 또는 요령을 정한 법률 및 국제협약, 수입식품안전관리 특별법, 어린이제품안전특별법

자료: 통합공고 제3조제1항(적용법령 등)

제3절 무역관리기관

1. 대외무역관리

1) 대외무역관리의 의의

"무역관리"란 국가가 제도 · 기구 또는 법규에 의하여 무역거래 및 거래자에 대한 간섭 · 통제 또는 규제를 가하는 것으로서, 어느 나라를 막론하고 무역에 대한 규제와 지원을 하기 위하여 각종 법규 및 제도를 마련하고 있다. 즉, 무역에 관련한 업무는 국민경제와 국민의 소비생활, 자국 산업의 국제경쟁력 등에 지대한 영향을 미치게 되므로 대부분의 국가는 물품의 수출과 수입, 결제방법, 거래형태, 수출입업자의 자격요건, 부적절한 수입으로 인하여 국내산업이 타격을 받게 될 경우에 이에 따른 국내산업보호 등과 연계시켜 자국내의 수출입절차를 규정하고 있다. 이러한 절차를 준수하도록 통제 · 관리 또는 지원함으로써 국민경제의 성장과 발전을 도모하고자 하는 것이다.

2) 국제무역을 관리 및 지원

대외무역법에 따른 무역관리 및 지원은 국가행정기관을 통하여 이루어지며, 중앙행정기관을 통한 중앙집권적 관리라는 점이 특징이다. 이는 무역이 국민경제에 지대한 영향을 미치고 있으므로 무역정책의 일환으로서 중앙행정기관에 따른 통일적인 관리 및 지원체계가 요청되기 때문이다. 우리나라의 대외무역관리 및 지원에 관하여 주무기관은 산업통상자원부이다. 산업통상자원부 직제에서 산업통상자원부는 상업 · 무역 · 산업 및 공업 등에 관하여 사무를 관장하도록 규정함으로써 산업통상자원부장관이 무역행정을 담당하는 중앙행정기관의 장이 된다. 그러나 무역행정의 신속화와 효율적인 운영을 위하여 산업통상자원부장관은 그 권한의 일부를 대통령령이 정하는 바에 따라 각 관리기관에 위임 · 위탁하여 관리하고 있다.

3) 국제무역을 지원하는 중앙행정기관

무역행정에 관하여 주무 중앙행정관청인 산업통상자원부를 돕는 중앙행정관청으로서 기획재정부(외자도입 · 외환), 외교통상부(해외통상 · 조약체결 등), 행정자치부(총포화약류 등), 농림수산식품부(양곡 · 비료 · 농약 등), 보건복지부(독극물 · 마약 등), 건설교통부(건설장비 등), 문화체육관광부(문화재 등) 등이 있는데, 이들 행정기관은 각기 소관사무에 관하여 특별법을 관장하며 이를 운영하고 있다.

2. 무역에 관한 권한의 위임 · 위탁기관

"권한의 위임"(委任)이란 행정관청이 그의 권한의 일부를 다른 행정기관에 이전하여 수임기관의 권한으로 행사하도록 하는 것을 말하며, "권한의 위탁"(委託)이란 그 권한을 위임하는 행정관청의 하급행정청 또는 보조기관에 어떤 행위나 사무 따위를 행할 것을 부탁하는 일을 말한다.

대외무역법에서는 수출입행정의 신속화와 효율적인 운영을 도모하기 위하여 무역에 대한 중앙행정기관인 산업통상자원부장관이 수출입과 관련된 권한을 여타 행정기관 또는 단체 등에 위임 또는 위탁할 수 있도록 규정하고 있다. 산업통상자원부장관은 대외무역법의 규정 제52조(권한의 위임 · 위탁) 제1항에서 "이 법에 따른 산업통상자원부장관의 권한은 대통령령으로 정하는 바에 따라 그 일부를 소속기관의 장, 시 · 도지사에게 위임하거나 관계 행정기관의 장, 세관장, 한국은행총재, 한국수출입은행장, 외국환은행의 장, 그 밖에 대통령령으로 정하는 법인 또는 단체에 위탁할 수 있다〈개정 2008.2.29.〉"라고 규정하고 있다.

이에 따라 기술표준원장, 시 · 도지사 및 자유무역지역관리원장, 국립산림과학원장, 세관장, 한국무역협회장, 한국선주협회, 한국관광협회 및 업종별 관광협회, 한국소프트웨어산업협회, 관세청장, 관계행정기관 또는 단체의 장, 한국기계산업진흥회, 한국수출입은행, 대한상사중재원, 대한상공회의소, 외국환은행의 장 및 전자무역기반사업자, 전략물자관리원 등도 산업통상자원부장관으로부터 일정한 업무를 위임·위탁받아 그 권한을 행사하고 있다.

1) 위임(수임)관리기관

(1) 시 · 도지사

산업통상자원부장관은 대외무역법의 규정에 의해 산업통상자원부장관이 관장하는 물품에 대한 다음의 권한을 시·도지사에게 위임한다. (다만, 자유무역지역관리원의 관할구역 안의 입주업체에 대한 권한은 자유무역지역관리위원장에게 위임한다) (대외무역법 시행령 제91조3항). 〈개정 2008.2.29, 2008.11.5, 2009.11.2, 2010.10.1, 2013.3.23.〉

① 제27조 제2항 및 제3항에 따른 외화획득 이행기간의 연장에 관한 권한
② 제17조 1항에 따른 사용목적 변경승인에 관한 권한

(2) 국가기술표준원장

산업통상자원부장관은 대외무역법의 규정에 의하여 산업통상자원부장관이 관장하는 품목의 물품 등에 대한 다음 각 호의 권한을 국가기술표준원장에게 위임한다.

다만, 외화획득용 원료·기재의 기준소요량의 결정에 관하여 권한 중 목재가구에 대한 권한은 국립산림과학원장에게 위탁한다.

가. 외화획득용 원료·기재(목재가구 제외)의 기준소요량의 결정에 관한 권한
나. 외화획득이행여부에 대한 사후관리 권한
다. 시·도지사에게 위임된 사무에 대한 지휘·감독 및 자료의 제출요청에 관한 권한
라. 산업통상통상부장관이 지정·고시한 관계 행정기관 또는 단체에 위탁된 사무에 대한 지휘·감독 및 자료의 요청에 관한 권한

(3) 자유무역지역관리원장

자유무역관리원장에게는 관할구역내의 입주업체에 대한 시·도지사에게

위임되었던 권한을 자유무역지역관리원장에게 위임한다.
자유무역지역은 대외무역법・관세법 등 관계법률에 따른 규제를 완화하여 자유로운 무역활동(제조・유통・무역활동) 등이 보장되는 지역이다. 이는 관계 법령의 적용이 전부 또는 일부가 배제되거나 완화된 보세구역의 성격을 띤 지역이다.

2) 위탁(수탁)관리기관

(1) 관계중앙행정기관의 장

산업통상자원부장관이 관장하는 물품 등을 제외하고는 아래의 권한을 그 대상 물품 등의 품목에 따라 그 물품 등을 관장하는 중앙행정기관의 장에게 위탁한다(대외무역법 시행령 제91조1항). 〈개정 2008.2.29, 2013.3.23, 2014.1.28.〉

① 외화확획득용 원료・기재의 수입 제한에 관한 권한
② 외화획득용 원료・기재의 기준소요량 결정에 관한 권한
③ 외화획득이행기간의 결정 및 그 연장에 관한 권한
④ 외화획득용 원료・기재 또는 그 원료・기재로 제조된 물품 등(산업통상자원부장관이 정하여 고시하는 품목만 해당)에 대한 아래의 권한
  가. 외화획득이행여부의 사후관리에 관한 권한
  나. 사용목적 변경승인에 관한 권한
  다. 양도・양수의 승인에 관한 권한
⑤ 수출입질서 유지를 위한 조정명령에 관한 권한
⑥ "시・도지사(특별시장・광역시장・도지사 또는 특별자치도지사)"에게 위임된 사무에 대한 지휘・감독 및 자료의 제출에 관한 권한(대외무역법 제52조제2항 및 제3항)

(2) 국립산림과학원장

산업통상자원부장관이 관장하는 품목의 물품 등 목재가구에 대한 외화획득용 원료・기재의 기준소요량의 결정에 관한 권한 〈개정 2008.2.29, 2013. 3.23, 2013.12.11.〉

(3) 한국무역협회회장

① 전문무역상사의 지정 및 지정의 취소
② 무역업고유번호의 부여 및 관리 등 수출입 통계 데이터베이스를 구축하기 위한 전산 관리체제의 개발・운영
③ 수출입거래에 관하여 정보의 수집・분석
④ 용역의 수출입 확인〈개정 2008.2.29, 2013.3.23, 2014.7.16.〉

(4) 세관장

다음의 권한은 산업통상자원부장관에 의하여 세관장에게 위탁하고 있다(대외무역법 시행령 제91조 제4항).

① 수출입 승인 면제의 확인에 관한 권한(대외무역법 제14조).
② 원산지표시의 확인에 관한 사항(대외무역법 시행령 제57조제4항).
③ 수입한 물품 등과 관련 서류의 검사에 관한 사항(대외무역법 시행령 제33조제4항).
④ 시정조치 명령(대외무역법 제33조의2제1항)
⑤ 과징금 부과 및 이 영 제59조의2에 따른 과징금 납부기한의 연장, 분할납부 및 그 결정의 취소에 관한 권한(대외무역법 제33조의2제2항)
⑥ 원산지증명서의 제출 명령에 관한 권한(대외무역법 제65조)
원산지증명서 발급 업무 중 관세양허(關稅讓許)를 받기 위한 원산지증명서 발급 업무에 관한 권한
⑦ 원산지표시대상물품에 대하여 원산지를 표시하지 아니한 상태로 판매를 목적으로 유통시킨 무역거래자 또는 판매업자나 수입물품에 대한 원산지표시의의 검사를 거부・방해 또는 기피한 자에 대한 과태료의 부과・징수에 관한 권한[법 제59조제2항제3호(이 항 제3호의 권한에 따른 경우만 해당한다)]

(5) 한국선주협회장

용역 중 해운업 수출입확인에 대한 권한을 한국선주협회로 위탁한다(대외무역법 시행령 제19조제5항).

(6) 한국관광협회중앙회장 및 업종별 관광협회장

용역 중 관광사업의 수출입확인에 대한 권한을 한국관광협회중앙회 및 업종별 관광협회에 위탁한다(대외무역법 시행령 제91조제5항).

(7) 한국소프트웨어산업협회장

전자적 형태의 무체물의 수출입확인에 대한 권한을 한국소프트웨어산업협회에 위탁한다(대외무역법 시행령 제91조제5항).

(8) 관세청장

산업통상자원부장관은 아래의 권한을 관세청장에게 위탁한다(대외무역법 시행령 제91조6항).

① 산업동상자원부장관이 정하는 원산지표시방법의 범위에서 그 표시방법에 관하여 세부적인 사항을 정하는 권한(대외무역법 시행령 제56조3항 본문).
② 수입물품의 원산지표시 사전확인 및 이의제기의 처리에 관한 권한(대외무역법 시행령 제57조1항).
③ 원산지의 판정 및 이의제기의 처리에 관한 권한(대외무역법 시행령 제62조63조).
④ 세관장에게 위탁된 사무에 대한 지휘·감독 및 자료의 제출요청에 관한 권한(대외무역법 시행령 제52조2항 및 3항).

(9) 관계행정기관장 또는 단체의 장

수출입승인 대상물품등에 대한 다음의 권한을 산업통상자원부장관이 지정하여 고시하는 관계행정기관 또는 단체의 장에게 위탁한다(대외무역법 시행령 제91조제7항). 〈개정 2008.2.29., 2013.3.23., 2014.1.28.〉

① 수출 또는 수입의 승인, 승인의 유효기간 설정 및 연장, 변경승인 및 변경사항 신고의 수리에 관한 권한
② 외화획득용 원료·기재의 수입승인에 관한 권한
③ 산업통상자원부장관이 관장하는 외화획득용 원료·기재에 대한 제28

조에 따른 사후 관리에 관한 권한

(10) 한국기계산업진흥회장

플랜트수출의 승인 및 변경승인에 관한 권한(대외무역법시행령 제91조제8항).

(11) 한국수출입은행장

한국기계공업진흥회장에게 위탁된 플랜트수출의 승인 및 변경승인을 하는 권한 중 연불금융지원거래인 경우(대외무역법 시행령 제91조8항).

(12) 대한상사중재원장

① 무역분쟁에 대한 조정 또는 알선에 관한 권한
② 무역거래 또는 선적전검사와 관련된 분쟁조정, 조정비용 부담 등에 관한 권한.

(13) 대한상공회의소나 「민법」 제32조에 따라 설립된 법인 중 산업통상자원부장관이 지정하여 고시하는 법인

법 제52조제1항에 따라 제66조제2항 및 제3항에 따른 원산지증명서 발급업무(관세양허를 받기 위한 원산지증명서 발급 업무를 포함한다).(대외무역법 시행령 제19조10항). 〈개정 2008.2.29., 2013.3.23.〉

(14) 외국환은행의 장 및 전자무역기반사업자

구매확인서의 발급 및 사후관리에 관한 권한을 외국환은행의 장 및 「전자무역 촉진에 관하여 법률」 제6조에 따라 산업통상자원부장관이 지정한 전자무역기반사업자에게 위탁한다(대외무역법 시행령 제19조제11항).

(15) 전략물자관리원

전략물자의 판정 및 통보에 관한 권한을 대외무역법 제29조에 따라 설립된 전략물자관리원에 위탁한다(대외무역법 시행령 제91조제12항).

3) 공무원 의제

“의제(擬制)”란 실체를 달리하는 것을 법률적으로 같게 취급하고 같은 법률 효과를 부여하는 것을 일컫는다. 사망이라는 실체가 없는데도 행방불명자는 실종 선고를 함으로써 법률상으로 진정한 사망과 같이 취급된다(민법 28조). 의제는 보통 “…으로 본다.”라는 조문의 규정 형식을 취한다. 즉, 공무원 의제란 공무원이 아님에도 불구하고 공무원으로 본다는 의미이다.

법 제58조(벌칙 적용 시의 공무원 의제)에서 “대통령령으로 정하는 법인 또는 단체”란 다음 각 호에 해당하는 기관 또는 단체를 말한다.

1. 한국무역협회
2. 한국소프트웨어산업협회
3. 한국선주협회
4. 「관광진흥법」 제41조제1항・제45조제1항에 따른 한국관광협회중앙회 및 업종별 관광협회
5. 제91조제7항에 따라 지정된 단체
6. 한국기계산업진흥회
7. 대한상사중재원
8. 대한상공회의소
9. 제91조 제10항에 따라 지정된 법인

문제 3

다음은 대외무역법령에서 규정하고 있는 산업통상자원부장관의 권한의 위임・위탁에 관한 설명이다. 잘못된 것은? (제35회 국제무역사, 2015. 2. 7.)

	기관	업무
①	전자무역기반사업자	구매확인서의 발급 및 사후관리
②	한국선주협회	해운업의 수출입 확인
③	한국기계산업진흥회	플랜트수출의 승인 및 변경승인
④	한국소프트웨어산업협회	수출입거래에 관한 정보의 수집・분석

정답 ④

문제 4

다음 중 대외무역법의 위임 · 위탁규정에 의해 국무역협회가 수행하는 업무로 잘못된 것은? (제38회 국제무역사)

① 무역업고유번호의 부여 및 관리
② 전문무역상사의 지정 및 지정의 취소
③ 무역분쟁에 대한 조정 또는 알선
④ 수출입통계 데이터베이스를 구축하기 위한 전산관리체제의 개발 · 운영

정답 ③

3. 대외무역법령상의 관리 및 지원체계

대외무역법령상의 관리 및 지원체계를 살펴보면 우리나라의 무역관리는 무역을 하는 사람의 측면에서 인적관리, 무역의 대상인 상품의 측면에서 물적 관리, 무역방식의 측면에서 방법적 관리가 이루어진다.

1) 인적관리

"인적관리"는 무역거래의 주체인 무역거래자, 수출조합, 관세사 등, 해운업 등과 같은 무역 관련 업자의 자격이나 활동 및 무역업고유번호에 관련한 관리이다.

2) 물적관리

"물적관리"는 상품별 무역의 허용과 제한, 관세율의 설정, 수출입허가 및 통관절차 등이 이에 해당한다. 물적관리 측면에서는 산업통상자원부장관은 수출입의 제한 및 절차 등에 관하여 수출입공고를 할 수 있게 되어 있다. 관계행정기관장은 물품의 수출입요령을 제정 또는 개정 시에 산업통상자원부장관에게 그 내용을 제출하면 산업통상자원부 장관은 이를 통합하여 공고하게 된다. 현재 수출입은 원칙적으로 자유롭게 할 수 있지만 특정물품에 대해서는 승인을 받도록 하고 있다.

3) 방법적 관리

"방법적 관리"는 무역에 수반되는 대금결재방식에 관련된 것으로 L/C방식, 추심방식, 송금방식 같은 일반적 방식과 연계무역, 연불수출 등과 같은 특수형태의 여러 거래에 대하여 구분하여 관리하게 된다. 산업통상자원부 장관은 기획재정부장관과의 협의 등을 거쳐 수출입거래 형태를 인정할 수 있도록 하고 있다.

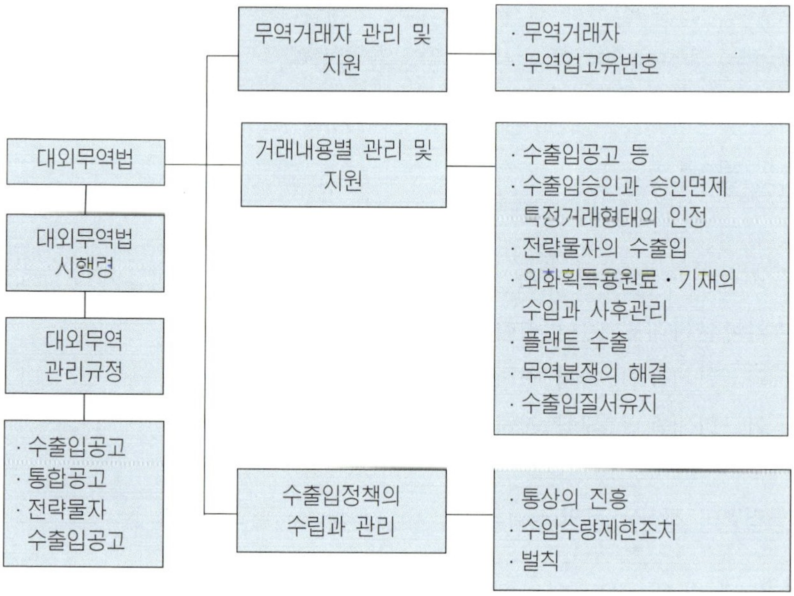

출처: 전게서, 김희길, p. 107.

제4절 용어의 정의

대외무역법에 정의되어 지는 용어는 크게 무역, 물품, 수출, 수입, 무역거래자, 정부간 수출계약이며, 그 자세한 내용은 다음과 같다.

1. 무 역

대외무역법 제2조 정의(이 법에서 사용하는 용어의 뜻)에서 규정하는 무역의 정의〈개정 2014.1.21.〉는 다음과 같다.

가. 물품

나. 대통령령으로 정하는 용역

다. 대통령령으로 정하는 전자적 형태의 무체물(無體物)의 어느 하나에 해당하는 것("물품 등")의 수출과 수입을 말한다.

2. 물 품

"물품"이란 다음 각목의 것을 제외한 동산을 말한다.(대외무역법 제2조제2항)

가. 「외국환거래법」에서 정하는 지급수단

나. 「외국환거래법」에서 정하는 증권

다. 「외국환거래법」에서 정하는 채권을 화체(化體)한 서류

1) 대통령령이 정하는 용역(대외무역법 시행령 제3조)

① 다음 각 목의 어느 하나에 해당하는 업종의 사업을 영위하는 자가 제공하는 용역

가. 경영 상담업

나. 법무관련 서비스업

다. 회계 및 세무관련 서비스업

라. 엔지니어링 서비스업

마. 디자인

바. 컴퓨터시스템 설계 및 자문업

사. 「문화진흥기본법」 제2조제1호의 규정에 따른 문화산업에 해당하는 업종

아. 운수업

자. 「관광진흥법」 제3조제1항의 규정에 따른 관광사업에 해당하는 업종

차. 그 밖에 지식기반용역 등 수출유망산업으로서 산업통상자원부장관이 정하여 고시하는 업종으로 전기통신업, 금융 및 보험업, 임대업, 광고업, 사업시설 유지, 관리 서비스업, 교육서비스업, 보건업 등이 있다.

② 국내의 법령 또는 대한민국이 당사자인 조약에 따라 보호되는 특허권·실용신안권·디자인권·상표권·저작권·저작인접권·프로그램저작권·반도체집적회로의 배치설계권의 양도(讓渡), 전용실시권(專用實施權)의 설정 또는 통상실시권(通常實施權)의 허락

2) 전자적 형태의 무체물(대외무역법 시행령 제4조 및 관리규정 제4조)

소프트웨어 등과 같은 전자적 형태의 무체물이 CD, 디스켓, 음반 등의 형태로 거래되는 경우에는 전자적 형태의 무체물이 아니라 물품에 해당되는 것으로 본다(관세법상 물품). 물품의 수출입보다는 법률·교육·소프트웨어 프로그램 등을 이용하도록 하고 이에 대하여 대가를 받는 순수한 서비스공급에 해당하는 행위는 대외무역법령상의 물품 등의 범위에 포함되지 않는 것으로 본다. 국내의 법령 또는 대한민국이 당사자인 조약에 의하여 보호되는 특허권·실용신안권·의장권·상표권·저작권[3]·저작인접권·프로그램저작권·반도체집적회로의 배치설계권의 양도, 전용실시권의 설정 또는 통상실시권의 허락 등을 말한다.

① 「소프트웨어산업진흥법」 제2조제1호에 따른 소프트웨어

② 부호·문자·음성·음향·이미지·영상 등을 디지털방식으로 제작하거나 처리한 자료 또는 정보 등으로서 산업통상자원부장관이 정하여 고시하는 것으로 영상물(영화, 게임, 애니메이션, 만화, 캐릭터를 포함), 음향·음성물, 전자서적, 데이터베이스 등이 있다.

③ 제1호와 제2호의 집합체 그 밖에 이와 유사한 전자적 형태의 무체물로서 산업통상자원부장관이 정하여 고시하는 것

---

3) 저작권에 관하여 국제조약으로는 "베른조약(세계저작권협약)"이 있다. 베른조약은 1886년 스위스의 수도 베른에서 저작권을 국제적으로 서로 보호할 것을 목적으로 체결된 조약이다. 2008년 기준으로 148개국이 가입되어 있으며, 정식 명칭은 '문학 및 미술 저작물 보호에 관하여 국제협정'이다.

문제 5

다음 중 대외무역법령에서 규정하고 있는 용역과 전자적 형태의 무체물에 대한 설명으로 잘못된 것은? (2017년 제40회 국제무역사 1급 기출)

① 용역의 수출은 국경을 넘은 이동에 의한 제공, 비거주자의 국내에서의 소비에 의한 제공, 거주자의 상업적 해외주재에 의한 제공, 거주자의 외국으로의 이동에 의한 제공 등이 포함된다.

② 전자적 형태의 무체물은 영상물(영화, 게임, 애니메이션, 만화, 캐릭터 등), 음향・음성물, 전자서적, 데이터베이스 등을 말한다.

③ 전자적 형태의 무체물 수출입은 컴퓨터 등 정보처리능력을 가진 장치에 저장한 상태로 반출・반입한 후 인도・인수하는 것을 말한다.

④ 용역과 전자적 형태의 무체물의 수출입실적 인정금액은 관세청에 제출한 수출입신고필증상의 기재금액(수출 FOB, 수입 CIF)으로 한다.

정답 ④

3. 수 출

수출의 정의에 관하여 대외무역법 시행령 제2조제3호에서는 다음과 같이 다섯 가지로 그 용어를 정의하고 있다. "수출"이란 다음 각목의 어느 하나에 해당하는 것을 말한다.

가. 매매・교환・임대차・사용대차・증여 등을 원인으로 국내에서 외국으로 물품을 이동하는 것(우리나라의 선박에 의하여 외국에서 채취 또는 포획한 광물 또는 수산물을 외국에 매도하는 것을 포함)

나. 「관세법」 제196조에 따른 보세판매장에서 외국인에게 국내에서 생산(제조・가공・조립・수리・재생 또는 개조하는 것을 말한다. 이하 같다)된 물품을 매도하는 것

다. 유상(有償)으로 외국에서 외국으로 물품을 인도(引渡)하는 것으로서 산업통상자원부장관이 정하여 고시하는 기준에 해당하는 것

라. 「외국환거래법」 제3조제1항제14호에 따른 거주자가 같은 법 제3조제1항제15호에 따른 비거주자에게 산업통상자원부장관이 정하여 고시하는 방법으로 제3조에 따른 용역을 제공하는 것

마. 거주자가 비거주자에게 정보통신망을 통한 전송과 그 밖에 산업통상자

원부장관이 정하여 고시하는 방법으로 제4조에 따른 전자적 형태의 무체물(無體物)을 인도하는 것

이와 같은 정의에 따르면, 대외무역법령상의 수출은 유체물품뿐만 아니라 용역의 제공 및 거주자와 비거주자 간 소프트웨어, 디지털콘텐츠 등의 무체물까지도 그 대상으로 하고 있다. 또한, 국내에서 외국으로의 물품 등의 이동뿐만 아니라 수출자가 반대급부를 받고 물품 등을 외국에서 외국으로 이동시키는 것도 수출의 범주에 포함되어 관세법의 수출보다 그 범위가 넓다.

이렇듯 거주자가 비거주자에게 전자적 형태의 무체물을 정보통신망을 통해 전송하는 것까지도 수출의 범주에 포함하고 있는 것은 컴퓨터와 인터넷이 예측불허하게 발전하는 현실 속에서 이에 따르는 무역환경의 급속한 변화에 능동적으로 대응하고자 새로이 마련된 규정이라 할 수 있다.

문제 6

다음 중 우리나라의 대외무역법령(대외무역법, 동법시행령, 동법관리규정)의 기준에서 수출행위로 인정되기 어려운 거래는? (제34회 국제무역사, 2014. 8. 2.)

① 우리나라 A기업이 인공지능형 운송시스템에 관한 소프트웨어를 개발하여 미국 시애틀의 B기업에게 공급하였다.

② 우리나라 C기업이 인도양에서 자사 소유의 선박으로 어획한 참치를 아랍에미리트 두바이의 D기업에게 공급하였다.

③ 우리나라 E기업이 한국진출을 희망하는 독일의 F기업에게 한국의 세무관련법률자문을 제공하였다.

④ 우리나라 G기업이 베트남에 현지법인을 설립하고 의류공장을 세워 제품을 생산한 후 현지의 H기업에게 판매하였다.

정답 ④

문제 7

국가의 무역발전을 위해서 어느 때보다 서비스무역의 중요성이 강조되고 있다. 다음 중 산업통상자원부장관이 정하여 고시하는 용역의 수출(서비스수출)에 해당하지 않은 것은 어느 것인가? (제33회 국제무역사, 2014. 2. 15.)

① 용역의 국경을 넘은 이동에 의한 제공으로, 예를 들어 우리나라 정보통신업체가 온라인을 통하여 해외업체에 컨설팅을 제공하는 경우

② 거주자가 외국에서의 소비에 의한 제공으로, 예를 들어 해외업체가 우리나라에 들어와

우리나라 정보통신업체에게 컨설팅을 제공받는 경우
③ 거주자의 상업적 해외주재에 의한 제공으로, 예를 들어 우리나라 정보통신업체가 해외지사를 통해 해외업체에 컨설팅을 제공하는 경우
④ 거주자의 외국으로의 이동에 의한 제공으로, 예를 들어 우리나라 정보통신업체 직원이 해외로 파견되어 해외업체에 컨설팅을 제공하는 경우

정답 ②

문제 8

다음 중 대외무역법령에서 규정하고 있는 용역과 전자적형태의 무체물에 대한 설명으로 잘못된 것은? (제40회 국제무역사, 2017.)

① 용역의 수출은 국경을 넘은 이동에 의한 제공, 비거주자의 국내에서의 소비에 의한 제공, 거주자의 상업적 해외주재에 의한 제공, 거주자의 외국으로의 이동에 의한 제공 등이 포함된다.
② 전자적 형태의 무체물은 영상물(영화, 게임, 애니메이션, 만화, 캐릭터등), 음향·음성물, 전자서적, 데이터베이스 등을 말한다.
③ 전자적 형태의 무체물 수출입은 컴퓨터 등 정보처리능력을 가진 장치에 저장한 상태로 반출·반입한 후 인도·인수하는 것을 말한다.
④ 용역과 전자적 형태의 무체물의 수출입실적 인정금액은 관세청에 제출한 수출입신고필증상의 기재금액(수출 FOB, 수입 CIF)으로 한다.

정답 ④

4. 수 입

대외무역법 시행령 제2조제4항에서는 수입의 용어정의를 다음과 같이 네 가지로 규정하고 있다. “수입”이란 다음 각목의 어느 하나에 해당하는 것을 말한다.

가. 매매, 교환, 임대차, 사용대차, 증여 등을 원인으로 외국으로부터 국내로 물품이 이동하는 것

나. 유상으로 외국에서 외국으로 물품을 인수하는 것으로서 산업통상자원부장관이 정하여 고시하는 기준에 해당하는 중계무역, 외국인수수입, 무환수입

다. 비거주자가 거주자에게 산업통상자원부장관이 정하여 고시[4]하는 방

---

4) 1. 용역의 국경을 넘은 이동에 의한 제공

법으로 제3조에 따른 용역을 제공하는 것

라. 비거주자가 거주자에게 정보통신망을 통한 전송과 그 밖에 산업통상자원부장관이 정하여 고시하는 방법으로 제4조에 따른 전자적 형태의 무체물을 인도하는 것

결국, 수입은 수출과의 정반대되는 개념으로서, 물품 등이 외국에서 국내로 이동하는 것이라고 할 수 있다. 한편, 대외무역법령상의 수출(수입)의 정의에서 유상으로 외국에서 외국으로 물품 등을 인도(인수)하는 것으로서 산업통상자원부 장관이 정하여 고시하는 것을 수출(수입)이라고 예외적으로 규정하고 있다.

문제 9

다음은 우리나라의 대외무역법령에서 규정하고 있는 용어에 대한 설명이다. 잘못된 것은?

(제34회 국제무역사, 2014. 8. 2.)

① "수출"이란 매매, 교환, 임대차, 사용대차, 증여 등을 원인으로 국내에서 외국으로 물품이 이동하는 것이다.

② "무역거래자"란 수출 또는 수입을 하는 자, 외국의 수입자 또는 수출자에게서 위임을 받은 자 및 수출과 수입을 위임하는 자 등 물품 등의 수출행위와 수입행위의 전부 또는 일부를 위임하거나 행하는 자를 말한다.

③ "외화획득용 제품"이란 수입한 후 생산과정을 거친 상태로 외화획득에 제공되는 물품 등을 말한다.

④ "수입실적"이란 산업통상자원부장관이 정하여 고시하는 기준에 해당하는 수입 통관액 및 지급액을 말한다.

정답 ③

문제 10

다음 중 우리나라의 대외무역법령(대외무역법, 동법시행령, 동법관리 규정)에서 규정

---

2. 거주자의 외국에서의 소비에 의한 제공
3. 비거주자의 상업적 국내주재에 의한 제공
4. 비거주자의 국내로 이동에 의한 제공

하고 있는 수출입의 정의가 잘못된 것은? (제35회 국제무역사, 2015. 2. 7.)

① 거주자가 비거주자에게 산업통상자원부장관이 정하여 고시하는 방법 으로 용역을 제공하는 것은 수출이다.

② 수출할 것을 목적으로 물품 등을 수입하여 보세구역 및 보세구역외 장치의 허가를 받은 장소 또는 자유무역지역 이외의 국내에 반입한 후 재수출하는 수출입의 형태는 중계무역이다.

③ 비거주자가 거주자에게 정보통신망을 통한 전송과 그 밖에 산업통상 자원부장관이 정하여 고시하는 방법으로 전자적 형태의 무체물을 인도하는 것은 수입이다.

④ 가공임을 지급하는 조건으로 외국에서 가공할 원료의 전부 또는 일부를 수탁가공업자에게 수출하거나 외국에서 조달하여 공급하여 주고, 이를 가공한 후가공물품 등을 수입하거나 외국으로 인도하는 수출입은 위탁가공무역이다.

정답 ②

5. 무역거래자

"무역거래자"란 수출 또는 수입을 하는 자, 외국의 수입자 또는 수출자에게서 위임을 받은 자 및 수출과 수입을 위임하는 자 등 물품등의 수출행위와 수입행위의 전부 또는 일부를 위임하거나 행하는 자를 말한다.

6. 정부간 수출계약

"정부간 수출계약"이란 외국 정부의 요청이 있을 경우, 제32조의3제1항에 따른 정부간 수출계약 전담기관이 대통령령으로 정하는 절차에 따라 국내 기업을 대신하여 또는 국내 기업과 함께 계약의 당사자가 되어 외국 정부에 물품등(「방위사업법」 제38조제1항제4호에 따른 방산물자등은 제외한다)을 유상(有償)으로 수출하기 위하여 외국 정부와 체결하는 수출계약을 말한다.

(1) 정부간 수출계약의 절차(대외무역법 시행령 제4조의2)

법 제2조 제4호에서 "대통령령으로 정하는 절차"란 다음 각 호에 규정된 절차를 말한다.

1. 외국 정부의 물품등(「방위사업법」 제38조제1항제4호에 따른 방산물자등은 제외, 제54조의5 및 제54조의6에서 같다) 구매의사에 관한 법 제32조의3제1

항에 따른 정부간 수출계약 전담기관의 확인

2. 국내 기업의 정부간 수출계약 이행능력에 관한 평가 및 추천. 다만, 외국 정부가 물품등을 수출할 국내 기업을 지정하는 경우에는 추천을 생략할 수 있다.
3. 전담기관과 국내 기업의 정부간 수출계약 이행에 관한 약정의 체결
4. 전담기관과 외국 정부와의 수출에 관한 계약의 체결(국내 기업과 함께 계약의 당사자가 되어 체결하는 경우를 포함)[본조신설 2014.7.16.]

문제 11

다음 중 대외무역법령에서 규정하고 있는 용어의 정의가 잘못된 것은?

(제39회 국제무역사)

① 외화획득용 원료·기재란 외화획득용 원료, 외화획득용 시설기재, 외화획득 용제품, 외화획득용 용역 및 외화획득용 전자적형태의 무체물을 말한다.

② 수출실적이란 산업통상자원부장관이 정하여 고시하는 기준에 해당하는 수출통관액·입금액, 가득액(稼得額)과 수출에 제공되는 외화획득용 원료·기재의 국내공급액을 말하며, 수입실적이란 수입통관액 및 지급액을 말한다.

③ 외국인수수입이란 수입대금과 물품이 외국에서 인수하거나 제공받는 수입을 말하며, 외국인도수출이란 수출대금과 물품이 외국으로 인도하거나 제공되는 수출을 말한다.

④ 소요량이란 외화획득용 물품 등의 전량을 생산하는 데에 소요된 원자재의 실량과 손모량을 합한 양을 말한다.

정답 ③

제3장 통상의 진흥

산업통상자원부장관은 통상을 진흥시키기 위하여 매년 다음 연도의 통상진흥시책을 수립하여야 한다. 이를 위하여 무역·통상관련기관과 대외무역에 참여하는 기업에 대하여는 무역거래 및 기업 활동을 지원하여야 하며, 현재 민간지정 형태로 운영되던 전문무역상사를 지정·육성하여 직수출 역량이 부족한 중소기업의 수출 확대와 농수산식품, 서비스 등 다양한 분야의 수출 확대를 지원하도록 하고 있다. 또한 전자무역을 촉진하기 위하여 종합정책을 수립하여 시행하도록 하고 있다.

제1절 통상진흥정책

1. 통상진흥정책의 의의

무역과 국제자본거래에 관해 국익차원에서 정부가 실시하는 정책을 통상정책이라고 한다. 통상정책은 그 효과와 영향이 본국은 물론 타국에도 중대한 영향을 준다. 그러므로 통상정책을 수립하는 경우 국내의 물가와 고용 등 전반적인 경제사정과 아울러 타국의 입장도 고려해야 한다. 통상정책의 결과 타국에게 불이익이 돌아가는 경우 통상마찰이나 보복적인 통상정책을 유발하기 쉽다.[1] 그러나 통상정책은 자국의 경제적 이익을 극대화시키기 위

1) 정홍주·이영수 공저, 국제통상의 이해, 문영사, 2004, p.70.

하여 필요한 국내외적 여건을 만드는 데 그 일차적인 목표를 둔다. 이를 위해서 자국의 수출품에 대한 해외시장의 개척을 확대하고, 수출품을 생산하기 위한 필요한 자원에 대한 안정적 취득을 확보할 뿐만 아니라, 통화·금융·해외직접투자 등과 관련해서도 자국기업들에게 우호적이고 유리한 무역환경을 만들고 유지하려는 것이 통상정책의 근간을 이룬다. 이에 따라 우리나라 대외무역법에서는 산업통상자원부장관으로 하여금 효율적인 통상진흥정책을 수립(대외무역법 제7조 - 통상진흥시책의 수립)하도록 하여, 무역거래자들에게 통상정보를 제공함과 아울러, 전문무역상사의 지정, 무역업무의 효율화를 위한 기반조성 등 무역거래자에 대한 각종지원정책을 실시하여 국가적으로 통상진흥을 위하여 노력하고 있다.

1) 통상진흥시책의 수립

대외무역법 제7조제1항에서 "산업통상자원부장관은 무역과 통상을 진흥하기 위하여 매년 다음 연도의 통상진흥시책을 세워야 한다"라고 규정하고 있다. 그리고 대외무역법 시행령 제7조(통상진흥시책의 수립)에서 "산업통상자원부장관은 법 제7조제1항의 규정에 의하여 통상진흥시책을 수립하고자 하는 경우에는 관계행정기관, 지방자치단체, 「대한무역투자진흥공사법」에 따른 대한무역투자진흥공사, 「민법」 제32조[2]에 따라 산업통상부장관의 허가를 받아 설립된 한국무역협회 그 밖에 무역 및 통상과 관련되는 기관 또는 단체에 필요한 협조를 요청할 수 있다"고 규정하고 있다.

2) 통상진흥시책의 내용

산업통상자원부장관이 통상진흥시책을 수립할 경우에 통상진흥시책에 포함되어야 할 사항은 다음과 같다(대외무역법 제7조제2항).

---

2) 민법32조(비영리법인의 설립과 허가) : 학술, 종교, 자선, 기예, 사교, 그 밖에 영리 아닌 사업을 목적으로 하는 사단 또는 재단은 주무관청의 허가를 얻어 이를 법인으로 할 수 있다.

① 통상진흥시책의 기본방향
② 국제통상여건의 분석과 전망
③ 무역통상 협상 추진방안과 기업의 해외진출 지원방안
④ 통상진흥을 위한 자문 · 지도 · 대외홍보 · 전시 · 상담알선 · 전문인력 양성 등 해외시장개척 지원 방안
⑤ 통상관련 정보수집 · 분석 및 활용 방안
⑥ 원자재의 원활한 수급을 위한 국내외 협력추진방안
⑦ 그 밖에 대통령령으로 정하는 사항

그리고 대외무역법 시행령 제8조(그 밖의 통상진흥 시책의 내용)에서는 “법 제7조제2항제7호에서 ‘그 밖에 대통령령이 정하는 사항’이란 다음의 각호의 것을 말한다.”고 규정하고 있다〈개정 2008.2.29, 2009.11.2, 2013.3.23.〉.

1. 주요 지역별 · 경제권별 또는 업종별 통상진흥 시책
2. 무역, 통상의 진흥과 관련되는 기관 또는 단체의 통상활동 계획
3. 그 밖에 산업통상자원부장관이 무역 및 통상의 진흥과 관련하여 필요하다고 인정하는 통상진흥 시책

3) 교역상대국의 통상관련제도 조사

산업통상자원부장관은 제1항에 따른 통상진흥시책의 수립을 위한 기초자료를 수집하기 위하여 교역상대국의 통상관련 제도 · 관행 등과 기업이 해외에서 겪는 고충사항을 조사할 수 있으며(대외무역법 제7조제3항), 산업통상자원부장관은 통상진흥시책을 수립하기 위하여 필요한 경우에는 관계행정기관 · 대한무역투자진흥공사 · 한국무역협회 그 밖에 무역 및 통상과 관련되는 기관 또는 단체에 해당 분야 또는 특정사안에 대한 조사 또는 사실 확인을 요청할 수 있다. 또한 산업통상자원부장관은 해외에 진출한 기업에게 통상진흥시책의 수립에 필요한 자료를 요청하고, 필요한 경우 지원조치를 할 수 있다.

4) 지방자치단체와의 협조

산업통상자원부장관은 무역·통상 관련 기관 또는 단체가 교역상대국의 정부, 지방정부, 기관 또는 단체와 통상, 산업, 기술, 에너지 등에서 협력활동을 추진하는 경우 대통령령으로 정하는 바에 따라 필요한 지원을 할 수 있으며(대외무역법 제8조제1항), 산업통상자원부장관은 기업의 대외진출을 지원하기 위하여 무역·통상관련 기관 단체로부터 정보를 체계적으로 수집하고 분석하여 지방자치단체와 기업에 필요한 정보를 제공할 수 있다(대외무역법 제8조제2항). 통상진흥시책을 수립하는 경우에는 미리 시·도지사의 의견을 들어야 하고, 통상진흥시책을 수립한 경우에는 이를 시·도지사에게 통보하여야 한다. 이를 변경한 때에도 또한 같다(대외무역법 제7조제5항). 그리고 산업통상자원부장관으로부터 통상진흥시책의 통보를 받은 시·도지사는 그 관할구역의 실정에 맞는 지역별 통상진흥시책을 수립·시행하여야 하며, 시·도지사는 지역별 통상진흥시책을 수립한 경우에는 이를 산업통상자원부장관에게 통보하여야 한다. 이를 변경한 때에도 또한 같다(대외무역법 제7조제6~7항).

대외무역법 시행령 제10조(지방자치단체와의 협조 등)제1항에서 "산업통상자원부장관은 법 제7조제6항의 규정에 따른 지역별 통상진흥시책이 효과적으로 추진될 수 있도록 특별시·광역시 또는 특별자치도 및 무역·통상 관련기관 또는 단체 등이 포함되는 협의기구를 설치·운영할 수 있다"〈개정 2008.2.29, 2013.3.23, 2014.1.28.〉고 규정했으며, 제2항에서는 "제1항에 따른 협의기구의 구성 및 운영 등에 필요한 사항은 산업통상자원부장관이 정한다."고 규정하고 있다.

2. 통상진흥을 위한 조치

1) 무역진흥을 위한 지원

대외무역법 제4조제1항에서 무역의 진흥을 위한 조치로 "산업통상자원부장관은 무역의 진흥을 위하여 필요하다고 인정되는 경우에는 대통령령이 정하는 바에 따라 물품 등의 수출·수입을 지속적으로 증대하기 위한 조치를 할 수 있다."고 규정하고 있다. 그리고 제4조제2항에서 "산업통상자원부장관은 제1항의 규정에 따른 무역의 진흥을 위하여 필요하다고 인정되는 경우에는 대통령령[3]이 정하는 바에 의하여 다음 각 호의 어느 하나에 해당하는 자에게 필요한 지원을 할 수 있다."고 규정하고 있다〈개정 2008.2.29, 2013.3.23.〉.

① 무역의 진흥을 위한 자문·지도·대외홍보·전시·연수·상담알선 등을 업으로 하는 자
② 무역전시장·무역연수원 등의 무역관련시설을 설치·운영하는 자
③ 과학적인 무역업무 처리기반을 구축·운영하는 자
"과학적인 무역업무 처리기반을 구축·운영하는 자"란 「전자무역 촉진에 관한 법률」 제6조제1항에 따른 전자무역기반사업자 중에서 과학적인 무역업무 처리기반을 구축·운영하고 있는 사업자를 말한다.

(1) 지원 대상 무역 관련시설(대외무역법 시행령 제5조제2항)

법 제4조제2항제2호에 따른 지원 대상이 되는 무역 관련 시설은 다음 각 호의 구분에 따른 기능과 규모를 갖춘 시설로서 산업통상자원부장관이 지정하는 것으로 한다.〈개정 2008.2.29., 2013.3.23〉

1. 무역전시장: 실내 전시 연면적이 2천 제곱미터 이상인 무역견본품을 전시할 수 있는 시설과 50명 이상을 수용할 수 있는 회의실을 갖출 것
2. 무역연수원: 무역전문인력을 양성할 수 있는 시설로서 연면적이 2천 제곱미터 이상이고 최대수용 인원이 500명 이상일 것

---

3) 대외무역법 시행령 제5조(무역의 진흥을 위한 조치) ① 산업통상자원부장관은 법 제4조에 따라 무역의 진흥을 위한 다음 각 호의 조치를 하거나 관계행정기관의 장에게 필요한 조치를 하여 줄 것을 요청할 수 있다〈개정 2008.2.29.〉. 1. 수출산업의 국제경쟁력을 높이기 위한 여건의 조성 및 설비투자의 촉진 2. 외화가득률을 높이기 위한 품질향상 및 국내에서 생산되는 외화획득용 원료·기재의 사용촉진 3. 통상협력증진을 위한 수출·수입에 대한 조정 4. 지역별 무역균형을 달성하기 위한 수출·수입의 연계 5. 민간의 통상활동 및 산업협력의 지원 6. 무역관련 시설에 대한 조세 등의 감면 7. 과학적인 무역업무 처리기반을 효율적으로 구축·운영하기 위한 여건의 조성 8. 무역업계 등 유관기관의 과학적인 무역업무 처리기반 이용촉진 9. 국내기업의 해외진출지원 10. 해외에 진출한 국내기업의 애로사항의 조사와 그 해결을 위한 지원 11. 그 밖에 수출·수입을 지속적으로 증대하기 위하여 필요하다고 인정하는 조치

3. 컨벤션센터: 회의용 시설로서 연면적이 4천 제곱미터 이상이고 최대 수용 인원이 2천명 이상일 것

2) 민간협력활동의 지원

산업통상자원부장관은 무역 · 통상 관련기관 또는 단체가 교역상대국의 정부 · 지방정부 · 기관 또는 단체와 통상 · 산업 · 기술 · 에너지 등 협력활동을 추진하는 경우 대통령령이 정하는 바에 따라 필요한 지원을 할 수 있다(대외무역법 제8조1항). 〈개정 2008.2.29., 2013.3.23.〉

(1) 민간 협력 활동의 지원 절차(대외무역법 시행령 제11조)

① 법 제8조제1항에 따른 지원을 받으려는 무역 · 통상 관련기관 또는 단체는 신청서에 사업내역 · 사업성과 등이 포함된 사업계획서를 첨부하여 산업통상자원부장관에게 제출하여야 한다〈개정 2008.2.29, 2013.3.23.〉.

② 산업통상자원부장관은 제1항에 따라 제출받은 사업계획서를 검토하여 통상, 산업, 기술, 에너지 등에서 협력활동을 효율적으로 추진하기 위하여 필요하다고 인정되면 자금, 인력 및 정보 등을 지원할 수 있다〈개정 2008.2.29, 2013.3.23.〉.

③ 제2항의 지원기준 등에 관하여 필요한 사항은 산업통상자원부장관이 정한다〈개정 2008.2.29, 2013.3.23.〉.

④ 산업통상자원부장관은 제2항의 지원과 관련하여 필요한 경우에는 관계 행정기관의 장에게 협조를 요청할 수 있다〈개정 2008.2.29, 2013.3.23.〉.

⑤ 지원을 받은 관련단체는 해당 지원사업이 끝난 후 3개월 이내에 산업통상자원부장관에게 사업결과보고서를 제출하여야 한다〈개정 2008.2.29, 2013.3.23.〉.

3) 무역 · 통상관련 정보의 수집 · 분석

산업통상자원부장관은 기업의 해외 진출을 지원하기 위하여 무역 · 통상 관련 기관 또는 단체로부터 정보를 체계적으로 수집하고 분석하여 지방자치단체와 기업에 필요한 정보를 제공할 수 있다(대외무역법 제8조2항). 〈개정 2008.

2.29., 2009.4.22., 2013.3.23.〉 산업통상자원부장관은 제2항에 따른 정보의 수집·분석 및 제공을 위하여 필요한 경우 관계 중앙행정기관의 장, 시·도지사, 무역·통상 및 기업의 해외 진출과 관련한 기관 또는 단체에 자료 및 통계의 제출을 요청할 수 있다(대외무역법 제8조3). 〈신설 2009.4.22., 2013.3.23.〉 산업통상자원부장관은 기업의 해외 진출과 관련된 상담·안내·홍보·조사와 그 밖에 기업의 해외 진출에 대한 지원 업무를 종합적으로 수행하기 위하여 「대한무역투자진흥공사법」에 따른 대한무역투자진흥공사에 해외진출지원센터를 둔다(대외무역법 제8조4). 〈신설 2009.4.22., 2013.3.23.〉 해외진출지원센터의 구성·운영 및 감독 등에 필요한 사항은 대통령령으로 정한다. 〈신설 2009. 4.22.〉

문제 1

다음은 우리나라 대외무역법령에서 규정하고 있는 통상의 진흥과 관련된 설명이다. 잘못된 것은? (제35회 국제무역사, 2015. 2. 7.)

① 산업통상자원부장관은 무역과 통상을 진흥하기 위하여 필요한 경우에 통상진흥 시책을 수립 및 발표할 수 있다.

② 산업통상자원부장관은 통상진흥 시책의 수립을 위하여 교역상대국의 제도·관행 등에 대한 조사와 함께 해외진출 기업에 필요한 자료를 요청할 수 있다.

③ 산업통상자원부장관은 통상진흥 시책의 수립과 관련, 관계 행정기관과 지방자치단체, 대한무역투자진흥공사, 한국무역협회 등에 필요한 협조를 요청할 수 있다.

④ 산업통상자원부장관은 기업의 해외진출에 대한 지원 업무를 종합적으로수행하기 위하여 대한무역투자진흥공사에 해외진출지원센터를 설치, 운영하도록 하고 있다.

정답 ①

3. 전문무역상사의 지정 및 지원(대외무역법 제8조의2)

산업통상자원부장관은 신시장 개척, 신제품 발굴 및 중소기업·중견기업의 수출확대를 위하여 수출실적 및 중소기업 제품 수출비중 등을 고려하여 무역거래자 중에서 전문무역상사를 지정하고 지원할 수 있다(대외무역법 제8조의2).

1) 전문무역상사의 지정 기준 등(대외무역법 시행령 제12조의2제1항)

전문무역상사로 지정받을 수 있는 자는 다음 각 호의 어느 하나에 해당하는 자로 한다.

① 다음 각 목의 요건을 모두 갖춘 무역거래자

가. 전년도 수출실적 또는 직전 3개 연도의 연평균 수출실적이 미화 100만달러 이상의 범위에서 산업통상자원부장관이 정하여 고시하는 금액 이상일 것

나. 가목에 따른 수출실적 중 다른 중소기업(「중소기업기본법」제2조에 따른 중소기업을 말한다. 이하 이 조 및 제12조의3에서 같다)이나 중견기업(「중견기업 성장촉진 및 경쟁력 강화에 관하여 특별법」 제2조제1호에 따른 중견기업)이 생산한 물품등의 수출실적 비율이 100분의 20 이상의 범위에서 산업통상자원부장관이 정하여 고시하는 비율 이상일 것

② 신시장의 개척, 신제품의 발굴 및 중소기업 또는 중견기업에 대한 효과적인 수출 지원 등을 위하여 산업통상자원부장관이 농업·어업·수산업 등 업종별 특성과 조합 등 법인의 조직 형태별 수출 특성을 고려하여 고시하는 기준을 갖춘 무역거래자

2) 전문무역상사의 지정

산업통상자원부장관은 전문무역상사를 통한 신시장의 개척, 신제품의 발굴 및 중소기업 또는 중견기업의 수출 확대 등을 위하여 필요하다고 인정되는 경우에는 법 제8조의2제1항에 따라 전문무역상사의 국내외 홍보, 우수제품의 발굴, 해외 판로개척 등에 필요한 사항을 지원할 수 있다(대외무역법 시행령 제12조의3의1항). 산업통상자원부장관은 제1항에 따른 지원과 관련하여 필요하다고 인정되는 경우에는 관계 중앙행정기관 및 지방자치단체, 무역 또는 통상 업무를 수행하는 기관이나 단체에 협조를 요청할 수 있다(대외무역법 시행령 제12조의3의2항). [본조신설 2014.1.21.]

3) 전문무역상사의 지정 취소

산업통상자원부장관은 제1항에 따라 지정을 받은 전문무역상사가 제2항에 따른 지정기준에 적합하지 아니하게 된 때에는 그 지정을 취소할 수 있다. 다만, 거짓이나 그 밖에 부정한 방법으로 지정을 받은 경우에는 그 지정을 취소하여야 한다(대외무역법 제8조의2제3항).[본조신설 2014.1.21.]

문제 2

다음은 대외무역법령에서 규정하고 있는 전문무역상사의 지정 및 지원과 관련된 설명이다. 잘못된 것은? (제35회 국제무역사, 2015. 2. 7.)

① 산업통상자원부장관은 신시장 개척, 신제품 발굴 및 중소기업·중견기업의 수출확대를 위하여 무역거래자 중에서 전문무역상사를 지정하고 지원할 수 있다.

② 전문무역상사로 지정받고자 하는 무역거래자는 지정신청서, 사업자등록증, 중소기업 수출지원 기여에 관한 사업계획서 및 기타 서류를 구비하여 지방자치단체장에게 신청하여야 한다.

③ 전문무역상사로 지정받을 수 있는 자는 전년도 또는 최근 3년간 평균 수출실적 100만 달러 이상, 전체 수출실적 대비 타 중소·중견기업 생산제품의 수출비중 30% 이상 등의 요건을 갖추어야 한다.

④ 신시장의 개척, 신제품의 발굴 및 중소기업 또는 중견기업에 대한 효과적인 수출 지원 등을 위하여 산업통상자원부장관이 농업·어업·수산업 등 업종별 특성과 조합 등 법인의 조직형태별 수출특성을 고려하여, 고시하는 기준을 갖춘 무역거래자도 전문무역상사로 지정될 수 있다.

정답 ②

4. 과학적 무역업무처리와 무역자동화

1) 과학적 무역업무의 처리기반구축 및 정보제공요청

대외무역법 제15조 제1항에서 "산업통상자원부장관은 물품등의 수출입 거래가 질서 있고 효율적으로 이루어질 수 있도록 대외무역통계시스템 및 전자문서 교환체계 등 과학적 무역업무의 처리기반을 구축하기 위하여 노력하여야 한다."라고 규정하고 있다〈개정 2013.3.23.〉. 동조 제2항에서 산업통상자원부장관은 과학적 무역업무의 처리기반을 구축하기 위하여 필요하다고 인정되면 관계 행정기관의 장에게 대통령령으로 정하는 바에 따라 통관기록 등 물품등의 수출입 거래에 관한 정보를 제공하도록 요청할 수 있다. 이 경우 관계 행정기관의 장은 이에 협조하여야 한다. 〈전문개정 2009.4.22.〉

2) 수출입거래 관련정보의 제공

관계 행정기관의 장은 대외무역법의 목적의 범위에서 필요하다고 인정되면 산업통상자원부장관에게 구축된 물품등의 수출입 거래에 관하여 정보를 제공하도록 요청할 수 있고, 산업통상자원부장관은 이에 협조하여야 한다(대외무역법 제15조제3항). 〈개정 2008.2.29., 2013.3.23.〉

제4장 수출입거래에 따른 관리

제1절 수출입품목의 분류에 따른 관리

1. 품목별 관리체계의 의의

일반적으로 우리나라의 대외무역법에서는 WTO의 원칙에 따라 자유무역을 채택하고 있으나 일부 품목에 대하여는 최소한의 제한을 가하고 있으며, 품목별 별도의 관리체계를 두고 있다.

무역거래자가 다양한 무역상품 중에서 개별 상품을 선택하여 무역거래를 하기 위하여 수출입승인을 얻는다는 것은 예외적으로 수출입이 제한된 물품 등을 수출입이 가능하도록 산업통상자원부 장관으로부터 승인을 받는다는 것을 의미한다. 수많은 무역상품을 체계적으로 분류하여 공표하지 않으면 무역거래자는 국가 간의 상거래에서 많은 혼란을 겪을 것이다. 이를 해소하고 국가 간 무역거래가 원활하게 할 수 있도록 한 것이 품목별 관리체계라 할 수 있겠다. 여기에서 무역거래자는 수출입을 함에 있어서 특정상품이 수출입제한품목으로 지정되어 있는지를 파악하고 확인하는 것은 수출입계약을 체결하기 전에 반드시 이행하여야 할 가장 기본적인 일이 될 것이다.

2. 공고 · 고시에 따른 품목별 관리

1) 수출입품목의 분류방법

수출입공고의 품목분류방법의 품목분류는 HS(Harmonized Commodity Description and Coding System) 상품분류에 의하며, 동 분류된 품목의 세분류는 관세 · 통계통합품목분류표(HSK)에 따른다.

2) 수출입공고와 통합공고 등

수출입품목에 대한 관리는 2017년 현재로 수출입공고, 통합공고, 전략물자 수출입공고를 통하여 이루어지고 있다. 수출입공고란 대외무역법시행령 제16조(수출입의 제한)의 규정에 따른 수출입공고를 말하고, 통합공고라 함은 50여개 개별법에 따른 제한내용을 취합해서 공고하는 것을 말한다. 전략물자 수출입공고는 전략물자수출통제 기반구축사업의 하나로 HS코드에 의하지 않고 별도의 통계분류를 사용하여 분류한다.

(1) 수출입공고

"수출입공고"란 대외무역 법령상 산업통상자원부 장관이 수출입물품에 대한 직접적인 관리를 위하여 물품의 수출 또는 수입에 관하여 승인품목, 허가품목, 금지품목 등의 구분에 관한 사항과 물품의 종류별 수량, 금액의 한도, 규격 또는 지역 등의 제한에 관한 조항, 즉 물품의 수출 또는 수입의 제한 및 절차 등을 정하여 공고하는 것으로서, 수출입품목관리를 위한 기본공고라고 할 수 있다. 수출입품목에 대해 관리는 수출 또는 수입에 대한 직접규제방식으로서 개별품목의 수출입제한 여부에 대한 종합관리체제이다.[1] 따

1) 관세 또는 외환의 조작에 따른 수출 · 수입규제가 간접규제방식인 데 반하여 수출입공고는 수출 · 수입에 관한 직접규제방식의 하나이다. 수출입공고에서 산업통상자원부 장관은 다음과 같은 사항을 공고하고 있다. ① 물품의 수출 · 수입에 관하여 자동승인품목, 제한승인품목 또는 금지품목 등을 구분, ② 제한승인품목의 품목별 수량 · 금액 · 규격 또는 지역 등의 제한, ③ 제한승인품목의 품목별 수량 · 금액 · 규격 또는 지역 등의 제한에 따른 물품의 수출 · 수입에 관한 추천 또는 확인 등의 절차.

라서 수출 또는 수입을 하고자 하는 자는 당해 품목의 수출·수입승인 이전에 해당 품목의 수출입이 규제되는지에 대하여 사전에 점검한 후 만일 동품목이 규제조치에 해당할 경우 이 규제를 해제할 수 있는 요건을 갖추어야 적법하게 수출입승인을 받을 수 있다. 일반물품의 수출 또는 수입과 관련한 품목관리공고 중 대외무역법령에 따른 수출입공고는 경제정책목표의 달성을 위한 규제라 할 수 있다.

❑ Negative System(불허품목표시제; 원칙자유, 예외승인): 통합공고, 수출입공고 등에 게기된 물품을 제외하고는 모두 자유롭게 수출입을 허용하는 것을 말하며, 종전에는 Positive System(허용품목표시제; 원칙승인, 예외자유)이었으나 1967년부터 Negative System형태를 취하고 있다.

문제 1

무역 관련 기본공고인 '수출입공고'에 대한 설명 중에서 잘못된 것은?

(제35회 국제무역사, 2015. 2. 7.)

① 수출입공고는 물품 등의 수출입의 금지, 제한, 승인, 신고, 한정 및 그 절차 등을 규정하는 고시이다.
② 별표 1에 수출금지품목으로 고래고기, 화강암(자연석), 사암(자연석) 등이 지정되어 있다.
③ 별표 2에 수출제한품목으로 천연모래, 자갈, 왕자갈, 쇄석 등이 지정되어 있으며, 대만지역으로 수출되는 사과, 배는 2014년에 삭제되었다.
④ 별표 3과 4에 각각 수입금지품목과 수입제한품목이 Negative List System으로 지정되어 있다.

정답 ④

(2) 통합공고

"통합공고제도"는 대외무역법(대외무역법 제12조: 통합공고) 이외의 개별법이 정하는 수출입요령 및 절차를 관계행정기관으로부터 제출받아 산업통상자원부장관이 통합하여 공고함으로써 무역거래자로 하여금 수출입요령의 변동내용을 쉽게 하려는 제도를 말한다. 즉, 주무부서마다 다른 각각의 개별법령 및 품목, 수출입의 요건 및 절차 등을 모두 통합하여 산업통상자원부장관이 이를 일괄적으로 발표하는 고시를 말한다.

이 제도는 대외무역법 이외의 다른 법령에서 해당 특정 물품에 대한 수출입요령을 정하여 별도의 무역관리를 하는 경우에 그러한 다양한 수출입요령을 하나의 공고로 통합하여 단순화함으로써 여러 개의 개별법에서 복잡하게 규정된 수출입관리 내용을 쉽게 알 수 있도록 하고, 각 개별법에서의 무역관리내용을 대외무역법의 영역으로 연계시키기 위하여 시행되고 있다.

따라서 관계행정기관의 장은 해당법령에 의하여 정하여진 수출·수입요령을 산업통상자원부장관에게 제출하여야 하고 산업통상자원부장관은 이를 통합하여 통합공고를 해야 한다. 한편, 통합공고에 적용을 받는 물품 등을 수출입 하려는 자는 수출입공고의 적용과 동시에 통합공고에 따라 그 내용이 충족되도록 관련 기관 또는 단체로부터 요건을 확인받아야 한다. 통합공고는 수시로 공고되고 있으며, 경제외적 목적을 달성하기 위한 공고이므로, 통합공고상의 수입규제는 WTO 규정에서도 용인된다.

(3) 전략물자수출입공고

"전략물자"란 다자간 수출통제체제의 원칙에 따라 "국제평화 및 안전유지와 국가안보를 위하여 수출허가 등 제한이 필요하다고 인정될 때 산업통상자원부장관이 정하여 공고하는 물질, 시설과 장비(부품포함) 및 기술"을 말한다. 대외무역법 제19조제1항에 따르면 "산업통상자원부장관은 관계 행정기관의 장과 협의하여 대통령령으로 정하는 국제수출통제체제의 원칙에 따라 국제평화 및 안전유지와 국가안보를 위하여 수출허가 등 제한이 필요한 물품 등(대통령령으로 정하는 기술을 포함)을 지정하여 고시하여야 한다."라고 규정하고 있다. 〈개정 2008.2.29., 2009.4.22., 2013.3.23., 2013.7.30.〉

(4) 수출입공고와 통합공고 등과의 관계

수출입공고에서는 수출입을 제한하고 있지 않은 품목이라도 공중도덕보호, 국민보건 및 안전보호, 사회질서유지, 문화재보호, 환경보호 등을 위하여 해당품목을 관장하는 50여 개 개별법에서 수출입을 제한하고 있는 경우에는 동 개별법상의 제한요건을 충족해야만 수출입을 할 수 있다. 수출입공고와 특별법에 따른 통합공고는 상호 독립적이므로 수출입공고에서 수출자유품목이라 할지라도 통합공고에서 수출입을 제한하고 있는 경우 그 조건을 충족시켜야 하며, 양 공고체계에 따른 제한내용을 동시에 충족해야 한다. 즉, 통합공고에서 정한 요건확인의 내용과 수출입공고 등의 제한내용이 동시에 적용될 경우에는 이 둘의 제한내용이 모두 충족되어야만 수출 또는 수입을 할 수 있다.

제2절 수출입거래형태에 따른 관리

1. 수출입거래형태에 따른 관리의 의의

무역계약은 우리나라의 상인과 외국의 상인이 체결하는 상거래계약이므로 계약의 내용 및 요건, 물품의 운송방법, 대금의 결제방법 등이 국내에서의 계약 내용과는 전혀 다르다고 볼 수 있다. 즉, 국내계약에서는 볼 수 없는 여러 가지 특수성을 지니고 있다.

국가의 무역관리관점에서 보면, 국제무역의 특수성 때문에 때에 따라서 무역계약에 대하여 완전한 '당사자 자치의 원칙'을 인정하지 않고, 어느 정도의 제한 혹은 규제를 할 필요성이 요구되어지게 된다. 이러한 필요성 때문에 대외무역법에서는 산업통상자원부장관으로 하여금 대통령령이 정하는 물품 등의 수출입거래형태를 특정거래형태로 인정할 수 있도록 규정하고 있다(대외무역법 제13조).

2. 수출입실적 관리

수출입실적은 무역거래자가 일정기간 법령에서 정하는 범위 내에서 수출입을 이행한 결과로 나타나는 수출입금액의 누적실적이다. 수출입실적에 따라 각종 사후관리 기준의 결정, 무역금융 한도결정, 소요량증명서 자체발급업체 선정의 기준, 자율관리기업의 지정 및 유지 등과 같은 금융 및 세제상의 지원 면에서 차등대우를 하여 주고 있기 때문에 수출입실적에 포함되는가는 무역거래자에게 중요한 관리요소의 하나이다.

1) 수출실적

"수출실적"이란 산업통상자원부장관이 정하여 고시하는 기준에 해당하는 수출통관액·입금액·가득액과 수출에 제공되는 외화획득용 원료·기재의 국내공급액을 말한다(대외무역법 시행령 제2조의9).

(1) 수출실적의 인정범위(대외무역법 관리규정 제25조1항), (시행 2015.5.18)

① 수출의 정의 중 유상으로 거래되는 수출, 내 북한 유상반출실적도 포함한다.[2]

② 수출승인이 면제되는 수출 중 다음에 해당하는 수출

가. 외국에서 개최되는 박람회, 전람회, 영화제 등에 출품하기 위하여 무상으로 반출하는 물품의 수출로서 현지에서 매각된 것

나. 해외에서 투지, 건설, 용역, 산업설비수출 그 밖에 이에 준하는 사업에 종사하고 있는 우리나라 업자 및 현지 합작법인에게 무상으로 송부하기 위하여 반출하는 기계, 시설기재, 원료, 근로자용 생활필수품 및 그 밖에 그 사업에 관련하여 사용하는 물품으로서 농림수산식품부장관 또는 농림수산식품부장관이 지정한 기관의 장이 확인한 물품등의 수출 중 해외건설공사에 직접 공하여지는 원료·기재, 공사용 장비 또는 기계류의 수출(수출신고필증에 재반입하지 않는다는 조건이 명시된 분만 해당한다.)

다. 수출자 또는 수출 물품 제조업자에 대한 외화획득용 원료 또는 물품등의 공급 중 수출에 공하여 지는 것으로 다음에 해당하는 경우

- 내국신용장(Local L/C)에 의한 공급
- 구매확인서에 의한 공급

---

2) 북한지역으로의 물품의 공급을 '반출'이라 하고, 북한지역으로부터 남한에 대한 물품의 공급을 '반입'이라고 하며, 이는 「남북교류협력에 관한 법률」에서 규정하고 있다.

- 산업통상자원부장관이 지정하는 생산자의 수출물품 포장용 골판지 상자의 공급

라. 외국인으로부터 대금을 영수하고 외화획득용 시설기재를 외국인과 임대차계약을 맺은 국내업체에 인도하는 경우

마. 외국인으로부터 대금을 영수하고「자유무역지역의 지정 및 운영에 관한 법률」 제2조의 자유무역지역으로 반입신고한 물품 등을 공급하는 경우

바. 외국인으로부터 대금을 영수하고 그가 지정하는 자가 국내에 있음으로써 물품 등을 외국으로 수출할 수 없는 경우, 관세법 제154조에 따른 보세구역으로 물품들을 공급하는 경우

(2) 수출실적의 인정금액

수출실적의 인정금액은 다음 각 호의 경우를 제외하고는 수출통관액(FOB 가격기준)으로 한다.

- 중계무역에 의한 수출의 경우에는 수출금액(FOB가격)에서 수입금액(CIF가격)을 공제한 가득액
- 외국인도수출의 경우에는 외국환은행의 입금액, 다만, 위탁가공된 물품을 외국에 판매하는 경우에는 판매액에서 원자재 수출금액 및 가공임을 공제한 가득액
- 원양어로에 의한 수출 중 현지경비 사용분은 외국환은행의 확인분
- 외국에서 개최되는 박람회, 전람회, 견본시, 영화제 등에 출품하기 위하여 무상으로 반출하는 물품 등의 수출로서 현지에서 매각된 것은 외국환은행의 입금액
- 용역 수출의 경우에는 제30조에 따라 용역의 수출·수입실적의 확인 및 증명 발급기관의 장이 외국환은행을 통해 입금확인한 금액
- 전자적 형태의 무체물의 수출의 경우에는 제30조에 따라 한국무역협회장 또는 한국소프트웨어산업협회장이 외국환은행을 통해 입금확인한 금액
- 내국신용장에 의한 공급, 구매확인서에 의한 공급, 수출물품 포장용 골판지상자의 공급에 의한 수출실적의 인정금액은 외국환은행의 결

제액 또는 확인액

- 외국으로부터 외화를 영수하고 외화획득용 시설·기재를 외국인과 임대차계약을 맺은 경우 국내업체에 인도하는 경우에는 외국환은행의 입금액
- 외국인으로부터 외화를 영수하고「자유무역지역의 지정 및 운영에 관하여 법률」제2조의 자유무역지역으로 반입신고한 물품 등을 공급하는 경우에는 외국환은행 입금액

(3) 수출실적의 인정시점

① 유상으로 거래되는 수출 및 수출입승인이 면제되는 물품의 수출실적의 인정시점은 수출신고 수리일로 한다. 다만, 유상으로 거래되는 수출 중 용역 또는 전자적 형태의 무체물의 수출, 외국에서 개최되는 박람회, 전람회, 견본시, 영화제 등에 출품하기 위하여 무상으로 반출하는 물품의 수출, 중계무역, 외국인도수출, 외국인으로부터 외화를 영수하고 외화획득용 시설기재를 외국인과 임대차계약을 맺은 국내업체에 인도하는 경우 및 외국인으로부터 외화를 영수하고「자유무역지역의 지정 및 운영에 관한 법률」제2조의 자유무역지역으로 반입신고한 물품 등을 공급하는 경우의 수출의 경우에는 입금일로 한다.

② 내국신용장(Local L/C), 구매확인서에 따른 공급 및 산업통상자원부장관이 지정하는 생산자의 수출물품 포장용 골판지상자의 공급에 따른 수출실적의 인정시점은 다음 각 호로 한다.

ⓐ 외국환은행을 통하여 대금을 결제한 경우에는 결제일

ⓑ 외국환은행을 통하여 대금을 결제하지 아니한 경우에는 당사자 간의 대금 결제일

2) 수입실적

"수입실적"이란 수입통관액 및 지급액을 말하며 수입실적의 인정범위는 수입의 정의 중 유상으로 거래되는 수입으로 한다(대외무역법 관리규정 제25조2항).

(1) 수입실적의 인정금액

수입실적의 인정금액은 수입통관액(CIF가격 기준)으로 한다. 다만, 외국인수수입과 용역 또는 전자적 형태의 무체물의 수입의 경우에는 외국환은행의 지급액으로 한다(대외무역법 관리규정 제26조4항).

(2) 수입실적의 인정시점

수입 중 유상으로 거래되는 수입에 따른 수입실적의 인정시점은 수입신고수리일로 한다. 다만, 외국인수수입과 용역 또는 전자적 형태의 무체물의 수입의 경우에는 지급일로 한다(대외무역법 관리규정 제27조3항).

3. 수출 · 수입실적의 확인 및 증명발급기관

1) 수출입실적의 확인 및 증명발급기관

수출 · 수입 실적의 확인 및 증명 발급기관은 다음 각 호로 한다(대외무역관리규정 제28조).

① 물품의 외국인수수입의 경우에는 외국환은행의 장
단, 구매확인서에 따른 공급에 대한 수출실적 인정금액의 확인 및 증명 발급기관은 대금을 영수한 외국환은행의 장, 당사자 간에 대금을 결제한 경우에는 그 구매확인서를 발급한 외국환은행의 장 또는 전자무역기반사업자로 하며, 이 경우 외국환은행의 장 또는 전자무역기반사업자는 당사자에 대금 결제가 이루어졌음을 증빙하는 서류를 확인하여야 한다.
② 용역의 수입의 경우에는 대외무역법 관리규정 제30조제1항 각 호에 따른 기관의 장
③ 전자적형태의 무체물의 수입의 경우에는 제30조제2항에 따른 기관의 장
④ 제1호 내지 제3호 이외의 경우에는 한국무역협회장 또는 산업통상자원부장관이 지정하는 기관의 장

상기에 따른 수출·수입실적의 확인 및 증명 발급기관으로 지정받으려는 자는 동 증명서 발급에 필요한 인력 및 시설 등을 갖추고 있음을 입증할 수 있는 서류를 첨부하여 산업통상자원부장관에게 신청하여야 한다(대외무역법 관리규정 제28조제2항). 산업통상자원부장관은 이에 따른 신청을 받은 경우 필요한 인력 및 시설 등을 갖추고 있는지를 확인하여 수출·수입실적 확인 및 증명 발급기관으로 지정하여야 한다(대외무역법 관리규정 제28조제3항).

〈표 4-1〉 수출입실적의 인정내용 요약

<table>
<tr><th>구분</th><th colspan="3">인정범위</th><th>인정금액</th><th>인정기준일</th></tr>
<tr><td rowspan="13">수출
실적</td><td rowspan="7">일반
수출</td><td rowspan="3">유상으로
거래되는
수출</td><td>물품</td><td>수출통관액(FOB)</td><td>수출신고수리일</td></tr>
<tr><td>전자적형태 무체물</td><td rowspan="2">외국환은행이 입금
확인한 금액</td><td rowspan="2">입금일</td></tr>
<tr><td>용역</td></tr>
<tr><td colspan="2">중계무역</td><td>가득액
(수출통관액-수입통관액)
: (FOB-CIF)</td><td rowspan="2">입금일</td></tr>
<tr><td colspan="2">외국인도수출</td><td>외국환은행의 입금액</td></tr>
<tr><td colspan="2">외국인도수출 중 위탁 가공된
물품을 외국에 판매하는 경우</td><td>판매액에서 원자재 수출금액 및 가공임을 공제한 가득액</td><td>입금일</td></tr>
<tr><td colspan="2">원양어로에 따른 수출 중 현지경비 사용분</td><td>외국환은행의 확인분</td><td>입금일</td></tr>
<tr><td rowspan="2">수출승인
면제대상
물품</td><td colspan="2">박람회 등에 출품한 물품 중 현지에서의 매각분</td><td>외국환은행의 입금액</td><td>입금일</td></tr>
<tr><td colspan="2">해외건설공사에 직접 공하여지는 원료,
기재, 공사용 장비 또는 기계류의 수출</td><td>수출통관액(FOB)</td><td>수출신고수리일</td></tr>
<tr><td rowspan="2">외화획득용
원료의
공급</td><td colspan="2">내국신용장 및 구매승인서에 따른 공급</td><td rowspan="2">외국환은행의 결제액 또는 확인액</td><td rowspan="2">① 외국환은행을 통하여 대금을 결제한 경우 : 결제일
② 외국환은행을 통하지 않은 경우 : 당사자간의 대금결제일</td></tr>
<tr><td colspan="2">산업통상자원부장관이 지정하는 수출물품포장용 골판지상자의 공급</td></tr>
<tr><td colspan="3">외국인으로부터 외화영수하고 외확획득용 시설
기재를 외국인과 임대차계약을 맺은 국내업체에 공급하는 경우</td><td rowspan="2">외국환은행의 입금액</td><td rowspan="2">입금일</td></tr>
<tr><td colspan="3">외국인으로부터 외화를 영수하고 자우무역지역
으로 반입신고한 물품 등을 공급하는 경우</td></tr>
<tr><td rowspan="4">수입
실적</td><td rowspan="4">유상으로
거래되는
수입</td><td colspan="2">물품</td><td>수입통관액(CIF)</td><td>수입신고수리일</td></tr>
<tr><td colspan="2">전자적형태 무체물 수입</td><td rowspan="3">외국환은행의 지급액</td><td rowspan="3">지급일</td></tr>
<tr><td colspan="2">용역 수입</td></tr>
<tr><td colspan="2">외국인수수입</td></tr>
</table>

출처: 전게서, 김희길, p. 130.

문제 2

다음은 수출 또는 수입실적의 인정금액과 인정시점에 대한 설명이다. 잘못된 것은?

(제35회 국제무역사, 2015. 2. 7.)

① 중계무역에 따른 수출실적은 CIF 기준의 수출금액에서 FOB 기준의 수입금액을 뺀 차액인 가득액을 입금일 기준으로 인정한다.

② 외국인수수입의 경우에 수입실적은 외국환은행에서 지급한 금액을 지급일기준으로 인정한다.

③ 외국박람회 등에 출품한 수출승인 면제대상인 물품을 현지에서 매각된 경우에 수출실적은 외국환은행 입금액을 입금일 기준으로 인정한다.

④ 내국신용장 또는 구매확인서로 외화획득용 원료 또는 물품을 공급한 경우에는 수출실적은 외국환은행 결제액 또는 확인액을 대금결제일 기준으로 인정한다.

정답 ①

문제 3

다음 수출실적의 인정범위와 금액에 대한 설명 중에서 올바르지 못한 것은?

(제33회 국제무역사, 2014. 2. 15.)

① 외국인으로부터 외화를 영수하고 관련 법률에서 규정한 자유무역지역으로 반입 신고한 물품 등을 공급하는 경우의 수출실적 인정금액은 외국환은행의 입금액과 부가가치세를 합한 금액이다.

② 용역수출의 경우에는 용역수출 실적의 확인 및 증명 발급기관의 장이 외국환은행을 통해 입금 확인한 금액이 수출실적 인정금액이 된다.

③ 중계무역에 의한 수출의 경우 수출실적은 수출금액 전체가 아니라 가득액(수출금액(FOB)-수입금액(CIF))만 인정된다.

④ 내국신용장(Local L/C), 구매확인서 등을 통하여 수출자 또는 수출물품 제조업자에게 외화획득용 원료 또는 물품을 공급하였을 경우 수출실적으로 인정된다.

정답 ①

제3절 특정거래형태 수출입의 관리

1. 특정거래형태 수출입의 의미

대외무역법 제13조(특정거래형태의 인정 등) 제1항에서 "산업통상자원부장관은 물품 등의 수출 또는 수입이 원활히 이루어질 수 있도록 대통령령이 정하는 물품 등의 수출입거래형태를 인정할 수 있다"고 규정하고 있으며, 제2항에서는 "기획재정부장관이 외국환거래 관계 법령에 따라 무역대금 결제방법을 정하려면 미리 산업통상자원부장관과 협의하여야 한다"고 규정하고 있다. 〈개정 2008.2.29., 2013.3.23.〉

1) 특정거래형태의 수출입 인정(대외무역법 시행령 제20조)

① 법 제13조제1항에서 "대통령령으로 정하는 물품 등의 수출입 거래 형태"란 해당 거래의 전부 또는 일부가 다음 각 호의 어느 하나에 해당하는 수출입 거래 형태로서 산업통상자원부장관이 정하여 고시하는 기준에 해당하는 거래(이하 "특정거래 형태"라 한다)를 말한다. 〈개정 2008.2.29., 2013.3.23.〉

1. 법 제11조제1항에 따른 수출 또는 수입의 제한을 회피할 우려가 있는 거래
2. 산업 보호에 지장을 초래할 우려가 있는 거래
3. 외국에서 외국으로 물품 등의 이동이 있고, 그 대금의 지급이나 영수(領收)가 국내에서 이루어지는 거래로서 대금결제 상황의 확인이 곤란하다고 인정되는 거래
4. 대금결제 없이 물품 등의 이동만 이루어지는 거래

② 특정거래 형태의 인정 절차, 인정의 유효기간, 그 밖에 필요한 사항은 산업통상자원부장관이 정하여 고시한다. 〈개정 2008.2.29., 2013.3.23.〉

③ 산업통상자원부장관은 특정거래 형태를 인정할 때에 새로운 거래 형태의 파악 등을 위하여 필요한 경우에는 관계 행정기관의 장에게 협조를 요청할 수 있다. 〈개정 2008.2.29., 2013.3.23.〉

2) 특정거래형태의 종류

특정거래형태의 수출입을 하고자 하는 자는 산업통상자원부장관으로부터 인정을 받아야 수출입할 수 있으며, 이러한 특정거래형태의 수출입 인정에 관하여 인정절차, 인정의 유효기간 그 밖에 필요한 사항은 산업통상자원부장관이 정하여 고시하고 있다.

대외무역관리규정 제21조(특정거래형태의 수출입 인정대상 거래의 범위) 제1항에서의 규정은 "영 제20조제1항의 특정거래형태의 수출입은 제2조제4호부터 제14호까지의 규정에 해당하는 거래를 말한다"고 규정하고 있다. 이 규정에 의해 위탁판매수출, 수탁판매수입, 위탁가공무역, 수탁가공무역, 임대수출, 임차수입, 연계무역, 중계무역, 외국인수수입, 외국인도수출, 무환수출입 등을 특정거래형태로 인정하고 있다.

(1) 위탁판매수출

무환(無換)으로 수출하여 당해 물품이 판매된 범위 내에서 수출대금을 결제하는 계약에 의한 수출을 말하며 판매기간이 끝난 후에 판매되지 않은 물품은 다시 재수입하는 거래의 형태이다. 이 거래방식은 수탁자는 물품관리의 책임만 지므로 자금과 판매위험의 부담이 없으나 위탁자는 모든 책임을 진다. 새로운 판매시장을 개척할 때 이 거래방식이 사용되어진다.

❑ CTS(Central Terminal Station)수출이 있는데, 이는 수출업자가 해외에 현지판매법인의 설립인가를 받아 그 법인 앞으로 물품을 위탁 수출하고 그 법인은 자신의 명의로 수입하여 현지에서 판매 후 판매된 범위 내에서 대금결제를 하는 거래를 말한다. 우리나라는 네덜란드 로테르담에 CTS 시설을 설치하여 운영하고 있다. 또 다른 거래형태로 보세창고도거래(BWT : Bonded Warehouse Transaction)가 있는데 이는 수출업자가 자신의 책임으로 당해 수입국가내에 지점, 출장소 또는 대리점을 설치하여 거래상대국정부로부터 허가 받은 보세창고에 상품을 구매계약 없이 무환으로 반입한 후에 현지의 시장상황에 따라 구매자를 결정하여 판매하는 방식이다. 선용품 등의 거래에 많이 활용되며, 우리나라는 파나마의 콜롱(Colon)에 보세창고를 설치하여 운영하고 있다.

(2) 수탁판매수입

물품 등을 무환으로 수입하여 당해물품이 판매된 범위 내에서 대금을 결제하는 계약에 의한 수입을 말한다. 국내의 수입업자가 외국 수출업자의 의뢰를 받아 물품의 소유권 이전없이 무환으로 수입판매하여 판매된 범위 내에서 대금을 지급하고 판매기간이 종료된 다음에 판매하지 못한 물품을 수출자에게 다시 수출하는 거래방식이다. 이 거래방식은 물품의 소유권을 가진 수출자가 자금과 거래상의 위험을 부담하고 수입자는 자금과 거래에 따른 위험부담이 없으므로 손쉽게 수입할 수 있다. 현행 외국환거래규정은 이 거래방식이 무분별한 수입을 촉진할 우려가 있어 제한 규정을 두고 있다.

(3) 위탁가공무역

가공임(加工賃)을 지급하는 조건으로 외국에서 가공(제조, 조립, 재생, 개조를 포함)할 원자재의 전부 또는 일부를 거래상대방에게 수출하거나 외국에서 조달하여 이를 가공한 후 가공물품을 수입하거나 외국으로 인도하는 수출입을 말한다. 위탁가공무역 시 무상으로 송부하는 원자재는 수출로 인정된다.

(4) 수탁가공무역

가공무역 중에서도 가득액을 가득하기 위하여 원자재의 전부 또는 일부를 거래 상대방의 위탁에 의하여 외국에서 수입하여 이를 가공한 후 위탁자 또는 그가 지정하는 자에게 수출하는 형식을 말한다. 다만, 위탁자가 지정하는 자가 국내에 있음으로써 보세공장 및 자유무역지역에서 가공한 물품등을 외국으로 수출할 수 없는 경우 「관세법」에 따른 수탁자의 수출・반출과 위탁자가 지정한 자의 수입・반입・사용은 이를 「대외무역법」에 따른 수출・수입으로 본다.

(5) 임대수출

임대계약에 의하여 물품 등을 수출하여 일정기간 후 다시 수입하거나 그 기간의 만료 전 또는 만료 후에 당해 물품 등의 소유권을 이전하는 수출을 말한다.

(6) 임차수입

임차계약에 의하여 물품을 수입하여 일정기간 후 다시 수입하거나 그 기간의 만료 전 또는 만료 후 당해 물품의 소유권을 이전받는 수입을 말한다.

(7) 연계무역

물물교환(Barter Trade), 구상무역(求償貿易, Compensation Trade), 대응구매

(Counter Purchase), 제품환매(Buy Back) 등의 형태에 의하여 수출・수입이 연계되어 이루어지는 수출입을 말한다.

(8) 중계무역

수출할 것을 목적으로 물품 등을 수입하여 관세법의 규정에 따른 보세구역 및 보세구역외 장치의 허가를 받은 장소 또는 자유무역지역 이외의 국내에 반입하지 아니하고 수출하는 수출입을 말한다. 단순히 중개수수료만 취득하는 경우에는 대외무역법령상의 중계무역에 해당되지 않는다.

> ❑ 중개무역(仲介貿易, Merchandising Commission)은 수출입 당사자의 중간에서 중개하여 이루어지는 무역형태로 중개업자는 중개수수료를 수입원으로 한다. 중계무역과는 차이가 있으며, 무역실적으로 인정되지 않는다.

(9) 외국인수수입

수입대금은 국내에서 지급되지만 수입물품 등은 외국에서 인수하거나 제공받는 수입을 말한다. 외국인수수입은 포지티브시스템(Positive System)으로 운영되고 있으며, 해외건설자 및 하도급업자의 경우 당해 사업에 필요한 물품의 외국인수수입이 가능하다.

(10) 외국인도수출

수출대금은 우리나라에서 영수하지만 국내에서 통관되지 아니한 수출물품 등을 외국으로 인도하거나 제공하는 수출을 말한다. 외국인도수출이라 하더라도 1만불이 초과되는 무환수출은 특정거래인정대상이다.

(11) 무환수출입

외국환거래가 수반되지 아니하는 거물품등의 수출·수입을 말한다. 즉, 외환에 따른 대금결제 없이 이루어지는 물품 등의 수출입을 말한다. 선물(膳物), 이사화물, 구조물품 등과 같은 순전한 무환수출입으로 이루어지는 것과 클레임의 처리를 위한 대체품의 수출 등이 있다. 무환수출은 외화획득에 도움이 되지 않으며 자본도피의 수단이 될 수 있다는 문제점을 안고 있다.

문제 4

다음 중 우리나라의 대외무역법령에서 규정하고 있는 특정거래형태에 대한 설명으로 잘못된 것은? (제32회 국제무역사, 2013. 8. 3.)

① 특정거래란 외국에서 외국으로 물품 등의 이동이 있고, 그 대금의 지급이나 영수가 국내에서 이루어지는 거래를 말한다.

② 특정거래형태의 수출입인정 대상 거래에는 신고가격 기준 미화 5만 달러상당액 초과 물품의 무환수출이 포함된다.

③ 중계무역의 경우에는 대금의 영수 및 지급을 동일한 외국환은행을 통하여 행하는 송금거래 방식과 선적서류를 같은 외국환은행을 통하여 인수 및 송부하는 거래가 특정거래형태의 인정대상에 해당된다.

④ 특정거래형태 중 외국인도수출과 외국인수수입은 수출입 대금이 국내에서 영수·지급되지만 물품 등은 외국에서 인도되거나 인수하는 거래를 말한다.

정답 ③

문제 5

다음 중 대외무역법상 특정거래형태에 대한 설명으로 잘못된 것은?
(2017년 국제무역사 1급 기출)

① 국내에서 외국으로 물품의 이동이 있고, 그 대금의 영수는 국내에서 이루어짐으로써 대금결제 상황을 확실히 확인할 수 있는 거래도 이에 해당한다.

② 대외무역법의 규정에 따른 수출 또는 수입의 제한을 회피할 우려가 있는 거래를 말한다.

③ 산업 보호에 지장을 초래할 우려가 있는 거래나 대금결제 없이 물품 등의 이동만 이루어지는 거래는 특정거래형태에 포함된다.

④ 특정거래형태의 인정 절차, 인정의 유효기간, 그 밖에 필요한 사항은 산업통상자원부장관이 정하여 고시한다.

정답 ①

문제 6

다음 대외무역법상 수출실적의 인정금액이 잘못된 것은? (2017년 제2회 국제무역사 2급 기출)

	거래형태	인정금액
①	중장기연불수출	수출통관액
②	전자상거래물품 간이수출신고 실적	수출통관액
③	외국인도수출	외국환은행 입금액
④	국신용장에 의한 공급	내 거래당사자간 계약금액

정답 ④

제4절 수출입승인제도

대외무역법 제10조제1항에는 "수출입의 원칙에 따라 물품 등의 수출입과 이에 따른 대금을 받거나 지급하는 것은 대외무역법의 목적의 범위에서 자유롭게 이루어져야 한다."라고 규정하고 있다. 또한 무역거래자는 대외신용도 확보 등 자유무역질서를 유지하기 위하여 자기 책임으로 그 거래를 성실히 이행하여야 한다(법 제10조제2항).

자유로운 수출입의 원칙이나 최소한의 규제에 따른 수출상과 수입상은 물품확보 이전에 당해물품이 개별법상의 수출입제한여부를 사전에 확인하여야 한다. 당해 품목이 개별법에 의하여 제한되는 경우에는 해당품목을 관장하는 관계기관・협회・조합 등에서 승인을 받아야 한다. 예로서 수출상은 수출승인 대상물품을 수출하고자 할 경우 매 계약 건별로 구비서류를 갖추어 수출승인을 신청하여야 하며, 승인대상품목이 아닐 경우는 수출승인을 받을 필요가 없다. 수출승인의 권한은 산업통상자원부장관이 지정고시한 관계행정기관 또는 단체의 장에게 있다. 수출승인을 받아야 하는 승인대상품목은 수출입공고상의 수출제한품목이다. 수출상은 해당상품이 수출승인대상품목에 해당되는지를 HS코드에 근거하여 검토해야 한다.

❑ **신국제통일상품분류방식(Harmonized System : HS)** : Standardized system of classifying goods for the purpose of determining their appropriate tariffs. 1998년 1월1일 시작된 국제통일 상품명 및 코딩시스템으로 조화제도라고도 한다. 조화제도(HS)란 국가별・산업별로 통일된 상품분류체계를 사용하도록 세계관세협력이사회가 주관이 되어 제정하였다. HS는 무역통계의 수집・비교・분석과 국가 간 자료수집을 용이하게 하고 있다.
우리나라는 1992년 1월부터 분류된 품목을 좀더 세분화한 한국통일 상품분류(HSK ; Harmonized System Korea)를 만들어 세계 공통의 6단위 분류에 국내의 사정을 감안한 자체분류 4단위를 합해 모두 10단위로 품목을 분류해서 사용하고 있다.

1. 수출입승인제도의 의의

수출입에 따른 대금의 영수 또는 지급은 대외무역법령의 범위 내에서 자유롭게 이루어져야 한다. 또한 무역거래자는 대외신용도 확보와 상대방거래자를 보호하기 위하여 자기책임하에 무역거래를 성실하게 이행하여야 한다. 무역거래자는 자유무역의 대원칙이라는 큰 틀에서 거래를 하지만 대외무역법 제11조(수출입의 제한 등)에서 수출입거래 자체에 대한 일반적 관리제도로서 수출입의 승인제를 채택하고 있다.

산업통상자원부장관이 헌법에 의하여 체결·공포된 조약과 일반적으로 승인된 국제법규에 의한 의무의 이행, 생물자원의 보호 등을 위하여 지정하는 물품 등을 수출 또는 수입하고자 하는 자는 산업통상자원부장관의 승인을 얻어야 한다. 수출입의 승인은 원칙적으로 수출입거래 가운데서 특정한 경우 또는 특정 품목의 경우를 한정하여 승인제를 채택하고, 그 이외의 수출입거래는 자유롭게 할 수 있도록 인정하고 있다.

2. 수출입승인의 신청

1) 수출입의 제한

산업통상자원부장관은 다음 각 호의 어느 하나에 해당하는 이행 등을 위하여 필요하다고 인정하여 지정·고시하는 물품등의 수출 또는 수입을 제한하거나 금지할 수 있다(대외무역법 제11조제1항).〈개정 2016.1.27.〉

(1) 수출입의 제한 물품

1. 헌법에 따라 체결·공포된 조약과 일반적으로 승인된 국제법규에 따른 의무의 이행
2. 생물자원의 보호
3. 교역상대국과의 경제협력 증진
4. 국방상 원활한 물자 수급

5. 과학기술의 발전
6. 그 밖에 통상·산업정책에 필요한 사항으로서 대통령령으로 정하는 사항

수출입이 제한된 품목에 대하여 수출 또는 수입의 승인을 신청하려는 자는 신청서에 산업통상자원부장관이 정하는 서류를 첨부하여 산업통상자원부장관에게 제출하여야 한다. 변경승인을 받으려는 경우에도 같다.

2) 수출입승인 물품

제1항에 따라 수출 또는 수입이 제한되는 물품등을 수출하거나 수입하려는 자는 대통령령으로 정하는 바에 따라 산업통상자원부장관의 승인을 받아야 한다. 다만, 긴급히 처리하여야 하는 물품등과 그 밖에 수출 또는 수입 절차를 간소화하기 위한 물품등으로서 대통령령으로 정하는 기준에 해당하는 물품등의 수출 또는 수입은 그러하지 아니하다(대외무역법 제11조제2항). 〈개정 2008.2.29., 2013.3.23., 2016.1.27.〉

3) 수출입승인 물품의 승인절차

물품 등의 수출 또는 수입의 승인을 신청하려는 자 및 수출 또는 수입 승인의 유효기간 연장을 신청하려는 자는 신청서에 산업통상자원부장관이 정하는 서류를 첨부하여 산업통상자원부장관에게 제출하여야 한다. 변경승인을 받으려는 경우(법 제11조제2항 본문에 따라 승인을 받은 경우만 해당)에도 같다(대외무역법 시행령 제8조). 〈개정 2008.2.29., 2013.3.23., 2014.1.28.〉

(1) 수출입 승인의 유효기간

수출 또는 수입 승인의 유효기간은 대통령령으로 정하는 바에 따라 1년을 초과하지 아니하는 범위에서 산업통상자원부장관의 승인을 받아 연장할 수 있다(대외무역법 제11조3항). 〈신설 2013.7.30〉

산업통상자원부장관은 법 제11조제3항[3] 단서에 따라 다음 각 호의 어느 하

3) 수출 또는 수입 승인(제8항에 따라 수출승인을 받은 것으로 보는 경우를 포함한다)의 유효기간은 1년으로 한다. 다만, 산업통상자원부장관은 국내의 물가 안정, 수급 조정, 물품등의

나에 해당하는 경우에는 해당물품 등의 수출 또는 수입 승인의 유효기간을 1년 미만으로 하거나 최장 2년의 범위에서 정할 수 있다. 다만, 수출허가의 유효기간(법 제19조 제2항에 따른 수출허가의 유효기간만 해당)이 2년을 초과하는 경우에는 그 기간까지 수출 승인의 유효기간을 정할 수 있다(대외무역법 시행령 제18조제2항). 〈개정 2014.1.28.〉

① 국내의 물가안정이나 수급 조정을 위하여 수출 또는 수입 승인의 유효기간을 1년 보다 단축할 필요가 있는 경우
② 수출입계약 체결 후 물품 등의 제조·가공 기간이 1년을 초과하는 경우
③ 수출입계약 체결 후 물품 등이 1년 이내에 선적되거나 도착하기 어려운 경우
④ 제1호부터 제3호까지의 규정 외에 수출입 물품 등의 인도 조건 및 거래의 특성을 고려하여 수출 또는 수입 승인의 유효기간을 1년보다 단축하거나 늘릴 필요가 있다고 인정되는 경우

4) 수출입승인 사항의 변경

수출입승인을 얻은 자는 승인을 얻은 방법에 따라 수출입을 이행하여야 한다. 그러나 거래상대방과의 계약변경 등의 사유로 인해 승인을 득한 내용을 변경할 경우가 발생하기도 한다. 이러한 경우 수출입승인 사항의 변경은 당초 승인한 기관의 장이 승인한다. 사안의 중요도에 따라 당초 승인기관에 변경승인을 얻거나 또는 변경신고를 하여야 한다.

즉, 승인을 받은 자가 승인을 받은 사항 중 대통령령으로 정하는 중요한 사항을 변경하려면 산업통상자원부장관의 변경승인을 받아야 하고, 그 밖의 경미한 사항을 변경하려면 산업통상자원부장관에게 신고하여야 한다(대외무역법 제11조제5항). 〈개정 2008.2.29, 2013.3.23, 2013.7.30.〉

대외무역법 시행령에서 규정하고 있는 중요한 사항으로 변경승인대상이 되는 것은 물품 등의 수량·가격 및 수출 또는 수입의 당사자에 관하여 사항이다. 변경승인 및 변경신고대상이 되는 것은 아래와 같다(대외무역법 관리규정 제16조).

인도 조건 및 거래의 특성을 고려하여 대통령령으로 정하는 바에 따라 유효기간을 달리 정할 수 있다. 〈신설 2013.7.30〉

(1) 변경승인대상(대외무역법 시행령 제18조3항)

① 물품등의 수량 · 가격
② 삭제 〈2014.1.28.〉
③ 수출 또는 수입의 당사자에 관한 사항
다만, 당사자의 변경은 파산 등 불가피한 경우에 신청한 것이어야 한다(대외무역법 관리규정 제17조4항).

(2) 변경신고대상(대외무역법 관리규정 제16조)

① 원산지
② 도착항(다만, 수출의 경우에 한함)
③ 규격
④ 수출입 물품 등의 용도(다만, 수출입승인 용도가 지정된 경우에 한함)
⑤ 승인조건

그리고 수출입 승인사항의 변경승인기관의 장은 수출·수입 승인사항에 관하여 변경신고가 있는 경우 이를 확인 한 후 신고를 수리하여야 한다(대외무역 관리규정 제18조2항).

(3) 변경신청

수출 · 수입승인사항을 변경하려는 자는 당초 승인을 받은 수출입승인서 또는 별지 제9호 서식에 따른 수출입승인 사항 변경승인 · 신고신청서에 변경 사실을 증명하는 서류를 첨부하여 수출입승인 사항의 변경승인기관의 장에게 신청하여야 한다. 수출 · 수입승인 사항의 변경은 유효기간 내에 신청하여야 한다. 다만, 수입의 경우로서 수입대금을 지급하고 선적서류를 인수한 후에 수입승인 사항을 변경하려는 경우에는 수입승인의 유효기간 경과 후에도 변경승인 · 신고를 신청할 수 있다. 이에 따라 승인기관의 장이 변경승인 · 신고수리한 때에는 그 변경승인 · 신고사실을 해당 세관장에게 알려야 한다. 영 제18조제3항에 따른 당사자의 변경은 파산 등 불가피한 경우에 신청한 것일 것(대외무역법 관리규정 제17조제1항 내지 제4항).

3. 수출입승인의 면제

1) 수출입승인 면제의 의의

대외무역법령에 따르면 수출입을 행하고자 하는 자는 당해물품 등이 수출입승인 대상으로 지정·고시된 물품인 경우에는 수출입 승인을 받도록 규정하고 있다. 이와는 반대로 동 법에서는 여러 가지 이유로 일정 물품에 대해서는 수출입승인 대상물품일지라도 수출입승인 관련된 규정의 적용을 배제하여 수출입승인을 면제하도록 규정하고 있다. 즉, 수출입승인대상물품인 경우에도 소액거래품, 거래의 성격, 외교상의 이유, 출입국인의 휴대물품 등은 그 특수성 때문에 수출입절차의 간편함과 신속함 그리고 편의를 도모해 주기 위하여 수출입승인을 면제하도록 규정하고 있는 것이다.

2) 수출·수입승인 면제대상 물품

대외무역법 시행령 제19조(수출입승인의 면제)에서 아래에 해당하는 물품 등은 수출입승인을 면제시키고 있다. 〈개정 2008.2.29., 2013.3.23.〉

1. 산업통상자원부장관이 정하여 고시하는 물품 등으로서 외교관이나 그 밖에 산업통상자원부장관이 정하는 자가 출국하거나 입국하는 경우에 휴대하거나 세관에 신고하고 송부하는 물품 등
2. 다음 각 목의 어느 하나에 해당하는 물품등 중 산업통상자원부장관이 관계 행정기관의 장과의 협의를 거쳐 고시하는 물품 등
   가. 긴급히 처리하여야 하는 물품 등으로서 정상적인 수출·수입 절차를 밟아 수출·수입하기에 적합하지 아니한 물품 등
   나. 무역거래를 원활하게 하기 위하여 주된 수출 또는 수입에 부수된 거래로서 수출·수입하는 물품 등
   다. 주된 사업 목적을 달성하기 위하여 부수적으로 수출·수입하는 물품 등
   라. 무상(無償)으로 수출·수입하여 무상으로 수입·수출하거나, 무상으로 수입·수출할 목적으로 수출·수입하는 것으로서 사업 목적

을 달성하기 위하여 부득이하다고 인정되는 물품 등
마. 산업통상자원부장관이 정하여 고시하는 지역에 수출하거나 산업통상자원부장관이 정하여 고시하는 지역으로부터 수입하는 물품 등
바. 공공성을 가지는 물품 등이거나 이에 준하는 용도로 사용하기 위한 물품 등으로서 따로 수출·수입을 관리할 필요가 없는 물품 등
사. 그 밖에 상행위 이외의 목적으로 수출·수입하는 물품 등
3. 외국환 거래 없이 수입하는 물품등으로서 산업통상자원부장관이 정하여 고시하는 기준에 해당하는 물품 등
4. 「해외이주법」에 따른 해외이주자가 해외이주를 위하여 반출하는 원자재, 시설재 및 장비로서 외교부장관이나 외교부장관이 지정하는 기관의 장이 인정하는 물품 등

3) 수출입승인 면제의 확인

대외무역법 제14조는 수출입승인면제의 확인조항으로서 산업통상자원부장관은 승인을 받지 아니하고 수출되거나 수입되는 물품 등(제11조제2항 본문에 해당하는 물품 등만을 말한다)이 제11조제2항 단서에 따른 물품등에 해당하는지를 확인하여야 한다.〈개정 2008.2.29., 2013.3.23.〉

4. 그 밖에 외국환거래가 수반되지 아니하는 물품 등의 수입

외국환거래 없이 수입하는 물품 등으로서 산업통상자원부장관이 정하여 고시하는 기준에 해당하는 물품 등은 그 반입의 목적, 사유 등에 의하여 세관장이 타당하다고 인정하는 물품 등을 말한다. 이 경우 세관장은 과세가격이 500만원을 초과하는 수입에 대하여 수입승인서의 제출을 요구할 수 있다(대외무역법 관리규정 제20조).

문제 7

다음 대외무역법의 수출입승인제도에 대한 설명으로 거리가 먼 것은?

(제30회 국제무역사, 2012. 11. 24.)

① 수출입승인이란 수출입이 제한되는 물품 등을 수출입이 가능하도록 허용하는 절차를 말한다.

② 수출입공고에서 정한 승인대상 품목이더라도 중계무역 물품, 외국인수수입물품, 외국인도수출 물품, 선용품 등은 승인 없이 수출입이 가능하다.

③ 승인대상물품은 수출 또는 수입승인 대상으로 지정한 물품을 말하는 것으로Negative System(원칙자유 · 예외규제) 방식을 취하고 있다.

③ 수출입공고에는 별표로 수출금지품목, 수출제한품목, 수입금지품목, 수입제한품목 4가지로 구분하여 규정하고 있다.

정답 ③

제5절 외화획득용 원료 · 기재의 수입과 구매에 따른 관리

외화획득용 원료나 기재를 수입한 자는 반드시 대응수출을 이행하여나 하나 부득이한 사유가 발생하여 수출할 수 없는 경우에 대응수출 의무나 사후관리를 면제하여 주고 있다. 또한 외화획득용 원료나 시설기재의 사용목적 변경이 생겼을 경우 이의 승인여부 등에 관하여도 규정(대외무역법 제16조~제18조, 대외무역법 시행령 제24조~제31조, 대외무역관리규정 제31조~제69조)하고 있다.

1. 외화획득용 원료 · 기재관리의 의의

"외화획득용 원료 · 기재의 수입제도"는 외화획득을 진흥하기 위한 관리 및 지원제도이다. 외화획득용 원료 · 기재의 수입 관리규정은 외화획득용 원료 · 기재가 수입된 후 국내에서 소비 · 사용되거나 국내에서 소비 · 사용될 물품 등을 제조 · 가공하는 것이 아니라 국내에서 제조 · 가공하여 다시 수출하거나 외화획득용 물품 등을 제조 · 가공하는데 사용되는 것으로 최종적으로 외화획득과 밀접한 관계가 있다. 현재 대외무역법령에서의 외화획득용 원료・기재의 수입 시 수출입공고 등에서 수입이 제한되는 품목이라 할지라도 수입을 허용하며, 수입에 대한 수량 제한도 하지 않고 있다.

2. 외화획득용 원료・기재에서 용어의 정의

1) 외화획득용 원료・기재

"외화획득용 원료・기재"란 외화획득용 원료, 외화획득용 시설기재, 외화획득용 제품, 외화획득용 용역 및 외화획득용 전자적 형태의 무체물을 말한다(대외무역법 시행령 제2조제5항).

2) 외화획득용 원료

"외화획득용 원료"란 외화획득에 제공되는 물품과 제3조에 따른 용역 및 제4조에 따른 전자적 형태의 무체물("물품 등")을 생산(제조・가공・조립・수리・재생 또는 개조하는 것)하는 데에 필요한 원자재・부자재・부품 및 구성품을 말한다(대외무역법 시행령 제2조제6항).

3) 외화획득용 시설기재

"외화획득용 시설기재"란 외화획득에 제공되는 물품등을 생산하는 데에 사용되는 시설・기계・장치・부품 및 구성품[물품 등의 하자(瑕疵)를 보수하거나 물품등을 유지・보수하는 데에 필요한 부품 및 구성품을 포함]을 말한다(대외무역법 시행령 제2조제7항).

4) 외화획득용 제품

"외화획득용 제품"이란 수입한 후 생산과정을 거치지 아니하는 상태로 외화획득에 제공되는 물품 등을 말한다(대외무역법 시행령 제2조제8항).

5) 외화획득용 용역

"외화획득용 용역"이란 외화획득에 제공되는 물품 등을 생산하는데 필요한 제3조에 따른 용역을 말한다(대외무역법 시행령 제2조제9항).

6) 외화획득용 전자적 형태의 무체물

"외화획득용 전자적 형태의 무체물"이란 외화획득에 제공되는 물품 등을 생산하는 데에 필요한 제4조에 따른 전자적 형태의 무체물을 말한다(대외무역법 시행령 제2조제10항).

7) 수출실적

"수출실적"이란 산업통상자원부장관이 정하여 고시하는 기준에 해당하는 수출통관액·입금액, 가득액과 수출에 제공되는 외화획득용 원료·기재의 국내공급액을 말한다(대외무역법 시행령 제2조제11항).

8) 수입실적

"수입실적"이란 산업통상자원부장관이 정하여 고시하는 기준에 해당하는 수입통관액 및 지급액을 말한다(대외무역법 시행령 제2조제12항).

9) 구매확인서

"구매확인서"란 외화획득용 원료·기재를 구매하려는 경우 또는 구매한 경우 외국환은행의 장 또는 「전자무역 촉진에 관하여 법률」 제6조에 따라 산업통상자원부장관이 지정한 전자무역기반사업자("전자무역기반사업자")가 내국신용장에 준하여 발급하는 증서(구매한 경우에는 구매확인서 신청인이 세금계산서를 발급받아 「부가가치세법 시행규칙」제9조의2에서 정한 기한 내에 신청하여 발급받은 증서에 한한다)를 말한다(대외무역관리규정 제2조제18항).

10) 내국신용장

"내국신용장"이란 한국은행총재가 정하는 바에 따라 외국환은행의 장이 발급하여 국내에서 통용되는 신용장을 말한다(대외무역관리규정 제2조제19항).

문제 8

다음 중 구매확인서와 내국신용장에 대한 설명으로 잘못된 것은?

(2017년 제40회 국제무역사 1급 기출)

① 구매확인서 혹은 내국신용장을 받고 수출자에게 수출용 물품을 공급한 공급자에게도 수출실적이 인정된다.
② 구매확인서 혹은 내국신용장을 받고 수출자에게 수출용 물품을 공급한 공급자는 영세율 세금계산서는 수출자에게 발행하여야 한다.
③ 구매확인서, 내국신용장을 발급차수에 제한이 없다.
④ 구매확인서 혹은 내국신용장을 받고 수출자에게 수출용 물품을 공급한 공급자는 한국무역협회에서 수출실적을 인정받을 수 있다.

정답 ④

11) 평균손모량

"평균손모량"이란 외화획득용 물품 등을 생산하는 과정에서 생기는 원자재의 손모량(손실량 및 불량품 생산에 소요된 원자재의 양을 포함한다)의 평균량을 말한다(대외무역관리규정 제2조제20항).

12) 손모율

"손모율"이란 평균 손모량을 백분율로 표시한 값을 말한다(대외무역관리규정 제2조 제21항).

13) 단위실량

"단위실량"이란 외화획득용 물품 등 1단위를 형성하고 있는 원자재의 양을 말한다(대외무역관리규정 제2조 제22항).

14) 기준 소요량

"기준 소요량"이란 외화획득용 물품 등의 1단위를 생산하는 데에 소요되는 원자재의 양을 고시하기 위한 것으로서 단위실량과 평균 손모량을 합한 양을 말한다(대외무역관리규정 제2조제23항).

15) 단위자율소요량

"단위자율소요량"이란 기준소요량이 고시되지 아니한 품목에 대하여 외화획득용 물품 등 1단위를 생산하는 데에 소요된 원자재의 양을 해당 기업이 자율적으로 산출한 것으로서 단위실량과 평균 손모량을 합한 양을 말한다(대외무역관리규정 제2조제24항).

16) 소요량

"소요량"이란 외화획득용 물품 등의 전량을 생산하는 데에 소요된 원자재의 실량과 손모량을 합한 양을 말한다(대외무역관리규정 제2조제25항).

17) 자율소요량계산서

"자율소요량계산서"란 외화획득을 이행하는 데에 소요된 원자재의 양을 해당 기업이 자체 계산한 서류를 말한다(대외무역관리규정 제2조제26항).

18) 사후 관리기관의 장

"사후 관리기관의 장"이란 각종 수출 또는 수입승인의 이행상황을 확인하고 그 결과에 따라 필요한 조치를 하는 업무를 담당하도록 산업통상자원부장관이 지정·고시한 기관·단체의 장을 말한다(대외무역관리규정 제2조제27항).

19) 유통업자

"유통업자"란 「부가가치세법」에 따른 사업자등록증상의 도매업자(한국표준 산업분류상의 도매업 영위자), 조달청 및 「중소기업 협동조합법」에서 정하는 중소기업 협동조합을 말한다(대외무역관리규정 제2조 제28항).

3. 외화획득용 원료의 수입

외화획득용 원료의 범위는 다음 각 호로 한다(대외무역관리규정 제32조: 외화획득용 원료의 범위).

1. 제25조에 따라 수출실적으로 인정되는 수출 물품등을 생산하는 데에 소요되는 원료(포장재, 1회용 파렛트를 포함)
2. 외화가득율(외화획득액에서 외화획득용 원료의 수입금액을 공제한 금액이 외화획득액에서 차지하는 비율을 말한다)이 30퍼센트 이상인 군납용 물품등을 생산하는 데에 소요되는 원료
3. 해외에서의 건설 및 용역사업용 원료
4. 제31조 각 호에 따른 외화획득용 물품등을 생산하는 데에 소요되는 원료
5. 제1호부터 제4호까지의 규정에 따른 원료로 생산되어 외화획득이 완료된 물품등의 하자 및 유지보수용 원료

4. 외화획득용 원료 · 기재에 대한 특혜

대외무역법에서는 외화획득용 원료 · 기재의 수입에 대해서 각종 혜택을 부여함으로써 외화획득의 진흥을 도모하고 있다. 산업통상자원부장관은 물품의 수출 등 외화획득을 위하여 사용되는 원료 · 시설 · 기재 등의 수입에 대해서는 수출입승인대상물품의 품목별 수량 · 금액 · 규격 및 수출입지역 등을 한정하는 대상(대외무역법 제11조: 수출입의 제한 등)에서 제외하고 수입할 수 있다. 다만, 국산의 원료 · 기재의 사용을 촉진하기 위하여 필요한 경우에는 그러하지 아니하다(대외무역법 제16조제1항: 외화획득용 원료 · 기재의 수입승인 등).

5. 외화획득의 범위

대외무역법 시행령 제26조(외화획득의 범위) 제1항에서 "법 제16조제4항에 따른 외화획득의 범위는 다음 각 호의 어느 하나에 해당하는 방법에 따라 외화를 획득하는 것으로 한다."고 규정하고 있다.

① 수출
② 주한 국제연합군이나 그 밖의 외국군 기관에 대한 물품 등의 매도
③ 관광
④ 용역 및 건설의 해외진출
⑤ 국내에서 물품 등을 매도하는 것으로서 산업통상자원부장관[4)]이 정하여 고시하는 기준에 해당하는 것

대외무역법시행령 제26조(외화획득의 범위)제2항에서 무역거래자가 외국의 수입업자로부터 수수료를 받고 행한 수출 알선은 제1항에 따른 외화획득행위에 준하는 행위로 본다.

6. 외화획득이행의 의무자 및 이행기간

1) 외화획득이행의 의무자

"외화획득용 원료·기재를 수입한 자 또는 이에 준하는 자는 외화획득용 원료·기재의 수입과 연계하여 수출 등을 통해서 반드시 외화획득을 행하여

---

4) 1. 외국인으로부터 외화를 받고 국내의 보세지역에 물품 등을 공급하는 경우
2. 외국인으로부터 외화를 받고 공장건설에 필요한 물품 등을 국내에서 공급하는 경우
3. 외국인으로부터 외화를 받고 외화획득용 시설·기재를 외국인과 임대차계약을 맺은 국내업체에 인도하는 경우
4. 정부·지방자치단체 또는 정부투자기관이 외국으로부터 받은 차관자금에 의한 국제경쟁입찰에 의하여 국내에서 유상으로 물품 등을 공급하는 경우(대금 결제통화의 종류를 불문한다)
5. 외화를 받고 외항선박(항공기)에 선(기)용품을 공급하거나 급유하는 경우
6. 절충교역거래(off set)의 보완거래로서 외국으로부터 외화를 받고 국내에서 제조된 물품 등을 국가기관에 공급하는 경우(대외무역관리규정 제31조: 외화획득의 범위)

야 한다. 대외무역법의 규정에 의하여 원료·기재를 수입한 자 및 수입을 위탁한 자는 그 수입에 대응하는 외화획득을 하여야 한다. 다만, 대외무역법 제17조(외화획득용 원료·기재의 목적을 벗어난 사용 등)[5]의 규정에 의하여 산업통상자원부장관의 승인을 얻은 경우에는 그러하지 아니하다"고 규정하고 있다. 따라서 산업통상자원부장관으로부터 외화획득용 원료·기재의 목적 외 사용의 승인을 얻은 경우를 제외하고, 외화획득용 원료·기재를 수입한 자 및 외화획득용 원료·기재의 수입을 위탁한 자는 당해 수입에 대응하는 외화획득을 하여야 한다.

2) 외화획득의 이행기간

대외무역법 시행령 제27조(외화획득 이행기간)제1항에서 "법 제16조제4항에 따른 외화획득의 이행기간은 다음 각 호의 구분에 따른 기간의 범위에서 산업통상자원부장관이 정하여 고시하는 기간으로 한다"고 규정하고 있다.〈개정 2008.2.29., 2013.3.23.〉

1. 외화획득용 원료·기재를 수입한 자가 직접 외화획득의 이행을 하는 경우: 수입통관일 또는 공급일로부터 2년
2. 다른 사람으로부터 외화획득용 원료·기재 또는 그 원료·기재로 제조된 물품 등을 양수한 자가 외화획득의 이행을 하는 경우: 양수일로부터 1년
3. 외화획득을 위한 물품 등을 생산하거나 비축하는 데에 2년 이상의 기간이 걸리는 경우: 생산하거나 비축하는 데에 걸리는 기간에 상당하는 기간
4. 수출이 완료된 기계류의 하자 및 유지 보수를 위한 외화획득용 원료·기재인 경우: 하자 및 유지 보수 완료일부터 2년

대외무역관리규정 제39조(외화획득의 이행기간)제1항에서 규정하는 내용을

5) 대외무역법 제16조 제1항에 따라 원료·기재를 수입한 자는 그 수입한 원료·기재 또는 그 원료·기재로 제조된 물품 등을 부득이한 사유로 인하여 당초의 목적 외의 용도로 사용하려면 대통령령으로 정하는 바에 따라 산업통상자원부장관의 승인을 받아야 한다. 다만, 대통령령으로 정하는 원료·기재 또는 그 원료·기재로 제조된 물품 등에 대하여는 그러하지 아니하다.〈개정 2008.2.29.〉

보면 "외화획득 이행의무자는 외화획득용 원료의 수입신고수리일, 용역 또는 전자적 형태의 무체물의 공급일, 수입된 외화획득용 원료 또는 해당 원료로 제조된 물품 등(이하 "원료 등"이라 한다)의 구매일 또는 양수일부터 다음 각호의 기간이 경과한 날까지 외화획득의 이행을 하여야 한다"고 규정하고 있다.

1. 외화획득행위의 경우에는 2년
2. 국내공급(양도를 포함한다)인 경우에는 1년
3. 외화획득 물품의 선적기일이 2년 이상인 경우에는 그 기일까지의 기간
4. 수출이 완료된 기계류(HS 84류부터 90류까지의 규정에 해당하는 품목)의 하자 및 유지 보수용 원료 등인 경우에는 10년

(1) 외화획득 기간의 연장

대외무역법 시행령 제27조제2항에서 "외화획득이행의무자는 제1항에 따른 기간 내에 외화획득의 이행을 할 수 없다고 인정되면 산업통상자원부장관이 정하는 서류를 갖추어 산업통상자원부장관에게 그 기간의 연장을 신청하여야 한다"고 규정하고 있으며, 제3항에서는 "산업통상자원부장관은 제2항의 규정에 따른 신청을 받은 경우 그 신청이 타당하다고 인정할 경우에는 외화획득의 이행기간을 연장할 수 있다"고 규정하고 있다. 〈개정 2008.2.29., 2008.11.5., 2013.3.23.〉

(2) 외화획득 이행기간의 연장 사유

시・도지사는 다음 각 호의 어느 하나에 해당하는 경우 1년의 범위 내에서 외화획득 이행기간을 연장할 수 있다(대외무역관리규정 제39조제3항).

① 생산에 장기간이 소요되는 경우
② 제품생산을 위탁한 경우 그 공장의 도산 등으로 인하여 제품 생산이 지연되는 경우
③ 외화획득 이행의무자의 책임 있는 사유가 없음에도 신용장 또는 수출계약이 취소된 경우
④ 외화획득이 완료된 물품의 하자보수용 원료 등으로서 장기간 보관이

불가피한 경우

⑤ 그 밖에 부득이한 사유로 외화획득 이행기간 내에 외화획득 이행이 불가능하다고 인정되는 경우

시·도지사가 외화획득 이행기간 연장을 승인한 경우에는 그 사실을 신청자와 외화획득용 원료 등의 사후 관리에 관한 권한을 위임·위탁받은 기관·단체의 장에게 알려야 한다(대외무역관리규정 제39조제4항).

문제 9

다음은 우리나라의 대외무역법령에서 규정하고 있는 외화획득과 관련된 설명이다. ( ) 안의 이행기간이 모두 올바르게 기재된 것은? (제34회 국제무역사, 2014. 8. 2.)

a. 외화획득용 원료·기재를 수입한 자가 직접 외화획득의 이행을 하는 경우 : 수입통관일 또는 공급일부터 ( )년
b. 다른 사람으로부터 외화획득용 원료·기재 또는 그 원료·기재로 제조된 물품 등을 양수한 자가 외화획득의 이행을 하는 경우 : 양수일부터 ( )년
c. 외화획득을 위한 물품 등을 생산하거나 비축하는 데에 ( )년 이상의기간이 걸리는 경우 : 생산하거나 비축하는 데에 걸리는 기간에 상당하는 기간

① 2, 1, 2 ② 2, 2, 2 ③ 1, 2, 2 ④ 2, 1, 1

정답 ①

7. 외화획득용 원료·기재의 사용목적 변경

원료·기재를 수입한 자는 원칙적으로 대외무역법령에서 정한 소정의 기간 내에 대응수출의 의무를 수행해야 한다. 그러나 그 수입한 원료·기재 또는 그 원료·기재로 제조된 물품 등을 다음의 하나에 해당하는 부득이한 사유로 인하여 당초의 목적 외의 용도로 사용할 수 있다(대외무역법 제17조: 외화획득용 원료·기재의 목적을 벗어난 사용 등). 이 경우에는 산업통상자원부장관의 승인을 얻어야 한다.

부득이한 사유에 해당하는 경우는 다음의 경우에 해당하는 경우를 말한다(대외무역법 시행령 제30조: 외화획득용 원료·기재의 사용목적변경승인 등).

① 우리나라나 교역상대국의 전쟁 · 사변, 천재지변 또는 제도변경으로 인하여 외화획득의 이행을 할 수 없게 된 경우

② 외화획득용 원료 · 기재로 생산된 물품 등으로서 그 물품 등을 생산하는 데에 고도의 기술이 필요하여 외화획득의 이행에 앞서 시험제품을 생산할 필요가 있는 경우

③ 외화획득 이행의무자의 책임이 없는 사유로 외화획득의 이행을 할 수 없게 된 경우

④ 그 밖에 산업통상자원부장관이 불가항력으로 외화획득의 이행을 할 수 없다고 인정한 경우로 다음 각 호의 어느 하나에 해당하는 것으로 한다고 규정하고 있다.

가. 화재나 천재지변으로 인하여 외화획득 이행이 불가능하게 된 경우

나. 기술혁신이나 유행의 경과로 새로운 제품이 개발되어 수입된 원료로는 외화획득이행물품의 생산에 사용할 수 없는 경우

다. 수입된 원료가 형질이 변화되어 외화획득이행물품의 생산에 사용할 수 없게 된 경우

라. 그 밖에 수입 또는 구매한 자에게 책임을 돌릴 사유가 없이 외화획득을 이행할 수 없는 경우로서 사용목적 변경승인기관의 장이 인정하는 경우

8. 외화획득용 원료 · 기재의 양도 · 양수 승인 및 사후관리

1) 외화획득용 원료 · 기재의 양도 · 양수 승인

수입한 원료 · 기재 또는 그 원료 · 기재로 제조된 물품 등을 당초의 목적과 동일한 용도로 사용하고자 하거나 수출하고자 하는 자에게 양도하고자 할 경우에는 양도하고자 하는 자와 양수하고자 하는 자가 함께 산업통상자원부장관의 승인을 얻어야 한다. 다만, 대통령령이 정하는 원료 · 기재에 대하여는 그러하지 아니하다고 규정하고 있다(참조: 대외무역법 제17조, 대외무역법 시행령 제28조, 대외무역관리규정 제50조).

2) 외화획득용 원료 · 기재의 사후관리

(1) 사후관리의 주체 및 대상

산업통상자원부장관은 외화획득용 원료·기재의 수입승인을 받아 수입한 외화획득용 원료·기재 및 그 원료·기재로 제조된 물품등에 대하여는 외화획득 이행의무자의 외화획득 이행 여부를 사후 관리하여야 한다(대외무역법 시행령 제28조제1항). 〈개정 2008. 2.29., 2013.3.23.〉

산업통상자원부장관은 산업통상자원부장관이 정하여 고시한 요건을 갖춘 자가 수입승인을 받아 수입한 외화획득용 원료·기재에 대하여는 상기에도 불구하고 수입승인을 받은 자가 사후 관리하도록 할 수 있다. 법 제17조에 따라 외화획득용 원료·기재를 양수한 자로서 산업통상자원부장관이 정하여 고시한 요건을 갖춘 자의 경우에도 또한 같다. 〈개정 2008.2.29., 2013.3.23.〉

사후 관리는 외화획득 이행의무자별 및 품목별로 매 분기에 수입한 총량을 대상으로 행하되, 사후 관리의 방법 등에 관하여 필요한 사항은 산업통상자원부장관이 정하여 고시한다. 〈개정 2008.2.29., 2013.3.23.〉

(2) 사후관리의 면제

산업통상자원부장관은 제28조제1항에도 불구하고 다음 각 호의 어느 하나에 해당하는 경우에는 사후관리를 하지 아니할 수 있다(대외무역법 시행령 제29조). 〈개정 2008.2.29., 2013.3.23.〉

① 품목별 외화획득 이행의무의 미이행률이 10퍼센트 이하인 경우
② 외화획득 이행의무자의 분기별 미이행률이 10퍼센트 이하이고 그 미이행금액이 미화 2만달러 상당액 이하인 경우
③ 외화획득 이행의무자에게 책임이 없는 사유로 외화획득의 이행을 하지 못한 경우로서 산업통상자원부장관이 인정하는 경우
④ 해당품목이 수입승인 대상에서 제외됨으로써 그 수입에 대응하는 외화획득의 이행을 할 필요가 없는 경우 등 산업통상자원부장관이 사후관리를 할 필요성이 없어진 것으로 인정하는 경우

9. 외화획득용 제품의 수입

1) 외화획득용 제품의 의미

"외화획득용 제품"이란 수출을 전제로 수입하는 것이 아니라 제품을 수입한 후 국내에서 외화획득용으로 사용되는 것이므로 국내에 거주하는 외국인 또는 외국관광객 등에게만 공급되도록 물품의 공급을 제한하고 있다. 대외무역법 시행령 제2조제8호에서 규정하는 내용을 보면 "외화획득용 제품"이란 수입한 후 생산과정을 거치지 아니하는 상태로 외화획득에 제공되는 물품 등을 말한다"고 규정하고 있다.

2) 외화획득용 제품의 범위

대외무역관리규정 제59조(외화획득용 제품의 범위)에서 "법 제16조제2항에 따른 외화획득용 제품의 범위는 다음 각 호로 한다"고 규정하고 있다.

① 주식회사 한국관광용품센타("관광용품센타")가 수입하는 식자재 및 부대용품

② 「항만운송사업법」에 따라 수입물품 공급업의 등록을 하고 세관장에 등록한 자("수입물품 공급업자")가 수입하는 선용품

③ 군납업자가 수입하는 군납용 물품

문제 10

다음 중 대외무역법상 외화획득용 제품의 범위에 해당하지 않는 것은?

(2017년 제40회 국제무역사 1급)

① 주식회사 한국관광용품센터가 수입하는 식자재 및 부대용품

② 항만운송사업법에 따라 수입 물품 공급업에 등록을 하고 세관장에 등록한 자가 수입하는 선용품

③ 관세법에 따라 특허를 받은 보세판매장에서 해외여행자에게 판매하기 위하여 수입하는 면세품

④ 군납업자가 수입하는 군납용 물품

정답 ③

3) 외화획득용 제품의 수입승인기관

대외무역관리규정 제60조(외화획득용 제품의 수입승인기관)에서 "제59조에 따른 외화획득용 제품(단, 수출입공고에 의하여 제한되는 품목만 해당)의 승인기관은 다음 각 호와 같다.

① 관광용품센타가 관광호텔 등에 공급하기 위하여 수입하는 물품 중 법 제11조제2항에 따른 승인대상 물품으로서 주방용품, 소모성기계, 기자재류 및 객실 또는 부대업장용 소모성 물품: 문화체육관광부장관

② 군납업자가 주한 국제연합군 그 밖에 외국군기관에 공급하는 군납용 물품: 제8조에 따른 승인기관의 장

> ❑ **대외무역관리규정 제8조(수출입 승인기관)** - 영 제91조 제7항의 "산업통상자원부장관이 지정하여 고시하는 관계 행정기관 또는 단체의 장"은 수출입공고에서 산업통상자원부장관이 지정·고시한 기관·단체(이하 "승인기관"이라 한다)의 장을 말한다.
> ❑ **대외무역법 제11조(수출입의 제한 등) 참조,** ② 산업통상자원부장관은 헌법에 따라 체결·공포된 조약과 일반적으로 승인된 국제법규에 따른 의무의 이행, 생물자원의 보호 등을 위하여 필요하다고 인정하면 물품 등의 수출 또는 수입을 제한하거나 금지할 수 있다. 이러한 물품 등을 수출입하고자 하는 자는 산업통상자원부장관의 승인을 얻어야 한다. 다만, 긴급을 요하는 물품 등 그 밖에 수출 또는 수입절차를 간소화하기 위한 물품 등으로 대통령령이 정하는 기준에 해당하는 물품 등의 수출 또는 수입에 대하여는 그러하지 아니하다.

제6절 전략물자의 수출입관리

국가안보와 세계평화를 위협할 수 있는 전략물자는 그 수출입에 있어서 엄격한 통제를 할 필요성이 있다. 따라서 전략물자의 수출입에 대해서는 산업통상자원부장관과 관계 행정기관의 장이 협의하여 그에 대한 수출입을 허가하는 대외무역의 법령체계를 갖추고 있다.

1. 전략물자의 고시 및 수출허가

산업통상자원부장관은 관계 행정기관의 장과 협의하여 대통령령으로 정하는 국제수출통제체제[6])의 원칙에 따라 국제평화 및 안전유지와 국가안보를 위하여 수출허가 등 제한이 필요한 물품 등(대통령령으로 정하는 기술을 포함)을 지정하여 고시하여야 한다(대외무역법 제192조1항). 〈2008.2.29., 2009.4.22., 2013.3.23., 2013.7.30.〉

1) 전략물자 수출입고시 등

산업통상자원부장관은 관계 행정기관의 장과 협의하여 제19조부터 제25조까지의 규정에 관하여 요령에 관하여 내용을 고시하여야 한다(대외무역법 제26조). 〈2013.3.23.〉 [제목개정 2009.4.22.]

관세청장은 전략물자등의 수출입 통관절차에 관한 사항을 고시하여야 한다.〈신설 2016.1.27.〉

전략물가 수출입고시 제1조제1항에는 "이 고시는 「대외무역법」 제26조에 따라 전략물자의 수출입통제에 관한 사항을 정함으로써 국제평회 및 안전유지와 국가안보에 기여함을 목적으로 한다."라고 명시되어 있다.

(1) 전략물자 수출입고시에 따른 적용 법령

이 고시에서 정하고 있는 사항에 관하여 적용할 법령은「대외무역법」,「원자력안전법」,「방위사업법」,「화학무기·생물무기의 금지와 특정화학물질·생물작용제 등의 제조·수출입규제 등에 관한 법률」이다.

(2) 전략물자 수출입 고시 용어의 정의

① "전략물자 수출입고시"란 「대외무역법」 제26조에 따라 산업통상자원부장관이 전략물자의 수출입 통제에 관한 사항을 별도로 정한 고시를

6) 1. 바세나르체제(WA), 2. 핵공급국그룹(NSG), 3. 미사일기술통제체제(MTCR), 4. 오스트레일리아그룹(AG), 5. 화학무기의 개발·생산·비축·사용 금지 및 폐기에 관한 협약(CWC), 6. 세균무기(생물무기) 및 독소무기의 개발·생산·비축 금지 및 폐기에 관한 협약(BWC) [제목개정 2014.1.28.]

말한다.

② "전략물자"란 전략물자 수출입고시 별표 2의 이중용도품목 및 별표 3의 군용물자에 해당하는 물품 등(물질, 시설, 장비, 부품, 소프트웨어 및 기술을 포함)을 말한다.

③ "전략물자수입목적확인서"란 수입자가 해당 전략물자를 수입하여 사용하고자 하는 목적과 그 전략물자를 제3국으로 전송, 환적 또는 재수출하지 않을 것임을 서약한 사실을 정부가 확인해주는 서류를 말한다.

④ "전략물자통관증명서"란 전략물자 최종목적지 국가의 수입통관지 세관장이 발급한 통관증명서를 말한다.

⑤ "개별수출허가"란 전략물자 수출입고시 제5조에 따른 전략물자의 수출허가기관("허가기관")의 장이 전략물자의 개별 수출허가신청 건에 대하여 품목과 수량, 최종사용자와 사용용도를 확인하여 허가하는 것을 말한다.

⑥ "포괄수출허가"란 전략물자 수출입고시 제28조의 사용자포괄수출허가, 제34조의 품목포괄수출허가를 말한다.

(3) 전략물자의 수출신고

전략물자를 외국으로 수출하려는 자는 허가기관의 장에게 수출허가를 받은 후 세관장에게 수출신고를 하여야 한다. 이에 따라 수출신고하는 자는 수출신고서에 전략물자허가번호를 기재하여야 한다.

(4) 전략물자 통관증명서의 발급

전략물자 수입증명서를 발급받은 물품을 수입통관한 후 전략물자통관증명(신청)서를 발급받으려는 자는 전략물자 수출입고시 제68조에 따라 같은 고시 별지 제9호서식의 전략물자 통관증명(신청)서와 수입신고필증, 선하증권(B/L) 사본, 전략물자 수입목적확인서(세관용)를 통관지 세관장에게 제출하여야 한다. 이의 신청을 받은 세관장은 수입자가 제출한 서류를 확인한 후 이상이 없는 경우에는 전략물자 통관증명(신청)서에 통관지세관의 청인을 날인한 후 2부를 신청자에게 교부하고 1부는 보관하여야 한다. 또한 제1항에 따른 통관증명서를 발급받으려는 자는 「관세법」제322조와 「관세법 시행규칙」제82조에 따른 교부수수료를 세관장에게 납부하여야 한다.(전략물자 수출입통관에 관한 고시 제6조제1항~2항, 4항).

전략물자 수입증명서상의 물품을 분할하여 수입한 경우 세관장은 그 분할 수입된 물품의 통관증명서를 발급할 수 있으며, 담당자는 전략물자 수입증명서 이면에 통관증명서 번호, 품명, 수량, 금액을 기재한 후 담당자의 서명(또는 날인)을 한 후 그 사본을 징구하고 원본은 최종 통관분의 통관증명서 발급시 징구한다.

전략물자 통관증명서의 발급은 신청일로부터 7일 이내에 처리하여야 한다(전략물자 수출입통관에 관한 고시 제6조제3항, 제5항).

2) 전략물자의 수출허가

제1항의 규정에 따라 지정·고시된 물품 등("전략물자")을 수출하려는 자는 대통령령으로 정하는 바에 따라 산업통상자원부장관이나 관계행정기관의 장의 허가("수출허가")를 받아야 한다(대외무역법 제19조제2항). 다만, 「방위사업법」 제57조제2항에 따라 허가를 받은 방위산업물자 및 국방과힉기술이 전략물자에 해당하는 경우에는 그러하지 아니하다(대외무역법 제19조2항).〈개정 2008.2.29., 2013.3.23., 2013.7.30.〉

① 국내에서 국외로의 이전
② 국내 또는 국외에서 대한민국 국민(국내법에 따라 설립된 법인을 포함)으로부터 외국인(외국의 법률에 따라 설립된 법인을 포함)에게로의 이전

3) 전략물자의 상황허가

전략물자에 해당되지 아니하나 대량파괴무기 및 그 운반수단인 미사일("대량파괴무기 등")의 제조·개발·사용 또는 보관 등의 용도로 전용될 가능성이 높은 물품 등을 수출하려고 하는 자는 그 물품 등의 수입자나 최종사용자가 그 물품 등을 대량파괴무기 등의 제조·개발·사용 또는 보관 등의 용도로 전용될 가능성이 있음을 알았거나 그 수출이 다음 각 호의 어느 하

나에 해당되어 그러한 의도가 있다고 의심되면 대통령령으로 정하는 바에 따라 산업통상자원부장관이나 관계 행정기관의 장의 허가("상황허가")를 받아야 한다(대외무역법 제19조3항). 〈개정 2008.2.29., 2013.3.23., 2013.7.30.〉

(1) 상황허가 대상

① 수입자가 해당 물품 등의 최종 용도에 관하여 필요한 정보제공을 기피하는 경우
② 수출하려는 물품 등이 최종 사용자의 사업분야에 해당되지 아니하는경우
③ 수출하려는 물품 등이 수입국가의 기술수준과 현저한 격차가 있는 경우
④ 최종 사용자가 해당 물품 등이 활용될 분야의 사업경력이 없는 경우
⑤ 최종 사용자가 해당 물품 등에 대한 전문적 지식이 없으면서도 그 물품 등의 수출을 요구하는 경우
⑥ 최종 사용자가 해당 물품 등에 대한 설치·보수 또는 교육훈련 서비스를 거부하는 경우
⑦ 해당 물품 등의 최종 수하인이 운송업자인 경우
⑧ 해당 물품 등에 대한 가격 및 지불조건이 통상적인 범위를 벗어나는 경우
⑨ 특별한 이유 없이 해당 물품 등의 납기일이 통상적인 범위를 벗어나는 경우
⑩ 해당 물품 등의 수송경로가 통상적인 경로를 벗어난 경우
⑪ 해당 물품 등의 수입국내 사용 또는 재수출 여부가 명백하지 아니한 경우
⑫ 해당 물품 등에 대한 정보 또는 목적지 등에 대하여 통상적인 범위를 벗어나는 보안을 요구하는 경우
⑬ 그 밖에 국제정세의 변화 또는 국가안전보장을 저해하는 사유의 일시적 발생 등으로 산업통상자원부장관 또는 관계 행정기관의 장이 한시적으로 수출허가를 받도록 정하여 고시하는 경우

산업통상자원부장관이나 관계 행정기관의 장은 수출허가 신청 또는 상황허가 신청을 받은 경우에는 국제평화 및 안전유지와 국가안보 등 대통령령으로 정하는 기준에 따라 수출허가 또는 상황허가를 할 수 있다(대외무역법 제19조제4항).

산업통상자원부장관 또는 관계 행정기관의 장은 재외공관에서 사용될 공용물품을 수출하는 경우 등 대통령령으로 정하는 경우에는 수출허가 또는

상황허가를 면제할 수 있다(대외무역법 제19조제5항). [신설 2009.4.22. 2013.3.23]

2. 전략물자의 판정 등

물품 등의 무역거래자(제19조제2항에 따른 기술이전 행위의 전부 또는 일부를 위임하거나 기술이전 행위를 하는 자를 포함)는 대통령령으로 정하는 바에 따라 산업통상자원부장관이나 관계 행정기관의 장에게 수출하려는 물품 등이 전략물자 또는 제19조제3항제13호에 따른 상황허가 대상인 물품 등에 해당하는지에 대한 판정을 신청할 수 있다. 이 경우 산업통상자원부장관이나 관계 행정기관의 장은 제29조에 따른 전략물자관리원장 또는 대통령령으로 정하는 「원자력안전법」 제6조에 따른 한국원자력통제기술원에 판정을 위임하거나 위탁할 수 있다(대외무역법 제20조). 〈개정 2008.2.29., 2009.4.22., 2013.3.23., 2013.7.30.〉

3. 전략물자의 중개

전략물자 등을 제3국에서 다른 제3국으로 이전하거나 매매를 위하여 중개하려는 자는 대통령령으로 정하는 바에 따라 산업통상자원부장관이나 관계 행정기관의 장의 허가를 받아야 한다. 다만, 그 전략물자등의 이전・매매가 수출국으로부터 국제수출통제체제의 원칙에 따른 수출허가를 받은 경우 등 대통령령으로 정하는 경우에는 그러하지 아니하다(대외무역법 제24조1항). 〈개정 2008.2.29., 2009.4.22., 2013.3.23., 2013.7.30.〉

산업통상자원부장관과 관계 행정기관의 장은 제1항 본문에 따라 중개허가의 신청을 받으면 국제평화 및 안전유지와 국가안보 등 대통령령으로 정하는 기준에 따라 중개허가를 할 수 있다(대외무역법 제24조2항). 〈개정 2008.2.29., 2013.3.23.〉 [제목개정 2013.7.30.]

4. 서류의 보관(대외무역법 제24조의 2)

무역거래자는 다음 각 호의 서류를 5년간 보관하여야 한다.

① 제20조제2항에 따라 전략물자 등의 판정을 신청한 경우에는 그 판정에 관하여 서류

② 전략물자 등을 수출 · 경유 · 환적 · 중개한 자의 경우 그 수출허가, 상황허가, 제23조제3항에 따른 경유 또는 환적 허가, 제24조에 따른 중개허가에 관하여 서류

③ 그 밖에 산업통상자원부장관이나 관계 행정기관의 장이 정하여 고시하는 서류 [본조신설 2013.7.30.]

5. 수출허가 등의 취소

법 제24조의3에는 "산업통상자원부장관 또는 관계 행정기관의 장은 수출허가 또는 상황허가, 제23조제3항에 따른 경유 또는 환적허가, 제24조에 따른 중개허가를 한 후 다음 각 호의 어느 하나에 해당하는 경우에는 해당 허가를 취소할 수 있다"고 명시되어 있으며, 같은 법 제 47조에는 이 경우 청문을 하여야 한다고 되어 있다.

1. 거짓 또는 부정한 방법으로 허가를 받은 사실이 발견된 경우
2. 전쟁, 테러 등 국가 간 안보 또는 대량파괴무기등의 이동 · 확산 우려 등과 같은 국제정세의 변화가 있는 경우[본조신설 2013.7.30.]

문제 11

다음은 대외무역법상 전략물자 수출통제에 대한 설명이다. ( )안에 들어갈 용어가 순서대로 올바르게 나열된 것은? (2017년 제2회 국제무역사 2급 기출)

전략물자로 지정·고시된 물품 등을 수출하려는 자는 산업통상자원부장관이나 관계행정기관장의 ( )을(를) 받아야 한다. 물품 등의 무역거래자는 ( )에서 전략물자에 해당하는지에 대한 사전판정을 신청할 수 있으며, 사전판정의 유효기간은( )이다.

① 수출허가 - 전략물자관리원 - 2년
② 수출승인 - 관세청 - 1년
③ 수출허가 - 관세청 - 2년
④ 수출승인 - 전략물자관리원 - 1년

정답 ①

6. 자율준수무역거래자

산업통상자원부장관은 기업 또는 대통령령으로 정하는 대학 및 연구기관의 자율적인 전략물자 관리능력을 높이기 위하여 전략물자 여부에 대한 판정능력, 수입자 및 최종 사용자에 대한 분석능력 등 대통령령으로 정하는 능력을 갖춘 무역거래자를 자율준수무역거래자로 지정할 수 있다(대외무역법 제25조제1항). 〈개정 2008.2.29., 2013.3.23., 2013.7.30.〉

산업통상자원부장관은 제1항의 규정에 따라 지정을 받은 자율준수무역거래자에게 대통령령으로 정하는 바에 따라 전략물자에 대한 수출통제업무의 일부를 자율적으로 관리하게 할 수 있다(대외무역법 제25조제2항). 자율준수무역거래자는 제2항의 규정에 따라 자율적으로 관리하는 전략물자의 수출실적 등을 대통령령으로 정하는 바에 따라 산업통상자원부장관에게 보고하여야 한다(대외무역법 제25조제3항).

1) 자율준수무역거래자 지정의 취소

산업통상자원부장관은 다음 각 호의 어느 하나에 해당하는 경우에는 자율준수무역거래자의 지정을 취소할 수 있다(대외무역법 제25조제4항, 개정 2009. 4.22.).

① 제1항에 따른 대통령령으로 정하는 능력을 유지하지 못하는 경우
② 고의나 중대한 과실로 제19조제2항에 따른 수출허가를 받지 아니하고 전략물자를 수출한 경우
③ 고의나 중대한 과실로 제19조제3항에 따른 상황허가를 받지 아니하고 상황허가 대상인 물품 등을 수출한 경우
④ 고의나 중대한 과실로 제20조제1항에 따른 보관의무를 이행하지 아니한 경우

⑤ 고의나 중대한 과실로 제24조에 따른 중개허가를 받지 아니하고 전략물자를 중개한 경우
⑥ 제3항에 따른 보고의무를 이행하지 아니한 경우
⑦ 삭제〈2009.4.22〉

7. 전략물자 수출입고시 등

대외무역법 제26조제1항에는 "산업통상자원부장관은 관계 행정기관의 장과 협의하여 제19조, 제20조, 제22조부터 제24조까지, 제24조의2, 제24조의3 및 제25조에 관한 요령을 고시하여야 한다."고 명시하고 있다.〈개정 2008.2.29., 2009.4.22., 2013.3.23., 2016.1.27.〉

관세청장은 전략물자등의 수출입 통관절차에 관한 사항을 고시하여야 한다(대외무역법 제26조제2항).〈신설 2016.1.27.〉[제목개정 2016.1.27.]

8. 전략물자 수출입관리 정보시스템의 구축·운영

산업통상자원부장관은 다음 각 호의 업무를 수행하기 위하여 관계 행정기관의 장 및 제29조에 따른 전략물자관리원과 공동으로 전략물자 수출입관리 정보시스템을 구축·운영할 수 있다(대외무역법 제28조제1항), 〈개정 2008.2.29., 2009.4.22., 2013.3.23.〉

① 수출허가, 상황허가, 전략물자 판정 등 수입목적확인서의 발급 등에 관한 업무
② 전략물자의 수출입통제에 필요한 정보의 수집·분석 및 관리업무

제1항에 따른 전략물자 수출입관리 정보시스템의 구축·운영에 필요한 사항은 대통령령으로 정한다(대외무역법 제28조제2항).

9. 전략물자의 수출입 제한

산업통상자원부장관 또는 관계 행정기관은 다음 각 호의 어느 하나에 해당하는 자에게 3년 이내의 범위에서 일정 기간 동안 전략물자의 전부 또는 일부의 수출이나 수입을 제한할 수 있다(대외무역법 제31조). 〈개정 2008.2.29., 2009. 4.22., 2013.3.23., 2013.7.30.〉

① 제19조제2항에 따른 수출허가를 받지 아니하고 전략물자를 수출한 자
② 제19조제3항에 따른 상황허가를 받지 아니하고 상황허가 대상인 물품 등을 수출한 자
③ 전략물자의 수출이나 수입에 관하여 국제수출통제체제의 원칙을 위반한 자로서 대통령령으로 정하는 자

관계행정기관의 장은 제1항 각 호의 어느 하나에 해당하는 자가 있음을 알게 되면 즉시 산업통상자원부장관에게 통보하여야 한다. 산업통상자원부장관 또는 관계행정기관의 장은 제1항에 따라 전략물자의 수출입을 제한한 자와 외국정부가 자국의 법령에 따라 전략물자의 수출입을 제한한 자의 명단과 제한내용을 공고할 수 있다(대외무역법 제31조제2항 및 3항). 〈개정 2008. 2.29., 2009.4.22., 2013.3.23., 2013.7.30.〉 [제목개정 2013.7.30.]

문제 12

다음은 전략물자의 수출입에 관련된 설명이다. 올바른 것을 모두 기재한 것은?

(제35회 국제무역사, 2015. 2. 7.)

A. 전략물자의 고시 및 수출허가와 관련된 규정에서 국제수출통제체제의 원칙에 따라 국제평화 및 안전유지와 국가안보를 위하여 수출허가 등 제한이필요한 물품 등에는 대통령령으로 정하는 기술도 포함된다.
B. 전략물자 또는 전략물자에는 해당되지 아니하나 대량파괴무기와 그 운반수단인 미사일의 제조 등의 용도로 전용될 가능성이 높은 물품 등을 수출하려는 자는 상황허가를 받아야 한다.
C. 전략물자의 수출허가 및 상황허가의 기준은 평화적 목적에 사용, 안전유지와 국가안보에의 영향, 수입자와 최종 사용자 등이 거래에 적합한 자격을 가졌는지 여부 및 그

사용 용도에 대한 신뢰성 등이다.
D. 전략물자를 수입하려는 자는 산업통상자원부장관이나 관계 행정기관의 장에게 수입목적 등의 확인을 내용으로 하는 수입목적확인서의 발급을 신청할 수 있으며, 이에 따라 발급된 수입목적확인서의 유효기간은 1년이다.
E. 무역거래자는 전략물자 판정에 관한 서류와 수출허가, 상황허가, 환적허가,중개허가에 관한 서류 등을 5년간 보관하여야 한다.

① A, B, C ② B, C, D ③ A, B, C, D ④ A, B, C, D, E

정답 ④

문제 13

다음은 전략물자의 수출입에 관한 설명이다. 설명이 잘못된 것은?

(제33회 국제무역사, 2014. 2. 15.)

① 전략물자의 수출입 관리는 국제수출통제체제의 원칙에 따라 국제평화 및 안전유지와 국가안보를 위하여 수출허가 등 제한이 필요한 유형의 물품(tangible goods)과 거래형태에 대하여 적용된다.
② 전략물자를 수입하려는 자는 수입목적 등의 확인을 내용으로 하는 수입목적확인서의 발급을 신청하여 수입절차를 진행하여야 한다.
③ 무역거래자는 판정을 신청한 경우 전략물자 판정에 관한 서류, 수출・환적・중개한 경우 수출허가, 상황허가, 환적허가, 중개허가 등의 서류를 5년간 보관하여야 한다.
④ 대외무역법령은 전략물자 여부에 대한 판정능력, 수입자 및 최종 사용자에대한 분석능력 등 대통령령으로 정하는 능력을 갖춘 무역거래자를 자율준수무역거래자로 지정할 수 있도록 하고 있다.

정답 ①

문제 14

다음은 대외무역법상 전략물자의 수출입에 관한 설명으로 잘못된 것은?

(2017년 제40회 국제무역사 1급 기출)

① 전략물자 수출허가의 유효기간은 1년이다.
② 무역거래자는 전략물자 판정에 관한 서류 등을 5년간 보관하여야 한다.
③ 전략물자 판정의 유효기간은 1년이다.
④ 수출허가 등의 제한이 필요한 기술의 이전방법에는 정보통신망을 통한 이전, 구두나 행위를 통한 이전, 기록매체나 컴퓨터 등 정보처리장치를 통한 이전 등이 있다.

정답 ③

제7절 플랜트수출

1. 플랜트수출의 개념

"플랜트수출"은 물품을 제조하기 위한 구조물과 기계장치 등의 하드웨어와 그 설치를 운영하는데 필요한 엔지니어링(engineering), 노하우(know-how), 건설시공 등의 소프트웨어가 결합한 산업 단위체의 종합수출을 말한다.

산업설비의 범위는 직접적인 생산활동을 영위하기 위한 화학·석유정제·제련·자동차·채광·섬유공장 등 협의의 산업설비와 댐·교량·도로·항만시설 등 국토개발플랜트 및 학교·병원·주택·도시건설 등 사회 플랜트까지 모두 포함한 광의의 산업설비로 분류되고 있다. 일반적으로 플랜트라고 할 경우에는 협의의 플랜트를 의미한다. 이러한 산업설비 중에서 국토개발 플랜트 및 사회개발 플랜트는 플랜트수출이라기보다는 해외건설공사의 범주로 분류되고 있다.

2. 플랜트수출의 촉진 등

대외무역법 제32조(플랜트수출의 촉진 등)제1항에서 산업통상자원부장관은 다음 각 호의 어느 하나에 해당하는 수출("플랜트수출")을 하려는 자가 신청하는 경우에는 대통령령으로 정하는 바에 따라 그 플랜트수출을 승인할 수 있다. 승인한 사항을 변경할 때에도 또한 같다. 〈개정 2008.2.29., 2010.4.5., 2013.3.23.〉

① 농업·임업·어업·광업·제조업, 전기·가스·수도사업, 운송·창고업 및 방송·통신업을 경영하기 위하여 설치하는 기재·장치 및 대통령령으로 정하는 설비 중 산업통상자원부장관이 정하는 일정규모(FOB 가격으로 미화 50만 달러 상당액)이상의 산업설비의 수출

② 산업설비·기술용역 및 시공을 포괄적으로 행하는 수출("일괄수주방식에 따른 수출")

1) 플랜트수출의 신청과 승인기관

대외무역법시행령 제50조(수출승인의 신청 등)에서는 법 제32조제1항에 따라 "플랜트수출의 승인을 받으려는 자는 신청서에 산업통상자원부장관이 정하는 서류를 첨부하여 산업통상자원부장관에게 제출하여야 한다. 변경승인을 받으려는 경우에도 또한 같다"라고 규정하고 있다.〈개정 2008.2.29., 2010.10.1., 2013.3.23.〉 또한 대외무역관리규정 제71조(플랜트수출 승인의 신청) 제1항에서 "영 제50조에 따라 플랜트수출의 승인을 받으려는 자는 별지 제21호서식에 의한 플랜트수출승인신청서에 제10조1항제1호, 제3호 및 제4호에 따른 서류 및 법 제12조 2항에 따른 통합공고에 의하여 허가, 추천 등을 요하는 경우에는 그 허가 등을 받은 사실을 증명하는 서류를 첨부하여 산업통상자원부장관에게 신청하여야 한다"고 규정하고 있다.

2) 플랜트수출승인의 의견청취 및 동의요청

대외무역법 제32조(플랜트수출의 촉진 등)제2항에서 산업통상자원부장관은 제1항에 따른 승인 또는 변경승인을 하기 위하여 필요하면 플랜트수출의 타당성에 관하여 관계 행정기관의 장의 의견을 들어야 한다. 이 경우 의견을 제시할 것을 요구받은 관계 행정기관의 장은 정당한 사유가 없으면 지체 없이 산업통상자원부장관에게 의견을 제시하여야 한다. 산업통상자원부장관이 일괄수주방식에 의한 수출에 대하여 승인 또는 변경승인하려는 때에는 미리 국토교통부장관의 동의를 받아야 한다(대외무역법 제32조3항). 산업통상자원부장관은 일괄수주방식에 의한 수출로서 건설용역 및 시공부문의 수출에 관하여는 「해외건설촉진법」에 따른 해외건설업자에 대하여만 승인 또는 변경승인할 수 있다(대외무역법 제32조4항).〈개정 2008. 2.29., 2013.3.23.〉

3) 플랜트수출 촉진

산업통상자원부장관은 플랜트수출을 촉진하기 위하여 그에 관한 제도개선, 시장조사, 정보교류, 수주 지원, 수주질서 유지, 전문인력의 양성, 금융지원, 우수기업의 육성 및 협동화사업을 추진할 수 있다. 이 경우 산업통상자원부장관은 플랜트수출 관련 기관 또는 단체를 지정하여 이들 사업을 수행하게 할 수 있다(대외무역법 제32조제6항). 〈개정 2010.4.5., 2013.3.23.〉

4) 관계 행정기관에의 통보

산업통상자원부장관은 대외무역법 제32조제1항에 따른 플랜트수출의 승인 또는 변경승인을 한 경우에는 이를 관계 행정기관의 장에게 지체 없이 알려야 한다(대외무역법 제32조제5항). 〈개정 2008.2.29., 2010.4.5., 2013.3.23.〉.

제8절 정부간 수출계약의 전담기관〈신설2014. 1. 21〉

"정부간 수출계약의 전담기관"은 최근 중남미 국가를 중심으로 거래의 투명성과 신뢰성이 인정되어 정부간 수출계약 시장이 중소기업의 유망 수출시장으로 부상함에 따라, 이에 대응한 국내 제도적 기반을 마련하기 위하여 정부간 수출계약의 개념을 명확히 하고 이에 따른 정부의 역할과 책임범위, 효과적인 지원체계 마련 등에 관하여 입법 미비 상황을 개선하기 위하여 신설된 것이다.

1. 정부간 수출계약의 보증 및 원칙

정부는 국내 기업의 원활한 정부간 수출계약을 지원하기 위하여 대통령령으로 정하는 보증·보험기관으로 하여금 국내 기업의 외국 정부에 대한 정부간 수출계약 이행 등을 위한 보증사업을 하게 할 수 있다(대외무역법 제32조의2제1항). 정부는 정부간 수출계약과 관련하여 어떠한 경우에도 경제적 이익을 갖지 아니하고, 보증채무 등 경제적 책임 및 손실을 부담하지 아니한다(대외무역법 제32조의2제2항). [본조신설 2014.1.21.]

2. 정부간 수출계약의 전담기관

"정부간 수출계약 전담기관"이란 「대한무역투자진흥공사법」에 따른 대한무역투자진흥공사("전담기관")를 말한다(대외무역법 제32조의3의1항).

1) 정부간 수출계약의 전담기관의 업무

전담기관은 정부간 수출계약과 관련하여 다음 각 호의 업무를 수행한다(대외무역법 제32조의3제2항).

① 정부간 수출계약에서 당사자 지위 수행
② 외국 정부의 구매요구 사항을 이행할 국내 기업의 추천
③ 그 밖에 정부간 수출계약 업무의 수행을 위하여 산업통상자원부장관이 필요하다고 인정하는 업무

2) 정부간 수출계약의 전담기관의 권한과 책임

① 전담기관은 정부 간 수출계약이 체결된 경우 국내 기업으로 하여금 보증·보험의 제공 등 대통령령으로 정하는 계약 이행 보증 조치를 취하도록 하여야 한다.
② 전담기관은 국내 기업의 계약 이행 상황을 확인하기 위하여 필요한 경우에는 국내 기업에 대하여 관련 자료의 제출을 요구할 수 있다.
③ 그 밖에 전담기관의 권한과 책임에 관하여는 대통령령으로 정한다.(대외무역법 제32조의3제3항).

전담기관의 장은 정부 간 수출계약 관련 업무를 수행하기 위하여 필요한 경우에는 관계 행정기관 및 관련 단체에 대하여 공무원 또는 임직원의 파견근무를 요청할 수 있다. 다만, 공무원의 파견을 요청할 경우에는 미리 주무부장관과 협의하여야 한다(대외무역법 제32조의3제4항). [본조신설 2014.1.21.]

3) 국내 기업의 책임 등(대외무역법 제32조의5)

① 국내 기업은 정부 간 수출계약이 체결된 경우 그 계약 내용을 성실히 이행하여야 한다.

② 국내 기업은 보증·보험의 제공 등 대통령령으로 정하는 계약 이행 보증 조치를 취하여야 한다.

③ 국내 기업은 제32조의3제3항 제2호 또는 제32조의4제4항에 따른 자료 제출 요구가 있을 경우 특별한 사정이 없으면 이에 따라야 한다.

④ 국내 기업이 제2항 또는 제3항을 위반할 경우 전담기관은 그 사실을 외국 정부에 통보할 수 있고, 위원회는 해당 기업의 정부 간 수출계약에 대한 심의를 거부할 수 있다. [본조신설 2014.1.21.]

제5장 원산지의 표시 등

"원산지표시제도"(原産地表示制度)는 수입상품의 생산국적을 명확히 하기 위해 소비자가 잘 알아볼 수 있는 위치에 국적표시를 하도록 하는 제도를 말한다. 수입물품의 국가별 쿼터관리, 검역, 방역, 수입지역제한 등의 이유로 세계 각국은 원산지표시제도를 도입하고 있다. 우리나라의 원산지표시제도는 1991년 7월부터 시행되고 있는데 대외무역법령에서는 '원산지판정기준'·'원산지표시대상물품'·'원산지증명서의 발급'·'위반시의 시정명령' 등에 관하여 규정을 두고 있으며, 관세법령에서는 통관 시의 원산지 및 그 표시의 확인과 시장 유통과정에서의 단속 등에 관하여 규정을 두어 운영하고 있다.

제1절 원산지표시제도

1. 원산지표시제도의 개요

1) 원산지표시의 필요성

"원산지"(Country of Origin)란 물품이 생산된 지역을 의미하며, 동·식물의 경우 성장한 지역을, 제조품의 경우 생산·제조·가공 과정이 이루어진 지역을 말한다. 여기서 지역이란 일반적으로 정치적 실체를 지닌 한 국가의 영역을 의미하지만, 정치적 실체를 인정하기 어려운 특정지역이나 국경선 밖에 있는 식민지, 속령, 보호령이 포함되는 경우도 있다. 일반적으로 동물,

식물, 광물과 같은 자연적 완전생산품(wholly obtained or produced products)은 원산지를 판정하기가 쉬우나, 공산품은 생산, 제조, 가공 과정이 두 개 이상의 국가에서 이뤄지는 경우가 많아 원산지 판정이 점차 어려워지고 있다.

물품에 원산지를 표시하거나 원산지를 판정하는 원산지제도는 GATT 제9조에 원산지표시조항에 의해 도입되었고, CCC Kyoto 협약부속서에 원산지 판정 기준 등을 명시한 원산지규정(Rules of Origin)[1]이 신설됨에 따라 원산지표시에 관하여 일반적 원칙이 제정되었다. 그러나 이러한 원산지제도가 무역당사국의 이익에 따라 해석・적용되고 있어 국가 간의 공정한 무역을 저해함에 따라 보다 명료하고 국제적으로 통일된 원산지 규정을 제정하기 위하여 1986년 UR 협상에서 본 협정의 부속서에 WTO 원산지 규정에 관하여 협정(WTO Agreement on Rules of Origin)이 제정되게 되었다.

(1) 수출입물품에 원산지를 표시하는 이유

첫째, 생산활동의 세계(global)화 현상으로 제조 및 생산 활동을 2개국 이상에서 수행하는 경우가 빈번하게 발생하게 되었다(당해 물품이 2개국 이상에 걸쳐 생산・가공 또는 제조된 경우에는 그 물품의 본실석 득성을 부여하기에 충분한 정도의 실질적인 생산・가공・제조과정이 최종적으로 수행된 나라: 관세법 제229조 제1항 제2호의 원산지확인기준). 이로 인해 품질의 차이가 발생하고, 임금이 싼 국가의 저가수입품과 OEM 방식으로 생산한 수입품이 원산지국의 생산품으로 둔갑하는 현상이 발생하게 되었다. 이러한 물품을 사는 것은 소비자에게 피해를 주므로 구매과정에서 소비자가 피해를 보지 않도록 해주기 위함이다. 또한, 특정지역의 특산품 또는 양질의 물품을 생산하는 자(국가)는 원산지를 표시함으로써 소비자로부터 자국 또는 자사제품에 대한 판매상의 보호를 받을 수 있기 때문이다.

둘째, 수출입물품에 원산지를 표시함으로써 병충해 발생 국가나 지역으로부터 반입되는 물품에 대하여는 검역과 검사를 강화하고, 멸종위기에 처한 동식물 등이 특정 지역에서 반입되는 것을 막아주므로 국민보건과 자연환경

1) 원산지규정이란 제품이 만들어진 장소를 정의할 때 사용되던 기준으로 상품의 원산지 국가를 결정하는 법률, 규정 및 일반적으로 적용되는 행정적인 판정을 의미한다. 우리나라 관세법 제229조(원산지확인기준)에서 원산지의 기준을 밝히고 있다.

에 대한 보호 기능을 할 수 있기 때문이다.

셋째, 특정국가나 지역으로부터 수입하는 특정물품에 대하여 호혜적으로 관세양허 등 특혜조치를 취할 때 또는 저가 수입물품에 대한 덤핑관세를 부과하거나 긴급수입제한조치 또는 수입수량을 할당할 때는 당해 물품의 원산지가 기준이 되기 때문이다. 따라서 수출입물품에 대한 원산지표시는 산업 및 무역정책에 매우 중요한 기능을 담당한다.

2) 원산지표시에 관련한 규정

원산지규정은 상품의 원산지국가를 확인하는 방법이나 절차 등을 규정한 제반 법률이나 규정, 행정절차이다. 이는 다음과 같이 구별된다.

① GATT 1994 제1조에 기술된 최혜국대우의 적용을 받지 않고 일방적 혹은 쌍방적으로 관세상의 특혜를 부여하는데 적용되는 특혜 원산지규정(preferential rules of origin)

② 특혜 원산지규정 이외의 모든 원산지 관련 규정으로서 i) 반덤핑, 상계관세, 세이프가드 등의 무역구제조치의 원산지규정, ii) 검역제도상 원산지별 수입제한제도상의 원산지규정, iii) 수출통계, 정부조달을 위한 원산지규정 등의 비특혜적인 통상정책 수단에 이용되는 비특혜 원산지규정(non-preferential rules of origin)

우리나라 국내법령으로써 원산지표시에 관련한 규정들을 보면 「대외무역법」, 「대외무역법 시행령」, 「대외무역관리규정」, 「관세법」, 「관세법 시행령」, 「관세법 시행규칙」, 「농산물품질관리법 · 시행령 · 시행규칙」, 「수산물품질관리법 · 시행령 · 시행규칙」 등이 있다.

3) 원산지표시의 국제적인 동향

세계무역기구(WTO)가 규율하는 세계무역질서보다는 지역 블록화에 따른 지역을 묶는 역내무역과 역내무역에 편입되지 못하는 국가들 사이에 체결되는 자유무역협정이 일반화되는 추세이다. 우리나라의 측면에서 보면 한 · 칠

레의 자유무역협정, 한·싱가포르 자유무역협정, 한·미자유무역협정 등이 그 사례이다. 이러한 추세는 장기적으로 당해 국가가 생산하는 물품 등에 대하여 관세 및 비관세장벽이 없어지는 결과를 초래하게 된다. 관세 및 비관세장벽의 철폐는 결과적으로 해당 국가의 원산지상품에 대한 특혜가 부여되므로 원산지의 규정에 어긋나는 물품 등이 빈번하게 거래될 때 소비자·생산자 모두에게 피해를 초래하게 된다. 이러한 연유로 원산지규정은 더욱 중요성을 더해가고 있다.

2. 원산지표시제도의 내용

1) 수출입 물품 등의 원산지의 표시

대외무역법 제33조1항에서는 "산업통상자원부장관이 공정한 거래질서의 확립과 소비자보호를 위하여 원산지를 표시하여야 하는 대상으로 공고한 물품 등("원산지표시대상물품")을 수출하거나 수입하려는 자는 그 물품 등에 대하여 원산지를 표시하여야 한다"고 규정하고 있다. 〈개정 2008.2.29., 2010. 4.5., 2013.3.23.〉 수입된 원산지표시대상물품에 대하여 대통령령으로 정하는 단순한 가공활동을 거침으로써 해당물품 등의 원산지표시를 손상하거나 변형한 자(무역거래자 또는 물품 등의 판매업자에 대하여 제4항이 적용되는 경우는 제외한다)는 그 단순 가공한 물품 등에 당초의 원산지를 표시하여야 한다. 이 경우 다른 법령에서 단순한 가공활동을 거친 수입물품 등에 대하여 다른 기준을 규정하고 있으면 그 기준에 따른다(대외무역법 제33조제2항, 신설 2010.4.5). 제1항 및 제2항 전단에 따른 원산지의 표시방법·확인, 그 밖에 표시에 필요한 사항은 대통령령으로 정한다(대외무역법 제33조제3항, 개정 2010.4.5).

(1) 원산지표시의 위반행위

다음 각 호의 어느 하나에 해당하는 행위를 하여서는 아니 된다. 다만, 제3호의 경우에는 무역거래자의 경우만 해당된다(대외무역법 제33조제4항). 〈개정 2010.4.5., 2013.7.30.〉

① 원산지를 거짓으로 표시하거나 원산지를 오인(誤認)하게 하는 표시를 하는 행위
② 원산지의 표시를 손상하거나 변경하는 행위
③ 원산지표시대상물품에 대하여 원산지표시를 하지 아니하는 행위
④ 제1호부터 제3호까지의 규정에 위반되는 원산지표시대상물품을 국내에서 거래하는 행위

산업통상자원부장관 또는 시·도지사는 제1항부터 제4항까지의 규정을 위반하였는지 확인하기 위하여 필요하다고 인정되면 수입한 물품등과 대통령령으로 정하는 관련 서류를 검사할 수 있다(대외무역법 제33조제5항). 〈개정 2008.2.29., 2010.4.5., 2013.3.23., 2013.7.30.〉

2) 원산지의 표시 위반에 대한 시정명령 등[2]

(1) 시정조치

산업통상자원부장관 또는 시·도지사는 제33조제2항부터 제4항까지의 규정을 위반한 자에게 판매중지, 원상복구, 원산지 표시 등 대통령령으로 정하는 시정조치를 명할 수 있다(대외무역법 제33조의2의제1항).

원산지표시 위반물품에 대한 시정조치(대외무역법 시행령 제58조)

① 법 제33조제6항에 따른 시정조치의 내용은 다음 각 호와 같다. 〈개정 2010.10.1.〉
   1. 원산지표시의 원상 복구, 정정, 말소 또는 원산지표시명령
   2. 위반물품의 거래 또는 판매 행위의 중지
② 법 제33조제6항에 따른 시정조치 명령은 다음 각 호의 사항을 명시한 서면으로 하여야 한다. 〈개정 2010.10.1.〉
   1. 위반행위의 내용
   2. 시정조치 명령의 사유 및 내용
   3. 시정기한

---

2) 본 조항은 대외무역법 제33조6항(대상물품에 대한 원산지 위반에 대한 원칙)이 2013.7.30일자로 삭제되고 별도로 신설된 조항임

(2) 과징금의 부과

산업통상자원부장관 또는 시・도 지사는 제33조제2항부터 제4항까지의 규정(제33조제4항제4호는 제외)을 위반한 자에게 3억원 이하의 과징금을 부과할 수 있다(대외무역법 제33조의2제2항). 이에 따라 과징금을 부과하는 위반행위의 종류와 정도에 따른 과징금의 금액과 그 밖에 필요한 사항은 대통령령으로 정한다(대외무역법 제33조의2제3항).

산업통상자원부장관 또는 시・도지사는 제2항에 따라 과징금을 내야 하는 자가 납부기한까지 내지 아니하면 국세 또는 지방세 체납처분의 예에 따라 징수한다(대외무역법 제33조의2제4항).

산업통상자원부장관 또는 시・도지사는 제2항에 따라 과징금 부과처분이 확정된 자에 대해서는 대통령령으로 정하는 바에 따라 그 위반자 및 위반자의 소재지와 물품 등의 명칭, 품목, 위반내용 등 처분과 관련된 사항을 공표할 수 있다(대외무역법 제33조의2 제5항). [본조신설 2013.7.30.]

문제 1

다음은 우리나라의 대외무역법령에서 규정하고 있는 원산지표시 위반물품에 대하여 취할 수 있는 시정조치들이다. 올바른 것을 모두 기재한 것은?(제34회 국제무역사, 2014. 8. 2.)

a. 원산지 표시의 원상 복구	b. 원산지 표시의 정정 및 말소
c. 원산지의 표시명령	d. 위반물품의 거래 또는 판매 행위의 중지
e. 위반물품의 반송조치	

① a, b, c　　② b, c, d　　③ a, b, c, e　　④ a, b, c, d

정답 ④

3) 수출입물품의 원산지 표시방법

원산지표시 대상물품을 수입하려는 자는 다음 각 호의 방법에 따라 해당 물품에 원산지표시를 하여야 한다(대외무역법 시행령 제56조제1항).

① 한글・한문 또는 영문으로 표시할 것
② 최종 구매자가 쉽게 판독할 수 있는 활자체로 표시할 것

③ 식별하기 쉬운 위치에 표시할 것

④ 표시된 원산지가 쉽게 지워지거나 떨어지지 아니하는 방법으로 표시할 것

제1항에도 불구하고 해당물품에 원산지를 표시하는 것이 곤란하거나 원산지를 표시할 필요가 없다고 인정하여 산업통상자원부장관이 정하여 고시하는 기준에 해당하는 경우에는 산업통상자원부장관이 정하여 고시하는 바에 따라 원산지를 표시하거나 원산지 표시를 생략할 수 있다(대외무역법 시행령 제56조제2항). 〈개정 2008.2.29., 2013.3.23.〉

대외무역법 시행령 제56조의5항에서는 "수출물품에 대하여 원산지를 표시하는 경우에는 제1항 각 호에서 정한 방법에 따라 원산지를 표시하되, 그 물품에 대한 수입국의 원산지 표시규정이 이와 다르게 표시하도록 되어 있으면 그 규정에 따라 원산지를 표시할 수 있다. 다만, 수입한 물품에 대하여 국내에서 단순한 가공활동을 거쳐 수출하는 경우에는 우리나라를 원산지로 표시하여서는 아니 된다"라고 규정하고 있다.

(1) 수입물품 원산지 표시의 일반원칙(대외무역관리규정 제76조)

① 수입 물품의 원산지는 다음 각 호의 어느 하나에 해당되는 방식으로 한글, 한자 또는 영문으로 표시할 수 있다.

1. "원산지: 국명" 또는 "국명 산(産)"
2. "Made in 국명" 또는 "Product of 국명"
3. "Made by 물품 제조자의 회사명, 주소, 국명"
4. "Country of Origin: 국명"
5. 영 제61조의 원산지와 동일한 경우로서 국제상거래관행상 타당한 것으로 관세청장이 인정하는 방식

② 수입물품의 원산지는 최종구매자가 해당물품의 원산지를 용이하게 판독할 수 있는 크기의 활자체로 표시하여야 한다.

③ 수입물품의 원산지는 최종구매자가 정상적인 물품구매과정에서 원산지표시를 발견할 수 있도록 식별하기 용이한 곳에 표시하여야 한다.

④ 표시된 원산지는 쉽게 지워지지 않으며 물품(또는 포장·용기)에서 쉽게 떨어지지 않아야 한다.

⑤ 수입물품의 원산지는 제조단계에서 인쇄(printing), 등사(stenciling), 낙인(branding), 주조(molding), 식각(etching), 박음질(stitching) 또는 이와 유사한 방식으로 원산지를 표시하는 것을 원칙으로 한다. 다만, 물품의 특성상 위와 같은 방식으로 표시하는 것이 부적합 또는 곤란하거나 물품을 훼손할 우려가 있는 경우에는 날인(stamping), 라벨(label), 스티커(sticker), 꼬리표(tag)를 사용하여 표시할 수 있다.

⑥ 최종구매자가 수입 물품의 원산지를 오인할 우려가 없는 경우에는 다음 각 호와 같이 통상적으로 널리 사용되고 있는 국가명이나 지역명 등을 사용하여 원산지를 표시할 수 있다.

1. United States of America를 USA로
2. Switzerland를 Swiss로
3. Netherlands를 Holland로
4. United Kingdom of Great Britain and Northern Ireland를 UK 또는 GB로
5. UK의 England, Scotland, Wales, Northern Ireland
6. 기타 관세청장이 산업통상자원부장관과 협의하여 타당하다고 인정하는 국가나 지역명

⑦ 「품질경영 및 공산품안전관리법」, 「식품위생법」등 다른 법령에서 원산지표시방법 등을 정하고 있는 경우에는 이를 적용할 수 있다.

(2) 수입물품 원산지 표시의 예외 등(대외무역관리규정 제76조의2)

① 수입물품의 크기가 작아 제76조 제1항 제1호부터 제4호까지의 방식으로 해당물품의 원산지를 표시할 수 없을 경우에는 국명만을 표시할 수 있다.

② 최종구매자가 수입물품의 원산지를 오인할 우려가 없도록 표시하는 전제하에 제76조제1항제1호부터 제4호까지의 원산지표시와 병기하여 물품별 제조공정상의 다양한 특성을 반영할 수 있도록 다음 각 호의 예시에 따라 보조표시를 할 수 있다.

1. "Designed in 국명", "Fashioned in 국명", "Moded in 국명", "stlyed in 국명", "Licensed by 국명", "Finished in 국명"....

2. 기타 관세청장이 제1호에 준하여 타당하다고 인정한 보조표시 방식

③ 수출국에서의 주요 부분품의 단순 결합물품. 원재료의 단순 혼합물품, 중고물품으로 원산지를 특정하기 어려운 물품은 다음과 같이 원산지를 표시할 수 있다.

1. 단순 조립물품: "Organized in 국명(부분품별 원산지 나열)"
2. 단순 혼합물품: "Mixed in 국명(원재료별 원산지 나열)"
3. 중고물품: "Imported from 국명"

(3) 수입 세트물품의 원산지 표시(대외무역관리규정 제79조)

① 수입 세트물품의 경우 해당 세트물품을 구성하는 개별 물품들의 원산지가 동일하고 최종 구매자에게 세트물품으로 판매되는 경우에는 개별 물품에 원산지를 표시하지 아니하고 그 물품의 포장·용기에 원산지를 표시할 수 있다.

② 수입 세트물품을 구성하는 개별 물품들의 원산지가 2개국 이상인 경우에는 개별 물품에 각각의 원산지를 표시하고, 해당 세트물품의 포장·용기에는 개별 물품들의 원산지를 모두 나열·표시하여야 한다(예: Made in China, Taiwan, ····).

③ 수입 세트물품에 해당되는 원산지 표시대상은 관세청장이 정한다.

(4) 수입용기의 원산지 표시(대외무역관리규정 제80조)

① 관세율표에 따라 용기로 별도 분류되어 수입되는 물품의 경우에는 용기에 "(용기명)의 원산지: (국명)"에 상응하는 표시를 하여야 한다(예: "Bottle made in 국명").

② 제1항에도 불구하고 1회 사용으로 폐기되는 용기의 경우에는 최소 판매단위의 포장에 용기의 원산지를 표시할 수 있으며, 실수요자가 이들 물품을 수입하는 경우에는 용기의 원산지를 표시하지 않아도 무방하다.

4) 수입물품 원산지표시의 면제

(1) 원산지표시 면제 물품

대외무역관리규정 제75조에 따라 물품 또는 포장·용기에 원산지를 표시하여야 하는 수입물품이 다음 각 호의 어느 하나에 해당하는 경우에는 원산지를 표시하지 아니할 수 있다(대외무역관리규정 제82조의1항).

1. 영 제2조제6호 및 제7호에 따른 외화획득용 원료 및 시설기재로 수입되는 물품
2. 개인에게 무상 송부된 탁송품, 별송품 또는 여행자 휴대품
3. 수입 후 실질적 변형을 일으키는 제조공정에 투입되는 부품 및 원재료로서 실수요자가 직접 수입하는 경우(실수요자를 위하여 수입을 대행하는 경우를 포함)
4. 판매 또는 임대목적에 제공되지 않는 물품으로서 실수요자가 직접 수입하는 경우. 다만, 제조에 사용할 목적으로 수입되는 제조용 시설 및 기자재(부분품 및 예비용 부품을 포함)는 수입을 대행하는 경우 인정할 수 있다.
5. 연구개발용품으로서 실수요자가 수입하는 경우(실수요자를 위하여 수입을 대행하는 경우를 포함)
6. 견본품(진열·판매용이 아닌 것에 한함) 및 수입된 물품의 하자보수용 물품
7. 보세운송, 환적 등에 의하여 우리나라를 단순히 경유하는 통과 화물
8. 재수출조건부 면세 대상 물품 등 일시 수입 물품
9. 우리나라에서 수출된 후 재수입되는 물품
10. 외교관 면세 대상 물품
11. 개인이 자가소비용으로 수입하는 물품으로서 세관장이 타당하다고 인정하는 물품
12. 그 밖에 관세청장이 산업통상자원부장관과 협의하여 타당하다고 인정하는 물품

세관장은 제1항에 따라 원산지표시가 면제되는 물품에 대하여 외화획득 이행 여부, 목적외 사용 등 원산지표시 면제의 적합여부를 사후 확인할 수 있다(대외무역관리규정 제82조의2항).

문제 2

다음은 대외무역법령에서 규정하는 수입물품의 원산지표시와 관련된 설명이다. 올바른 것을 모두 기재한 것은? (제35회 국제무역사, 2015. 2. 7.)

〈수입물품의 원산지표시 대상물품은 원칙적으로 해당물품에 원산지를 표시하여야 하나, 다음 사항의 하나에 해당되는 경우에는 최소포장, 용기등에 수입물품의 원산지를 표시할 수 있다.〉

A. 원산지표시의 비용이 해당물품의 수입을 막을 정도로 과도한 경우(물품값보다 표시비용이 더 많이 드는 경우)
B. 원산지표시로 인하여 해당물품이 크게 훼손되는 경우(당구공, 콘텍트렌즈, 포장하지 않은 집적회로 등)
C. 물품의 외관상 원산지의 오인 가능성이 적은 경우(두리안, 오렌지, 바나나 등)
D. 원산지표시로 인하여 해당물품의 가치가 실질적으로 저하되는 경우
E. 실질적 변형을 일으키는 제조공정에 투입되는 부품 및 원재료를 수입후 내수시장에서 유통상에게 공급하는 경우

① A, B, D ② B, C, D, E ③ A, B, C, D ④ A, B, D, E

정답 ③

문제 3

다음은 대외무역법령에서 규정하고 있는 수입물품 원산지표시의 일반원칙에 대한 설명이다. 올바른 것을 모두 기재한 것은? (제35회 국제무역사, 2015. 2. 7.)

A. 수입물품의 원산지는 '국명' 또는 '국명 산(産)', 'Made in 국명' 또는 'Product of 국명', 'Made by 물품 제조자의 회사명, 주소, 국명' 등에 대해 한글, 한자 또는 영문으로 표시할 수 있다.
B. 수입물품의 원산지는 최종구매자가 해당물품의 원산지를 용이하게 판독할 수 있는 크기의 활자체로 표시하여야 한다.
C. 수입물품의 원산지는 최종구매자가 정상적인 물품구매과정에서 원산지표시를 발견할 수 있도록 식별이 용이한 곳에 표시하여야 한다.
D. 수입물품의 원산지는 제조단계에서 인쇄(printing), 낙인(branding), 주조(molding), 박음질(stiching) 등으로 표시하는 것이 원칙이나 물품의 특성상 이러한 방식으로 표시하는 것이 불가능할 경우 날인(stamping), 라벨(label), 스티커(sticker) 등을 사용하여 표시할 수 있다.
E. 최종구매자가 수입물품의 원산지를 오인할 우려가 없는 경우에는 UnitedStates of America를 USA로, Netherlands를 Holland 등 통상적으로 널리 사용되고 있는 국가명이나 지역명을 사용하여 원산지를 표시할 수 있다.

① A, B, C ② A, C, D ③ B, C, D, E ④ A, B, C, D, E

정답 ④

5) 원산지표시 방법의 확인요청

대외무역법 시행령 제57조(원산지 표시방법의 확인)제1항에서 “제56조에 따른 원산지 표시방법에 따라 원산지를 표시하여야 하는 자는 해당물품이 수입되기 전에 문서로 그 물품의 적절한 원산지 표시방법에 관한 확인을 산업통상자원부장관에게 요청할 수 있다.” 〈개정 2008.2.29., 2013.3.23.〉

이에 따른 산업통상자원부장관의 원산지 표시방법의 확인에 관하여 이의가 있는 자는 확인 결과를 통보받은 날부터 30일 이내에 서면으로 산업통상자원부장관에게 이의를 제기할 수 있으며, 이의제기에 필요한 사항은 산업통상자원부장관이 정하여 고시한다(대외무역법 시행령 제57조제2~3항). 〈개정 2008.2.29., 2013.3.23.〉

또한 산업통상자원부장관은 법 제33조제3항에 따라 원산지표시대상물품을 수입하는 자에 대하여 해당물품이 통관할 때 제56조제1항부터 제3항까지의 규정에 따른 원산지의 표시방법 및 표시 여부 등을 확인할 수 있다. 이 경우 확인방법과 확인절차 등에 관하여는 산업통상자원부장관이 정하여 고시 한다(대외무역법 시행령 제57조제4항). 〈개정 2008.2.29., 2010.10.1., 2013.3.23.〉

3. 원산지의 판정 등

1) 수입물품의 원산지 사전 판정

대외무역법시행령 제62조제1항에서 “법 제34조제3항에 따라 수출입물품의 원산지 판정을 받으려는 자는 대상물품의 관세・통계통합품목분류표(「관세법 시행령」 제98조의 규정에 따른 관세・통계통합품목분류표를 말한다.)상의 품목번호, 품목명(모델명을 포함한다), 요청사유, 요청자가 주장하는 원산지 등을 명시한 요청서에 견본 1개와 그 밖에 원산지판정에 필요한 자료를 첨부하여 산업통상자원부장관에게 제출하여야 한다. 다만, 물품의 성질상 견본을 제출하기 곤란하거나 견본이 없어도 그 물품의 원산지판정에 지장이 없다고 인정되는 경우에는 견본의 제출을 생략할 수 있다"고 규정하고 있다.〈개정 2008.2.29, 2010.10.1., 2013.3.23.〉

그리고 제3항에서는 "산업통상자원부장관은 제1항에 따라 원산지 사전판정 요청을 받은 경우에는 60일 이내에 원산지 사전판정을 하여 그 결과를 요청한 사람에게 문서로 알려야 한다. 다만, 그 판정과 관련된 자료수집 등을 위하여 필요한 기간은 이에 산입하지 아니한다"고 규정하고 있다. 원산지 판정결과가 요청인의 주장과 다른 경우에는 판정의 근거 등을 기재하여야 하고, 원산지 판정의 요청방법 그 밖에 사전판정에 관하여 필요한 사항은 산업통상자원부장관이 정하여 고시하고 있다(대외무역법 시행령 제62조제1항~제3항).

대외무역관리규정 제88조(수출입물품의 원산지판정)에서 "관세청장은 영 제62조에 따른 원산지판정을 위하여 필요한 경우 해당 사안과 관련된 행정기관의 장, 무역거래자 및 그 밖의 이해관계인에게 자료의 제출을 요청할 수 있다"고 규정하고 있다.

2) 수출입 물품의 원산지 판정 기준

산업통상자원부장관은 필요하다고 인정하면 수출 또는 수입 물품 등의 원산지 판정을 할 수 있으며 이의 기준은 대통령령으로 정하는 바에 따라 산업통상자원부장관이 정하여 공고한다.(대외무역법 제34조제1항~2항)〈개정 2008.2.29., 2013.3.23.〉

(1) 수출입 물품의 원산지 판정 기준(대외무역법 시행령 제61조)

법 제34조에 따른 수입 물품에 대한 원산지 판정은 다음 각 호의 어느 하나의 기준에 따라야 한다. 〈개정 2008.11.5.〉

① 수입 물품의 전부가 하나의 국가에서 채취되거나 생산된 물품("완전생산물품")인 경우에는 그 국가를 그 물품의 원산지로 할 것

② 수입 물품의 생산・제조・가공 과정에 둘 이상의 국가가 관련된 경우에는 최종적으로 실질적 변형을 가하여 그 물품에 본질적 특성을 부여

하는 활동("실질적 변형")을 한 국가를 그 물품의 원산지로 할 것
③ 수입 물품의 생산·제조·가공 과정에 둘 이상의 국가가 관련된 경우 단순한 가공활동을 하는 국가를 원산지로 하지 아니할 것

대외무역법시행령 제61조제1항에 따른 완전생산물품, 실질적 변형, 단순한 가공활동의 기준 등 원산지 판정 기준에 관하여 구체적인 사항은 관계 중앙행정기관의 장과 협의하여 산업통상자원부장관이 정하여 고시한다. 〈개정 2008.2.29., 2013.3.23.〉

대외무역법 제34조에 따른 수출 물품에 대한 원산지 판정은 제1항 및 제2항에 따른 기준을 준용하여 판정하되, 그 물품에 대한 원산지 판정기준이 수입국의 원산지 판정기준과 다른 경우에는 수입국의 원산지 판정기준에 따라 원산지를 판정할 수 있다. 〈신설 2008.11.5.〉

❑ 원산지결정기준의 종류(원산지결정에 관하여 일반적 기준)
○ 완전생산물품의 원산지 결정
○ 2국가 이상에 걸쳐 생산된 물품의 원산지결정
○ 역외가공 물품에 대한 원산지결정
○ 단순작업만을 거쳐 생산된 물품에 대한 원산지 결정
또 다른 원산지 결정기준으로는 제품의 본질적 특성을 부여하기에 충분한 실질적인 변형이 수행된 국가에 원산지 자격을 부여하는 것으로 일반적으로 완전생산기준(wholly obtained criterion)과 실질적 변형기준(substantial transformation criterion)으로 나뉘며, 실질적 변형기준에는 세번변경기준(change in tariff classification criterion), 부가가치기준(value added test/ad valorem percentage criterion), 특정공정기준(specific manufacturing or processing operation criterion)이 있다.

3) 원산지의 확인

대외무역관리규정 제91조(원산지의 확인)제1항에서 "대외무역법령 등의 규정에 따라 원산지를 확인하여야 할 물품을 수입하는 자는 수입신고전까지 원산지증명서 등 관계 자료를 제출하고 확인을 받아야 한다"고 규정하고 있다.[3] 그리고 제2항에서 "제1항의 규정에 따라 수입 시 원산지증명서를 제출

3) 대외무역관리규정 제92조(원산지증명서 등의 제출면제) 제91조제1항에도 불구하고 다음 각

하여야 하는 경우는 다음과 같다"고 규정하고 있다.

1. 통합공고에 의하여 특정지역으로부터 수입이 제한되는 물품
2. 원산지 허위표시, 오인·혼동표시 등을 확인하기 위하여 세관장이 필요하다고 인정하는 물품
3. 그 밖에 법령에 따라 원산지 확인이 필요한 물품

이에 따라 관계 자료를 제출받은 세관장은 해당 자료의 발행기관에 이의 확인을 요청할 수 있으며, 관세청장은 원산지 확인에 필요한 사항을 산업통상자원부장관과 협의하여 별도로 정할 수 있다. 또한 관계 자료를 제출한 자는 자료제출기관에 제출한 자료를 영업상 비밀로 보호하여 줄 것을 요청할 수 있다(대외무역관리규정 제91조제3항~5항).

(1) 원산지 확인에 있어서의 직접운송원칙

수입물품의 원산지는 그 물품이 원산지 국가 이외의 국가("비원산국")를 경유하지 아니하고 원산지 국가로부터 직접 우리나라로 운송반입된 물품에만 해당물품의 원산지를 인정한다. 다만, 다음 각 호의 어느 하나에 해당하는 경우에는 해당물품이 비원산국의 보세구역 등에서 세관 감시하에 환적 또는 일시장치 등이 이루어지고, 이들 이외의 다른 행위가 없었음이 인정되는 경우에만 이를 우리나라로 직접 운송된 물품으로 본다(대외무역관리규정 제93조제1항).

① 지리적 또는 운송상의 이유로 비원산국에서 환적 또는 일시장치가 이루어진 물품의 경우
② 박람회, 전시회 그 밖에 이에 준하는 행사에 전시하기 위하여 비원산국

호의 어느 하나에 해당하는 물품은 원산지증명서 등의 제출을 면제한다.
1. 과세가격(종량세의 경우에는 이를 「관세법」제15조에 준하여 산출한 가격)이 15만원 이하인 물품
2. 우편물(「관세법」제258조 제2항에 해당하는 것을 제외한다)
3. 개인에게 무상 송부된 탁송품, 별송품 또는 여행자의 휴대품
4. 재수출조건부 면세 대상 물품 등 일시 수입 물품
5. 보세운송, 환적 등에 의하여 우리나라를 단순히 경유하는 통과화물
6. 물품의 종류, 성질, 형상 또는 그 상표, 생산국명, 제조자 등에 의하여 원산지가 인정되는 물품
7. 그 밖에 관세청장이 산업통상자원부장관과 협의하여 타당하다고 인정하는 물품

으로 수출하였던 물품으로서 해당물품의 전시목적에 사용 후 우리나라로 수출한 물품의 경우

이에 해당하는 물품의 경우에는 관세청장이 정하는 서류를 원산지증명서와 함께 제91조(원산지의 확인)에 따라 세관장에게 제출하여야 한다(대외무역관리규정 제93조제2항).

4. 원산지증명서

"원산지증명서"란 물품을 생산한 나라 또는 물품의 국적을 의미하는 원산지 및 수출물품이 우리나라에서 재배·사육·제조·가공된 것임을 증명하는 문서로서 협정 별로 원산지결정기준을 충족하고 협정에서 정한 원산지증명서를 갖춰야 상대국에서 조약 및 협정에 따른 세율 적용이 가능하다.

1) 원산지증명서의 발급

대외무역법 제37조(수출 물품의 원산지증명서의 발급 등)제1항에서 "헌법에 따라 체결·공포된 조약과 일반적으로 승인된 국제법규를 이행하기 위하여 또는 교역상대국 무역거래자의 요청으로 수출물품의 원산지증명서를 발급받으려는 자는 산업통상자원부장관에게 원산지증명서의 발급을 신청하여야 한다. 이 경우 수수료를 내야 한다"고 규정하고 있다. 〈개정 2008.2.29., 2013. 3.23.〉
원산지증명서의 발급기준·발급절차, 유효기간, 수수료 그 밖에 발급에 관하여 필요한 사항은 대통령령으로 정한다(대외무역법 제37조제2항).

〈표 5-1〉 FTA별 원산지 증명방식 비교

구분	칠레	싱가포르	EFTA	아세안	인도	EU	페루	미국
발급방식	자율발급	기관발급	자율발급	기관발급	기관발급	자율발급	기관(5년), 자율발급	자율발급
발급자	수출자	싱가포르(세관) 한국(세관, 상의, 자유무역 관리원)	수출자	아세안(정부기관) 한국(세관, 상의)	인도(수출검사 위원회) 한국(세관,상의)	수출자	기관(페루 : 통상관광부, 한국 : 세관, 상의) 자율(수출자)	수출자, 생산자, 수입자
증명서식	통일증명서식	국가별증명서식	송품장신고방식	AK서식	KIN서식	송품장신고방식	기관(통일증명서식) 자율(송품장신고방식)	서식없음(한국 : 권고서식제공)
유효기간	2년	1년	1년	6개월	1년	1년	1년	4년
사용언어	영어					한글, EU 당사국 언어	영어	영어, 한글
사용회수	1회 사용원칙							12개월 내에포괄 발급가능

문제 4

다음 중 FTA 원산지증명서의 자율증명 방식을 채택한 협정은?

(2017년 제2회 국제무역사 2급 기출)

① 한국 – 싱가포르 FTA
② 한국 – 인도 CEPA
③ 한국 – 미국 FTA
④ 한국 – 중국 FTA

정답 ③

〈표 5-2〉 원산지증명서 유형

특혜 원산지증명서 (발급기관: 세관, 상공회의소)	비특혜 원산지증명서 (발급기관: 상공회의소)
① 자유무역협정(FTA)따른 관세양허 수출품의 원산지증명 (한-싱, 한-아세안, 한-인도, 한-페루 대상) ② 아시아-태평양무역협정(APTA)따른 관세양허대상 수출물품의 원산지증명 ③ 일반특혜관세(GSP) 원산지증명 ④ 개발도상국간 특혜무역제도(GSTP)에 의한 관세양허수출품의 원산지증명 ⑤ GATT개발도상국간 관세양허수출품의 원산지증명	▶ 관세양허대상이 아닌 유상 또는 무상으로 수출하는 물품에 대하여 발급 ▶ 해외 바이어의 자국 내 원산지 표시문제 및 불공정 무역행위(덤핑) 조사 등을 이유로 필요

2) 원산지증명서의 제출

산업통상자원부장관은 원산지를 확인하기 위하여 필요하다고 인정하면 물품 등을 수입하려는 자에게 그 물품 등의 원산지 국가 또는 물품 등을 선적한 국가의 정부 등이 발행하는 원산지증명서를 제출하도록 할 수 있다. 원산지증명서의 제출과 그 확인에 필요한 사항은 대통령령으로 정한다(대외무역법 제36조제1항~2항).

질문 : 한・아세안FTA 원산지증명서 발급 유효기간은 얼마인가요?
답변 : 원산지증명서는 국내법령에 따라 수출 당사국(연결 원산지증명서의 경우 당사국)의 발급기관이 발행한 날부터 6월 이내에 수입당사국의 관세당국에 제출하여야 유효합니다.

3) 원산지증명서의 위조 · 변조금지

대외무역법 제38조에서 "누구든지 원산지증명서를 위조 또는 변조하거나 거짓된 내용으로 원산지증명서를 발급받거나 물품 등에 원산지를 거짓으로 표시하는 등의 방법으로 외국에서 생산된 물품 등(외국에서 생산되어 국내에서 대통령령이 정하는 단순한 가공활동을 거친 물품 등을 포함한다. 이하 제53조의 2제4호에서도 같다)의 원산지가 우리나라인 것처럼 가장(假裝)하여 그 물품 등을 수출하거나 외국에서 판매하여서는 아니된다."고 규정하고 있다. 〈개정 2010.4.5.〉

질문 : FTA별로 원산지증명서 양식이 동일한가요?
답변 : 각각 협정에서 규정한 대로 양식이 서로 상이한 경우가 많으므로 협정 나라별 증명서 양식 및 발급기관을 확인해야 합니다. FTA특례법 시행령 별표에서 확인할 수 있으며, 현재 관세청 FTA포탈(http://fta.customs.go.kr)에 접속하여 참고하면 됩니다.

제6장 수출입의 질서유지와 벌칙

대외무역법 제4장(제39조부터 제41조까지)은 수입수량제한조치에 관한 조항으로서 이 조항들은 특정물품의 수입증가로 인하여 국내산업에 심각한 문제를 발생시킬 때 이에 대한 적절한 대응조치와 국내산업에 미치는 경제적 파장을 최소화하기 위하여 마련된 규정들이다(관련조항: 대외무역법 시행령 제68조~제70조). 관련조항 중 대외무역법 시행령 제70조 특정국 물품에 대한 특별 수입수량 제한조치의 시행 등은 2016.7.26. 삭제되었다.

제1절 수입수량제한조치

1. 수입수량제한조치의 개요

산업통상자원부장관은 특정물품의 수입 증가로 인하여 같은 종류의 물품 또는 직접적인 경쟁관계에 있는 물품을 생산하는 국내산업이 심각한 피해를 보고 있거나 입을 우려가 있음이 「불공정무역행위 조사 및 산업피해구제에 관하여 법률」 제27조[1]에 따른 무역위원회의 조사를 통하여 확인되고 심각한 피해 등을 구제하려는 조치가 건의된 경우로서 그 국내산업을 보호할 필요가 있다고 인정되면 그 물품의 국내산업에 대한 심각한 피해 등을 방지하거

1) 제27조(무역위원회의 설치) ① 불공정무역행위에 대한 조사·판정, 수입증가·덤핑·보조금 등으로 인한 국내산업의 피해조사·판정, 산업경쟁력 영향조사 등에 관하여 업무를 수행하기 위하여 산업통상자원부에 무역위원회를 둔다.〈개정 2013.3.23.〉

나 치유하고 조정을 촉진하는데 필요한 범위에서 물품의 수입수량을 제한하는 조치를 시행할 수 있다(대외무역법 제39조제1항).

산업통상자원부장관은 무역위원회의 건의, 해당 국내산업 보호의 필요성, 국제통상 관계, 수입수량제한조치의 시행에 따른 보상수준 및 국민경제에 미치는 영향 등을 검토하여 수입수량제한조치의 시행여부와 내용을 결정한다(대외무역법 제39조제2항).

1) 수입수량제한조치(대외무역법 시행령 제68조)

① 법 제39조제1항에 따라 산업통상자원부장관이 수입수량을 제한하는 경우 그 제한수량은 최근의 대표적인 3년 간의 수입량을 연평균수입량으로 환산한 수량("기준 수량") 이상으로 하여야 한다. 이 경우 최근의 대표적인 연도를 정할 때에는 통상적인 수입량과 비교하여 수입량이 급증하거나 급감한 연도는 제외한다. 〈개정 2008.2.29., 2013.3.23.〉

② 산업통상자원부장관은 기준수량 이상으로 수입수량 제한조치를 하는 경우 해당 산업의 심각한 피해를 방지하거나 구제하기 어렵다고 명백하게 인정되는 경우에는 제1항에도 불구하고 기준수량 미만으로 수입수량을 제한할 수 있다. 〈개정 2008.2.29., 2013.3.23.〉

③ 산업통상자원부장관은 제1항이나 제2항에 따라 제한되는 수입수량을 각 국가별로 할당할 수 있다. 〈개정 2008.2.29., 2013.3.23.〉

2) 수입수량제한조치의 적용

정부는 수입수량제한조치를 시행하고자 하는 경우에는 이해당사국과 수입수량제한조치의 부정적 효과에 대한 적절한 무역보상에 관하여 협의할 수 있으며(대외무역법 제39조제3항), 수입수량제한조치는 조치시행일 이후 수입되는 물품에만 적용한다(대외무역법 제39조제4항).

3) 수입수량제한조치의 적용기간

수입수량제한조치의 적용기간은 4년을 넘어서는 아니되며(대외무역법 제39

조제5항), 산업통상자원부장관은 수입수량제한조치의 대상물품・수량・적용기간 등을 공고하여야 한다(대외무역법 제39조제6항). 그리고 산업통상자원부장관은 수입수량제한조치의 시행여부를 결정하기 위하여 필요하다고 인정되면 관계행정기관의 장 및 이해관계인 등에게 관련 자료의 제출 등 필요한 협조를 요청할 수 있다(대외무역법 제39조제7항).

같은 조 제8항의 내용을 보면, 산업통상자원부장관은 수입수량제한조치의 대상이었거나 「관세법」 제65조의 규정에 따른 "긴급관세" 또는 같은 법 제66조의 규정에 따른 "잠정 긴급관세"의 대상이었던 물품에 대하여는 수입수량제한조치의 적용기간, 긴급관세의 부과기간 또는 잠정긴급관세의 부과기간이 끝난 날부터 그 적용기간 또는 부과기간에 해당하는 기간(적용기간 또는 부과기간이 2년 미만인 경우에는 2년)이 지나기 전까지는 다시 수입수량제한조치를 시행할 수 없다. 다만, 다음 각 호의 요건을 충족하는 경우에는 180일 이내의 수입수량제한조치를 시행할 수 있다. 〈개정 2008.2.29., 2013.3.23.〉

1. 해당물품에 대한 수입수량제한조치가 시행되거나 긴급관세 또는 잠정긴급관세가 부과된 후 1년이 지날 것
2. 수입수량제한조치를 다시 시행하는 날부터 소급하여 5년 안에 그 물품에 대한 수입수량제한조치의 시행 또는 긴급관세의 부과가 2회 이내일 것

4) 수입수량제한조치에 대한 연장

산업통상자원부장관은 무역위원회의 건의가 있고 필요하다고 인정하면 수입수량제한조치의 내용을 변경하거나 적용기간을 연장할 수 있다. 이 경우 변경되는 조치내용 및 연장되는 적용기간 이내에 변경되는 조치내용은 최초의 조치내용보다 완화되어야 한다(대외무역법 제40조제1항). 〈개정 2008.2.29., 2013.3.23.〉

제1항에 따라 수입수량제한조치의 적용기간을 연장하는 경우에는 수입수량제한조치의 적용기간과 긴급관세 또는 잠정긴급관세의 부과기간 및 그 연장기간을 합산한 기간이 8년을 넘어서는 아니 된다(대외무역법 제40조2항).

(1) 수입수량제한조치의 연장 등(대외무역법 시행령 제69조)

산업통상자원부장관은 시행 중인 수입수량 제한조치에 대하여 무역위원회가 그 조치 내용의 변경이나 적용기간의 연장을 건의하면 그 건의가 접수된 날부터 1개월 이내(연장의 경우 법 제39조 제1항에 따른 수입수량 제한조치의 적용기간이 끝나는 날 이전)에 그 조치의 변경이나 조치 기간의 연장 여부를 결정하고 그 내용을 무역위원회에 통보하여야 한다.〈개정 2008.2.29., 2013.3.23.〉

문제 1

다음 중 대외무역법령에서 규정하고 있는 수입수량 제한조치에 대한 설명으로 틀린 것은?

(제33회 국제무역사, 2014. 2. 15.)

① 산업통상자원부장관은 국내 산업에 심각한 피해를 입은 경우에만 수입수량제한조치를 취할 수 있다.
② 수입수량 제한조치는 조치 시행일 이후 수입되는 물품에만 적용된다.
③ 수입수량 제한조치의 적용기간은 4년을 넘어서는 아니 된다.
④ 산업통상자원부장관은 수입수량 제한조치를 시행하려면 이해 당사국과 수입수량 제한조치의 부정적 효과에 대한 적절한 무역보상에 관하여 협의할 수 있다.

정답 ①

문제 2

다음 중 대외무역법상 수입수량제한조치에 대한 설명으로 잘못된 것은?

(2017년 제40회 국제무역사 1급 기출)

① 수입수량제한조치를 위한 조사기관은 무역위원회이다.
② 수입수량제한조치는 조치 시행일 1년 이전부터 수입된 물품의 수량을 계산하여 적용한다.
③ 수입수량제한조치의 적용기간은 4년을 넘어서는 안 된다.
④ 정부는 수입수량제한조치를 시행하려면 이해당사국과 수입수량제한조치의 부정적 효과에 대한 적절한 무역보상에 관하여 협의할 수 있다.

정답 ②

◇ 긴급수입제한조치의 절차 ◇

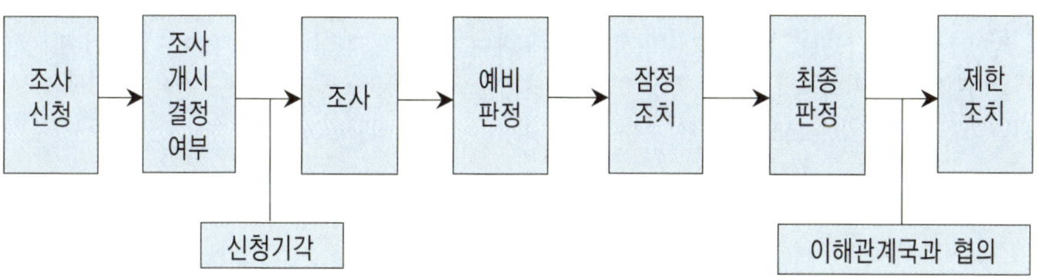

정책의 맥
무역구제 제도, 보호주의 수단으로 활용해선 안 돼

무역자유화 촉진하는 '메가 FTA' 자국산업 보호 기류도 함께 커져
정치 목적 보호주의 타파 노력해야 4일 '무역구제 서울국제포럼' 주목

세계 주요국들은 시장경제를 표방하며 해외시장을 확보하기 위해 노력하고 있다. 관세를 내리고 무역자유화를 촉진하는 자유무역협정(FTA)을 활발히 추진하고 있다. 최근에는 이를 넘어 환태평양경제동반자협정(TPP), 포괄적경제동반자협정(RCEP) 등 다자간 '메가 FTA'에 대한 논의도 활발하다. 반면 시장질서를 해치는 불공정한 수입으로 인한 피해로부터 자국 산업을 보호하기 위해 반덤핑 판정, 상계관세 조치 등을 통해 관세를 올리는 방식으로 수입품이 쉽게 들어오지 못하게 하고 있다. 정부는 값싼 제품을 구매할 수 있는 소비자 이익뿐만 아니라 국내 산업 피해구제도 고려해야 하기 때문이다.

무역자유화는 제2차 세계대전 이후 각국에서 논의가 시작됐다. 이런 논의는 관세 및 무역에 관한 일반협정(GATT)을 거친 다음 1995년 마라케시 협정을 기반으로 세계무역기구(WTO)를 창설하는 결실을 거뒀다.

WTO 협정에는 반덤핑을 규율하는 장치가 포함돼 있다. 반덤핑 규정은 자유로운 국제무역 질서를 유지하기 위해 부당하게 상대국 시장에 저가로 덤핑 수출하는 행위를 막아야 한다는 필요성이 반영된 것이다. 같은 맥락으로 보조금이 지급된 수입품으로 인한 국내 산업의 피해를 구제하기 위해 상계관세에 관한 '보조금 및 상계관세협정'도 포함됐다. 또 FTA에 따른 양허로 국내 산업 피해가 있을 것을 우려해 세이프가드 협정이 들어갔다. 이렇게 반덤핑, 상계관세 및 세이프가드를 통한 무역구제제도가 마련됐다.

세계 각 국가는 무역구제제도를 공격적으로 사용하고 있다. WTO 통계에 따르면 1995년 이후 반덤핑, 상계관세 및 세이프가드의 조사 개시 건수는 각각 4627건, 355건, 295건으로 반덤핑제도 활용이 가장 높은 것으로 나타났다.

최근의 세계경제 위기라고 할 수 있는 2008년 글로벌 금융위기와 2012년 그리스 발(發) 경제위기 때 무역구제 조사 개시 건수가 예년과 달리 증가했다. 이처럼 무역구제 조사가 경제위기 상황에서 더 많이 활용되고 있는 것은 자유화의 진전과 동시에 세계 보호무역주의 기류도 거세지고 있다는 방증이기도 하다.

물론 불공정무역으로부터 자국 산업의 피해를 구제하기 위해 WTO에서 합법적으로 인정하고 있는 무역구제 제도를 적극적으로 활용하는 것은 당연한 일인지도 모른다. 그러나 무역구제에 관한 WTO 규범은 상당한 재량이 발휘될 여지가 있기 때문에 각국이 정치적 목적을 가지고 보호주의적으로 운용할 위험성이 내재돼 있다. 이런 위험성을 저지하려면 각국은 공정무역에 대한 인식을 높이고 제도 운용의 투명성과 중립성을 강화해야 할 것이다.

이를 위해서는 무엇보다 각국 간 긴밀한 대화가 필요하다. 소통 기회를 확대해 공정무역을 통한 자유무역 실현에 기여하고 무역자유화에 역행하는 무역구제 남용을 막기 위한 협력이 필요하다. 이는 무역구제 제도를 실질적으로 운용하는 각국 기관들이 직접 만나 진솔하게 대화할 수 있는 장이 마련될 때 가장 효과적일 것이다.

<홍순직, 무역위원회 위원장, 한국경제, 2015.6.2.>

제2절 수출입의 질서유지

국제무역은 국가 간의 상거래이므로 여기에서도 국가 간의 상거래 질서 및 국내 무역업자간의 상거래 질서가 필요하며 또한 무역거래와 관련된 분쟁을 해결할 수단이 요구된다. 이러한 연유로 대외무역법에서는 수출입업자들의 불공정한 수출입행위 및 불공정한 경쟁을 방지하고 대외신용을 높이기 위하여 수출입질서유지와 관련된 각종 규정을 두고 있으며, 무역거래자들간에 분쟁이 발생하였을 경우의 분쟁해결 및 조정규정도 두고 있다.

1. 수출입 물품 등의 가격조작금지

무역거래자는 외화도피의 목적으로 물품 등의 수출 또는 수입 가격을 조작하여서는 아니 된다(대외무역법 제43조).

상기 조항을 위반할 경우에는 5년 이하의 징역 또는 수출·수입·경유·환적·중개하는 물품 등의 가격의 3배에 해당하는 금액 이하의 벌금에 처한다(대외무역법 제53조제2항9호). 〈개정 2013.7.30.〉

2. 무역거래자 간 무역분쟁의 신속한 해결

무역거래자는 그 상호 간이나 교역상대국의 무역거래자와 물품등의 수출·수입과 관련하여 분쟁이 발생한 경우에는 정당한 사유 없이 그 분쟁의 해결을 지연시켜서는 아니 된다(대외무역법 제44조제1항). 산업통상자원부장관은 제1항에 따른 분쟁이 발생한 경우 무역거래자에게 분쟁의 해결에 관하여 의견을 진술하게 하거나 그 분쟁에 관련되는 서류의 제출을 요구할 수 있다(대외무역법 제44조제2항). 산업통상자원부장관은 제2항에 따라 서류를 제출받거나 의견을 들은 후에 필요하다고 인정하면 그 분쟁에 관하여 사실조사를 할 수 있다(대외무역법 제44조제3항). 또한 산업통상자원부장관은 제1항에 따른 분쟁을 신속하고 공정하게 처리하는 것이 필요하다고 인정하거나 무역분쟁 당사자의 신청을 받으면 대통령령으로 정하는 바에 따라 분쟁을 조정하거나 분쟁의 해결을 위한 중재계약의 체결을 권고할 수 있다(대외무역법 제44조제4항). 〈개정 2008.2.29., 2013.3.23.〉

3. 선적전 검사와 관련한 분쟁조정 등

수입국 정부와의 계약 체결 또는 수입국 정부의 위임을 받아 기업이 수출하는 물품 등에 대하여 국내에서 선적전에 검사를 실시하는 기관(선적전 검사기관)은 「세계무역기구 선적 전 검사에 관하여 협정」을 지켜야 한다. 이 경우 선적전검사기관은 선적전 검사가 기업의 수출에 대한 무역장벽으로 작용하도록 하여서는 아니 된다(대외무역법 제45조제1항). 산업통상자원부장관은 선적전 검사와 관련하여 수출자와 선적전검사기관 간에 분쟁이 발생하였을 경우에는 그 해결을 위하여 필요한 조정을 할 수 있다(대외무역법 제45조제2항). 제2항의 분쟁에 관한 중재(仲裁)를 담당할 수 있도록 대통령령으로 정하는 바에 따라 독립적인 중재기관을 설치할 수 있다(대외무역법 제45조제3항).

이에 따른 중재기관은 「중재법」제40조에 따라 산업통상자원부장관이 지정하는 독립적인 중재기관은 대한상사중재원으로 하며, 중재는 중재법을 적용한다(대외무역법 시행령 제85조제1항~2항).

4. 수출입 질서유지를 위한 조정명령

1) 조정명령에 해당하는 경우

대외무역법 제46조제1항에서 산업통상자원부장관은 다음 각 호의 어느 하나에 해당하는 경우에는 무역거래자에게 수출하는 물품 등의 가격 · 수량 · 품질, 그 밖에 거래조건 또는 그 대상지역 등에 관하여 필요한 조정을 명할 수 있다. 〈개정 2008.2.29., 2013.3.23.〉

1. 헌법에 따라 체결·공포된 조약과 일반적으로 승인된 국제법규에 따른 의무이행을 위하여 필요한 경우
2. 우리나라 또는 교역상대국의 관련 법령에 위반되는 경우
3. 그 밖에 물품 등의 수출의 공정한 경쟁을 교란할 우려가 있거나 대외신용을 손상하는 행위를 방지하기 위한 것으로서 다음 각목의 어느 하나에 해당하는 경우
   가. 물품 등의 수출과 관련하여 부당하게 다른 무역거래자를 배제하는 경우
   나. 물품 등의 수출과 관련하여 부당하게 다른 무역거래자의 상대방에 대하여 다른 무역거래자와 거래하지 아니하도록 유인하거나 강제하는 경우
   다. 물품 등의 수출과 관련하여 부당하게 다른 무역거래자의 해외에서의 사업활동을 방해하는 경우

그리고 제2항에서 산업통상자원부장관은 "제1항에 따라 조정을 명하는 경우에는 다음 각 호의 사항을 고려하여야 한다"고 명시하고 있다.

1. 수출기반의 안정, 새로운 상품의 개발 또는 새로운 해외시장의 개척에 기여할 것
2. 다른 무역거래자의 권익을 부당하게 침해하거나 차별하지 아니할 것
3. 물품 등의 수출·수입의 질서유지를 위한 목적에 필요한 정도를 초과하지 아니할 것

조정을 명하는 절차 등에 관하여 필요한 사항은 대통령령으로 정한다(대외무역법 제46조제3항). 산업통상자원부장관은 제1항에 따라 조정을 명하는 경우에 필요하다고 인정하면 제11조(수출입의 제한)제2항에 따른 승인을 하지 아니하거나 관계기관의 장에게 승인에 관련된 절차를 중지하게 할 수 있다(대외무역법 제46조제4항). 〈개정 2008.2.29., 2013.3.23.〉

2) 독점규제 및 공정거래에 관하여 법률과의 관계

대외무역법 제50조(「독점규제 및 공정거래에 관한 법률」과의 관계)제1항에서 "제46조에 따른 산업통상자원부장관의 조정명령의 이행에 대하여는 「독점규제 및 공정거래에 관한 법률」을 적용하지 아니한다."고 했으며, 제2항에서 "산업통상자원부장관은 제46조에 따른 조정명령이 「독점규제 및 공정거래에 관한 법률」 제2조 제1호에 따른 사업자 간의 국내시장에서의 경쟁을 제한하는 것이라면 공정거래위원회와 미리 협의하여야 한다"고 규정하고 있다. 〈개정 2008.2.29., 2013.3.23.〉

> ❑ **불공정거래행위 구제절차** : 현행법상 개인이나 기업은 불공정거래행위 금지명령을 내려달라는 소송을 할 권한이 없고 공정위에 신고만 할 수 있다. 그러나 OECD 국가에선 대부분 개별기업이나 개인이 법원에 직접소송을 제기할 수 있는 사인(私人)의 금지 청구제도가 도입되어 있다.
> ❑ 불공정거래 피해발생 → 개인이나 기업이 공정위에 신고 → 공정거래위원회 심의 → 공정거래위원회 중지명령 → 공정거래위원회 결정불복 → 불공정거래기업이 법원소송 → 법원판결

문제 3

다음 중 대외무역법령에 따라 산업통상자원부장관이 수출입 질서유지와 관련하여 취할 수 있는 조치로 틀린 것은? (제33회 국제무역사, 2014. 2. 15.)

① 산업통상자원부장관은 무역 분쟁이 발생한 경우 무역거래자에게 분쟁의 해결에 관한 의견을 진술하거나 그 분쟁과 관련된 서류의 제출을 요구할 수 있다.

② 산업통상자원부장관은 정당한 이유 없이 분쟁과 관련된 서류를 제출하지 아니한 자에게는 2천만원 이하의 과태료를 부과할 수 있다.

③ 산업통상자원부장관은 분쟁과 관련하여 서류를 제출받거나 의견을 들은 후에는 반드시 그 분쟁에 관하여 사실조사를 하여야 한다.

④ 산업통상자원부장관은 선적 전 검사와 관련하여 수출자와 선적전 검사기관 사이에 분쟁 발생 시 그 해결을 위하여 필요에 따라 조정을 할 수 있다.

정답 ③

문제 4

다음은 우리나라의 대외무역법령에서 규정하고 있는 수출입의 질서유지에 대한 설명이다. 올바른 것을 모두 기재한 것은? (제34회 국제무역사, 2014. 8. 2.)

a. 무역거래자는 외화도피의 목적으로 물품 등의 수출 또는 수입가격을 조작하여서는 안 된다.
b. 대한민국 재외공관의 장이 교역상대국의 무역거래자 및 무역 분쟁 해결기관 의장으로부터 무역 분쟁 사실의 신고를 받아 산업통상자원부장관에게 통보한 경우 산업통상자원부장관은 분쟁의 신속한 해결을 위하여 조정 또는 알선을 할 수 있다.
c. 무역장벽의 해소 차원에서 수입국 정부와의 계약 또는 수입국 정부의 위임을 받아 기업이 수출하는 물품 등에 대하여 국내에서 선적 전에 검사를 실시하는 기관은 세계무역기구의 선적 전 검사에 관한 협정을 지켜야 한다.
d. 신직 전 검사와 관련하여 수출자와 선적 전 검사기관 간에 분쟁이 발생하였을 경우 산업통상자원부장관은 해당 분쟁에 관한 중재를 무역위원회에서 처리하도록 한다.

① a, b ② a, c ③ a, b, d ④ a, b, c

정답 ④

문제 5

다음 중 대외무역법에서 규정하고 있는 수출입의 질서유지에 대한 설명으로 잘못된 것은?
(2017년 제40회 국제무역사 1급 기출)

① 산업통상자원부장관은 선적 전 검사와 관련하여 수출자와 선적전검사기관 간에 분쟁이 발생하였을 경우에는 그 해결을 위하여 필요한 조정을 할 수 있다.
② 국내에서 선적 진에 검사를 실시하는 기관은 「세계관세기구(WCO)의 선적전 검사에 관한 협정」을 지켜야 한다.
③ 산업통상자원부장관은 무역분쟁 사실의 통지를 받은 경우 그 분쟁을 신속 하게 해결하기 위하여 필요하다고 인정할 때에는 조정 또는 알선을 할 수 있다.
④ 무역거래자는 외화도피를 목적으로 물품 등의 수출 또는 수입가격을 조작하여서는 아니 된다.

정답 ②

제3절 벌 칙

1. 벌 칙

1) 전략물자 위반(제53조 벌칙)〈개정 2013.7.30.〉

벌칙	대상
7년 이하의 징역 또는 수출 · 경유 · 환적 · 중개하는 물품 등의 가격의 5배에 해당하는 금액 이하의 벌금	① 수출허가를 받지 아니하고 전략물자를 수출한 자 ② 상황허가를 받지 아니하고 상황허가 대상인 물품등을 수출한 자 ③ 경유 또는 환적 허가를 받지 아니하고 전략물자 등을 경유 또는 환적한 자 ④ 중개허가를 받지 아니하고 전략물자 등을 중개한 자
5년 이하의 징역 또는 수출 · 수입 · 경유 · 환적 · 중개하는 물품 등의 가격의 3배에 해당하는 금액 이하의 벌금	① 무역에 관한 제한 등 특별 조치의 각 호의 어느 하나에 따른 수출 또는 수입의 제한이나 금지조치를 위반한 자 ② 수출허가를 받지 아니하고 전략물자를 수출한 자 ③ 거짓이나 그 밖의 부정한 방법으로 수출허가를 받은 자 ④ 상황허가를 받지 아니하고 상황허가 대상인 물품 등을 수출한 자 ⑤ 거짓이나 그 밖의 부정한 방법으로 상황허가를 받은 자 ⑥ 경유 또는 환적 허가를 받지 아니하고 전략물자 등을 경유 또는 환적한 자 ⑦ 거짓이나 그 밖의 부정한 방법으로 경유 또는 환적 허가를 받은 자 ⑧ 중개허가를 받지 아니하고 전략물자등을 중개한 자 ⑨ 거짓이나 그 밖의 부정한 방법으로 중개허가를 받은 자 ⑩ 삭제 〈2010.4.5.〉 ⑪ 물품 등의 수출과 수입의 가격을 조작한 자 ⑫ 조정명령을 위반한 자

2) 벌칙(제53조의2 및 제54조)

벌칙	대상
5년 이하의 징역 또는 1억원 이하의 벌금 이 경우 징역과 벌금은 병과할 수 있다.〈개정 2013.7.30.〉 제53조의2(벌칙)	① 전략물자에 대한 이동중지명령을 위반한 자 ② 수출입물품의 원산지표시를 위반한 무역거래자 또는 물품 등의 판매업자 ③ 원산지표시대상물품에 대하여 원산지표시를 하지 아니한 무역거래자 ④ 원산지의 표시 위반에 대한 시정명령 등에 따른 시정조치 명령을 위반한 자 ⑤ 외국산 물품 등의 국산 물품 등으로의 가장 금지 의무를 위반한 자(본조신설 2010.4.5)
3년 이하의 징역 또는 3천만원 이하의 벌금 〈개정 2009.4.22.〉 제54조(벌칙)	① 직무상 습득한 기업정보를 타인에게 제공 또는 누설하거나 사용 목적 외의 용도로 사용한 자 ② 승인 또는 변경승인을 받지 아니하고 수출 또는 수입승인 대상물품 등을 수출하거나 수입한 자.

3년 이하의 징역 또는 3천만원 이하의 벌금 〈개정 2009.4.22.〉 제54조(벌칙)	③ 거짓이나 그 밖의 부정한 방법으로 승인 또는 변경승인을 받거나 그 승인 또는 변경승인을 면제받고 물품 등을 수출하거나 수입한 자. ④ 수입에 대응하는 외화획득을 하지 아니한 자. ⑤ 승인을 받지 아니하고 목적외의 용도로 원료·기재 또는 그 원료·기재로 제조된 물품 등을 사용한 자 ⑥ 승인을 받지 아니하고 원료·기재 또는 그 원료·기재로 제조된 물품 등을 양도한 자 ⑦ 비밀 준수 의무를 위반한 자 ⑧ 거짓이나 그 밖의 부정한 방법으로 플랜트수출의 촉진 등에 따른 승인 또는 변경승인을 받은 자

2. 미수범(법 제55조)

"미수범(未遂犯)"은 범행에 착수는 하였지만 결과가 발생하지 않은 경우를 말한다. 그리고 모든 범죄의 미수행위가 처벌되는 것이 아니라 미수범을 처벌하는 별도의 규정이 있어야 처벌이 가능하다.

제53조제1항, 같은 조 제2항 제2호·제4호·제6호 및 제53조의2제1호의2·제2호·제4호의 미수범은 각각 해당하는 본죄에 준하여 처벌한다.〈개정 2008.12.19., 2010.4.5., 2013.7.30.〉

3. 과실범(법 제56조)

"과실범"(過失犯)이란 요구되는 주의의무를 다하지 못하여 법익 침해를 한 범죄를 말한다. 형법은 "정상의 주의를 태만히 함으로써 죄의 성립요소인 사실을 인식하지 못한 행위"를 과실이라고 규정하고 있으며, 과실범은 법률에 특별한 규정이 있는 경우에 한하여 처벌한다(형법 제14조).

중대한 과실로 제53조의2제1호의2 또는 제2호에 해당하는 행위를 한 자는 2천만원 이하의 벌금에 처한다. 〈개정 2008.12.19., 2010.4.5., 2013.7.30.〉

4. 양벌규정(법 제57조)

법인의 대표자, 대리인, 사용인, 그 밖의 종업원이 그 법인의 업무에 관하여 제53조, 제53조의2 또는 제54조부터 제56조까지의 어느 하나에 해당하는 위반행위를 하면 그 행위자를 벌할 뿐만 아니라 그 법인 또는 개인에게도 해당 조문의 벌금형을 과한다. 다만, 법인 또는 개인이 그 위반행위를 방지하기 위하여 해당업무에 관하여 상당한 주의와 감독을 게을리 하지 아니한 경우에는 그러하지 아니하다〈개정 2010.4.5.〉.

5. 벌칙 적용시의 공무원 의제(擬制)(법 제58조)

제29조제5항의 업무를 수행하는 전략물자관리원의 임직원과 산업통상자원부장관이 제52조에 따라 위탁한 사무에 종사하는 한국은행, 한국수출입은행, 외국환은행 그 밖에 대통령령으로 정하는 법인 또는 단체의 임원 및 직원에게 「형법」 제129조부터 132조에 따른 벌칙을 적용할 경우에는 그 임원 및 직원을 공무원으로 본다. 〈개정 2008.2.29., 2009.4.22., 2013.3.23.〉

6. 과태료(법 제59조)

2천만원 이하의 과태료	1. 제44조제2항을 위반하여 관련되는 서류를 제출하지 아니한 자 2. 제44조제3항에 따른 사실조사를 거부 · 방해 또는 기피한 자 3. 제48조제1항에 따른 보고 또는 자료의 제출을 하지 아니하거나 거짓으로 보고 또는 자료를 제출한 자 4. 제48조제2항에 따른 검사를 거부, 방해 또는 기피한 자
1천만원 이하의 과태료	1. 제20조제3항에 따른 서류 보관의무를 위반한 자 2. 삭제[2013.7.30.] 3. 제33조제5항에 따른 검사를 거부, 방해 또는 기피한 자 4. 제49조에 따른 교육명령을 이행하지 아니한 자

상기의 과태료는 대통령령으로 정하는 바에 따라 산업통상자원부장관 또는 관계 행정기관의 장이 부과 · 징수한다. 〈개정 2008.2.29., 2009.4.22., 2013.3.23., 2013.7.30.〉

제 3 부

관 세 법

관세법은 대외무역법, 외국환거래법과 함께 우리나라 무역에 관한 3대 법규로써 대외무역법과는 달리 일국의 관세영역 안으로 들어오는 수입물품에 대한 관세부과와 수출입물품의 통관관리를 규제하는 관세에 대한 기본법규이다.

관세법은 관세선(관세영역)을 통과하는 수입화물에 대하여 관세의 부과 · 징수 및 수출입물품의 통관을 적정하게 하고 관세수입을 확보함으로써 국민경제의 발전에 이바지함을 목적으로 하고 있다.

관세법은 1967년 12월 29일 법률 제1976호로 제정 · 공포(公布)되었으며, 최근의 일부개정 2016.12.20., 법률 제14379호, 시행 2017.4.1.에 이어 타법개정(2017.7.26., 법률 제14839호, 시행 2017.7.26.)까지 수차례 변화가 있었다. 관세법은 관세행정의 기본법으로서 관세도 국세의 하나이지만 국세기본법이나 국세징수법은 관세행정에 관하여는 특별히 준용하는 경우를 제외하고는 적용되지 않는다.

관세법의 관리제도는 납세의무자와 수출입신고자 등에 대한 인적관리와 관세의 부과징수와 보세제도 및 수출입통관 등의 행위 및 대상의 관리와 더불어 수출입 정책적 측면에서의 관리사항으로는 심사와 심판 및 각종 벌칙 등이 있다.

관세법은 관세법 시행에 필요한 사항 및 관세법에서 위임한 사항을 규정한 대통령령인 관세법시행령과 시행령의 시행에 필요한 사항 및 관세법 시행령을 위한 사항을 규정하고 있는 기획재정부령인 관세법시행규칙, 관세청 고시 등으로 관세법령상의 체계를 구성하고 있다. 이와 함께 관세사법, 수출용 원재료에 대한 관세 등 환급에 관하여 특례법, SOFA실시에 따른 관세법 등의 임시특례에 관하여 법률 등이 관세법규를 이루고 있으며, 조약 및 협정으로는 WTO 협정관세율, 아시아태평양 무역협정, FTA특례법 등이 있다.

제7장 관세법의 개요

관세에 관한 관세법의 기본법령은 관세법→관세법시행령→관세법시행규칙의 체계로 되어 있다. 관세법은 1967년 11월 29일 법률 제1976호로 제정되어 수차의 개정을 거쳐 2017. 8. 1. 시행[법률 제15218호, 2017. 12. 19, 일부개정]에 이르고 있다.

법률 제15218호의 개정이유는 다음과 같으며, 개정 주요내용은 〈표 7-1〉과 같다.

관세포탈 등의 범죄를 범한 수입신고인 등에게 관세의 연대납부 의무를 부과하고, 납세자의 권익 보호를 위하여 납세자권리헌장의 교부 대상을 확대하며, 납세자의 장부 및 서류를 임의로 보관할 수 없도록 하는 등 납세자의 권익 보호를 강화하는 한편, 고액·상습체납자의 명단 공개 대상을 확대하고, 과세전적부심사 청구 또는 심사청구에 대한 결정의 종류에 재조사 결정을 추가하는 등 현행 제도의 운영상 나타난 일부 미비점을 개선·보완하려는 것이다.

관세법의 구성은 1장 총칙부터 제13장 보칙에 이르기까지 총13장 329조와 11개의 부칙으로 되어있으며 별표 '관세율표'로 구성되어 있다. 그 주요 내용은 제1장 총칙, 제2장 과세가격과 관세의 부과·징수 등, 제3장 세율 및 품목분류, 제4장 감면·환급 및 분할납부 등, 제5장 납세자의 권리 및 불복절차, 제6장 운송수단, 제7장 보세구역, 제8장 운송, 제9장 통관, 제10장 세관공무원의 자료제출요청 등, 제11장 벌칙, 제12장 조사와 처분, 제13장 보칙 및 별표로 관세율표가 있다.

〈표 7-1〉 관세법 개정(법률 제15328호, 2018.1.1. 시행) 주요내용

주요내용	
가. 관세 등의 연대납부 의무 (제19조제5항제1호나목 신설)	수입신고인이 수입신고를 하면서 그 물품을 수입한 화주가 아닌 자를 납세의무자로 신고하여 수입신고인 또는 납세의무자로 신고된 자가 관세포탈 또는 부정감면의 범죄를 범하여 유죄의 확정판결을 받은 경우 그 수입신고인 및 납세의무자로 신고된 자는 납세의무자인 화주와 연대하여 관세 등을 납부할 의무를 지도록 함.
나. 납세자권리헌장의 교부 대상 확대 (제110조제2항제1호)	세관공무원이 납세자에게 납세자권리헌장의 내용이 수록된 문서를 교부하여야 하는 사유를 관세포탈, 부정감면 또는 부정환급에 대한 범칙사건을 조사하는 경우뿐만 아니라 이 법 또는 이 법에 따른 명령을 위반하는 행위로서 형사처벌되거나 통고처분되는 행위를 조사하는 경우로 확대함.
다. 정기선정에 의한 조사 외의 관세조사 대상 확대(제110조의3제2항제4호 신설)	납세자가 세관공무원에게 직무와 관련하여 금품을 제공하거나 금품제공을 알선한 경우에는 세관장은 정기선정에 의한 조사 외에 관세조사를 할 수 있도록 함.
라. 납세자의 장부 등 보관 금지 (제114조의2 신설)	세관공무원은 관세조사의 목적으로 납세자의 장부 · 서류 등을 세관관서에 임의로 보관할 수 없도록 하되, 납세자 등 정당한 권한이 있는 자가 임의로 제출한 장부 등에 대해서만 납세자의 동의를 얻어 세관관서에 일시 보관할 수 있도록 하고, 일시 보관한 장부 등은 원칙적으로 납세자가 요청한 날부터 14일 이내에는 반환하도록 함.
마. 고액 · 상습체납자의 명단 공개 대상 확대 (제116조의2제1항 본문)	관세청장이 체납자의 인적사항 및 체납액 등을 공개할 수 있는 고액 · 상습체납자의 범위를 체납발생일부터 1년이 지난 관세 및 내국세 등이 3억원 이상인 체납자에서 2억원 이상인 체납자로 확대함.
바. 과세전적부심사 청구 또는 심사청구에 대한 재조사 결정 (제118조제4항제2호 후단 및 제128조제1항제3호 후단)	과세전적부심사 청구 또는 심사청구에 대한 결정의 종류에 과세전적부심사 청구에 대하여 청구의 구체적인 채택의 범위를 정하거나 심사청구에 대하여 청구의 대상이 된 처분의 취소 · 경정 또는 필요한 처분을 하기 위하여 사실관계 확인 등 추가적으로 조사가 필요한 경우에는 세관장 또는 처분청으로 하여금 이를 재조사하도록 하는 재조사 결정을 추가함.
사. 이의신청에 대한 세관장의 의견서의 송부 의무 (제132조제4항 단서, 제132조제5항 및 제6항 신설)	이의신청을 받은 세관장은 이의신청을 받은 날부터 7일 이내에 이의신청의 대상이 된 처분에 대한 의견서를 이의신청인에게 송부하도록 하고, 의견서를 송부받은 이의신청인은 의견서에 대하여 반대되는 증거서류 또는 증거물을 제출할 수 있도록 하며, 이의신청인이 증거서류 또는 증거물을 제출한 경우에는 이의신청에 대한 결정은 60일 이내에 하도록 함.
아. 세관공무원의 무기 휴대 (제267조)	종전에는 관세청장이나 세관장이 직무를 집행하기 위하여 필요하다고 인정하는 경우 소속 공무원에게 휴대하게 할 수 있는 무기의 종류를 총기에 한정하던 것을 「총포 · 도검 · 화약류 등의 안전관리에 관한 법률」에 따른 권총 또는 소총, 도검, 분사기 또는 전자충격기로 확대함.
자. 금품 수수에 대한 징계부가금 및 금품 공여에 대한 과태료 부과 (제277조의2 신설)	세관공무원이 그 직무와 관련하여 금품을 수수하였을 때에는 금품 수수액의 5배 내의 징계부가금 부과의결을 징계위원회에 요구하도록 하고, 세관공무원에게 금품을 공여한 자에 대해서는 그 금품 상당액의 2배 이상 5배 내의 과태료 등을 부과할 수 있도록 함.

자료: [시행 2018.1.1.] [법률 제15218호, 2017.12.19., 일부개정], 법제처

◇ 관세법의 체계 ◇

관세법
(제정: 국회입법)
▼
관세법시행령
(대통령령)
▼
관세법시행규칙
(기획재정부령)

제1절 관세일반

1. 관세의 개요

관세(customs, customs duties, tariffs)란 일국의 관세선(customs line) 또는 관세영역(customs territory)을 통과하는 물품에 대하여 부과하는 조세를 말한다. 이는 기본적으로 국가의 재정수입확보를 위한 법률이나 조약에 따라 징수하는 금전적 급부이다. 관세의 부여방법 및 과세목적과 근거, 과세성격에 따라 관세의 성격이 달라진다. 오늘날 일부 국가를 제외하고는 수출상품에 대하여 관세를 부과하는 국가는 없다. 우리나라도 관세법에 "수입물품에 대하여 관세를 부과한다"라고 수입화물에만 관세를 부과하고 있다. 관세는 관세영역을 전제로 하여 부과하는데, 관세영역은 관세법의 효력이 미치는 범위로 이는 한 국가의 통치영역과는 구별된다. 즉, 하나의 통치영역 안에 여러 개의 관세영역이 있을 수 있고 여러 개의 통치영역이 합쳐서 하나의 관세영역을 이루는 경우도 있다. 전자의 경우는 경제자유지역이 있으며 후자의 경우는 관세동맹이 있다.

2. 관세의 분류

관세의 분류는 과세의 기회, 과세방법, 과세목적에 따라 분류할 수 있다.

① 관세의 과세기회에 따른 분류: 수입세, 수출세, 통과세
② 관세의 과세방법에 따른 분류: 종가세, 종량세, 혼합세
③ 관세의 과세목적에 따른 분류: 재정관세, 보호관세
④ 관세의 과세근거에 따른 분류: 국정관세, 협정관세
⑤ 관세의 과세성격에 따른 분류: 탄력관세, 특혜관세

3. 관세의 성격

관세는 관세부과 및 징수를 총괄하는 조세법적인 성격과 행정절차에 따른 행정법의 일종으로 다음과 같은 성격을 가지고 있다.

1) 조세적 성격이다.

관세는 입법주의의 원칙에 따라 국회에서 제정된 법률에 따라 정해진 조세법적인 성격을 가진다.

첫째, 관세는 국가가 재정수입을 목적으로 부과하여 징수한다.

둘째, 관세는 법률 또는 조약에 의하여 부과하며 징수한다[헌법-조세의 종목과 세율은 법률로써 정한다고 규정함으로써 조세법률주의 채택, 탄력관세제도는 조세법률주의에 대한 예외이다. 관세법과 조약에서는 조약이 우선시 된다].

2) 소비세적 성격이다.

관세선 영역을 넘어 들어오는 외국물품의 국내사용 및 소비에 대하여 부가하는 소비세이다.

첫째, 관세의 궁극적 대상은 소비이다. 관세는 소비세로서 소비를 궁극의 대상으로 하여 부과하는 조세이다.

둘째, 일반적으로 관세는 사치품에 대하여 과중한 세금을 부과한다(경제 · 사회 정책적 목적).

셋째, 관세는 간접세의 일종으로 세금을 납부하는 자와 부담하는 자가 다르다. 납세자가 부담한 세금을 담세자에게 떠넘기는 것을 조세의 전가라 하는바, 관세의 경우에도 관세를 직접 납부한 자는 어떤 형태로든지 그 세액을 타인에게 전가하게 된다.

3) 특수성격이다.

관세는 국세이지만 수입화물에만 부과하는 특성으로 인하여 조세적, 소비세적 성격과 아울러 특수성격을 가진다.

첫째, 관세는 무역 장벽이 된다. 수량제한, 외환관리와 같은 비관세장벽과 아울러 자유무역의 장벽이 된다.

둘째, 대물세이며 수시세이다. 관세는 수입물품에 대하여 부과한다는 점에서 대물세이다. 물품의 수량이나 가격만을 기준으로 과세하고 납세자의 담세능력을 고려하지 않기 때문에 대인세에 비하여 공평성이 없다는 결점이 있다. 또한 수입업자가 원하는 시기에 원하는 물건에 대하여 수입신고할 때마다 부과하는 수시세의 성격을 가진다.

셋째, 관세는 관세영역을 출입하는 물품에 대하여 부과한다. 관세영역이란 관세법의 효력이 미치는 범위를 말한다.

4. 관세의 효과

관세의 효과로는 재정수입의 증대와 자국산업의 보호와 같은 긍정적인 효과뿐만 아니라 소득재분배에 따라 최종적으로는 소비자의 잉여를 감소시키는 부정적인 효과를 동시에 가지고 있다.

첫째, 국내시장 보호효과이다. 수입물품에 대한 관세의 부과는 외국상품의 수입을 억제하고 자국의 해당상품을 국내시장에서 가격경쟁력을 강화해 생산을 증대시키므로 결과적으로 국내산업을 보호하게 된다. 만약 관세에 따른 보호가 어렵다면 값싼 외국상품이 수입되기 때문에 특히 국내의 유치산업(幼稚産業)의 경우에는 경쟁력을 상실하고 만다.

둘째, 재정수입 효과이다. 관세의 부과로 재정수입이 증대하는 것을 말하는데, 초기에는 관세가 재정수입의 확보를 위하여 부과되어 오다가 오늘날에 이르러 국내산업 보호를 위한 무역정책의 수단으로 이용되고 있다. 그러나 아직도 개발도상국에서는 관세가 총재정 수입에서 차지하는 비중이 작지 않다. 비록 재정수입을 얻기 위하여 관세를 부과하더라도 그만큼 산업보호가 이루어진다.

셋째, 소비억제 효과이다. 관세를 부과하면 수입물품의 가격이 그만큼 상승하게 되므로 소비를 억제하는 효과가 있다. 이를 가격효과 또는 소비억제효과라고 한다. 관세의 부담이 전액 가격에 전가되는 것은 아니지만 수요탄력성의 크기에 따라 가격에 영향을 미치며, 가격의 상승은 수요량·수입량을 감소시키게 된다.

넷째, 수입대체 효과이다. 관세를 부과함으로써 수입물품의 국내 시장가격이 상승하여 수입이 억제된다. 그 결과 국내생산이 늘어나게 되는데 이를 수입대체효과라고 한다. 이러한 수입대체 효과는 국내의 생산과 고용을 증대시키므로 국제수지를 개선하는 파급효과를 가져올 수 있다.

다섯째, 소득재분배 효과이다. 관세부과로 수입물품의 가격이 인상되고 이어 국내의 수입경쟁상품의 가격도 인상됨에 따라 소비자잉여 일부분이 생산자잉여로 전환되어 소득이 재분배되는 효과가 있다. 또한, 관세의 철폐나 소비자잉여를 증가시킨다.

제2절 관세법의 주요내용

1. 관세법의 목적

관세법은 관세의 부과 · 징수 및 수출입물품의 통관을 적정하게 하고 관세수입을 확보함으로써 국민경제의 발전에 이바지함을 그 목적으로 하고 있다(관세법 제1조 - 목적). 즉, 우리나라의 관문인 세관을 통하여 물품이 국내외 간에 이동하는 것을 통관절차에 따라 최종적으로 규제하고 있으며, 수입물품에 대한 과세절차를 정하고 있다.

2. 관세법의 성격

1) 행정법적 · 형사법적 성격

관세법은 법률에서 규정한 일정한 요건(법률요건)을 충족 또는 충족하지 못한 경우에 행정객체에 대해서 획일적이고 강제적으로 적용하며, 의무 불이행 시 행정주체가 자력으로 강제할 수 있다. 또한, 관세법은 관세의 부과 · 징수 및 수출입물품의 통관을 적정하게 하려고 형법, 형사소송법, 조세범처벌법에 대한 특례로서 관세범에 대한 벌칙과 조사처분에 관하여 규정을 별도로 두고 있다(관세법 제12장 조사와 처분).

2) 조세법적 성격

관세법은 관세수입의 확보를 목적으로 관세의 부과 · 징수에 관하여 사항을 규정하고 있는데 과세요건을 규정한 실체법적 성격과 관세의 부과절차 · 징수절차 · 감면절차 · 분납절차 등을 규정한 절차법적 성격을 동시에 지닌다.

3) 통관법적 성격

관세법은 국민경제의 발전을 목적으로 수출·수입물품의 통관에 관한 사항을 규정하는데 구체적으로는 운송수단, 보세구역, 운송, 통관, 세관 공무원의 자료제출요청 등이 있다. 통관이란 수출입하는 물품의 통로를 제한하고 그 통로에 세관을 설치하여 수출입신고 수리과정에서 신고서류와 현품 등을 확인하여 집행하는 제도이다. 따라서 대외무역법 및 개별법이 실체법적인 성격을 갖는다면 통관법으로서 관세법은 절차법적인 성격을 갖는다.

4) 국제법적 성격

관세법은 수입물품에 대한 관세부과와 통관절차 등을 다루는 것으로 그 업무는 대외교역에 따른 것으로 각종 국제기구 및 국제규범 등과 관련되어 있어 국회의 법률로서 제정되지만 국제법적 성격을 갖는다.

제3절 관세법상 용어의 정리

1. 수 입

관세법 제2조 정의에서 "수입"이란 외국물품을 우리나라에 반입(보세구역을 경유하는 것은 보세구역으로부터 반입하는 것을 말한다)하거나 우리나라에서 소비 또는 사용하는 것(우리나라의 운송수단 안에서의 소비 또는 사용을 포함하며, 제239조 각 호의 1에 해당하는 소비 또는 사용을 제외한다)을 말한다.

관세법 제239조는 " 외국물품의 소비 또는 사용이 다음 각 호의 어느 하나에 해당하는 경우에는 이를 수입으로 보지 아니한다."라고 규정하고 있다.

1) 수입으로 보지 않는 소비 또는 사용

① 선용품 또는 기용품 또는 차량용품을 운송수단 안에서 그 용도에 따라

소비 또는 사용하는 경우

② 선용품·기용품 또는 차량용품을 관세청장이 정하는 지정보세구역에서 「출입국관리법」에 따라 출국심사를 마치거나 우리나라에 입국하지 아니하고 우리나라를 경유하여 제3국으로 출발하려는 자에게 제공하여 그 용도에 따라 소비 또는 사용하는 경우

③ 여행자가 휴대품을 운송수단 또는 관세통로에서 소비 또는 사용하는 경우

④ 이 법의 규정에 의하여 인정된 바에 따라 소비 또는 사용하는 경우

2. 수 출

"수출"이란 내국물품을 외국으로 반출하는 것을 말한다.

3. 반 송

"반송"이란 국내에 도착한 외국물품이 수입통관절차를 거치지 아니하고 다시 외국으로 반출되는 것을 말한다.

4. 외국물품과 내국물품

1) 외국물품

"외국물품"이란 다음 각 목의 어느 하나에 해당하는 물품을 말한다.

① 외국으로부터 우리나라에 도착된 물품(외국의 선박 등에 의하여 공해에서 채집 또는 포획된 수산물 등을 포함)으로서 관세법 제241조제1항[1)]에 따른 수입신고가 수리되기 전의 것.

② 관세법 제241조제1항에 따른 수출신고가 수리된 물품

1) 물품을 수출·수입 또는 반송하고자 하는 경우에는 당해물품의 품명·규격·수량 및 가격 그 밖에 대통령령이 정하는 사항을 세관장에게 신고하여야 한다.

2) 내국물품

"내국물품"이란 다음 각 목의 어느 하나에 해당되는 물품을 말한다.

① 우리나라에 있는 물품으로서 외국물품이 아닌 것
② 우리나라의 선박 등에 의하여 공해에서 채집 또는 포획된 수산물 등
③ 관세법에 따른 입항전 수입신고가 수리된 물품
④ 관세법에 따른 수입신고수리전 반출승인을 얻어 반출된 물품
⑤ 관세법에 따른 수입신고전 즉시반출신고를 하고 반출된 물품

5. 외국무역선 및 외국무역기

"외국무역선"이란 무역을 위하여 우리나라와 외국 간을 운항하는 선박을 말한다. "외국무역기"라 함은 무역을 위하여 우리나라와 외국 간을 운항하는 항공기를 말한다.

6. 내항선 및 내항기

"내항선"이란 국내에서만 운항하는 선박을 말한다. "내항기"라 함은 국내에서만 운항하는 항공기를 말한다.

7. 선(기) · 차량용품

"선(기)용품"이란 음료, 식품, 연료, 소모품, 밧줄, 수리용 예비부분품 및 부속품, 집기 그 밖에 이와 유사한 물품으로서 당해 선박 및 항공기에서만 사용되는 것을 말한다. "차량용품"이란 선용품에 준하는 물품으로서 당해 차량에서만 사용되는 것을 말한다.

8. 통 관

"통관"이란 관세법에 따른 절차를 이행하여 물품을 수출·수입 또는 반송하는 것을 말한다.

9. 환적 및 복합환적

"환적"이란 동일한 세관의 관할구역에서 입국 또는 입항하는 운송수단에서 출국 또는 출항하는 운송수단으로 물품을 옮겨 싣는 것을 말한다. 또한 "복합환적"이란 입국 또는 입항하는 운송수단의 물품을 다른 세관의 관할구역으로 운송하여 출국 또는 출항하는 운송수단으로 옮겨 싣는 것을 말한다.

10. 운영인

"운영인"이란 다음 각 목의 어느 하나에 해당하는 자를 말한다.

① 제174조제1항의 규정[2]에 의하여 특허보세구역의 설치·운영에 관하여 특허를 받은 자

② 제198조제1항의 규정[3]에 의하여 종합보세사업장의 설치·운영에 관하여 신고를 한 자

문제 1

다음은 관세법상 용어의 의미와 관련된 사례다. 잘못된 것은?

(제35회 국제무역사, 2015. 2. 7.)

① 부산항 보세구역 내 있는 물품을 경기도 성남 본사의 사업장으로 반입하기 위해서는 수입통관 절차를 거쳐야 한다.

---

2) 특허보세구역을 설치·운영하고자 하는 자는 세관장의 특허를 받아야 한다. 기존의 특허를 갱신하고자 하는 경우에도 또한 같다.

3) 종합보세구역에서 종합보세기능을 수행하고자 하는 자는 그 기능을 정하여 세관장에게 종합보세사업장의 설치·운영에 관하여 신고를 하여야 한다.

② 사우디아라비아로부터 인천공항 보세구역에 도착한 물품이 계약상의 'A' 제품이 아닌 'B' 제품이다. 수입상은 사우디아라비아 수출자에게 클레임을 제기하고 사우디아라비아로 되돌려 보내려 한다. 이를 위해서는 관세법상의 수출통관절차를 거쳐야 한다.
③ 관세법상 수출신고가 수리된 물품은 국내사업장 창고에 있더라도 외국물품으로 본다.
④ 수입신고 수리전 반출승인을 얻어 반출된 물품은 수입신고 수리전이라 하더라도 내국물품으로 본다.

정답 ②

문제 2

다음은 관세법에서 규정하고 있는 용어의 정의이다. 옳지 않은 것은?

(제32회 국제무역사, 2013. 8. 3.)

① '수입'이란 외국물품을 우리나라에 반입하거나 우리나라에서 소비 또는 사용하는 것을 말한다.
② '수출'이란 내국물품을 외국으로 반출하는 것을 말한다.
③ '반송'이란 국내에 도착한 외국물품이 수입통관절차를 거친 후 다시 외국으로 반출되는 것을 말한다.
④ 우리나라의 선박 등이 공해에서 채집하거나 포획한 수산물 등은'내국물품'에 해당한다.

정답 ③

문제 3

다음 중 관세법상 용어의 정의와 사례에 대한 설명으로 잘못된 것은?

(2017년 제40회 국제무역사 1급 기출)

① 중국에서 수입된 과실주스에 대해 인천세관 내 보세구역에서 샘플링하여 식품검사를 진행하였다 그 결과 식중독균 다량 검출로 인해 부적합 통보를 받게 되었다 수입자는 반송통관을 통해 중국으로 전량을 되돌려 보냈다.
② 울산항 보세구역 내에 있는 물품을 경기도 광주의 보세창고로 보세운송하였다 내륙지인 경기도 광주의 보세창고에 있는 물품은 내국물품이 아닌 외국물품이다
③ 부산세관 관할구역 내에 입항하는 운송수단으로부터 부산세관 관할구역 에서 출항하는 운송수단으로 물품을 옮겨 싣는 것을 복합 환적이라고 한다.
④ 서울 삼성동에 있는 수출신고 수리된 물품은 외국물품으로 본다.

정답 ③

제4절 관세법의 적용원칙

관세법을 적용할 때 개인의 재산권을 침해할 수 있는 소지가 있으므로 "과세형평의 원칙과 당해 조항의 합목적성의 원칙" 등 해석기준과 "소급과세금지", "신의성실의 원칙" 및 "세관공무원재량"에 관한 규정을 두고 있다.

1. 법 해석의 기준과 소급과세의 금지

1) 법해석의 기준

관세법을 해석하고 적용할 때에는 과세의 형평과 해당조항의 합목적성에 비추어 납세자의 재산권을 부당하게 침해하지 아니하도록 해야 한다는 원칙이다(관세법 제5조제1항). "과세형평의 원칙"이란 관세법의 해석 및 적용에 있어서 과세자와 납세자 간 또는 다른 납세자 간 공평해야 한다는 원칙이며, "합목적성의 원칙"이란 법규를 적용하면서 그 형식이나 문리해석에만 집착하지 말고 법의 목적에 합치한다면 유리한 방면으로 적용을 해야 한다는 원칙이다.

2) 소급과세의 금지

관세법의 해석이나 관세행정의 관행이 일반적으로 납세자에게 받아들여진 후에는 그 해석 또는 관행에 따른 행위 또는 계산은 정당한 것으로 보며, 새로운 해석 또는 관행에 의하여 소급하여 과세하지 아니하는 원칙이다(관세법 제5조제2항).

2. 관세법의 우선적용

"수입물품에 대하여 세관장이 부과・징수하는 부가가치세, 지방소비세, 개별소비세, 주세, 교육세, 교통・에너지・환경세 및 농어촌특별세(이하 "내국세 등"이라 하되, 내국세등의 가산금·가산세 및 체납처분비를 포함한다)의 부과·징수·환급 등에 관하여 「국세기본법」, 「국세징수법」, 「부가가치세법」, 「지방세법」, 「개별소비세법」, 「주세법」, 「교육세법」, 「교통·에너지·환경세법」 및 「농어촌특별세법」의 규정과 이 법의 규정이 상충되는 경우에는 관세법의 규정을 우선하여 적용한다."고 규정하고 있다(관세법 제4조). 〈개정 2013.1.1.〉

"수입물품에 대하여 세관장이 부과·징수하는 내국세 등의 체납이 발생하였을 경우에는 징수의 효율성 등을 고려하여 필요하다고 인정되는 경우 대통령령으로 정하는 바에 따라 납세의무자의 주소지(법인의 경우 그 법인의 등기부에 따른 본점이나 주사무소의 소재지)를 관할하는 세무서장이 체납세액을 징수할 수 있다."고 규정하고 있다(관세법 제4조제2항). 〈신설 2013.1.1.〉 또한 제3항에서는 "관세법에 따른 가산금·가산세 및 체납처분비의 부과·징수·환급 등에 관하여는 이 법 중 관세의 부과·징수·환급 등에 관하여 규정을 적용한다."라고 규정하고 있으며〈개정 2013.1.1.〉, 수입물품에 대하여 세관장이 부과·징수하는 내국세 등에 대한 담보제공 요구, 국세충당, 담보해제, 담보금액 등에 관하여는 이 법 중 관세에 대한 담보 관련 규정을 적용한다(본조 제4항). 〈신설 2013.1.1.〉 [전문개정 2010.12.30.]

3. 권한의 위임 및 위탁

관세법 제329조제1항에서 "관세청장 또는 세관장은 대통령령이 정하는 바에 의하여 관세법에 따른 관세청장 또는 세관장의 권한의 일부를 세관장 그 밖에 소속기관의 장에게 위임할 수 있다."고 위임에 관하여 규정하고 있다.

제2항에서 "세관장은 대통령령이 정하는 바에 의하여 제257조(우편물의 검사), 제258조(우편통관에 관하여 결정), 제259조(세관장의 통지)의 규정에 따른 권한을 체신관서의 장에게 위탁할 수 있다"고 규정했다.

관세법 제329조제3항의 세관장은 대통령령이 정하는 바에 의하여 제157조(물품의 반출입), 제158조제2항(보수작업의 세관장 승인), 제159조제2항(해체·절단 등의 작업시 세관장의 허가), 제165조제2항(보세사의 자격중 관할세관장에게 등록), 제209조(통고), 제213조제2항(보세운송의 신고·승인)(보세운송신고의 접수만 해당)·

제3항(보세운송물품의 검사), 제215조(보세운송보고), 제222조 제1항제1호(보세운송업자의 등록) 및 제246조제1항(세관공무원의 물품검사)의 규정에 따른 권한을 다음 각 호의 자에게 위탁할 수 있다.

① 통관질서의 유지와 수출입화물의 효율적인 관리를 위하여 설립된 비영리법인
② 화물관리인
③ 운영인
④ 제222조(보세운송업자등의 등록 및 보고)의 규정에 따른 보세운송업자

관세청장은 대통령령으로 정하는 바에 따라 제235조제2항에 따른 지식재산권의 신고에 관하여 업무의 일부(신고서의 접수 및 보완 요구만 해당)를 지식재산권 보호업무와 관련된 단체에 위탁할 수 있다. 이 경우 관세청장은 예산의 범위에서 위탁업무의 수행에 필요한 경비를 지원할 수 있다.

관세법의 규정에 의하여 권한을 위탁받아 행사하는 자(임원·직원 및 사용인을 포함)는 「형법」제129조 내지 제132조의 적용에 있어서는 이를 공무원으로 본다.

4. 신의성실의 원칙

납세자가 그 의무를 이행할 때에는 신의에 따라 성실하게 하여야 하며, 세관공무원이 그 직무를 수행할 때에도 또한 같다(관세법 제6조).

5. 세관공무원 재량의 한계

세관공무원이 업무를 수행함에 있어서 그 직위를 이용하여 월권을 행하거나 부당한 행위를 하지 말라는 것이다.

세관공무원은 그 재량에 의하여 직무를 수행함에 있어서는 과세의 형평과 이 법의 목적에 비추어 일반적으로 타당하다고 인정되는 한계를 엄수하여야 한다(관세법 제7조).

제8장 관세의 부과·징수

제1절 과세요건

"과세요건"이란 국가가 세금을 부과하고 조세를 징수하기 위해서 갖추어야 하는 일정한 요건을 말한다. 국가는 과세요건을 갖추었을 때 비로소 조세를 징수할 권리가 발생하게 되고 납세자 또한 세금을 납부해야 할 의무가 발생하게 된다.

관세도 조세의 일종이므로 관세를 부과함에서는 일정의 요건을 갖추어야 하는데 과세물건, 납세의무자, 과세표준, (관)세율을 관세의 4대 과세요건이라 말한다.

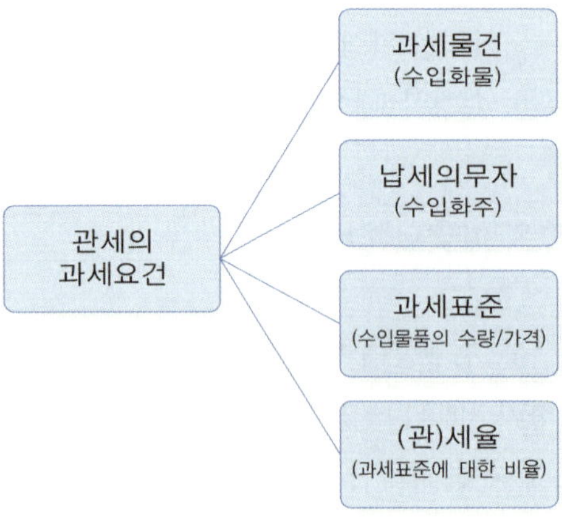

[그림 8-1] 관세의 과세요건

문제 1

다음 중 관세법상 과세물건, 납세의무자, 과세표준, 과세환율에 대한 설명으로 올바른 것은? (2017년 제2회 국제무역사 2급 기출)

① 과세물건은 수입물품과 수출물품이다.
② 납세의무자는 물품을 수출한 화주이다.
③ 과세표준은 수입물품의 가격과 수량이다.
④ 과세환율은 수입금액을 송금받을 당시의 환율이 적용된다.

정답 ③

1. 과세물건

"과세물건"이란 과세의 객체 또는 과세대상을 말한다. 관세법에 있어서는 법 제14조의 "수입물품에 관세를 부과한다"라는 규정에 따라 과세물건은 수입물품이며, 우리나라는 수출물품에 대하여는 관세를 부과하지 않는다.

1) 과세물건의 정의

법 제14조는 "과세물건"으로 "수입물품에는 관세를 부과한다."라고 규정하고 있다. 즉, 관세를 부과하려면 관세부과를 정당화시키는 목적물이 존재하여야만 가능하다. 과세물건이란 세금부과의 대상이 되는 목적물을 말하는데, 관세법상의 과세물건은 수입물품으로 규정되어 있다.

2) 과세물건의 확정시기

원칙적으로 과세물건의 확정시기는 "수입신고 하는 시점(수입신고일)"이 된다. 법 제16조에서는 "관세는 수입신고(입항전수입신고를 포함)를 하는 때의 물품의 성질과 그 수량에 의하여 부과한다"라고 규정하고 있다.

3) 과세물건의 확정시기의 예외

다만 "다음 각 호의 어느 하나에 해당하는 물품[1]에 대하여는 각 해당 호에 규정된 때의 물품의 성질과 그 수량에 의하여 부과한다"(관세법 제16조)라고 명시하고 있다. 과세물건의 확정시기의 예외에 해당하는 물품에 대한 관세부과는 부과고지방식에 의한다.

① 외국물품인 선(기)용품과 외국무역선(기) 안에서 판매할 물품이 하역허가의 내용대로 운송수단에 적재되지 아니하여 해당 허가를 받은 자로부터 즉시 관세를 징수하는 물품(제143조제4항), 차량용품과 국경출입차량 안에서 판매할 물품이 허가된 내용대로 운송수단에 적재되지 아니하여 관세를 징수하는 물품(제151조제2항): 하역을 허가받은 때

② 보세구역 밖에서 보수작업을 하기로 승인을 얻은 물품이 승인기간을 경과하여 관세를 징수하는 물품(제158조제5항): 보세구역 밖에서 하는 보수작업을 승인받은 때

③ 보세구역에 장치된 외국물품이 멸실되거나 폐기되어 관세를 징수하는 물품: 해당물품이 멸실되거나 폐기된 때

④ 보세공장 외·보세건설장 외·종합보세구역 외 작업 허가를 받은 물품이 지정된 기간 내에 보세구역에 다시 반입되지 않아 관세를 징수하는 물품: 보세공장 외 작업, 보세건설장 외 작업 또는 종합보세구역 외 작업을 허가받거나 신고한 때

⑤ 보세운송신고 또는 승인을 받아 보세운송하는 외국물품이 지정된 기간 내에 목적지에 도착하지 아니함에 따라 관세를 징수하는 물품: 보세운송을 신고하거나 승인받은 때

⑥ 수입신고가 수리되기 전에 소비하거나 사용하는 물품(제239조에 따라 소비 또는 사용을 수입으로 보지 아니하는 물품은 제외한다): 해당물품을 소비하거나 사용한 때

⑦ 수입신고전 즉시반출신고를 하고 반출한 물품: 수입신고전 즉시반출신고를 한 때

⑧ 우편으로 수입되는 물품(정상적인 수입신고에 해당하는 우편물은 제외): 통

---

1) 예외적 확정시기란 정산적인 통관절차에 의하지 않고 수입물품의 성질과 수량이 확정되는 때를 말하는 것으로 관세법에 있어서는 다음에 해당하는 물품에 대하여는 각 해당 규정된 때의 물품의 성질과 수량에 따라 관세를 부과한다(관세법 제16조1호 내지 11호).

관우체국에 도착한 때

⑨ 도난물품 또는 분실물품: 해당물품이 도난되거나 분실된 때

⑩ 관세법에 따라 매각되는 물품: 해당물품이 매각된 때

⑪ 수입신고를 하지 아니하고 수입된 물품[2](상기 제①~⑩까지에 규정된 것은 제외한다): 수입된 때

2. 납세의무자

관세법상 납세의무자는 원칙적 납세의무자인 수입화주, 연대납세의무자, 특별납세의무자, 제2차 납세의무자 등이 있다.

1) 원칙적 납세의무자

다음 각 호의 어느 하나에 해당하는 자는 관세의 납세의무자가 된다(관세법 제19조제1항). 〈개정 2013.1.1., 2017.12.19.〉

수입신고를 한 물품인 경우에는 그 물품을 수입한 화주(화주가 불분명할 경우에는 다음 각 목의 어느 하나에 해당하는 자).

① 수입을 위탁받아 수입업체가 대행수입한 물품인 경우: 그 물품의 수입을 위탁한 자

② 수입을 위탁받아 수입업체가 대행수입한 물품이 아닌 경우: 대통령령으로 정하는 상업서류인 송품장, 선하증권 또는 항공화물운송장에 적힌 수하인(受荷人)

③ 수입물품을 수입신고 전에 양도한 경우: 그 양수인

2) 특별납세의무자

① 외국물품인 선(기)용품과 외국무역선(기) 안에서 판매할 물품이 하역허가

---

2) 매각물품의 압수물품이 몰수되지 아니하면 그 물품은 소유자에게 환부되며 관세납부 물품인 경우에는 그 관세를 납부하여야 하는데 소유자 또는 점유자로부터 징수한다. 이 경우 물품의 확정시기는 수입된 때의 성질과 수량에 따른다.

의 내용대로 운송수단에 적재되지 아니하여 해당 허가를 받은 자로부터 즉시 관세를 징수하는 물품(제143조 제4항), 차량용품과 국경출입차량 안에서 판매할 물품이 허가된 내용대로 운송수단에 적재되지 아니하여 관세를 징수하는 물품: 하역 허가를 받은 자

② 보세구역 밖에서 보수작업을 승인기간을 경과하여 관세를 징수하는 물품: 보세구역 밖에서 하는 보수작업을 승인받은 자

③ 보세구역에 장치된 외국물품이 멸실되거나 폐기되어 관세를 징수하는 경우: 그 운영인 또는 보관인

④ 보세공장외 · 보세건설장외 · 종합보세구역외 작업 허가를 받은 물품이 지정된 기간 내에 보세구역에 다시 반입되지 않아 관세를 징수하는 물품: 보세공장외 작업, 보세건설장외 작업 또는 종합보세구역외 작업을 허가받거나 신고한 자

⑤ 보세운송신고 또는 승인을 받아 보세운송하는 외국물품이 지정된 기간 내에 목적지에 도착하지 아니함에 따라 관세를 징수하는 물품: 보세운송을 신고하거나 승인받은 자

⑥ 수입신고가 수리되기 전에 소비하거나 사용하는 물품(제239조에 따라 소비 또는 사용을 수입으로 보지 아니하는 물품은 제외한다): 해당물품을 소비하거나 사용한 자

⑦ 수입신고전 즉시반출신고를 하고 반출한 물품: 수입신고전 즉시반출한 자

⑧ 우편으로 수입되는 물품(제258조 제2항의 정상적으로 수입신고하는 우편물은 제외): 우편물의 수취인

⑨ 도난물품 또는 분실물품
- 보세구역 장치물품: 보세구역 운영인 또는 화물관리인
- 보세운송물품: 보세운송을 신고하거나 승인을 얻은 자
- 그 밖에 물품: 그 보관인 또는 취급인

⑩ 관세법 또는 다른 법률의 따라 따로 납세의무자로 규정된 자

⑪ 그 밖에 수입신고를 하지 아니하고 수입된 물품(상기 제 ①~⑩까지에 규정된 것은 제외한다): 그 소유자 또는 점유자

3) 납세의무자의 경합

원칙적인 납세의무자인 화주 또는 연대납세의무자인 신고인과 특별납세의무자가 경합될 경우에는 특별납세의무자를 납세의무자로 한다.

제1항제1호에 따른 화주 또는 신고인과 제1항제2호부터 제11호까지에 규정된 자가 경합되는 경우에는 제1항제2호부터 제11호까지에 규정된 자를 납세의무자로 한다(관세법 제19조제2항).

4) 납부보증자(법 제19조제3항)

이 법 또는 다른 법령, 조약, 협약 등에 따라 관세의 납부를 보증한 자는 보증액의 범위 내에서 납세의무를 진다.

5) 납세의무의 승계(법 제19조제4항)

법인이 합병하거나 상속이 개시된 경우에는 「국세기본법」 제23조 및 제24조를 준용하여 관세·가산금·가산세 및 체납처분비의 납세의무를 승계한다. 이 경우 같은 법 제24조제2항 및 제4항의 '세무서장'은 '세관장'으로 본다.〈신설 2014.1.1.〉

(1) 법인의 합병으로 인한 납세의무의 승계

법인이 합병한 경우 합병 후 존속하는 법인 또는 합병으로 설립된 법인은 합병으로 소멸된 법인에 부과되거나 그 법인이 납부할 국세·가산금과 체납처분비를 납부할 의무를 진다.(국세기본법 제23조)

(2) 상속으로 인한 납세의무의 승계

상속이 개시된 때에 그 상속인 [「민법」 제1000조, 제1001조, 제1003조 및 제1004조에 따른 상속인을 말하고, 「상속세 및 증여세법」 제2조제5호에 따른 수유자(受遺者)를 포함] 또는 「민법」 제1053조에 규정된 상속재산관리인은 피상속인에게 부과되거나 그 피상속인이 납부할 국세·가산금과 체납처분비를 상속으로 받은 재산의 한도에서 납부할 의무를 진다.〈개정 2014.12.23., 2015.12.15.〉(국세기본법 제24조제1항)

6) 납세의무의 확장

"납세의무자의 확장"이란 원칙적 납세의무자인 수입화주가 부과된 관세를 납부하지 않거나, 수입신고 수리 또는 수입신고수리전 즉시반출승인을 받아 반출된 물품이 추후 관세의 부족액 등이 발생하였으나 해당물품을 수입한 화주의 주소 및 거소가 불분명하여 수입화주로부터 그 부족액을 징수할 수 없는 경우에는 화주와 연대하여 해당 부족 관세를 납부하여야 할 부담을 지는 수입신고인 또는 연대납세의무자, 납세보증자, 제2차 납세의무자에게로 까지 그 수입된 해당 물품의 납세의무가 확장되어 부과되는 것을 말한다.

(1) 연대납세의무자

수입신고가 수리된 물품 또는 수입신고수리전 반출승인을 얻어 반출된 물품에 대하여 납부하였거나 납부하여야 할 관세액에 부족이 있는 경우, 당해물품을 수입한 화주의 주소 및 거소가 불명하거나 수입신고인이 화주를 명백히 하지 못하는 경우에는 그 신고인은 당해 물품을 수입한 화주와 연대하여 당해 관세를 납부하여야 한다. 이 경우 수입신고인을 연대납세의무자라 한다.

또한 관세법 제19조제5항에서는 "제1항 각 호에 따른 물품에 관계되는 관세·가산금·가산세 및 체납처분비에 대해서는 다음 각 호에 규정된 자가 연대하여 납부할 의무를 진다."라고 규정하고 있다. 〈신설 2014.1.1., 2017.12.19.〉

1. 제1항제1호에 따른 수입신고물품의 경우 다음 각 목에 규정된 자
   가. 수입신고물품이 공유물이거나 공동사업에 속하는 물품인 경우: 그 공유자 또는 공동사업자인 납세의무자
   나. 수입신고인이 수입신고를 하면서 수입신고하는 때의 화주가 아닌 자를 납세의무자로 신고한 경우: 수입신고인 또는 납세의무자로 신고된 자가 제270조제1항 또는 제4항에 따른 관세포탈 또는 부정감면의 범죄를 범하거나 제271조제1항(제270조제1항 또는 제4항에 따

른 행위를 교사하거나 방조한 경우에 한정)에 따른 범죄를 범하여 유죄의 확정판결을 받은 경우 그 수입신고인 및 납세의무자로 신고된 자와 해당 물품을 수입신고하는 때의 화주. 다만, 관세포탈 또는 부정감면으로 얻은 이득이 없는 수입신고인 또는 납세의무자로 신고된 자는 제외한다.

2. 제1항제2호부터 제12호까지의 규정에 따른 물품에 대한 납세의무자가 2인 이상인 경우 그 2인 이상의 납세의무자

법 제19조제6항에서는 "다음 각 호의 어느 하나에 해당되는 경우 「국세기본법」 제25조제2항부터 제4항까지의 규정을 준용하여 분할되는 법인이나 분할 또는 분할합병으로 설립되는 법인, 존속하는 분할합병의 상대방 법인 및 신회사가 관세·가산금·가산세 및 체납처분비를 연대하여 납부할 의무를 진다"라고 규정하고 있다. 〈신설 2014.1.1.〉

1. 법인이 분할되거나 분할합병되는 경우
2. 법인이 분할 또는 분할합병으로 해산하는 경우
3. 법인이 「채무자 회생 및 파산에 관한 법률」 제215조에 따라 신회사를 설립하는 경우

(2) 제2차 납세의무자(관세법 제19조제8항~10항)

"제2차 납세의무자"란 주된 납세의무자가 납부하여야 할 국세, 가산금, 체납처분비를 주된 납세의무자의 재산으로 체납처분을 하여도 징수할 금액이 부족한 경우, 그 부족액에 대해 보충적으로 납세의무를 지는 자를 말한다.

관세의 징수에 관하여는 법 제8항에 따라 준용되는 「국세기본법」 제38조부터 제41조까지의 규정을 준용한다. 제8항에 따라 준용되는 「국세기본법」 제38조부터 제41조까지의 규정에 따른 제2차 납세의무자는 관세의 담보로 제공된 것이 없고 납세의무자와 관세의 납부를 보증한 자가 납세의무를 이행하지 아니하는 경우에 납세의무를 진다. 또한 납세의무자(관세의 납부를 보증한 자와 제2차 납세의무자를 포함)가 관세·가산금·가산세 및 체납처분비를 체납한 경우 그 납세의무자에게 「국세기본법」 제42조제2항에 따른 양도담

보재산이 있을 때에는 그 납세의무자의 다른 재산에 대하여 체납처분을 집행하여도 징수하여야 하는 금액에 미치지 못한 경우에만 「국세징수법」 제13조를 준용하여 그 양도담보재산으로써 납세의무자의 관세·가산금·가산세 및 체납처분비를 징수할 수 있다. 다만, 그 관세의 납세신고일(제39조에 따라 부과고지하는 경우에는 그 납세고지서의 발송일을 말한다) 전에 담보의 목적이 된 양도담보재산에 대하여는 그러하지 아니하다.

문제 2

다음은 관세법상 관세의 납세의무자에 대한 설명이다. 잘못된 것은?
(제35회 국제무역사, 2015. 2. 7.)

① 해외 직구를 한 물품이 특송화물로 수입되는 경우 : 구매자
② 보세창고에 보관중인 외국물품이 도난된 경우 : 보세창고 운영인
③ 위탁받은 수입업체가 대행 수입한 경우 : 송품장에 표시된 수입자
④ 우편으로 수입되는 물품인 경우 : 우편물의 수취인

정답 ③

문제 3

관세의 납세의무자에 대한 다음 설명 중 옳지 않은 것은? (제33회 국제무역사 2014. 2. 15.)

① 보세운송 중 도난 또는 분실된 물품에 대하여는 보세운송의 신고를 하거나 승인을 받은 자가 관세를 납부해야 한다.
② 수입물품을 수입신고전에 양도한 때에는 그 양수인이 납세의무자가 된다.
③ 수입신고가 수리된 물품에 대하여 납부하였거나 납부해야 할 관세액에 부족이 있는 경우 해당물품을 수입한 화주의 주소 및 거소가 불명할 때에는 신고인이 아닌 최종 소비자 또는 사용자가 납세의무자가 된다.
④ 수입을 위탁받아 수입업체가 대행수입한 물품이 아닌 때에는 송품장, 선하증권 또는 항공화물운송장에 기재된 수하인이 관세를 납부해야 한다.

정답 ③

3. 관세의 과세표준

"관세의 과세표준"이란 관세액 결정에 표준이 되는 수입물품의 가격 또는 수량을 말하는 것으로 관세법 제15조에 "관세의 과세표준은 수입물품의 가격

또는 수량으로 한다"고 규정하고 있다. 수입물품의 가격을 기준으로 하는 것을 종가세라고 하며, 수량과 중량등을 기준으로 적용하는 것을 종량세라고 하는데, 이에는 밤 등 일부 농산물과 촬영된 영화용 필름 등이 그 대상이다. 1995년 1월 1일 WTO 체제가 출범하면서, 가입국은 의무적으로 「WTO 관세평가협정」에 가입하게 되고, 동 협정에 따라 수입물품의 과세가격 결정을 하게 된다. 우리나라의 과세가격 결정방법은 WTO 관세평가협정을 수용하여 관세법 제30조부터 제35조까지에서 규정하고, 관세법 제30조를 1방법(원칙)으로 순차적으로 적용하도록 규정하고 있다.

〈표 8-1〉 과세가격 결정방법

평가방법	관세법 조항	과세가격 결정방법	비 고
제 1평가방법 (원칙)	관세법 제30조	해당 물품의 거래가격을 기초로 한 과세가격 결정방법	-적용방법: 제1평가방법 부터 차례로 적용
제 2평가방법	관세법 제31조	동종·동질물품의 거래가격을 기초로 한 과세가격 결정방법	
제 3평가방법	관세법 제32조	유사물품의 거래가격을 기초로 한 과세가격 결정방법	-납세의무자의 요청이 있을 경우: 제5방법을 제4방법에 우선하여 적용할 수 있다.
제 4평가방법	관세법 제33조	국내 판매가격을 기초로 한 과세가격 결정방법	
제 5평가방법	관세법 제34조	산정가격을 기초로 한 과세가격 결정방법	
제 6평가방법	관세법 제35조	합리적 기준에 따른 과세가격 결정방법	

1) 과세가격의 결정원칙

수입물품의 과세가격은 실제가격에 기초한 수입물픔의 거래가격이 된다. 우리나라 관세법에서는 과세가격 결정방법에 있어 관세법 제30조 "해당물품의 거래가격을 기초한 과세가격 결정"을 원칙으로 하고 있다.

(1) 해당물품의 거래가격을 기초로 한 과세가격 결정(관세법 제30조)

수입물품의 과세가격은 우리나라에 수출하기 위하여 판매되는 물품에 대하여 구매자가 실제로 지급하였거나 지급하여할 가격에 할 가격에 다음 각 호의 금액을 더하여 조정한 거래가격으로 한다. 다만, 다음 각 호의 금액을 더할 때에는 객관적이고 수량화할 수 있는 자료에 근거하여야 하며, 이러한 자료가 없는 경우에는 이 조에 규정된 방법으로 과세가격을 결정하지 아니하고 제31조부터 제35조까지에 규정된 방법으로 과세가격을 결정한다.〈개정 2013.1.1.〉

(가) 법정가산 요소

1. 구매자가 부담하는 수수료 및 중개료. 다만, 구매수수료를 제외한다.
2. 해당물품과 동일체로 취급되는 용기의 비용과 해당물품의 포장에 드는 노무비 및 자재비로서 구매자가 부담하는 비용
3. 구매자가 해당물품의 생산 및 수출거래를 위하여 무료 또는 인하된 가격으로 직접 또는 간접으로 공급한 경우에는 그 물품 및 용역의 가격 또는 인하 차액을 해당 수입물품의 총생산량 등 대통령령으로 정하는 요소를 고려하여 적절히 배분한 금액
4. 특허권・실용신안권・디자인권・상표권 및 이와 유사한 권리를 사용하는 대가로 지급하는 것으로서 대통령령으로 정하는 바에 따라 산출된 금액
5. 해당물품의 수입한 후 전매・처분 또는 사용하여 생긴 수익금액 중 판매자에게 직접 또는 간접으로 귀속되는 금액
6. 수입항[3]까지의 운임・보험료와 그 밖에 운송과 관련되는 비용으로서 대통령령으로 정하는 바에 의하여 결정된 금액. 다만, 기획재정부령으로 정하는 물품의 경우에는 이의 전부 또는 일부를 제외할 수 있다.

동조 제2항 본문에서 "구매자가 실제로 지급하였거나 지급하여야 할 가격"이란 해당 수입물품의 대가로서 구매자가 지급하였거나 지급하여야 할 총금액을 말하며, 구매자가 해당 수입물품의 대가와 판매자의 채무를 상계하는 금액, 구매자가 판매자의 채무를 변제하는 금액, 그 밖의 간접적인 금액을 포함한다. 다만, 구매자가 지급하였거나 지급하여야 할 총금액에서 다음 각 호의 어느 하나에 해당하는 금액을 명백히 구분할 수 있을 때에는 그 금액을 뺀 금액을 말한다.

---

3) 수입항이란 외국무역선(기)로부터 양륙이 이루어지는 항구 또는 공항을 말하는 것으로 '수입항까지' 또는 '수입항도착'이란 해당 수입물품이 수입항에 도착하여 '본선하역준비가 완료된 시점과 장소'를 말하다.

(나) 공제 요소

1. 수입 후에 하는 해당 수입물품의 건설, 설치, 조립, 정비, 유지 또는 해당 수입물품에 관하여 기술지원에 필요한 비용
2. 수입항에 도착한 후 해당 수입물품을 운송하는 데에 필요한 운임·보험료와 그 밖에 운송과 관련되는 비용
3. 우리나라에서 해당 수입물품에 부과된 관세 등의 세금과 그 밖의 공과금
4. 연불조건(延拂條件)의 수입인 경우에는 해당 수입물품에 대한 연불이자

(다) 제1원칙의 적용배제

다음 각 호의 하나에 해당하는 경우에는 제1항에 따른 거래가격을 해당물품의 과세가격으로 하지 아니하고 제31조부터 제35조까지에 규정된 방법으로 과세가격을 결정한다. 이 경우 세관장은 다음 각 호의 어느 하나에 해당하는 것으로 판단하는 근거를 납세의무자에게 미리 서면으로 통보하여 의견을 제시할 기회를 주어야 한다(관세법 제30조제3항). 〈개정 2011.12.31., 2014.12.23.〉

1. 해당물품의 처분 또는 사용에 제한이 있는 경우. 다만, 세관장이 제1항에 따른 거래가격에 실질적으로 영향을 미치지 아니한다고 인정하는 제한이 있는 경우 등 대통령령으로 정하는 경우는 제외한다.
2. 해당물품에 대한 거래의 성립 또는 가격의 결정이 금액으로 계산할 수 없는 조건 또는 사정에 따라 영향을 받은 경우
3. 해당물품을 수입한 후에 전매·처분 또는 사용하여 생긴 수익의 일부가 판매자에게 직접 또는 간접으로 귀속되는 경우. 다만, 제1항에 따라 적절히 조정할 수 있는 경우는 제외한다.
4. 구매자와 판매자 간에 대통령령으로 정하는 특수관계("특수관계")가 있어 그 특수관계가 해당물품의 가격에 영향을 미친 경우. 다만, 해당 산업부문의 정상적인 가격결정 관행에 부합하는 방법으로 결정된 경우 등 대통령령으로 정하는 경우는 제외한다.

(라) 자료의 제출요청

세관장은 납세의무자가 제1항의 규정에 따른 거래가격으로 가격신고를 한 경우 당해 신고가격이 동종·동질물품 또는 유사물품의 거래가격과 현저한 차

이가 있는 등 이를 과세가격으로 인정하기 곤란한 경우로서 대통령령이 정하는 경우에는 대통령령이 정하는 바에 의하여 납세의무자에게 신고가격이 사실과 같음을 증명할 수 있는 자료의 제출을 요구할 수 있다(관세법 제30조제4항).

세관장은 납세의무자가 다음 각 호의 어느 하나에 해당하면 제1항과 제2항에 규정된 방법으로 과세가격을 결정하지 아니하고 제31조부터 제35조까지에 규정된 방법으로 과세가격을 결정한다. 이 경우 세관장은 빠른 시일 내에 과세가격 결정을 하기 위하여 납세의무자와 정보교환 등 적절한 협조가 이루어지도록 노력하여야 하고, 신고가격을 과세가격으로 인정하기 곤란한 사유와 과세가격 결정 내용을 해당 납세의무자에게 통보하여야 한다. 〈개정 2013.1.1.〉

1. 제4항에 따라 요구받은 자료를 제출하지 아니한 경우
2. 제4항의 요구에 따라 제출한 자료가 일반적으로 인정된 회계원칙에 부합하지 아니하게 작성된 경우
3. 그 밖에 대통령령으로 정하는 사유에 해당하여 신고가격을 과세가격으로 인정하기 곤란한 경우(관세법 제30조제5항). [전문개정 2010.12.30.]

문제 4

(주)대한무역은 미국으로부터 기계를 수입하였다. 해당물품은 부산항으로 도착하였으나 보세운송을 거쳐 서울세관에서 수입통관 되었다. 과세자료가 다음과 같을 때 과세가격은 얼마인가? (제33회 국제무역사, 2014. 2. 15.)

- Ÿ 수입물품의 FOB가격 : USD500,000
- Ÿ Ocean freight(미국 → 부산항) : USD6,000
- Ÿ 수입물품에 대해 지급되는 상표 royalty : KRW5,000,000
  (단, 수입물품의 FOB 가격에는 포함되어 있지 않은 금액으로써, 수입자가 수출자에게 별도로 지급한 금액을 말한다.)
- Ÿ 적하보험 : 부보되지 않음.(단, 통상의 보험료는 KRW500,000이다)
- Ÿ 우리나라에서의 보세운송료 : KRW700,000(부산 → 서울)
- Ÿ (주)대한무역이 구매대리인에게 지급한 구매수수료 : USD25,000
- Ÿ 과세환율 : USD1 = KRW1,000

① KRW506,000,000 ② KRW511,000,000
③ KRW511,500,000 ④ KRW536,000,000

정답 ②

문제 5

다음 중 관세법상 수입물품에 대한 종가세로 부과하는 관세의 과세표준 즉, 과세가격의 결정과 관련한 설명으로 올바른 것은? (2017년 제40회 국제무역사 1급 기출)

① 송품장에 기재된 FOB USD10,000의 과세가격은 USD10,000이다.

② 부산세관 보세창고에서 수입신고 이전에 행해지는 원산지표시 보수작업 관련비용은 구매자가 이를 부담한 것이지만 수출자가 이행했어야 하는 비용 이므로 과세가격 결정시 실제로 지급하였거나 지급할 금액에 포함한다.

③ 구매자가 수입물품인 레이저포인터의 생산을 위해 중국 공장에 무료로 공급한 플라스틱 케이스에 대해서는 그 플라스틱 케이스의 가격을 가산하여 수입물품인 레이저포인터의 과세가격을 산출한다.

④ 미국으로부터 유명 신발을 수입함에 있어 매년 의 상표권 사용료를 지급해야 하지만 이는 수입물품과 별도로 지급하는 것이므로 과세가격에 가산하지 않는다.

정답 ③

문제 6

아래와 같은 사례에서 관세법상 관세의 과세가격 결정과 관련해 다른 고려 요소가 없다고 할 때 A사가 수입한 물품의 과세가격은? (2017년 제40회 국제무역사 1급 기출)

A. A사는 이탈리아의 B사로부터 의류100점을 FOB USD10,000에 수입한다. B. A사는 B사의 의류포장에 있어 고급 포장재를 사용할 것을 주문하고 이에 대한 비용을 A가 부담하기로 하였다, 이 비용은 USD2,000이다. C. A사는 의류수입에 대한 보험을 부보하였고 보험료는 USD150이다. D. 이탈리아에서 우리나라까지의 해상운임으로 USD1,000을 지급하였다.

① USD10,000 ② USD12,000

③ USD12,150 ④ USD13,150

정답 ④

(2) 동종 · 동질물품[4]의 거래가격을 기초로 한 과세가격의 결정(법 제31조)

제30조에 따른 방법으로 과세가격을 결정할 수 없는 경우에는 과세가격으로 인정된 사실이 있는 동종 · 동질물품의 거래가격으로서 다음 각 호의 요건을 갖춘 가격을 기초로 하여 과세가격을 결정한다(관세법 제31조제1항).

---

4) "동종 · 동질물품"이라 함은 당해 수입물품의 생산국에서 생산된 것으로서 물리적 특성, 품질 및 소비자 등의 평판을 포함한 모든 면에서 동일한 물품(외양에 경미한 차이가 있을 뿐 그 밖의 모든 면에서 동일한 물품을 포함한다)을 말한다(관세법 시행령 제25조)

1. 과세가격을 결정하려는 해당물품의 생산국에서 생산된 것으로서 해당물품의 선적일(船積日)에 선적되거나 해당물품의 선적일을 전후하여 가격에 영향을 미치는 시장조건이나 상관행(商慣行)에 변동이 없는 기간 중에 선적되어 우리나라에 수입된 것일 것
2. 거래 단계, 거래 수량, 운송 거리, 운송 형태 등이 해당물품과 같아야 하며, 두 물품 간에 차이가 있는 경우에는 그에 따른 가격 차이를 조정한 가격일 것

(가) 제31조에 따른 과세가격의 제외

제1항에 따라 과세가격으로 인정된 사실이 있는 동종·동질물품의 거래가격이라 하더라도 그 가격의 정확성과 진실성을 의심할만한 합리적인 사유가 있는 경우 그 가격은 과세가격 결정의 기초자료에서 제외한다(관세법 제31조2항). 〈신설 2013.1.1.〉

(나) 둘 이상의 거래가격

제1항을 적용할 때 동종·동질물품의 거래가격이 둘 이상 있는 경우에는 생산자, 거래 시기, 거래 단계, 거래 수량 등("거래내용 등")이 해당물품과 가장 유사한 것에 해당하는 물품의 가격을 기초로 하고, 거래내용 등이 같은 물품이 둘 이상이 있고 그 가격도 둘 이상이 있는 경우에는 가장 낮은 가격을 기초로 하여 과세가격을 결정한다(관세법 제31조3항). 〈개정 2013.1.1.〉 [전문개정 2010.12.30.]

문제 7

과세가격으로 인정된 사실이 있는 동종ㆍ동질물품 A의 거래가격으로서 관세의 과세가격을 결정하고자 한다. 이와 관련하여 동종ㆍ동질물품 A에 대해 반드시 고려해야 하는 요건에 해당하는 것은? (제34회 국제무역사, 2014. 8. 2.)

① 해당물품과 관련하여 실제로 지급하였거나 지급할 가격
② 해당물품의 수입 및 국내 판매와 관련하여 납부하였거나 납부하여야 하는 조세
③ 해당물품이 국내에서 판매되는 때에 통상적으로 부가되는 이윤 및 일반경비에 해당하는 금액
④ 과세가격을 결정하려는 해당물품의 생산국에서 생산된 것인지 여부

정답 ④

(3) 유사물품의 거래가격을 기초로 한 과세가격의 결정(법 제32조)

법 제30조와 제31조에 따른 방법으로 과세가격을 결정할 수 없을 경우에는 과세가격으로 인정된 사실이 있는 유사물품의 거래가격으로서 제31조제1항 각 호의 요건을 갖춘 가격을 기초로 하여 과세가격을 결정한다(관세법 제32조제1항).

(가) 제32조에 따른 과세가격의 제외

제1항에 따라 과세가격으로 인정된 사실이 있는 유사물품의 거래가격이라 하더라도 그 가격의 정확성과 진실성을 의심할만한 합리적인 사유가 있는 경우 그 가격은 과세가격 결정의 기초자료에서 제외한다(관세법 제32조제2항). 〈신설 2013.1.1.〉

(나) 둘 이상의 거래가격

제1항을 적용할 때 유사물품의 거래가격이 둘 이상이 있는 경우에는 거래내용 등이 해당물품과 가장 유사한 것에 해당하는 물품의 가격을 기초로 하고, 거래내용 등이 같은 물품이 둘 이상이 있고 그 가격도 둘 이상이 있는 경우에는 가장 낮은 가격을 기초로 하여 과세가격을 결정한다(관세법 제32조3항). 〈개정 2013.1.1.〉 [전문개정 2010.12.30.]

〈표 8-2〉 제2방법과 제3방법에 의한 과세가격 결정의 비교

	동종 · 동질물품 및 유사물품의 정의	동종 · 동질물품 및 유사물품의 거래가격의 요건	거래가격이 둘 이상 있는 경우
제2방법 (동종 · 동질 물품의 범위)	①당해 수입물품의 생산국에서 생산된 것 ②물리적 특성, 품질 및 소비자 등의 평판을 포함한 모든 면에서 동일한 물품(외양에 경미한 차이가 있을 뿐 그 밖의 모든 면에서 동일한 물품)	① 과세가격으로 인정된 사실이 있어야 함(단, 가격의 정확성과 진실성을 의심할만한 합리적인 사유가 있는 경우에는 제외) ② 동일 생산국에서 생산 ③ 근접 선적일에 수입 ④ 거래 단계, 거래 수량, 운송거리, 운송 형태 등이 해당물품과 같아야 하며 두 물품 간 차이가 있는 경우에는 그에 따른 가격 차이를 조정한 가격	①'거래 내용' 등이 해당물품과 가장 유사한 물품의 가격 ②'거래 내용' 등이 같은 물품이 둘 이상이 있고, 그 가격이 둘 이상인 경우: 가장 낮은 가격
제3방법 (유사물품의 범위)	① 당해 수입물품의 생산국에서 생산된 것 ② 모든 면에서 동일하지는 아니하지만 동일한 기능을 수행하고 대체사용이 가능할 수 있을 만큼 비슷한 특성과 비슷한 구성요소를 가지고 있는 물품		

자료: 법시행령 제25조(동종 · 동질물품의 범위), 법시행령 제26조(유사 물품의 범위)

(4) 국내판매가격을 기초로 한 과세가격의 결정(법 제33조)

법 제30조부터 제32조까지에 규정된 방법으로 과세가격을 결정할 수 없을 경우에는 제1호의 금액에서 제2호부터 제4호까지의 금액을 뺀 가격을 과세가격으로 한다. 다만, 납세의무자가 요청하면 제34조에 따라 과세가격을 결정하되 제34조에 따라 결정할 수 없는 경우에는 이 조, 제35조의 순서에 따라 과세가격을 결정한다(관세법 제33조제1항). 〈개정 2011.12.31.〉

1. 해당물품, 동종·동질물품 또는 유사물품이 수입된 것과 동일한 상태로 해당물품의 수입신고일 또는 수입신고일과 거의 동시에 특수관계가 없는 자에게 가장 많은 수량으로 국내에서 판매되는 단위가격을 기초로 하여 산출한 금액
2. 국내판매와 관련하여 통상적으로 지급하였거나 지급하여야 할 것으로 합의된 수수료 또는 동종·동류의 수입물품이 국내에서 판매되는 때에 통상적으로 부가되는 이윤 및 일반경비에 해당하는 금액
3. 수입항에 도착한 후 국내에서 발생한 통상의 운임·보험료와 그 밖의 관련 비용
4. 해당물품의 수입 및 국내판매와 관련하여 납부하였거나 납부하여야 하는 조세와 그 밖의 공과금

(가) 제33조에 따른 과세가격의 제외

제1항제1호에 따른 국내에서 판매되는 단위가격이라 하더라도 그 가격의 정확성과 진실성을 의심할만한 합리적인 사유가 있는 경우에는 제1항을 적용하지 아니할 수 있다(관세법 제33조제2항). 〈신설 2014.12.23.〉

(나) 최초 수입의 경우

해당물품, 동종·동질물품 또는 유사물품이 수입된 것과 동일한 상태로 국내에서 판매되는 사례가 없는 경우 납세의무자가 요청할 경우에는 해당물품이 국내에서 가공된 후 특수관계가 없는 자에게 가장 많은 수량으로 판매되는 단위가격을 기초로 하여 산출된 금액에서 다음 각 호의 금액을 뺀 가격을 과세가격으로 한다(관세법 제33조제3항). 〈개정 2014.12.23.〉

1. 제1항제2호부터 제4호까지의 금액
2. 국내가공에 따른 부가가치 [전문개정 2010.12.30.]

(5) 산정가격을 기초로 한 과세가격의 결정(법 제34조)

"산정가격을 기초로 한 과세가격"이란 해당 수입물품을 수출국에서 생산하는데 소요된 비용을 산정하여 산출한 가격에 의거 과세가격을 결정하는 방법이다.

제30조부터 제33조까지에 규정된 방법으로 과세가격을 결정할 수 없을 경우에는 다음 각 호의 금액을 합한 가격을 기초로 하여 과세가격을 결정한다(관세법 제34조제1항). 〈개정 2013.1.1.〉

1. 해당물품의 생산에 사용된 원자재 비용 및 조립이나 그 밖의 가공에 드는 비용 또는 그 가격
2. 수출국 내에서 해당물품과 동종 · 동류의 물품의 생산자가 우리나라에 수출하기 위하여 판매할 때 통상적으로 반영하는 이윤 및 일반 경비에 해당하는 금액
3. 해당물품의 수입항까지의 운임 · 보험료와 그 밖에 운송과 관련된 비용으로서 제30조제1항제6호에 따라 결정된 금액

납세의무자가 제1항 각 호의 금액을 확인하는데 필요한 자료를 제출하지 않은 경우에는 제1항을 적용하지 않을 수 있다(관세법 제34조제2항). 〈신설 2013.1.1.〉 [전문개정 2010.12.30.]

(6) 합리적 기준에 따른 과세가격의 결정(법 제35조)

제6방법은 제1부터 5방법까지의 방법으로 과세가격을 결정할 수 없을 때 1~5방법까지의 원칙과 부합되는 합리적인 기준으로 과세가격을 결정하는 방법이다. 법 제30조부터 제34조까지에 규정된 방법으로 과세가격을 결정할 수 없는 경우에는 대통령령이 정하는 바에 의하여 제30조 부터 제34조까지에 규정된 원칙과 부합되는 합리적인 기준에 의하여 과세가격을 결정한다(관세법 제35조). [전문개정 2013.8.13.]

2) 과세가격 결정방법 등의 통보

세관장은 납세의무자가 서면으로 요청하면 과세가격을 결정하는 데에 사용한 방법과 과세가격 및 그 산출근거를 그 납세의무자에게 서면으로 통보하여야 한다(관세법 제36조). [전문개정 2010.12.30.]

3) 과세가격결정방법의 사전심사

(1) 사전심사의 신청

제38조제1항의 규정에 의하여 납세신고를 하여야 하는 자는 과세가격결정의 기초가 되는 다음 각 호의 사항에 관하여 의문이 있는 경우에는 가격신고전에 대통령령으로 정하는 바에 따라 관세청장에게 미리 심사하여 줄 것을 신청할 수 있다(관세법 제37조제1항, 개정 2007.12.31).

1. 제30조제1항 각 호에 규정된 금액 또는 같은 조 제2항에 따라 해당 수입물품의 대가로서 구매자가 실제로 지급하였거나 지급하여야 할 가격을 산정할 때 더하거나 빼야 할 금액
2. 제30조제3항 각 호에 해당하는지 여부
3. 특수관계가 있는 자들 간에 거래되는 물품의 과세가격 결정방법

(2) 심사결과의 통보

신청을 받은 관세청장은 대통령령으로 정하는 기간 이내에 과세가격의 결정방법을 심사한 후 그 결과를 신청인에게 통보하여야 한다(관세법 제37조2).

(3) 결과의 이의 제기

사전심사를 신청하여 결과를 통보받은 자가 그 결과에 이의가 있는 경우에는 그 결과를 통보받은 날부터 30일 이내에 대통령령으로 정하는 바에 따라 관세청장에게 재심사를 신청할 수 있다. 이 경우 재심사의 기간 및 결과의 통보에 관하여는 제2항을 준용한다(관세법 제37조제3항). 〈신설 2014.12.23.〉

(4) 과세가격의 결정

세관장은 관세의 납세의무자가 통보된 과세가격의 결정방법에 따라 납세신고를 한 경우 대통령령으로 정하는 요건을 갖추었을 경우에는 그 결정방법에 따라 과세가격을 결정하여야 한다(관세법 제37조제4항). 〈개정 2014.12.23.〉[전문개정 2010.12.30.]

(5) 관세의 과세가격 결정방법과 국세의 정상가격 산출방법의 사전조정(관세법 제37조의2)

(가) 사전조정

사전심사를 신청하는 자는 「국제조세조정에 관한 법률」 제6조제1항에 따른 정상가격 산출방법의 사전승인(같은 조 제2항 단서에 따른 일방적 사전승인의 대상인 경우에 한정한다)을 관세청장에게 동시에 신청할 수 있다. 이 경우 관세청장은 국세청장과 협의하여 관세의 과세가격과 국세의 정상가격을 사전에 조정("사전조정")하여야 한다(관세법 제37조의2제1항).

(나) 사전조정의 대상

관세의 과세가격 결정방법과 국세의 정상가격 산출방법이 유사한 경우로서 대통령령으로 정하는 경우로 한정한다(관세법 제37조2의2항). 제1항에 따라 사전조정을 하는 관세청장은 국세청장에게 정상가격 산출방법의 사전승인 신청서류를 첨부하여 신청을 받은 사실을 통보하고, 국세청장과 과세가격 결정방법, 정상가격 산출방법 및 사전조정 가격의 범위에 대하여 협의하여 결정하여야 한다(관세법 제37조의2제3항). 관세청장은 제3항에 따른 사전조정의 결과를 제1항에 따른 사전조정을 신청한 자와 기획재정부장관에게 통보하여야 한다(관세법 제37조2의제3항). 제1항부터 제4항까지의 규정에 따른 사전조정 신청 방법 및 절차 등에 관하여 필요한 사항은 대통령령으로 정한다(관세법 제37조 2의4항). [본조신설 2014.12.23.][종전 제37조의2는 제37조의3으로 이동 〈2014.12.23.〉]

> 제37조의2(관세의 과세가격 결정방법과 국세의 정상가격 산출방법의 사전조정) ① 제37조제1항제3호에 관하여 의문이 있어 같은 항에 따른 사전심사를 신청하는 자는 관세의 과세가격과 국세의 정상가격을 사전에 조정(이하 이 조에서 "사전조정"이라 한다)받기 위하여 「국제조세조정에 관한 법률」 제6조제1항에 따른 정상가격 산출방법의 사전승인(같은 조 제2항 단서에 따른 일방적 사전승인의 대상인 경우에 한정한다)을 관세청장에게 동시에 신청할 수 있다. 〈개정 2017.12.19.〉

② 관세청장은 제1항에 따른 신청을 받은 경우에는 국세청장에게 정상가격 산출방법의 사전승인 신청서류를 첨부하여 신청을 받은 사실을 통보하고, 국세청장과 과세가격 결정방법, 정상가격 산출방법 및 사전조정 가격의 범위에 대하여 대통령령으로 정하는 바에 따라 협의하여야 한다.〈개정 2017.12.19.〉
③ 관세청장은 제2항에 따른 협의가 이루어진 경우에는 사전조정을 하여야 한다.〈개정 2017.12.19.〉
④ 관세청장은 제1항에 따른 신청의 처리결과를 사전조정을 신청한 자와 기획재정부장관에게 통보하여야 한다.〈개정 2017.12.19.〉
⑤ 제1항부터 제4항까지의 규정에 따른 사전조정 신청 방법 및 절차 등에 관하여 필요한 사항은 대통령령으로 정한다.[본조신설 2014.12.23.]
[종전 제37조의2는 제37조의3으로 이동〈2014.12.23.〉]
[시행일: 2018.7.1.] 제37조의2제1항, 제37조의2제2항, 제37조의2제3항, 제37조의2제4항

4) 과세의 부과 등을 위한 정보제공(관세법 제37조의3)

관세청장 또는 세관장은 과세가격의 결정·조정 및 관세의 부과·징수를 위하여 필요한 경우에는 국세청장, 지방국세청장 또는 관할 세무서장에게 대통령령으로 정하는 정보 또는 자료를 요청할 수 있다. 이 경우 요청을 받은 기관은 정당한 사유가 없으면 요청에 따라야 한다.[본조신설 2011.12.31.][제37조의2에서 이동, 종전 제37조의3은 제37조의4로 이동〈2014.12.23.〉]

5) 특수관계자 수입물품 과세가격결정자료 제출(관세법 제37조의4)

① 세관장은 제38조제2항에 따른 세액심사시 특수관계에 있는 자가 수입하는 물품의 과세가격의 적정성을 심사하기 위하여 해당 특수관계자에게 과세가격결정자료를 제출할 것을 요구할 수 있다. 이 경우 자료의 제출범위, 제출방법 등은 대통령령으로 정한다(제37조의4).〈개정 2013.8.13.〉
② 세관장은 제1항에 따라 제출받은 과세가격결정자료에서 제30조제1항 각 호의 어느 하나에 해당하는 금액이 이에 해당하지 아니하는 금액과 합산되어 있는지 불분명한 경우에는 이를 구분하여 계산할 수 있는 객관적인 증명자료의 제출을 요구할 수 있다.〈신설 2016.12.20.〉

③ 제1항 또는 제2항에 따라 자료제출을 요구받은 자는 자료제출을 요구받은 날부터 60일 이내에 해당 자료를 제출하여야 한다. 다만, 대통령령으로 정하는 부득이한 사유로 제출기한의 연장을 신청하는 경우에는 세관장은 한 차례만 60일까지 연장할 수 있다.〈개정 2016.12.20.〉

④ 세관장은 특수관계에 있는 자가 제2항에 따른 증명자료를 제3항에 따른 기한까지 제출하지 아니하는 경우에는 해당 과세가격결정자료에 따른 금액을 제30조제1항 각 호 외의 부분 본문에 따른 거래가격으로 하여 과세가격을 결정할 수 있다. 다만, 특수관계에 있는 자의 요청이 있는 경우에는 제31조부터 제35조까지에 규정된 방법으로 과세가격을 결정하여야 한다.〈신설 2016.12.20.〉[본조신설 2013.1.1.][제37조의3에서 이동〈2014.12.23.〉]

문제 8

다음은 수입업체 KITA(주)가 중국으로부터 플라스틱 케이스(가격 : USD10,000)를 수입한 사례다. 다음 설명 중 잘못된 것은? (제35회 국제무역사, 2015. 2. 7.)

* 부산항 입항일 : 2014.12.25 (목요일)
* 부산 보세창고 반입일 : 2014.12.26 (금요일)
* 부산 보세창고 무료 보관기간 : 창고반입일로부터 10일간
* 과세환율(원/USD)

구분	2014.12.21.-2014.12.27	2014.12.28.-2015.01.03
수출	1,290	1,187
수입	1,311	1,208

① 플라스틱 케이스 수입시 관세는 수입신고 당시의 법령에 따라 부과하는 것이 원칙이다.
② 수입물품의 관세액을 계산하기 위해서는 수입 송품장에 기재된 외화 USD 10,000를 원화로 환산해야 한다.
③ KITA(주)는 2014.12.24에 수입신고할 수 있다.
④ KITA(주)의 수입 과세환율은 입항일 기준으로 미화 달러당 1,311원이다.

정답 ④

6) 과세가격의 신고 및 결정

(1) 가격신고

관세의 납세의무자는 수입신고를 하는 때에 대통령령이 정하는 바에 의하여 세관장에게 당해 물품의 가격에 대한 신고("가격신고")를 하여야 한다. 다만, 통관의 능률화를 위하여 필요하다고 인정되는 경우에는 대통령령이 정하는 바에 의하여 물품의 수입신고를 하기 전에 가격신고[5]를 할 수 있다(관세법 제27조제1항).

(2) 과세자료의 제출

가격신고를 하는 경우에는 대통령령이 정하는 바에 의하여 과세가격의 결정에 관계되는 자료("과세가격결정자료")를 제출하여야 하며, 과세가격을 결정하기가 곤란하지 아니하다고 인정하여 기획재정부령으로 정하는 물품에 대하여는 가격신고를 생략할 수 있다(관세법 제27조제2항~3항).

(3) 잠정가격의 신고 등

납세의무자는 가격신고를 함에 있어서 신고하여야 할 가격이 확정되지 아니한 경우로서 대통령령이 정하는 경우에는 잠정가격으로 가격신고를 할 수 있다. 이 경우 신고의 방법 그 밖에 필요한 사항은 대통령령으로 정한다. 또한, 납세의무자는 제1항에 따른 잠정가격으로 가격신고를 한 경우에는 대통령령이 정하는 기간 내에 당해 물품이 확정된 가격을 세관장에게 신고하여야 한다(관세법 제28조제1항~2항).

세관장은 납세의무자가 제2항에 따른 기간 내에 확정된 가격의 신고를 하지 아니한 경우에는 당해 물품에 적용될 가격을 확정할 수 있으며, 세관장은 이의 규정에 따라 확정된 가격의 신고를 받거나 제3항의 규정에 따라 가격을 확정한 경우에는 대통령령이 정하는 바에 의하여 잠정가격을 기초로 신고 납부한 세액과 확정된 가격에 따른 세액과의 차액을 징수 또는 환급하여야 한다(관세법 제28조제3항~4항). [전문개정 2010.12.30.]

---

5) 가격신고(value declaration)란 납세의무자가 수입신고를 할 때에 대통령령이 정하는 바에 따라 세관장에게 당해물품의 가격에 대한 신고를 하는 행위를 말한다.

(4) 가격조사 보고 등

기획재정부장관 또는 관세청장은 과세가격을 결정하기 위하여 필요하다고 인정되는 경우에는 수출입업자 · 경제단체 그 밖에 관계인에게 과세가격 결정에 필요한 자료의 제출을 요청할 수 있다. 이 경우 그 요청을 받은 자는 정당한 사유가 없는 한 이에 응하여야 한다(관세법 제29조).

또한 관세청장은 ① 원활한 물자수급을 위하여 특정물품의 수입을 촉진시킬 필요가 있는 경우, ② 수입물품의 국내가격을 안정시킬 필요가 있는 경우 등 이 중 어느 하나에 해당하는 경우 국민생활에 긴요한 물품으로서 국내물품과 비교 가능한 수입물품의 평균 신고가격이나 반입 수량에 관하여 자료를 대통령령으로 정하는 바에 따라 집계하여 공표할 수 있다(관세법 제29조제2항). [전문개정 2010.12.30.]

7) 관세의 산정

외국으로부터 수입되는 물품은 예외적 규정을 제외하고 일반적으로 관세를 납부하여야 국내로 들여올 수 있으며, 관세는 다음의 공식에 의해 계산된다.

관세 = (관세의 과세표준 × 환율) × 관세율

관세법상의 과세표준은 "수입물품의 가격 또는 수량"으로 규정(관세법 제15조)하고 있으며, 관세율은 관세법상 별표로 되어진 '관세율표'에 정하여진 물품별 세율에 의하게 된다.

8) 과세환율

"과세환율"이란 수출입물품의 과세가격 계산 시 외국통화로 표시되어 있는 상업송장의 가격을 내국통화로 환산할 때 적용되는 환율이다.

관세법 제18조(과세환율)에서는 "과세가격을 결정하는 경우 외국통화로 표시된 가격을 내국통화로 환산하는 경우에는 제17조(적용법령)의 규정에 따른 날(보세건설장에 반입된 물품의 경우에는 수입신고를 한 날을 말한다)이 속하는 주의 전주의 외국환매도율을 평균하여 관세청장이 그 율을 정한다"고 규정하고 있다.

4. 관세율

"관세율"이란 수입물품에 대하여 적용되는 세율을 말하는 것으로 수입물품에 대한 관세는 "과세표준 × 관세율 = 관세액"에 의하여 계산된다.

종가세인 경우 과세표준인 물품의 과세가격에 대하여 백분율(%)이 적용되고, 종량세인 경우 과세표준은 물품의 과세수량으로서 관세율은 1단위 수량당 금액으로 나타낸다.

관세율의 종류는 여러 가지로 나누어 볼 수 있는데 국회의 입법에 따른 국정관세와 특정국가 및 기구 등과의 조약이나 협약에 따른 협정관세로 나눌 수 있다. 국정관세로는 기본관세율,[6] 탄력관세율,[7] 및 일반특혜관세율, 협정세율로는 국제협력관세 및 양허관세율[8] 등이 있다.

1) 관세율의 종류

관세법 제49조에서 구분하고 있는 세율의 종류는 기본세율과 잠정세율 그리고 법 제51조부터 제67조까지, 제67조의2 및 제68조부터 제77조까지의 규정에 따라 대통령령 또는 기획재정부령이 정하는 세율로 구분되어진다.

(1) 기본세율(국회입법)

국회의 의결을 거쳐 제정되는 관세법 별표인 관세율표상의 기본세율을 말하는데, 이는 국회에서 제정하여 통상적인 수입물품에 적용되는 관세율이다.

(2) 간이세율

"간이세율"이란 승무원이나 해외여행자의 휴대품이나 우편물 등과 같이

---

6) 기본관세율은 우리나라 국회에서 법률의 형식으로 제정한 세율을 말하며, 관세법 별표 관세율표에 품목별 세율을 기재하고 있다.

7) 법률에 의하여 일정한 범위 안에서 관세율의 변경권을 행정부에 위임하여 관세율을 탄력적으로 변경할 수 있도록 함으로써 급격하게 변동하는 국내외적 경제여건 변화에 신축성 있게 대응하여 관세정책을 보다 효율적으로 수행할 수 있는 제도이다.

8) 양허관세율은 우리나라의 통상과 대외무역증진을 위하여 특정 국가 또는 국제기구와 조약 또는 행정협정 등으로 정한 세율이다.

빈번하게 소액으로 수입되는 통관의 신속한 처리를 필요로 하는 물품에 대하여 관세와 내국소비세 등을 통합하여 단일의 세율을 적용하는 것을 말한다.

다음 각 호의 어느 하나에 해당하는 물품 중 대통령령으로 정하는 물품에 대하여는 다른 법령에도 불구하고 간이세율을 적용할 수 있다(관세법 제81조).

1. 여행자 또는 외국을 오가는 운송수단의 승무원이 휴대하여 수입하는 물품
2. 우편물. 다만, 수입신고를 하여야 하는 것은 제외한다.
3. 외국에서 선박 또는 항공기의 일부를 수리하거나 개체(改替)하기 위하여 사용된 물품
4. 탁송품 또는 별송품

〈표 8-3〉 간이세율

품 명	세율(%)
1. 다음 각 목의 어느 하나에 해당하는 물품 중 개별소비세가 과세되는 물품	
가. 투전기, 오락용 사행기구 그 밖의 오락용품, 수렵용 총포류	55
나. 보석 · 진주 · 별갑 · 산호 · 호박 및 상아와 이를 사용한 제품, 귀금속 제품	92만 6000원 + 463만원을 초과하는 금액의 50
다. 고급 시계, 고급 가방	37만 4백원 + 185만 2천원을 초과하는 금액의 50
라. 삭제(2017.3.27.)	
2. 수리선박(관세가 무세인 것을 제외한다)	2.5
3. 다음 각 목의 어느 하나에 해당하는 물품 중 기본관세율이 10퍼센트 이상인 것으로서 개별소비세가 과세되지 아니하는 물품	
가. 모피의류, 모피의류의 부속품 그 밖의 모피제품	30
나. 가죽제 또는 콤포지션레더제의 의류와 그 부속품, 방직용 섬유와 방직용 섬유의 제품, 신발류	25
다. 녹용	32
4. 다음 각 목의 어느 하나에 해당하는 물품. 다만, 고급모피와 그 제품, 고급융단, 고급가구, 승용자동차, 주류 및 담배를 제외한다.	
가. 제1호 내지 제3호에 해당하지 아니하는 물품	20
나. 제1호 및 제3호에 불구하고 여행자가 휴대수입하는 물품으로 1인당 과세대상 물품가격의 합산총액이 미화 1천불 이하인 물품	20

법 시행령 제96조〈개정 2017.3.27.〉

제1항 제3호에 따른 물품의 과세가격은 수리 또는 개체를 위하여 지급하는 외화가격으로 한다(관세법 제81조제2항).

간이세율은 수입물품(제1항제3호의 경우에는 해당 선박 또는 해당 항공기)에 대한 관세, 임시수입부가세 및 내국세의 세율을 기초로 하여 대통령령으로 정한다(관세법 제81조제3항). 제1항 제1호에 해당하는 물품으로서 그 총액이 대통령령으로 정하는 금액 이하인 물품에 대하여는 일반적으로 휴대하여 수입하는 물품의 관세, 임시수입부가세 및 내국세의 세율을 고려하여 제3항에 따른 세율을 단일한 세율로 할 수 있다(관세법 제81조제4항). [전문개정 2010.12.30.]

(가) 간이세율 적용의 배제(법 시행령 제96조제2항).

① 관세율이 무세인 물품과 관세가 감면되는 물품

② 수출용원재료

③ 법 제11장의 범칙행위에 관련된 물품

④ 종량세가 적용되는 물품

⑤ 다음에 해당하는 물품으로서 관세청장이 정하는 물품

ⓐ 상업용으로 인정되는 수량의 물품

ⓑ 고가품

ⓒ 당해 물품의 수입이 국내산업을 저해할 우려가 있는 물품

ⓓ 법 제81조제4항의 규정에 의한 단일한 간이세율의 적용이 과세형평을 현저히 저해할 우려가 있는 물품

⑥ 화주가 수입신고를 할 때에 과세대상물품의 전부에 대하여 간이세율의 적용을 받지 아니할 것을 요청한 경우의 당해 물품

(3) 잠정세율

"잠정세율"이란 관세율표상에 기본세율과 함께 표시되어 있는 세율로서 특정품목에 대하여 기본세율과는 다른 세율을 잠정적으로 적용하기 위하여 마련된 세율이다. 잠정세율의 적용을 받는 물품에 대하여는 기획재정부장관이 그 물품의 전부 또는 일부에 대하여 잠정세율의 적용을 정지하거나 기본세율과의 차를 좁히도록 잠정세율을 인상하거나 인하할 수 있다.

(4) 탄력관세율

"탄력관세율"이란 국내외 경제 및 무역환경에 신속하게 대처하기 위하여 조세법률주의의 예외로서 법률에서 정한 범위 안에서 탄력적으로 적용하는 세율로 이는 대통령령과 기획재정부령으로 한다.

(5) 일반특혜관세율

"일반특혜관세율"이란 개발도상국의 수출증대 및 공업화의 촉진을 위해 개발도상국으로부터 수입하는 농수산물, 공산품의 제품과 반제품에 대하여 보상 없이 일방적으로 무관세를 적용하거나 저율의 관세를 부과하는 것을 말한다.

대통령령이 정하는 개발도상국가를 원산지로 하는 물품 중 대통령령이 정하는 물품에 대하여는 기본세율보다 낮은 세율의 관세를 부과할 수 있다(관세법 제76조제1항).

기획재정부장관은 특정한 특혜대상물품의 수입이 증가하여 이와 동종의 물품 또는 직접적인 경쟁관계에 있는 물품을 생산하는 국내산업에 중대한 피해를 주거나 줄 우려가 있는 등 일반특혜관세를 부과하는 것이 적당하지 아니하다고 판단되는 경우에는 대통령령이 정하는 바에 따라 해당물품과 그 물품의 원산지인 국가를 지정하여 일반특혜관세의 적용을 정지할 수 있다(관세법 제77조제1항)

(6) 합의에 따른 세율

"합의세율"이란 일괄하여 수입신고가 된 물품으로서 물품별 세율이 다른 물품에 대하여는 신고인의 신청에 따라 그 세율 중 가장 높은 세율을 적용하는 세율을 말한다(관세법 제82조 제1항). 제1항을 적용할 경우에는 제5장 제2절(제119조부터 제132조까지, 심사와 심판)은 적용하지 아니한다(관세법 제82조2항). [전문개정 2010.12.30.]

(7) 협정관세율

"관세양허협정"은 관세·무역에 관하여 협상에서 협상당사국이 특정품목에 대하여 관세를 양허할 것을 약속하는 협정을 말하는 데, 관세양허[9] 내용은 당해 국가의 관세양허표로 협정문에 부속시킨다.

정부는 우리나라의 대외무역의 증진을 위하여 필요하다고 인정되는 경우에는 특정 국가 또는 국제기구와 관세에 관하여 협상을 할 수 있으며(관세법 제73조제1항), 정부가 협상을 수행함에 있어서 필요하다고 인정되는 경우에는 관세를 양허할 수 있다.

(가) 관세의 양허 범위

다만, 특정 국가와 협상할 때에는 기본관세율의 100분의 50의 범위를 초과하여 관세를 양허할 수 없으며, 제2항의 규정에 따른 관세를 부과하여야 하는 대상물품·세율·적용기간 등은 대통령령으로 정한다(관세법 제73조제2항~3항).

(나) 양허관세의 유형

관세양허의 유형은 다음의 3가지가 있다.

(a) 현행 관세율을 인하하는 관세인하,

(b) 관세를 더 이상 올리지 않겠다고 약속하는 거치,

(c) 현행 관세율을 인상하더라도 일정수준 이상으로는 올리지 않겠다고 약속하는 인상한계점 설정의 3가지 유형이 있다.

❑ **관세거치(tariff binding)** : 일종의 최고세율거치로서, GATT협정에 부속된 국가별 양허표(tariff schedule)에 기재된 관세율 이상으로 관세를 올리거나 부과하지 않을 것임을 약속하는 것이다. 일단 관세양허를 약속하면 그에 상응하는 보상이 없는 한 이를 어길 수 없다.

❑ **관세상당치(TE, Tariff Equivalent)** : UR 농산물협상에서 모든 비관세조치의 관세화를 위한 수단으로 국내외 가격차로 계산한 비관세 보호효과에 상응한 관세이다. TE = 국내가격 - 국제가격 / 국제가격 × 100(%)

9) 관세양허(關稅讓許, tariff concession)는 국가 간 관세·무역에 관하여 협상에서 협상당사국이 특정 품목의 관세를 일정수준 이상으로 부과하지 않겠다는 약속이다.

질문 : 베트남산 멸치(HSK 0305.59-2000)의 한 · 아세안 FTA 협정세율은 어떠한가요?

답변 : 우리나라의 대 아세안 관세양허에서 베트남산 멸치는 2015년까지 20%이고, 2016년 이후 16%입니다.

'관세품목분류 인터넷 경진대회' 수상자 발표

관세평가분류원(원장 김용식)은 지난 20일 개최된 '제15회 관세품목분류 인터넷 경진대회*' 개최 결과를 발표했다.

이 대회는 매년 관세평가분류원에서 개최하는 대회로서 세관 직원뿐만 아니라 일반인도 참가할 수 있으며 인터넷을 통해 품목분류 지식을 평가하여 우수자에 대해서는 관세청장 표창 등을 수여한다. 이 대회는 총 615명이 응시하여 532명이 응시한 전년에 비해 15.6% 증가한 것으로 나타났다.

이는 최근 중국 및 뉴질랜드와의 자유무역협정(이하 FTA)이 타결되어, FTA 원산지 결정의 핵심 기준인 품목분류에 대한 수출입업체와 관세사 등의 관심이 증가되었기 때문으로 보인다. 개인 부문 최우수상은 '관세법인 태영' 서울지부의 김인용 씨, 단체 부문 최우수상은 '관세법인 태영 서울지부'와 '원주세관'이 각각 수상했고, 우수상은 '앰코테크놀로지코리아(주)'와 '양산세관(납세심사과)'이 수상했다. 특히 관세법인 태영 서울지부와 원주세관은 작년에 이어 2년 연속 최우수상을 수상하는 영예를 차지했다.

<대전투데이, 2014.11.27.>

2) 관세율의 적용순서

관세율은 다수의 세율이 존재하는 데, 하나의 수입물품에 대하여 2 이상의 관세율이 경합하는 경우에 우선순위를 판단하여 실제로 과세표준에 적용하는 세율(실행세율)을 결정해야 한다. 이의 판단에 오류가 발생할 경우에는 세액에 직접적인 오류가 발생하므로 신중을 기해야 한다. 관세법 제50조(세율적용의 우선순위)에서 규정하고 있는 관세율의 적용순서는 다음의 표와 같다.

〈표 8-4〉 관세율 적용의 우선순위(관세법 제50조)

적용순위	종류 및 근거	비 고
1	덤핑방지관세(관세법 제51조) 상계관세(관세법 제57조) 보복관세(관세법 제63조) 긴급관세(관세법 제65조) 특정국물품긴급관세(제67조의2) 농림축산물에 대한 특별긴급관세(관세법 제68조)	-관세율의 높낮이에 관계없이 최우선 적용 -실행관세 등에 해당관세를 추가하여 부과 -별표 관세율표 중 종량세인 경우에는 해당 세율에 상당하는 금액을 적용
2	국제협력관세(관세법 제73조) 편익관세(관세법 제74조)	-단, 3·4·5·6순위 세율보다 낮은 경우에만 적용 -국제협력관세(관세법 제73조)에 따라 국제기구와의 관세에 관한 협상에서 국내외의 가격차에 상당하는 율로 양허(讓許)하거나 국내시장 개방과 함께 기본세율보다 높은 세율로 양허한 농림축산물 중 대통령령으로 정하는 물품에 대하여 양허한 세율(시장접근물량에 대한 양허세율을 포함)은 기본세율 및 잠정세율에 우선하여 적용
3	조정관세(관세법 제69조) 할당관세(관세법 제71조) 계절관세(관세법 제72조)	할당관세는 일반특혜관세율보다 낮은 경우에 만
4	일반특혜관세(관세법 제76조)	
5	잠정세율(관세법 제49조 제2호)	잠정세율은 기본세율에 우선하여 적용
6	기본세율(관세법 제50조)	

문제 9

수입물품의 관세율이 다음과 같고 그 물품의 과세가격이 10,000,000원이라면 수입통관 시 납부하여야 할 관세액은 얼마인가? (단, 각 관세율을 적용할 수 있는 요건은 충족되어 있다고 본다.) (제34회 국제무역사, 2014. 8. 2.)

가. 조정관세율 : 10%	나. 잠정관세율 : 5%
다. 일반특혜관세율 : 0%	라. 기본관세율 : 8%

① 0원 ② 500,000원 ③ 800,000원 ④ 1,000,000원

정답 ④

문제 10

기획재정부령으로 결정되는 관세율을 모두 고른 것은? (2015년 관세사 1차 기출)

ㄱ. 조정관세	ㄴ. 덤핑방지관세	ㄷ. 할당관세	ㄹ. 긴급관세
ㅁ. 계절관세	ㅂ. 편익관세	ㅅ. 일반특혜관세	ㅇ. 상계관세

① ㄱ, ㄴ, ㄷ, ㅂ ② ㄱ, ㄴ, ㄹ, ㅇ ③ ㄴ, ㄹ, ㅁ, ㅇ
④ ㄷ, ㄹ, ㅁ, ㅅ ⑤ ㄷ, ㅁ, ㅂ, ㅅ

정답 ③

문제 11

중국으로부터 수입하는 물품에 대한 관세율이 다음과 같고 그 물품의 과세가격이 10,00,000원이라면 수입통관 시 납부하여야 할 관세액은 얼마인가?(단, 각 관세율을 적용할 수 있는 요건은 모두 충족되어 있다고 본다) (2017년 제40회 국제무역사 1급 기출)

A. 기본관세율 : 8%	B. WTO 일반양허관세율: 6.5%
C. 한국-중국 FTA 관세율 : 4%	D. 할당관세율 : 2%

① 800,000원 ② 650,000원
③ 400,000원 ④ 200,000원

정답 ④

제2절 관세의 부과와 징수

일반적으로 어떤 물품을 외국으로부터 수입할 때는 관세 등 수입 제세를 납부할 의무가 발생하는데, 관세법에서는 신고납부 방법을 원칙으로 하고, 예외적으로 부과고지 방법을 적용하고 있다. "신고납부 방법"은 납세의무자가 세법이 정하는 바에 따라 자율적으로 세액을 계산하여 세관장에게 신고함으로써 확정하는 것을 원칙으로 하며, "부과고지 방법"은 세관장의 행정처분인 납세의 고지로 납세의무의 내용을 확정하는 방법이다.

1. 관세의 부과와 징수방법

관세의 부과의 원칙은 수입자 스스로가 수입가격 등을 신고하여 납부하는 "신고납부의 방식"과 관계관청에서 고지서를 발부하여 납부하는 "부과고지의 방식"이 있다.

1) 신고납부(관세법 제38조)

"신고납부방식"은 납세의무자가 수입신고를 할 때 관세법이 정하는 바에 따라 자율적으로 과세표준과 납부세액을 계산하여 세관장에게 신고하고 납부하는 방식으로 세관장이 부과고지하는 물품을 제외한 모든 수입물품을 그 대상으로 하고 있다.

물품(제39조의 규정에 의하여 세관장이 부과고지하는 물품을 제외)을 수입하고자 하는 자는 수입신고를 하는 때에 세관장에게 관세의 납부에 관하여 신고("납세신고")를 하여야 한다. 세관장은 납세신고를 받으면 수입신고서상에 기재사항과 이 법에 따른 확인사항 등을 심사하되, 신고한 세액에 대하여는 수입신고를 수리한 후에 심사한다. 다만, 신고한 세액에 대하여 관세채권을 확보하기가 곤란하거나, 수입신고를 수리한 후 세액심사를 하는 것이 적당하지 아니하다고 인정하여 기획재정부령으로 정하는 물품의 경우에는 수입신고를 수리하기 전에 이를 심사한다.(관세법 제38조제1항~2항)

(1) 자율심사

세관장은 제2항의 본문에도 불구하고 납세실적 및 수입규모 등을 고려하여 관세청장이 정하는 요건을 갖춘 자가 신청할 경우에는 납세신고한 세액을 자체적으로 심사("자율심사")하게 할 수 있다. 이 경우 해당 납세의무자는 자율심사한 결과를 세관장에게 제출하여야 한다.(관세법 제38조제3항)

납세의무자는 납세신고한 세액을 납부하기 전에 그 세액이 과부족하다는 것을 알게 되었을 경우에는 납세신고한 세액을 정정할 수 있다. 이 경우 납부기한은 당초의 납부기한(제9조의 규정에 따른 납부기한)으로 하며, 납세신고, 자율심사 및 제4항에 따른 세액의 정정과 관련하여 그 방법 및 절차 등 필요한 사항은 대통령령으로 정한다. 또한 관세의 납부에 관하여는 「국세기본법」 제46조의 2를[10] 준용한다(관세법 제38조제4항~6항).[전문개정 2010.12.30.]

10) 신용카드 등 따른 국세납부

(2) 관세의 보정(補正)(법 제38조의2)

"관세의 보정"은 단순 과실에 의한 세액오류 사항의 조기발견을 통해 납세의무자가 스스로 시정할 수 있도록 기회를 부여하는 특례제도이다.

① 납세의무자는 신고납부한 세액이 부족하다는 것을 알게 되거나 세액산출의 기초가 되는 과세가격 또는 품목분류 등에 오류가 있는 것을 알게 되었을 경우에는 신고납부한 날부터 6개월 이내("보정기간")에 대통령령으로 정하는 바에 따라 해당 세액을 보정(補正)하여 줄 것을 세관장에게 신청할 수 있다. 〈개정 2011.12.31.〉

② 세관장은 신고납부한 세액이 부족하다는 것을 알게 되거나 세액산출의 기초가 되는 과세가격 또는 품목분류 등에 오류가 있다는 것을 알게 되있을 경우에는 대통령령으로 정하는 바에 따라 납세의무자에게 해당 보정기간에 보정신청을 하도록 통지할 수 있다. 이 경우 세액보정을 신청하려는 납세의무자는 대통령령으로 정하는 바에 따라 세관장에게 신청하여야 한다. 〈개정 2011.12.31.〉

③ 삭제 〈2011.12.31.〉

④ 납세의무자가 제1항과 제2항 후단에 따라 부족한 세액에 대한 세액의 보정을 신청한 경우에는 해당 보정신청을 한 날의 다음 날까지 해당 관세를 납부하여야 한다.

⑤ 세관장은 제1항과 제2항 후단에 따른 신청에 따라 세액을 보정한 결과 부족한 세액이 있을 경우에는 납부기한(제9조에 따른 납부기한을 말한다) 다음 날부터 보정신청을 한 날까지의 기간과 금융회사의 정기예금에 대하여 적용하는 이자율을 고려하여 대통령령으로 정하는 이율에 따라 계산한 금액을 더하여 해당 부족세액을 징수하여야 한다. 다만, ①제41조(가산금) 제4항에 따라 가산금 및 중가산금을 징수하지 아니하는 경우, ②신고납부한 세액의 부족 등에 대하여 납세의무자에게 정당한 사유가 있는 경우[전문개정 2010.12.30.]에는 제외한다.

(3) 관세의 수정 및 경정(更正)(제38조의3)

(가) 관세의 수정

"관세의 수정"이란 납세의무자가 신고납부한 세액이 부족한 경우에는 대통령령으로 정하는 바에 따라 수정하여 신고하는 것을 말한다.

납세의무자는 신고납부한 세액이 부족한 경우에는 대통령령으로 정하는 바에 따라 수정신고(보정기간이 지난 날부터 제21조 제1항에 따른 기간이 끝나기 전까지로 한정한다)를 할 수 있다. 이 경우 납세의무자는 수정신고한 날의 다음 날까지 해당 관세를 납부하여야 한다(제38조의3제1항). 〈개정 2013.1.1.〉

(나) 경정청구

납세의무자는 신고납부한 세액이 과다한 것을 알게 되었을 경우에는 최초로 납세신고를 한 날부터 5년 이내에 대통령령으로 정하는 바에 따라 신고한 세액의 경정을 세관장에게 청구할 수 있다(관세법 제38조의3의제2항). 〈개정 2011.12.31., 2013.8.13., 2014.12.23., 2016.12.20.〉

납세의무자는 최초의 신고 또는 경정에서 과세표준 및 세액의 계산근거가 된 거래 또는 행위 등이 그에 관하여 소송에 대한 판결(판결과 같은 효력을 가지는 화해나 그 밖의 행위를 포함한다)에 의하여 다른 것으로 확정되는 등 대통령령으로 정하는 사유가 발생하여 납부한 세액이 과다한 것을 알게 되었을 경우에는 제2항에 따른 기간에도 불구하고 그 사유가 발생한 것을 안 날부터 2개월 이내에 대통령령으로 정하는 바에 따라 납부한 세액의 경정을 세관장에게 청구할 수 있다(관세법 제38조의3의제3항). 〈신설 2011.12.31., 2016.12.20.〉

세관장은 제2항 또는 제3항에 따른 경정의 청구를 받은 날부터 2개월 이내에 세액을 경정하거나 경정하여야 할 이유가 없다는 뜻을 그 청구를 한 자에게 통지하여야 한다(관세법 제38조의3의제4항). 〈신설 2016.12.20.〉

제2항 또는 제3항에 따라 경정을 청구한 자가 제4항에 따라 2개월 이내에 통지를 받지 못한 경우에는 그 2개월이 되는 날의 다음 날부터 제5장에 따른 이의신청, 심사청구, 심판청구 또는 「감사원법」에 따른 심사청구를 할 수 있다(관세법 제38조의3의제5항). 〈신설 2016.12.20.〉

세관장은 납세의무자가 신고납부한 세액, 납세신고한 세액 또는 제2항 및 제3항에 따라 경정청구한 세액을 심사한 결과 과부족하다는 것을 알게 되었을 때에는 대통령령으로 정하는 바에 따라 그 세액을 경정하여야 한다(관세법 제38조의3의제6항). 〈개정 2011.12.31., 2016.12.20.〉

〈표 8-5〉 세액의 변경

<table>
<tr><th>유형</th><th>주체</th><th>변경이유</th><th>조치시기</th><th>납기</th><th>가산세 등</th></tr>
<tr><td rowspan="2">정정</td><td>정정
(납세의무자)</td><td rowspan="2">납부세액의
과·부족</td><td rowspan="2">납세신고를 한 시점부터 신고납부 전까지</td><td rowspan="2">당초 납기</td><td rowspan="2">해당 없음</td></tr>
<tr><td>세액정정안내
(세관장)</td></tr>
<tr><td rowspan="2">보정</td><td>보정신청
(납세의무자)</td><td>납부세액의
과소</td><td rowspan="2">신고납부한 날로부터 6월 이내(보정기간)</td><td rowspan="2">보정신청한 날의 다음 날</td><td rowspan="2">-가산세 해당 없음
-보정이자 有(기간 X 금융권의 정기예금 이자율)</td></tr>
<tr><td>보정통지
(세관장)</td><td>납부세액의
과·부족</td></tr>
<tr><td>수정</td><td>납세의무자</td><td>납부세액의
과소</td><td rowspan="2">보정기간이 경과한 다음 날부터 관세부과 제척기간이 도래될 때까지</td><td>수정신고한 날의 다음 날</td><td>가산세 有</td></tr>
<tr><td>경정</td><td>세관장</td><td>납부세액의
과·부족</td><td>납세고지 받은 날부터 15일 이내</td><td>가산세 有
(추가납부세액의 10%에 다음의 산식을 적용 계산한 금액의 합산 : 해당부족세액 X 당초 납부기한의 다음날부터 납세고지일까지의 기간 X 10만분의 13)</td></tr>
<tr><td rowspan="2">경정
청구</td><td rowspan="2">납세의무자</td><td rowspan="2">납부세액의
과다</td><td>-납세신고한 날로부터 5년 이내 청구
-세관장은 경정청구 받은 날로부터 2월 이내 결정</td><td>해당 없음</td><td>해당 없음</td></tr>
<tr><td colspan="3">제2항 또는 제3항에 따라 경정을 청구한 자가 제4항에 따라 2개월 이내에 통지를 받지 못한 경우에는 그 2개월이 되는 날의 다음 날부터 제5장에 따른 이의신청, 심사청구, 심판청구 또는 「감사원법」에 따른 심사청구를 할 수 있다. 〈신설 2016.12.20.〉</td></tr>
</table>

2. 부과고지

"부과고지방식"이란 납세의무확정의 예외적인 방법으로 납세의무자가 세액을 정확하게 결정할 수 없는 물품이나 세관의 경정 등에 대하여 세관장이 세액을 결정하여 고지하고 납세의무자가 고지된 세액을 소정의 기일 내에 납부하는 제도이다.

관세의 납부는 신고납부를 원칙으로 하지만 다음 각 호의 하나에 해당하는 경우에는 제38조에도 불구하고 세관장이 관세를 부과·징수한다(관세법 제39조제1항). 〈개정 2011.12.31.〉

1. 제16조 제1호부터 제6호까지 및 제8호부터 제11호까지에 해당되어 관세를 징수하는 경우
2. 보세건설장에서 건설된 시설로서 제248조(신고의 수리)에 따라 수입신고가 수리되기 전에 가동된 경우
3. 보세구역(제156조 제1항에 따라 보세구역 외 장치를 허가받은 장소를 포함)에 반입된 물품이 제248조 제3항을 위반하여 수입신고가 수리되기 전에 반출된 경우
4. 납세의무자가 관세청장이 정하는 사유로 과세가격이나 관세율 등을 결정하기 곤란하여 부과고지를 요청하는 경우
5. 제253조에 따라 즉시 반출한 물품을 같은 조 제3항의 기간 내에 수입신고를 하지 아니하여 관세를 징수하는 경우
6. 그 밖에 제38조에 따른 납세신고가 부적당한 것으로서 기획재정부령으로 정하는 경우

세관장은 과세표준, 세율, 관세의 감면 등에 관하여 규정의 적용 착오 또는 그 밖의 사유로 이미 징수한 금액이 부족한 것을 알게 되었을 경우에는 그 부족액을 징수한다(관세법 제39조제2항). 제1항과 제2항에 따라 세관장이 관세를 징수하려는 경우에는 대통령령으로 정하는 바에 따라 납세의무자에게 납세고지를 하여야 한다(관세법 제39조제3항). [전문개정 2010.12.30.]

문제 12

다음은 관세법상 관세 부과대상에 대한 설명이다. 잘못된 것은?

(제35회 국제무역사, 2015. 2. 7.)

① 수입물품에는 관세를 부과한다.
② 무상으로 수입하는 샘플에 대해서는 관세를 부과하지 않는다.
③ 컴퓨터 소프트웨어를 CD에 저장하여 수입하는 경우 수입신고대상이며 제세대상이다.
④ 10억짜리 설계도면을 미국 수출자로부터 전자메일로 받는 경우 관세법상 관세부과의 대상이 되지 않는다.

정답 ②

3. 징수금액의 최저한

세관장은 납세의무자가 납부하여야 하는 세액이 대통령령으로 정하는 금액(10,000원) 미만인 경우에는 이를 징수하지 아니한다(관세법 제40조). [전문개정 2010.12.30.]

4. 가산금 및 가산세

1) 가산금

관세를 납부기한까지 완납(完納)하지 아니하면 그 납부기한이 지난 날부터 체납된 관세에 대하여 100분의 3에 상당하는 가산금을 징수한다(관세법 제41조제1항).

(1) 중가산금

체납된 관세를 납부하지 아니하면 그 납부기한이 지난 날부터 1개월이 지날 때마다 체납된 관세의 1천분의 12에 상당하는 가산금("중가산금")을 제1항에 따른 가산금에 다시 더하여 징수한다. 이 경우 중가산금을 더하여 징수하는 기간은 60개월을 초과하지 못한다(관세법 제41조제2항).

(2) 중가산금의 적용 배제

체납된 관세(세관장이 징수하는 내국세가 있을 경우에는 그 금액을 포함)가 100

만원 미만인 경우에는 중가산금을 적용하지 아니한다(관세법 제41조제3항).

국가나 지방자치단체가 직접 수입하는 물품 등 대통령령으로 정하는 물품에 대하여는 제1항부터 제3항까지의 규정을 적용하지 아니한다(관세법 제41조제4항).
[전문개정 2010.12.30.]

문제 13

다음 중 관세법상 가산금 부과대상에 해당하는 것은? (2017년 제40회 국제무역사 1급 기출)

① 부족세액에 대해 수정신고를 하는 경우
② 재수출면세 받은 물품을 규정된 기간 내에 재수출하지 아니한 경우
③ 납부기한을 경과하여 제세를 납부하는 경우
④ 여행자가 과세대상 휴대품을 자진신고하지 않아 과세하는 경우

정답 ③

문제 14

다음 중 관세법상 가산금에 대한 설명으로 잘못된 것은? (2017년 제2회 국제무역사 2급 기출)

① 납부기한까지 관세 등을 납부하지 못할 경우에 부과되는 연체세이다.
② 납부기한이 경과되자마자 체납세액의 3%가 부과된다.
③ 관세 등의 세액이 부족하게 납부돼 세관장이 이를 경정하는 경우에도 부과된다.
④ 중가산금은 60개월까지만 부과된다.

정답 ③

2) 가산세

세관장은 제38조의3제1항 또는 제6항에 따라 부족한 관세액을 징수할 때에는 다음 각 호의 금액을 합한 금액을 가산세로 징수한다. 다만, 잠정가격신고를 기초로 납세신고를 하고 이에 해당하는 세액을 납부한 경우 등 대통령령으로 정하는 경우에는 대통령령으로 정하는 바에 따라 그 전부 또는 일부를 징수하지 아니한다(관세법 제42조제1항). 〈개정 2011.12.31., 2014.12.23., 2016.12.20〉

1. 해당 부족세액의 100분의 10
2. 다음의 계산식을 적용하여 계산한 금액: 해당 부족세액 × 당초 납부기한의 다음 날부터 수정신고일 또는 납세고지일까지의 기간 × 금융회사

등이 연체대출금에 대하여 적용하는 이자율 등을 고려하여 대통령령[11] 으로 정하는 이자율

제1항에도 불구하고 납세자가 부당한 방법(납세자가 관세의 과세표준 또는 세액계산의 기초가 되는 사실의 전부 또는 일부를 은폐하거나 가장하는 것에 기초하여 관세의 과세표준 또는 세액의 신고의무를 위반하는 것으로서 대통령령으로 정하는 방법)으로 과소신고한 경우에는 세관장은 해당 부족세액의 100분의 40에 상당하는 금액과 제1항 제2호의 금액을 합한 금액을 가산세로 징수한다(관세법 제42조제2항). [전문개정 2010.12.30.]

세관장은 제16조제11호에 따른 물품에 대하여 관세를 부과·징수할 때에는 다음 각 호의 금액을 합한 금액을 가산세로 징수한다. 다만, 제241조제5항에 따라 가산세를 징수하는 경우와 천재지변 등 수입신고를 하지 아니하고 수입한 데에 정당한 사유가 있는 것으로 세관장이 인정하는 경우는 제외한다(관세법 제42조제3항). 〈신설 2015.12.15.〉

1. 해당 관세액의 100분의 20(제269조의 죄에 해당하여 처벌받거나 통고처분을 받은 경우에는 100분의 40)
2. 다음의 계산식을 적용하여 계산한 금액: 해당 관세액 × 수입된 날부터 납세고지일까지의 기간 × 금융회사 등이 연체대출금에 대하여 적용하는 이자율 등을 고려하여 대통령령으로 정하는 이자율[전문개정 2010.12.30.]

문제 15

다음 보기의 ( )안에 들어갈 내용으로 올바른 것은? (제34회 국제무역사, 2014. 8. 2.)

수입자 A사는 수입신고가 수리된 수출용원재료의 관세를 납부기한까지 완납(完納)하지 아니하였다. 이 경우 세관장은 그 납부기한이 지난 날 부터 A사가체납한 관세뿐 아니라 이에 더하여 ( )에 상당하는 ( )을(를) 징수한다.

① 100분의 10-가산세
② 100분의 5-가산금
③ 100분의 3-가산금
④ 10만분의 13-가산세

정답 ③

11) 1일 1만분의 3의 율을 말한다(관세법시행령 제39조1항). 〈개정 2006.5.22, 2011.4.1, 2015.2.6.〉

5. 관세의 현장수납

"관세의 현장수납"이란 관세공무원이 물품을 검사한 후 납세고지서를 발부하지 않고 구두로써 고지하여 검사 장소에서 직접 관세를 수납하는 것을 말한다.
이 법 제43조1항에는 "여행자의 휴대품이나 조난 선박에 적재된 물품으로서 보세구역이 아닌 장소에 장치된 물품에 대한 관세는 그 물품을 검사한 공무원이 검사 장소에서 수납할 수 있다."라고 규정하고 있으며, 같은 조 2항에서는 "이에 따라 물품을 검사한 공무원이 관세를 수납할 경우에는 부득이한 사유가 있는 경우를 제외하고는 다른 공무원을 참여시켜야 한다" 라고 규정하고 있다. 출납공무원이 아닌 공무원이 제1항에 따라 관세를 수납하였을 경우에는 지체 없이 출납공무원에게 인계하여야 하며, 출납공무원이 아닌 공무원이 선량한 관리자로서의 주의를 게을리하여 제1항에 따라 수납한 현금을 잃어버린 경우에는 변상하여야 한다(관세법 제43조제3항~4항).[전문개정 2010.12.30.]

문제 16

관세의 부과·징수와 관련된 다음의 설명 중 올바른 것은? (제35회 국제무역사, 2015. 2. 7.)

① 물품을 수입하고자 하는 자는 수입신고와 동시에 관세 등 제세를 납부하여야 한다.
② 세관장은 납세신고를 받으면 수입신고서에 기재된 사항과 함께 신고세액에 대해 수입신고 수리 전에 심사하는 것을 원칙으로 한다.
③ 세관장은 납세신고제도에도 불구하고 납세의무자가 부과고지를 요청하는 경우 세관장이 부과·징수할 수 있다.
④ 세관장은 납세의무자가 납부해야 하는 관세가 1만원 미만일 때에는 징수하지 않는다.

정답 ③

6. 납세고지서의 송달

관세의 납세고지서는 납세의무자에게 직접 발급하는 경우를 제외하고는 인편(人便), 우편 또는 제327조에 따른 전자송달의 방법으로 한다(관세법 제11조제1항). 〈개정 2015. 12. 15〉

1) 납세고지사항의 공시

세관장은 관세 납세의무자의 주소, 거소(居所)[12], 영업소 또는 사무소가 모두 분명하지 아니하여 관세의 납세고지서를 송달할 수 없을 경우에는 해당 세관의 게시판이나 그 밖의 적당한 장소에 납세고지사항을 공시(公示)할 수 있다. 이 경우 공시일부터 14일이 지나면 관세의 납세의무자에게 납세고지서가 송달된 것으로 본다(관세법 제11조제2항~3항). [전문개정 2010.12.30.]

7. 관세의 납부기간과 기한

1) 기간 및 기한의 계산

① 관세법 제8조제1항에서 "이 법에 따른 기간을 계산할 때 제252조에 따른 수입신고수리전 반출승인을 받은 경우에는 그 승인일을 수입신고의 수리일로 본다."고 규정하고 있다.

② 제2항에서 "이 법에 따른 기간의 계산은 이 법에 특별한 규정이 있는 것을 제외하고는 「민법」에 따른다."고 규정하고 있다.

③ 제3항은 "이 법에 따른 기한이 공휴일(「근로자의 날 제정에 관하여 법률」에 따른 근로자의 날과 토요일을 포함한다) 또는 대통령령으로 정하는 날에 해당하는 경우에는 그 다음 날을 기한으로 한다."고 규정하고 있다.

④ 제4항에서 제327조에 따른 국가관세종합정보망 또는 전산처리설비가 대통령령으로 정하는 장애로 가동이 정지되어 이 법에 따른 기한까지 이 법에 따른 신고, 신청, 승인, 허가, 수리, 교부, 통지, 통고, 납부 등을 할 수 없게 되는 경우에는 그 장애가 복구된 날의 다음 날을 기한으로 한다. [전문개정 2010.12.30.]

12) 사람이 다소의 기간 계속해서 거주하지만, 토지와의 밀접의 도가 주소만 하지 못한 장소. 주소를 알 수 없거나 국내에 주소가 없는 자에 대하여는 거소를 주소로 본다.

2) 관세의 납부기한 등

관세의 납부기한은 이 법에서 달리 규정하는 경우를 제외하고는 다음 각 호의 구분에 따른다(관세법 제9조제1항).

신고납부에 의한 납세신고	납세신고 수리일부터 15일 이내
부과고지에 의한 납세고지	납세고지를 받은 날부터 15일 이내
수입신고전의 즉시반출신고	수입신고일부터 15일 이내

납세의무자는 제1항에도 불구하고 수입신고가 수리되기 전에 해당 세액을 납부할 수 있으며, 세관장은 납세실적 등을 고려하여 관세청장이 정하는 요건을 갖춘 성실납세자가 대통령령으로 정하는 바에 따라 신청을 할 때에는 제1항제1호 및 제3호에도 불구하고 납부기한이 동일한 달에 속하는 세액에 대하여는 그 기한이 속하는 달의 말일까지 한꺼번에 납부하게 할 수 있다. 이 경우 세관장은 필요하다고 인정하는 경우에는 납부할 관세에 상당하는 담보를 제공하게 할 수 있다(관세법 제9조제2~3항). 〈개정 2016.12.20.〉[전문개정 2010.12.30.]

3) 월별납부

"월별납부"란 수입 시 납부할 관세 등 제세를 월별납부 한도액내에서 수입건별로 납부하지 않고 납부기한이 동일한 달에 속하는 수입건들을 일괄하여 그 달의 말일까지 납부하는 사후납부제도이다.

세관장은 납세실적 등을 고려하여 관세청장이 정하는 요건을 갖춘 성실납세자가 대통령령으로 정하는 바에 따라 신청을 할 경우에는 제1항제1호 및 제3호에도 불구하고 납부기한이 동일한 달에 속하는 세액에 대하여는 그 기한이 속하는 달의 말일까지 한꺼번에 납부하게 할 수 있다(관세법 제9조제3항). [전문개정 2010.12.30.]

4) 천재 · 지변 등으로 인한 기한의 연장(관세법 시행령 제2조)

세관장은 천재지변이나 그 밖에 대통령령으로 정하는 사유로 이 법에 따른 신고, 신청, 청구, 그 밖의 서류의 제출, 통지, 납부 또는 징수를 정하여진 기한까지 할 수 없다고 인정되는 경우에는 1년을 넘지 아니하는 기간을 정하여 대통령령으로 정하는 바에 따라 그 기한을 연장할 수 있다(관세법 제10조). [전문개정 2010.12.30.]

법 제10조에서 "대통령령으로 정하는 사유"란 다음 각 호의 어느 하나에 해당하는 경우를 말한다(관세법 시행령 제2조제1항). 〈개정 2011.4.1〉

1. 전쟁 · 화재 등 재해나 도난으로 인하여 재산에 심한 손실을 입은 경우
2. 사업에 현저한 손실을 입은 경우
3. 사업이 중대한 위기에 처한 경우
4. 그 밖에 세관장이 제1호부터 제3호까지의 규정에 준하는 사유가 있다고 인정하는 경우(관세법 시행령 제2조제1항)

8. 관세환급금의 환급 등〈개정 2013.1.1.〉

1) 관세환급금의 환급

"세관장은 납세의무자가 관세 · 가산금 · 가산세 또는 체납처분비의 과오납금 또는 이 법에 따라 환급하여야 할 환급세액의 환급을 청구할 경우에는 대통령령으로 정하는 바에 따라 지체 없이 이를 관세환급금으로 결정하고 30일 이내에 환급하여야 하며, 세관장이 확인한 관세환급금은 납세의무자가 환급을 청구하지 아니하더라도 환급하여야 한다."라고 법 제46조제1항에 규정하고 있다. 이에 따른 관세환급금의 환급은 「국가재정법」 제17조에도 불구하고 대통령령으로 정하는 바에 따라 「한국은행법」에 따른 한국은행의 해당 세관장의 소관 세입금에서 지급한다(관세법제46조제4항). 〈개정 2013.1.1.〉[전문개정 2010.12.30. [제목개정 2013.1.1.]

(1) 관세환급금의 충당

또한 2항에서는 “세관장은 제1항에 따라 관세환급금을 환급하는 경우에 환급받을 자가 세관에 납부하여야 하는 관세와 그 밖의 세금, 가산금, 가산세 또는 체납처분비가 있을 경우에는 환급하여야 하는 금액에서 이를 충당할 수 있다”고 규정하고 있다. 〈개정 2013.1.1.〉

(2) 관세환급금의 양도

관세법 제46조제3항에서 “납세의무자의 관세환급금에 관하여 권리는 대통령령으로 정하는 바에 따라 제3자에게 양도할 수 있다.”고 규정하고 있다. 〈개정 2013.1.1.〉

2) 과다환급관세의 징수

세관장은 제46조에 따른 관세환급금의 환급에 있어서 그 환급액이 과다한 것을 알게 되었을 경우에는 해당 관세환급금을 지급받은 자로부터 과다지급된 금액을 징수하여야 한다(관세법 제47조).

3) 관세환급가산금

세관장은 제46조에 따라 관세환급금을 환급하거나 충당할 경우에는 대통령령으로 정하는 관세환급가산금 기산일부터 환급결정 또는 충당결정을 하는 날까지의 기간과 대통령령으로 정하는 이율에 따라 계산한 금액을 관세환급금에 더하여야 한다. 다만, 제41조 제4항에 따라 같은 조 제1항부터 제3항까지의 규정을 적용받지 아니하는 물품에 대하여는 그러하지 아니하다(관세법 제48조). 〈개정 2013.1.1.〉 [전문개정 2010.12.30.]

9. 관세징수의 우선

1) 관세 미납물품에 대한 우선 징수

관세를 납부하여야 하는 물품에 대하여는 다른 조세 그 밖에 공과금 및 채권에 우선하여 그 관세를 징수한다(관세법 제3조제1항).

2) 납세의무자의 일반재산에 대한 관세징수

국세징수의 예에 따라 관세를 징수하는 경우 체납처분의 대상이 해당 관세를 납부하여야 하는 물품이 아닌 재산인 경우에는 관세의 우선순위는 「국세기본법」에 따른 국세와 동일한 순위로 한다(관세법 제3조제2항). [전문개정 2010.12.30.]

10. 납세담보

1) 납세담보의 의의

"납세담보"란 조세채권을 확보하기 위하여 국가가 제공받는 공법상의 담보를 말한다. 관세법에서는 덤핑방지관세 및 상계관세의 잠정조치 시, 관세의 감면 또는 분할납부승인을 받은 때, 보세공장(건설장)의 작업허가 시, 수입신고수리전 반출하고자 하는 경우, 시적재산권보호를 위한 통관보류요청 시 등 여러 경우에 관세채권을 확보하기 위하여 조세채권의 확실한 이행을 강제하는 수단으로 납세담보제도를 규정하고 있다.

2) 담보의 종류(관세법 제24조)

관세법에서는 제공할 수 있는 담보의 종류를 다음과 같이 규정하고 있다.

1. 금전
2. 국채 · 지방채
3. 세관장이 인정하는 유가증권
4. 납세보증보험증권
5. 토지
6. 보험에 든 등기 또는 등록된 건물 · 공공재단 · 선박 · 항공기 및 건설기계
7. 세관장이 인정하는 보증인의 납세보증서

제1항제4호에 따른 납세보증보험증권 및 제7호에 따른 납세보증서는 세관장이 요청하면 특정인이 납부하여야 하는 금액을 일정 기일 이후에는 언제든지 세관장에게 지급한다는 내용의 것이어야 한다.

제1항에 따른 담보의 제공에 필요한 사항은 대통령령으로 정한다.

3) 포괄담보

납세의무자(관세의 납부를 보증한 자를 포함)는 이 법에 따라 계속하여 담보를 제공하여야 하는 사유가 있는 경우에는 관세청장이 정하는 바에 따라 일정 기간에 제공하여야 하는 담보를 포괄하여 미리 세관장에게 제공할 수 있다(관세법 제24조제3항). [전문개정 2010.12.30.]

4) 담보의 관세충당

세관장은 담보를 제공한 납세의무자가 그 납부기한까지 해당 관세를 납부하지 아니하면 기획재정부령으로 정하는 바에 따라 그 담보를 해당 관세에 충당할 수 있다. 이 경우 담보로 제공된 금전을 해당 관세에 충당할 경우에는 납부기한이 지난 후에 충당하더라도 제41조(가산금)를 적용하지 아니한다.

그리고 세관장은 제1항에 따라 담보를 관세에 충당하고 남은 금액이 있을 경우에는 담보를 제공한 자에게 이를 돌려주어야 하며, 돌려줄 수 없는 경우에는 이를 공탁할 수 있다. 또한 세관장은 관세의 납세의무자가 아닌 자가 관세의 납부를 보증한 경우 그 담보로 관세에 충당하고 남은 금액이 있을 경우에는 그 보증인에게 이를 직접 돌려주어야 한다(관세법 제25조제1항~3항). [전문개정 2010.12.30.]

5) 담보 등이 없는 경우의 관세징수(관세법 제26조)

① 담보 제공이 없거나 징수한 금액이 부족한 관세의 징수에 관하여는 이 법에 규정된 것을 제외하고는 「국세기본법」과 「국세징수법」의 예에 따른다.

② 세관장은 관세의 체납처분을 할 때에는 재산의 압류, 보관, 운반 및 공

매에 드는 비용에 상당하는 체납처분비를 징수할 수 있다.[전문개정 2010.12.30.]

11. 납세의무의 소멸 등

1) 납세의무의 소멸(관세법 제20조)

관세 · 가산금 또는 체납처분비를 납부하여야 하는 의무는 다음 각 호의 어느 하나에 해당되는 때에는 소멸한다.

1. 관세를 납부하거나 관세에 충당한 때
2. 관세부과가 취소된 때
3. 제21조(관세부과의 제척기간)에 따라 관세를 부과할 수 있는 기간 내에 관세가 부과되지 아니하고 그 기간이 만료된 때
4. 제22조(관세징수권등의 소멸시효)에 따라 관세징수권의 소멸시효가 완성된 때

2) 관세부과의 제척기간

"제척기간"이란 관세부과권에 대한 법정존속기간을 말한다. 이는 일정한 기간 이내에 권리를 행사시키고 그 기간이 경과하면 모든 사람에 대한 관계에 있어서 그 권리를 소멸시켜 법률관계를 안정시키려는 데 그 취지가 있다.

관세법 제21조제1항에서 "관세는 해당 관세를 부과할 수 있는 날부터 5년이 지나면 부과할 수 없다. 다만, 부정한 방법으로 관세를 포탈하였거나 환급 또는 감면받은 경우에는 관세를 부과할 수 있는 날부터 10년이 지나면 부과할 수 없다."라고 규정하고 있다.〈개정 2011.12.31., 2013.8.13.〉

제2항에서는 다음 각 호의 어느 하나에 해당하는 경우에는 제1항에도 불구하고 제1호부터 제5호까지의 결정 · 판결이 확정되거나 회신을 받은 날부터 1년, 제6호에 따른 경정청구일 및 제7호에 따른 결정통지일로부터 2개월이 지나기 전까지는 해당 결정 · 판결 · 회신 또는 경정청구에 따라 경정이나 그 밖에 필요한 처분을 할 수 있다. 〈개정 2011.12.31., 2013.1.1.〉

1. 제5장 제2절(제119조부터 제132조까지)에 따른 이의신청, 심사청구 또는 심판청구에 대한 결정이 있은 경우
2. 「감사원법」에 따른 심사청구에 대한 결정이 있은 경우
3. 「행정소송법」에 따른 소송에 대한 판결이 있은 경우
4. 제313조에 따른 압수물품의 반환결정이 있은 경우
5. 이 법과 「자유무역협정의 이행을 위한 관세법의 특례에 관한 법률」 및 조약·협정 등이 정하는 바에 따라 양허세율의 적용여부 및 세액 등을 확정하기 위하여 원산지증명서를 발급한 국가의 세관이나 그 밖에 발급권한이 있는 기관에게 원산지증명서 및 원산지증명서확인자료의 진위 여부, 정확성 등의 확인을 요청하여 회신을 받은 경우
6. 제38조의3제2항·제3항 또는 제38조의 제1항에 따른 경정청구가 있는 경우
7. 제38조의4제4항에 따른 조정 신청에 대한 결정통지가 있는 경우

제1항에 따른 관세를 부과할 수 있는 날은 대통령령으로 정한다.[전문개정 2010.12.30.]

3) 관세징수권 등의 소멸시효(관세법 제22조)

"소멸시효"란 권리권자가 그의 권리를 행사할 수 있음에도 불구하고 일정한 기간(시효기간)동안 그 권리를 행사하지 않는 상태가 계속될 경우 그 권리를 소멸시키는 제도를 말한다.

관세의 징수권은 이를 행사할 수 있는 날부터 다음 각 호의 구분에 따른 기간 동안 행사하지 아니하면 소멸시효가 완성된다(관세법 제22조제1항). 〈개정 2014.12.23.〉

1. 5억원 이상의 관세(내국세를 포함): 10년
2. 제1호 외의 관세: 5년

또한 납세자의 과오납금 또는 그 밖의 관세의 환급청구권은 그 권리를 행사할 수 있는 날부터 5년간 행사하지 아니하면 소멸시효가 완성되며, 제1항에 따른 관세의 징수권과 제2항에 따른 과오납금 또는 그 밖의 관세의 환급청구권을 행사할 수 있는 날은 대통령령으로 정한다.(관세법 제22조제2항~3항)[전문개정 2010.12.30.]

4) 시효의 중단 및 정지(관세법 제23조)

"소멸시효의 중단"이란 소멸시효의 진행이 중단되어 새로이 소멸시효 기간이 진행되는 것을 말한다. 즉, 2020년이 소멸시효 기간이라면 2018년 현재 시효가 중단되어, 2018년 현재 이후부터 다시 소멸기간이 산정되는 것을 말한다. 이에 반하여 "소멸시효의 정지"란 소멸시효기간의 완성일을 일정기간만 유예하는 것으로 이 유예기간이 경과하면 시효가 완성되는 것을 말한다.

(가) 관세징수권의 소멸시효의 중단 사유

관세법 제23조1항에서는 "관세징수권의 소멸시효는 다음에 해당하는 사유로 중단된다."고 규정하고 있다. 즉, 조세 채권을 징수하기 위해 아래의 구체적인 행위를 하게 되면 소멸시효가 중단되어 그 시점부터 다시 5년의 시효가 적용된다.

① 납세고지
② 경정처분
③ 납세독촉(납부최고 포함)
④ 통고처분
⑤ 고발
⑥ 「특정범죄가중처벌 등에 관하여 법률」 제16조에 다른 공소제기
⑦ 교부청구
⑧ 압류

(나) 관세환급청구권의 소멸시효의 중단(관세법 제23조제2항)

"환급청구권의 소멸시효는 환급청구권의 행사로 중단된다."고 규정하고 있다.

(다) 관세징수권의 소멸시효의 정지(관세법 제23조제3~4항)

"관세징수권의 소멸시효는 관세의 분할납부기간, 징수유예기간, 체납처분유예기간 또는 사해행위(詐害行爲) 취소소송기간 중에는 진행하지 아니한다."라고 규정하고 있다. 또한 이에 따른 사해행위 취소소송으로 인한 시효정지의 효력은 소송이 각하, 기각 또는 취하된 경우에는 효력이 없다.

관세징수권과 환급청구권의 소멸시효에 관하여 이 법에서 규정한 것을 제외하고는 「민법」을 준용한다. [전문개정 2010.12.30.]

문제 17

관세법상 관세징수권의 소멸시효가 완성된 경우 세관장이 조치할 수 있는 것은?

(제32회 국제무역사, 2013. 8. 3.)

① 징수유예　　② 결손처분
③ 시효중단조치　　④ 분할납부승인

정답 ②

문제 18

다음 중 관세법상 수입물품에 대한 관세의 부과·징수 및 납부와 관련한 설명으로 잘못된 것은?

(2017년 제40회 국제무역사 1급 기출)

① 관세는 해당 관세를 부과할 수 있는 날부터 5년이 지나면 부과할 수 없다. 그러나 부정한 방법으로 관세를 포탈하였거나 환급 또는 감면받은 경우에는 관세를 부과할 수 있는 날부터 년까지는 관세를 부과할 수 있다.
② 10억 미만의 관세에 대한 관세의 징수권은 이를 행사할 수 있는 날로부터 5년이내에 행사하지 않으면 소멸시효가 완성된.다
③ 납세독촉을 하는 경우 관세징수권의 소멸시효는 중단된다.
④ 환급청구권의 소멸시효는 환급청구권을 행사하는 경우 중단된다.

정답 ②

제3절 관세율표와 품목분류

1. 관세율표

"관세율표"란 수입물품을 분류하기 위한 상품 품목표와 품목마다 관세율로 구성된 표를 말하는데, 관세법에서는 별표로 관세율표를 두고 이에 근거하여 기본세율과 잠정세율, 제51조(덤핑방지관세의 부과대상) 내지 제77조(일반특혜관세의 적용정지 등)의 규정에 의하여 대통령령 또는 기획재정부령이 정하는 세율을 적용하고 있다.

2. 품목분류

"품목분류"란 전 세계에서 거래되는 각종 물품에 대해 WCO(세계관세기구)가 정한 HS(국제통일상품 품목분류체계)에 따라 하나의 품목분류(Heading)에 분류하는 것을 말한다. 이의 체약국은 HS체계에서 정한 원칙에 따라 품목분류 업무를 수행한다.

1) 관세와 품목분류와의 관계

수입물품에 대한 관세는 해당 품목번호(HS Code)마다 적용되는 관세율이 미리 정해져 있으므로, 납부할 관세액의 결정에 있어서는 정확한 품목분류가 선행되어야 한다. HS Code는 HS협약에 따라 6단위는 협약국 간 공통으로 사용하고 우리나라는 세세분류를 위하여 HSK10단위(세번번호)로 구성되어 있다.

(1) 품목분류표 기본구조

품목분류표를 적용함에 있어서 기본구조는 다음의 HS통칙과 같다

◇ HS 통칙 ◇

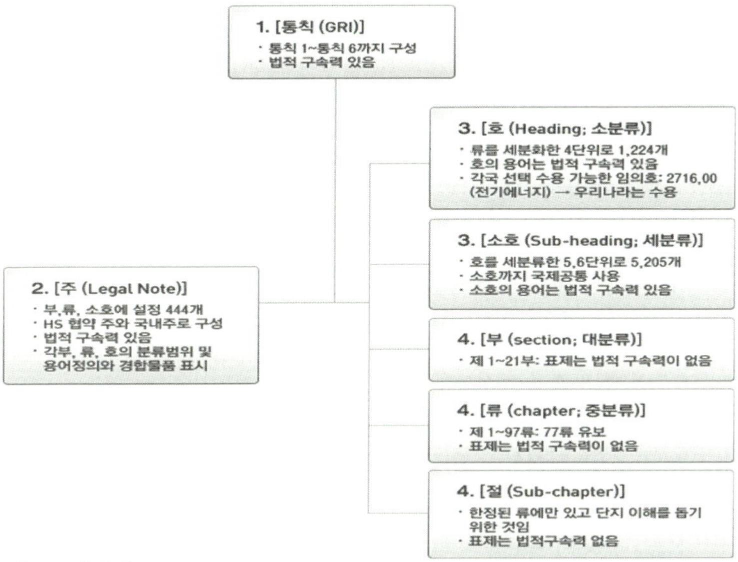

자료: 관세청

(2) HS code 분류체계

HS code 분류체계 및 품목분류체계는 다음과 같다.

〈표 8-6〉 HS code 분류체계

류(2단위)	호(4단위)	소호(6단위)	세세단위(10단위)
01	02	10	1000
산동물	소	번식용의 것	젖소
WCO HS협약		기획재정부고시	
살아있는 번식용의 젖소(0102-10-1000)			

자료: FTA활용 실무메뉴얼, 기획재정부, p. 16.

문제 19

아래 내용은 품목분류(HSK)의 예시이다. 앞의 2자리 숫자 "92"에 해당 하는 품목분류상의 용어는? (2017년 제2회 국제무역사 2급 기출

9207.10-3000 : 전자피아노

① 호 ② 류 ③ 소호 ④ 부

정답 ②

3. 품목분류의 사전심사

1) 품목분류 사전심사의 신청인

물품을 수출입하려는 자, 수출할 물품의 제조자 및 「관세사법」에 따른 관세사·관세법인 또는 통관취급법인("관세사등")은 제241조제1항에 따른 수출입신고를 하기 전에 대통령령으로 정하는 서류를 갖추어 관세청장에게 해당 물품에 적용될 별표 관세율표상의 품목분류를 미리 심사하여 줄 것을 신청할 수 있다(관세법 제86조1항). 〈개정 2013.1.1.〉

2) 심사의 통지 및 재심사

사전심사의 신청을 받은 관세청장은 해당물품에 적용될 품목분류를 심사하여 대통령령으로 정하는 기간 이내에 이를 신청인에게 통지하여야 한다.

다만, 제출자료의 미비 등으로 품목분류를 심사하기 곤란한 경우에는 그 뜻을 통지하여야 한다(관세법 제86조제2항). 〈개정 2014.12.23., 2015.12.15.〉

이에 따라 통지를 받은 자는 통지받은 날부터 30일 이내에 대통령령으로 정하는 서류를 갖추어 관세청장에게 재심사를 신청할 수 있다. 이 경우 재심사의 기간 및 결과의 통지에 관하여는 제2항을 준용한다(관세법 제86조제3항). 〈신설 2014.12.23.〉

3) 심사내용의 고시 또는 공표

관세청장은 제2항 본문에 따라 품목분류를 심사한 물품 및 재심사 결과 적용할 품목분류가 변경된 물품에 대하여는 해당물품에 적용될 품목분류와 품명, 용도, 규격, 그 밖에 필요한 사항을 고시 또는 공표하여야 한다. 다만, 다만, 신청인의 영업 비밀을 포함하는 등 해당물품에 적용될 품목분류를 고시 또는 공표하는 것이 적당하지 아니하다고 인정되는 물품에 대하여는 고시 또는 공표하지 아니할 수 있다(관세법 제86조제4항). 〈개정 2013.1.1., 2014.12.23.〉

4) 품목분류의 석용

세관장은 제241조제1항에 따른 수출입신고가 된 물품이 제2항 본문 및 제3항에 따라 통지한 물품과 같을 경우에는 그 통지 내용에 따라 품목분류를 적용하여야 한다. 이 경우 제3항에 따른 재심사 결과 적용할 품목분류가 변경되었을 때에는 신청인이 변경 내용을 통지받은 날과 제4항에 따른 고시 또는 공표일 중 빠른 날("변경일")부터 변경된 품목분류를 적용하되, 다음 각 호의 기준에 따라 달리 적용할 수 있다.(관세법 제86조제5항). 〈개정 2014.12.23., 2015.12.15.〉

1. 변경일부터 30일이 지나기 전에 우리나라에 수출하기 위하여 선적된 물품에 대하여 변경 전의 품목분류를 적용하는 것이 수입신고인에게 유리한 경우: 변경 전의 품목분류 적용
2. 다음 각 목의 어느 하나에 해당하는 경우: 변경일 전에 수출입신고가 수리된 물품에 대해서도 소급하여 변경된 품목분류 적용

가. 거짓자료 제출 등 신청인에게 책임 있는 사유로 품목분류가 변경된 경우

나. 다음의 어느 하나에 해당하는 경우로서 수출입신고인에게 유리한 경우

1) 제1항 및 제3항에 따른 신청인에게 자료제출 미비 등의 책임 있는 사유가 없는 경우

2) 제1항 및 제3항에 따른 신청인이 아닌 자가 관세청장이 결정하여 고시하거나 공표한 품목분류에 따라 수출입신고를 한 경우

5) 분 석

관세청장은 제2항 본문 및 제3항에 따라 품목분류를 심사 또는 재심사하기 위하여 해당물품에 대한 구성재료의 물리적·화학적 분석이 필요한 경우에는 해당 품목분류를 심사 또는 재심사하여 줄 것을 신청한 자에게 기획재정부령으로 정하는 수수료를 납부하게 할 수 있다(관세법 제86조제6항). 〈개정 2014.12.23.〉

6) 유효기간

통지받은 품목분류 사전심사 또는 재심사 결과의 유효기간은 3년으로 한다. 다만, 제3항에 따른 재심사 결과 품목분류가 변경된 경우에는 해당 통지를 받은 날부터 유효기간을 다시 기산한다(관세법 제86조제7항). 〈개정 2015.12.15.〉

품목분류 사전심사 및 재심사의 절차, 방법과 그 밖에 필요한 사항은 대통령령으로 정한다(관세법 제86조제8항). 〈신설 2014.12.23.〉[전문개정 2010.12.30.]

문제 20

다음은 관세법상 수출입물품의 품목분류와 관련된 설명으로 잘못된 것은?

(2017년 제40회 국제무역사 1급 기출)

① 수출할 물품의 제조자는 관세청장(관세평가분류원장에게 위임)에게 품목 분류를 미리 심사하여 줄 것을 신청할 수 있다.

② 품목분류사전심사 신청에 따른 심사 결과를 통지받은 경우 통지를 받은 날로부터 3년을 유효기간으로 한다.

③ 품목분류사전심사 신청에 따른 결과 통지를 받은 자는 통지받은 날로부터 20일 이내에

일정한 서류를 갖추어 관세청장에게 재심사를 신청할 수 있다.

④ 관세청장 관세평가분류원장은 품목분류를 심사하기 위하여 해당 물품에 대한구성 재료의 물리적 화학적 분석이 필요한 경우에는 해당 품목분류를 심사하여 줄 것을 신청한 자에게 만원의 분석수수료를 납부하게 할 수 있다.

정답 ③

문제 21

다음은 수출 또는 수입물품의 품목분류에 적용되는 HS (Harmonized System)CODE에 대한 설명이다. 잘못된 것은? (제35회 국제무역사, 2015. 2. 7.)

① HS CODE는 호(Heading)보다 소호(Sub-heading)의 수가 훨씬 많다.
② HS는 UN조약으로 체결되어 모든 UN 회원국에서 발효되고 있다.
③ 둘 이상의 호에 분류되는 물품의 경우 협의로 표현한 호를 우선 적용한다.
④ 호가 구분되지 아니할 경우 소호를 구분할 수 없다.

정답 ②

문제 22

A는 해외직구를 통해 미국에서 쌍안경을 구입하였다. 이 물품의 품목분류는 다음과 같다. 이에 대한 설명으로 올바른 것은? (제35회 국제무역사, 2015. 2. 7.)

HS 9005.10 - 0000

① A가 구입한 쌍안경의 HS는 제9005류에 해당한다.
② 법적인 목적상 품목분류는 호의 용어 및 주에 따라 분류함이 원칙이다. 이물품의 호는 9005.10이다.
③ 제시문과 같이 쌍안경의 10단위의 세번 모두를 알지 못하고 소호까지의 세번만 알 경우에도 기본관세율이 얼마인지를 알 수 있다.
④ A가 구입한 쌍안경에 대한 국제협약상 유효한 분류범위는 9005까지이다.

정답 ③

〈표 8-7〉 품목분류체계

부	류	품 목
제1부	제1류~제5류	산 동물 및 동물성 생산품
제2부	제6류~제14류	식물성생산품
제3부	제15류	동식물성의 유지 및 이들의 분해생산물 · 조제식용지와 동물성의 납
제4부	제16류~제24류	조제식료품과 음료 · 알콜 · 식초 및 담배와 제조한 담배 대용물
제5부	제25류~제27류	광물성 생산품
제6부	제28류~제38류	화학공업 또는 연관공업의 생산품

부	류	품 목
제7부	제39류~제40류	플라스틱과 그 제품 및 고무와 그 제품
제8부	제41류~제43류	원피 · 가죽 · 모피 및 이들의 제품, 마구, 여행용구 · 핸드백 및 이와 유사한 용기와 동물 거트(누에의 거트를 제외한다)의 제품
제9부	제44류~제46류	조물 재표의 제품, 농 세공물 및 지조 세공물
제10부	제47류~제49류	목재펄프 또는 그 밖에 섬유질 셀룰로스 재료의 펄프 및 지 또는 판지, 웨이스트와 스크랩, 지와 판지 및 이들의 제품
제11부	제50류~제63류	방직용 섬유와 방직용 섬유의 제품
제12부	제64류~제67류	신발류 · 모자류 · 산류 · 지팡이 · 시트스틱 · 채찍 및 이들의 부분품, 제우모와 그 제품, 조화, 인조제품
제13부	제68류~제70류	석 · 플라스틱 · 시멘트 · 석면 · 운모 또는 이와 유사한 재료의 제품, 도자제품, 유리와 유리제품
제14부	제71류	천연 또는 양식진주 · 귀석 또는 반귀석 · 귀금속 · 귀금속을 입힌 금속 및 이들의 제품, 모조신, 변장식용품과 주화
제15부	제72류~제83류	비금속과 그 제품, (제77류 유보)
제16부	제84류~제85류	기계류와 전기기기 및 이들의 부분품, 녹음기와 음성 재생기 · 텔레비전의 영상 및 음향의 기록기와 재생기 및 이들의 부분품 부속품
제17부	제86류~제89류	차량 · 항공기 · 선박과 수송기기 관련품
제18부	제90류~제92류	광학기기 · 사진용 기기 · 영화용 기기 · 측정기기 · 검사기기 · 정밀기기와 의료용 기기 및 이들의 부분품과 부속품
제19부	제93류	무기 · 총포탄 및 이들의 부분품과 부속품
제20부	제94류~제96류	잡품
제21부	제97류	예술품 · 수집품과 골동품
	제98~제99류	유보

제4절 탄력관세제도

1. 탄력관세제도의 의의와 기능

1) 탄력관세제도의 의의

"탄력관세제도(Flexible Tariff System)"란 법률에 따라 일정한 범위 안에서 관세율의 변경권을 행정부에 위임하여(기획재정부령) 관세율을 탄력적으로 조정할 수 있도록 한 것이다. 즉, 급격하게 변동하는 국내외적 경제여건변화에 신축성 있게 대응하여 관세정책을 효과적으로 수행할 수 있도록 하는 제도를 말한다.

"관세"란 국회에서 제정된 법률에 의한 조세로서 국내외 무역환경의 변화에 따른 신축적이고 탄력적인 조치가 필요한 조세이다. 그러나 관세율을 조정하기 위해서는 국회의 입법과정을 거쳐야 하므로 때문에 복잡한 절차와 상당한 기간이 요구된다. 이러한 연유로 복잡한 절차를 거쳐 관세율을 조정한 후에는 이미 경제적 여건이 변동하여 관세율 조정의 실제적 효과를 거둘 수 없다. 이와 같은 법률제정의 경직성을 극복하기 위해서 행정부가 탄력적으로 조정하여 급변하는 국내외적 경제상황에 신속하게 대처할 수 있는 제도가 필요하게 되어 생겨난 것이 탄력관세제도이다.

2) 탄력관세제도의 기능

탄력관세제도가 갖는 일반적인 기능을 열거하여 보면 다음과 같다.

첫째, 저가의 수입물품에 대하여는 탄력적 관세율 적용으로 수입증가로부터 국내산업을 보호한다.

둘째, 과도한 수입증가로 인한 국제수지의 악화를 방지한다.

셋째, 특정 외국상품의 국내시장 확대를 막아서 경쟁력이 취약한 국내산업을 보호한다.

넷째, 특정 상품의 국내수요 급증으로 인한 국내가격 상승의 경우 관세율을 떨어뜨려 수입을 증가시켜 국내물가를 안정시킨다.

다섯째, 산업구조의 급격한 변동으로 품목 간 세율조정의 필요가 있을 때 신속하게 대처하여 효과적으로 대응할 수 있다.

2. 탄력관세제도의 종류 및 내용

현행 관세법에 규정하고 있는 탄력관세의 종류로는 ① 덤핑방지관세(관세법 제51조~제56조) ② 상계관세(관세법 제57조~62조) ③ 보복관세(관세법 제63조~제64조) ④ 긴급관세(관세법 제65조~제67조) ⑤ 특정국물품에 대한 긴급관세(관세법 제67조2) ⑥ 농림축산물에 대한 특별긴급관세(관세법 제68조) ⑦ 조정관세(관세법 제69조~제70조) ⑧ 할당관세(관세법 제71조) ⑨ 계절관세(관세법 제72조) ⑩ 국제협력관세(관세법 제73조) ⑪ 편익관세(관세법 제74조~제75조) ⑫ 일반특혜관세(제76조~제77조)가 있다.

1) 덤핑방지관세

(1) 덤핑방지관세의 의의

"덤핑방지관세"란 외국의 물품이 정상가격 이하로 수입되어 "국내산업이 실질적인 피해를 받거나 받을 우려가 있는 경우"나 "국내산업 발전이 실질적으로 지연된 경우" 그 물품과 공급자 또는 공급국을 지정하여 해당물품(관련자료 : 덤핑방지관세 부과대상물품 현황)에 대하여 기본관세에 추가하여 덤핑차액에 상당하는 금액 이하로 부과하는 관세를 말한다. 덤핑방지관세 부과의 목적은 외국상품이 덤핑가격으로 국내산업에 타격을 주고, 이로 인하여 고용기회의 상실 등 경제적 문제를 가져올 때 이를 방지하려는 대응조치를 취하고, 부당염매(不當廉賣)의 효과를 상쇄하는 만큼의 관세를 추가 부담시킴으로써 건전한 경쟁을 유도하여 시장질서를 확립하려는데 있다. 기획재정부장관은 외국의 물품이 정상가격 이하로 수입되어 국내산업이 실질적인 피해를 받거나 받을 우려가 있거나 국내산업의 확립이 실질적으로 지연되었음이 조사를 통하여 확인되고 당해 국내산업을 보호할 필요가 있다고 인정될 때에 물품과 공급자 또는 공급국을 지정하여 당해 물품에 대하여 기본관세 이외에 추가하여 부과되는 덤핑[13]차액에 상당하는 금액 이하의 덤핑방지관세를 추가하여 부과할 수 있다.

(2) 덤핑방지관세의 부과대상

관세법 제51조에서 "국내산업에 이해관계가 있는 자로서 대통령령이 정하

13) dumping: 일반적으로 채산성을 무시한 저가격으로 상품을 투매하는 일을 말하나, 엄밀한 뜻으로는 두 시장 간의 가격 차이를 설정하는 것을 뜻한다. 덤핑의 주요 동기는 과잉상품의 처분, 조업도 유지, 국내가격 유지, 특정 시장의 확보 또는 개척, 제삼자의 경쟁 배제, 타인 시장의 탈취, 독점이윤의 확보 또는 증대 등을 들 수 있다.

는 자 또는 주무장관의 부과요청이 있는 경우로서 외국의 물품이 대통령령이 정하는 정상가격 이하로 수입("덤핑")되어 다음 각 호의 어느 하나에 해당하는 것("실질적 피해 등")이 조사를 통하여 확인되고 해당 국내산업을 보호할 필요가 있다고 인정되는 경우에는 기획재정부령으로 그 물품과 공급자 또는 공급국을 지정하여 당해 물품에 대하여 정상가격과 덤핑가격과의 차액에 상당하는 금액 이하의 관세를 추가하여 부과할 수 있다"고 규정하고 있다.

1. 국내산업이 실질적인 피해를 받거나 받을 우려가 있는 경우
2. 국내산업의 발전이 실질적으로 지연된 경우

(3) 정상가격 및 덤핑가격의 비교(관세법 시행령 제58조)

법 제51조에서 "정상가격"이란 당해 물품의 공급국에서 소비되는 동종물품의 통상거래가격을 말한다. 다만, 동종물품이 거래되지 아니하거나 특수한 시장상황 등으로 인하여 통상 거래가격을 적용할 수 없는 경우에는 당해 국가에서 제3국으로 수출되는 수출가격 중 대표적인 가격으로서 비교가능한 가격 또는 원산지국에서의 제조원가에 합리적인 수준의 관리비 및 판매비와 이윤을 합한 가격("구성가격")을 정상가격으로 본다(관세법 시행령 제58조 제1항).

당해 물품이 원산지국으로부터 직접 수입되지 아니하고 제3국을 거쳐 수입되는 경우에는 그 제3국의 통상거래가격을 정상가격으로 본다. 다만, 그 제3국 안에서 당해 물품을 단순히 옮겨 싣거나 동종물품의 생산실적이 없는 때 또는 그 3국내에 통상거래가격으로 인정될 가격이 없는 경우에는 원산지국의 통상거래가격을 정상가격으로 본다(관세법 시행령 제58조제2항).

당해 물품이 통제경제를 실시하는 시장경제체제가 확립되지 아니한 국가로부터 수입되는 경우에는 제1항 및 제2항의 규정에 불구하고 다음 각 호의 1에 해당하는 가격을 정상가격으로 본다. 다만, 시장경제체제가 확립되지 아니한 국가가 시장경제로의 전환체제에 있는 등 기획재정부령이 정하는 경우에는 제1항 및 제2항의 규정에 따른 통상거래가격 등을 정상가격으로 볼 수 있다(관세법 시행령 제58조3).

1. 우리나라를 제외한 시장경제국가에서 소비되는 동종물품의 통상거래가격
2. 우리나라를 제외한 시장경제국가에서 우리나라를 포함한 제3국으로의 수출가격 또는 구성가격

법 제51조에서 "덤핑가격"이란 제60조의 규정에 의하여 조사가 시작된 조사대상물품에 대하여 실제로 지급하였거나 지급하여야 하는 가격을 말한다. 다만, 공급자와 수입자 또는 제3자 사이에 제23조 제1항의 규정에 따른 특수관계 또는 보상약정이 있어 실제로 지급하였거나 지급하여야 하는 가격에 의할 수 없을 경우에는 다음 각 호의 1의 가격으로 할 수 있다(관세법 시행령 제58조제4항).

1. 수입물품이 그 특수관계 또는 보상약정이 없는 구매자에게 최초로 재판매된 경우에는 기획재정부령이 정하는 바에 따라 그 재판매가격을 기초로 산정한 가격
2. 수입물품이 그 특수관계 또는 보상약정이 없는 구매자에게 재판매된 실적이 없거나 수입된 상태로 물품이 재판매되지 아니하는 경우에는 기획재정부령이 정하는 합리적인 기준에 따른 가격

정상가격과 덤핑가격의 비교는 가능한 한 동일한 시기 및 동일한 거래단계(통상적으로 공장도 거래단계)에서 비교하여야 한다. 이 경우 당해 물품의 물리적 특성, 판매수량, 판매조건, 과세상의 차이, 거래단계의 차이, 환율변동 등이 가격비교에 영향을 미치는 경우에는 기획재정부령이 정하는 바에 따라 정상가격 및 덤핑가격을 조정하여야 하며, 덤핑률 조사대상기간은 6월 이상의 기간으로 한다(관세법 시행령 제58조제5항).

이해관계인은 물리적 특성, 판매수량 및 판매조건의 차이로 인하여 제5항의 규정따른 가격조정을 요구하는 경우에는 그러한 차이가 시장가격 또는 제조원가에 직접적으로 영향을 미친다는 사실을 입증하여야 한다(관세법 시행령 제58조제6항).

(4) 덤핑방지관세를 부과하기 전의 잠정조치

기획재정부장관은 덤핑방지관세의 부과여부를 결정하기 위하여 조사가 시작된 경우로서 다음 각 호의 어느 하나에 해당하는 경우에는 조사기간 중에 발생하는 피해를 방지하기 위하여 해당 조사가 종결되기 전이라도 대통

령령이 정하는 바에 따라 그 물품과 공급자 또는 공급국 및 기간을 정하여 잠정적으로 추계된 덤핑차액에 상당하는 금액 이하의 잠정덤핑방지관세를 추가하여 부과하도록 명하거나 담보를 제공하도록 명하는 잠정조치를 할 수 있다(관세법 제53조제1항).

① 해당물품에 대한 덤핑사실 및 그로 인한 실질적 피해 등의 사실이 있다고 추정되는 충분한 증거가 있는 경우
② 덤핑방지관세와 관련된 약속의 제의에 따른 약속을 위반하거나 약속의 이행에 관하여 자료제출 요구 및 제출자료의 검증 허용 요구에 응하지 아니한 경우로서 이용 할 수 있는 최선의 정보가 있는 경우

(5) 덤핑방지관세의 부과시기

덤핑방지관세의 부과와 잠정조치는 각각의 조치일 이후 수입되는 물품에 대하여 적용된다. 다만, 잠정조치가 적용된 물품에 따라서 국제협약에서 달리 정하는 경우와 그 밖에 대통령령으로 정하는 경우에는 그 물품에 대하여도 덤핑방지관세를 부과할 수 있다(관세법 제55조).

(6) 덤핑방지관세와 관련된 약속의 제의

덤핑방지관세의 부과여부를 결정하기 위한 예비조사를 한 결과 해당물품에 대한 덤핑사실과 그로 인한 실질적 피해 등의 사실이 있는 것으로 판정된 경우 당해 물품의 수출자 또는 기획재정부장관은 대통령령으로 정하는 바에 따라 덤핑으로 인한 피해가 제거될 정도의 가격수정이나 덤핑수출의 중지에 관하여 약속을 제의할 수 있다. 약속이 수락된 경우 기획재정부장관은 잠정조치 또는 덤핑방지관세의 부과없이 조사가 중지 또는 종결되도록 하여야 한다. 다만, 기획재정부장관이 필요하다고 인정하거나 수출자가 조사를 계속하여 줄 것을 요청한 경우에는 그 조사를 계속할 수 있다(관세법 제54조제1항~2항).

(7) 덤핑방지관세에 대한 재심사 등

기획재정부장관은 필요하다고 인정되는 경우에는 대통령령으로 정하는 바에 따라 덤핑방지관세의 부과와 제54조에 따른 가격수정이나 덤핑수출의

중지에 관하여 약속에 대하여 재심사를 할 수 있으며, 재심사의 결과에 따라 덤핑방지관세의 부과, 약속의 내용변경, 환급 등 필요한 조치를 할 수 있다 (관세법 제56조제1항).

(8) 덤핑방지관세의 적용시한

덤핑방지관세의 부과나 제54조(덤핑방지관세와 관련된 약속의 제의)에 따라 수락된 약속은 기획재정부령으로 그 적용시한을 따로 정하는 경우를 제외하고는 당해 덤핑방지관세 또는 약속의 시행일부터 5년이 지나면 그 효력을 잃으며, 덤핑과 산업피해를 재심사하고 그 결과에 따라 내용을 변경하는 때에도 기획재정부령으로 그 적용시한을 따로 정하는 경우를 제외하고는 변경된 내용의 시행일부터 5년이 지나면 그 효력을 잃는다(관세법 제56조제2항).

캐나다, 한국산 유정용 강관 반덤핑관세 재조사

- 37.4% 반덤핑관세율, 재조사를 통해 수입규제 완화 가능 -
- 한국 주력업체들 발 빠르게 증빙자료 제공해 재조사에 적극적으로 대응해야 -

유정용 강관(OCTG; Oil Country Tubular Goods)이란, 원유 및 천연가스 시추에 쓰이는 강관으로 북미 유정용 강관 수요는 매년 증가하는 추세임. 지난 2014년 7월 21일 캐나다의 강관 제조업체인 Tenaris Canada사와 Evraz North America Inc.는 한국을 비롯한 대만, 인도, 인도네시아, 필리핀, 태국, 우크라이나, 베트남 등 9개국의 제품에 대해 덤핑이 의심된다고 캐나다 국경관리청(CBSA)에 제소함. CBSA는 2015년 3월 3일 반덤핑조사 결과를 발표함으로써 한국산 유정용 강관은 향후 5년간 8.8~37.4%의 반덤핑 관세 부가가 결정됨.

□ 캐나다 국경관리청, 유정용 강관(OCTG II) 반덤핑관세 재조사 개시

○ 캐나다 국경관리청이 2015년 3월3일 발표한 유정용 강관에 대한 반덤핑 조사 결과에 대해 일부 피제소 기업들의 이의 신청을 받아들여 재조사를 진행한다고 지난 5월 4일 발표함.
- 이는 일부 피제소 기업들이 캐나다 국제무역재판위원회(CITT, Canadian International Trade Tribunal)에 캐나다 기업들의 피해가 과장됐다는 이의 제기에 따른 것임.
- 반덤핑 재조사(Re-investigation)의 경우, 통상 1년 단위로 이뤄지나 이번 재조사는 캐나다 국경관리청(CBSA; Canada Border Services Agency)은 최종판정 이후 2개월 만에 이루어진 것으로 이례적이라고 할 수 있음.
- 이번 재조사에서는 각국의 정상가격, 시장 환경, 생산비용, 정부 보조금 지급 여부 등을 상세하게 조사할 계획으로, 특히 당초 조사에서 CBSA에 관련 자료를 제대로 제출하지 않은 베트남 기업에 대해서도 추가 조사를 진행할 예정

○ CBSA는 이 제품을 생산하는 해당 업체에 자료 제출을 요청했으며, 이번 재조사의 결과에 따라 반덤핑 관세율을 최종 결정할 것이라고 통지함.
- 자료 제출 요구에 응하지 않은 기업은 3월에 발표된 반덤핑 관세율이 그대로 적용될 예정
- 재조사 결과 발표는 2015년 9월 말로 예정돼 있음.

□ 시사점

○ 이번 반덤핑 재조사 발표는 피제소기업의 이의 신청에 따른 것으로, 반덤핑의 조사 개시나 결과 발표 등에 있어 관련 기업의 적극적인 대응의 중요성을 잘 보여주는 사례라고 할 수 있음.

○ 한국 주력 수출업체의 덤핑마진율(0~8.8%)은 낮은 편에 속하나 현재보다 더 높은 관세가 부과될 경우 여타 경쟁국 업체들의 캐나다 시장잠식 가능성이 크기 때문에 한국 업체의 적극적인 대응이 필요
- 일례로, CBSA의 증빙자료 제출 요구에 대해 소극적인 태도를 보이고 대응 수준이 낮았던 인도, 인도네시아, 베트남 업체들의 경우 37.4%에 달하는 반덤핑관세가 부과됨.

○ 재조사 최종판정 이후 CITT가 종료재심(Expiry Review)을 개시하지 않는 한 5년이 경과하면 이 제품에 대한 기존의 최종판정은 취소됨.
- CBSA, CITT, KOTRA 토론토 무역관 자료 종합

<정상외교경제활용포럼, 2015.5.18.>

2) 상계관세

(1) 상계관세의 의의

"상계관세"(相計關稅, countervailing duty)는 국내산업의 경쟁력을 유지하기 위해 도입된 제도로, 수출국이 특정 수출산업에 대한 장려금이나 보조금을 지급해 수출상품의 가격경쟁력을 높일 경우 수입국이 그 수입상품에 대해 보조금액에 해당하는 만큼 부과하는 관세이다. 차별관세의 일종으로 상품을 수입할 때 수입가격이 현저히 낮으면 국내산업이 타격을 받기 때문에 이를 상쇄시킬 목적으로 부과한다.

상계관세의 발동요건은 첫째, 장려금 또는 보조금을 받은 물품의 수입이 있어야 하며 둘째, 그러한 수입이 국내산업에 실질적인 피해 등을 주고 셋째, 실질적인 피해 등으로부터 당해 국내산업을 보호할 필요가 있어야 한다.

(2) 상계관세의 부과대상

국내산업에 이해관계가 있는 자로서 대통령령이 정하는 자 또는 주무장관의 부과요청을 한 경우로써 외국에서 제조·생산 또는 수출에 관하여 직접 또는 간접으로 보조금이나 장려금을 받은 물품의 수입으로 인하여 ① 국내산업이 실질적인 피해를 받거나 받을 우려가 있거나 ② 국내산업의 발전이 실질적으로 지연된 경우에 하당하는 것으로 조사를 통하여 확인되고, 해당 국내산업을 보호할 필요가 있다고 인정되는 경우에는 기획재정부령으로 그 물품과 수출자 또는 수출국을 지정하여 그 물품에 대하여 해당 보조금 등의 금액 이하의 상계관세[14]를 추가하여 부과할 수 있다(관세법 제57조).

(3) 보조금 등의 지급과 실질적 피해 등의 조사

보조금 등의 지급과 실질적 피해 등의 사실에 관한 조사는 대통령령으로 정하는 바에 따르며, 기획재정부장관은 상계관세를 부과할 때 관련 산업의 경쟁력 향상, 국내 시장구조, 물가안정, 통상협력 등을 고려할 필요가 있는 경우에는 이를 조사하여 반영할 수 있다(관세법 제58조제1항~2항). 〈개정 2016.12.20.〉

(4) 상계관세를 부과하기 전의 잠정조치

기획재정부장관은 상계관세의 부과 여부를 결정하기 위하여 조사가 시작된 물품이 보조금 등을 받아 수입되어 다음 각 호의 어느 하나에 해당된다고 인정되는 경우에는 대통령령으로 정하는 바에 따라 국내산업의 보호를 위하여 조사가 종결되기 전이라도 그 물품의 수출자 또는 수출국 및 기간을 정하여 보조금 등의 추정액에 상당하는 금액 이하의 잠정상계관세의 부과하도록 명하거나 담보를 제공하도록 명하는 조치(잠정조치)를 할 수 있다(관세법 제59조제1항).

1. 국내산업에 실질적 피해 등이 발생된 사실이 있다고 추정되는 충분한 증거가 있음이 확인되는 경우
2. 제60조(상계관세와 관련된 약속의 제의)에 따른 약속을 철회하거나 위반한

---

14) 그 물품에 대하여 기본관세만 부과해서는 국내산업을 제대로 보호할 수 없으므로 그 지정된 금액만큼 추가로 관세를 부과하여 지원의 효과를 상계(相計), 상쇄(相殺)시키는 관세이다.

경우와 그 약속의 이행에 관하여 자료를 제출하지 아니한 경우로서 이용 가능한 최선의 정보가 있는 경우

(5) 상계관세의 부과시기

상계관세의 부과와 잠정조치는 각각의 조치일 이후 수입되는 물품에 대하여 적용된다. 다만, 잠정조치가 적용된 물품에 대하여 국제협약[15]에서 달리 정하고 있는 경우와 그 밖에 그 밖에 대통령령으로 정하는 경우에는 그 물품에 대하여도 상계관세를 부과할 수 있다(관세법 제61조).

(6) 상계관세와 관련된 약속의 제의

관세법 제57조(상계관세의 부과대상)에 따른 상계관세의 부과 여부를 결정하기 위하여 예비조사를 한 결과 보조금 등의 지급과 그로 인한 실질적 피해 등의 사실이 있는 것으로 판정된 경우 해당물품의 수출국 정부 또는 기획재정부장관은 대통령령이 정하는 바에 따라 해당물품에 대한 보조금 등을 철폐 또는 삭감하거나 보조금등의 국내산업에 대한 피해효과를 제거하기 위한 적절한 조치에 관하여 약속을 제의할 수 있으며, 해당물품의 수출자는 수출국 정부의 동의를 얻어 보조금 등의 국내산업에 대한 피해효과가 제거될 수 있을 정도로 가격을 수정하겠다는 약속을 제의할 수 있다. 약속이 수락된 경우 기획재정부장관은 잠정조치 또는 상계관세의 부과 없이 조사가 중지 또는 종결되도록 하여야 한다. 다만, 기획재정부장관이 필요하다고 인정하거나 수출국정부가 피해조사를 계속하여 줄 것을 요청한 경우에는 그 조사를 계속할 수 있다(관세법 제60조제1항~2항).

(7) 상계관세에 대한 재심사 등

기획재정부장관은 필요하다고 인정될 때에는 대통령령으로 정하는 바에 따라 상계관세의 부과와 제60조에 따른 약속에 대하여 재심사를 할 수 있으

15) 보조금상계관세협약(補助金相計關稅協約) : 정부가 특정산업 또는 기업에 지원해준 보조금액이 물품가액의 5%를 넘는 경우 무역상대국이 상계관세를 부과할 수 있다는 국가 간 협약이다. 정부의 보조금이 기업의 경쟁력에 영향을 미쳐 국제무역을 왜곡하는 것을 막기 위한 것으로 우루과이라운드(UR)에서 체결됐다.

며, 재심사의 결과에 따라 상계관세의 부과, 약속 내용의 변경, 환급 등 필요한 조치를 할 수 있다(관세법 제62조제1항).

(8) 상계관세의 적용시한

상계관세의 부과나 제60조에 따라 수락된 약속은 기획재정부령으로 그 적용시한을 따로 정하는 경우를 제외하고는 해당 상계관세 또는 약속의 시행일부터 5년이 지나면 그 효력을 잃으며, 보조금등의 지급과 산업피해를 재심사하고 그 결과에 따라 내용을 변경할 경우에는 기획재정부령으로 그 적용시한을 따로 정하는 경우를 제외하고는 변경된 내용의 시행일로부터 5년이 지나면 그 효력을 잃는다(관세법 제62조제2항).

3) 보복관세

"보복관세"란 교역상대국이 우리나라의 수출물품 등에 대하여 부당한 행위를 함으로써 우리나라의 무역이익이 침해되는 경우에 그 나라로부터 수입되는 물품에 대하여 피해상당액의 범위에서 부과하는 관세를 말한다.

보복관세의 부과요건은 ① 관세 또는 무역에 관하여 국제협정이나 양자간 관세 또는 무역협정 등에 규정된 우리나라의 권익을 부인하거나 제한하는 경우, ② 그 밖에 우리나라에 대하여 부당하거나 차별적인 조치를 취하는 경우에는 그 나라로부터 수입되는 물품에 대하여 피해상당액의 범위에서 관세("보복관세")를 부과할 수 있으며, 보복관세를 부과하여야 하는 대상국가·물품·수량·세율·적용시한 그 밖에 필요한 사항은 대통령령으로 정한다(관세법 제63조제1항~2항).

기획재정부장관은 보복관세를 부과할 때 필요하다고 인정되는 경우에는 관련 국제기구 또는 당사국과 미리 협의할 수 있다(관세법 제64조). [전문개정 2010.12.30.]

(1) 관세법시행령 제86조(보복관세)

관계부처의 장 또는 이해관계인이 법 제63조 규정에 의한 보복관세의 부과를 요청하고자 하는 때에는 당해 물품에 대한 다음 각호의 사항에 관한 자료를 기획재정부장관에게 제출하여야 한다.

1. 법 제63조제1항 각호의 1에 해당하는 행위를 한 나라 및 그 행위의 내용
2. 우리나라에서 보복조치를 할 물품
3. 피해상당액의 금액과 그 산출내역 및 관세부과의 내용

4) 긴급관세

(1) 긴급관세의 의의

"긴급관세"(緊急關稅, emergency duty)는 특정상품이 지나치게 국내에 수입되어 그 상품을 생산하고 있는 국내산업이 심각한 피해를 본다고 판단되는 경우 부과되는 관세이다. 수입급증으로 인한 국내산업의 피해를 구제하기 위한 일시적 보호장치이지만 교역상대국과 통상마찰을 일으킬 우려가 크다. 이에 따라 각국은 긴급관세 부과를 결정할 때 명백한 산업피해 사실을 확인하고 있다.

국민 경제상 중요한 국내산업을 긴급히 보호할 필요가 있을 때, 특정물품의 수입을 긴급히 억제할 필요가 있을 때, 산업구조의 변동으로 물품 간의 세율이 현저히 불균형하여 이를 조정할 필요가 있을 때 특정 수입품의 관세율을 높여서 부과한다.

(2) 긴급관세의 부과

특정물품의 수입증가로 인하여 동종물품 또는 직접적인 경쟁관계에 있는 물품을 생산하는 국내산업이 심각한 피해를 받거나 받을 우려가 있음이 조사를 통하여 확인되고 해당 국내산업을 보호할 필요가 있다고 인정되는 경우에는 해당 물품에 대하여 심각한 피해등을 방지하거나 치유하고 조정을 촉진하기 위하여 필요한 범위에서 관세를 추가하여 부과할 수 있다. 긴급관세는 당해 국내산업의 보호 필요성 · 국제통상관계 · 긴급관세 부과에 따른 보상 수준 및 국민경제 전반에 미치는 영향 등을 검토하여 부과 여부 및 그 내용을 결정한다(관세법 제65조제1항~2항).

법 제65조제1항의 규정에 따른 긴급관세의 부과 여부 및 그 내용은 무역위원회의 부과건의가 접수된 날부터 1월 이내에 결정하여야 한다. 다만, 주

요 이해당사국과 긴급관세의 부과에 대한 협의 등을 하기 위하여 소요된 기간은 이에 포함되지 아니한다(관세법 시행령 제87조).

기획재정부장관은 긴급관세를 부과하는 경우에는 이해당사국과 긴급관세부과의 부정적 효과에 대한 적절한 무역보상방법에 관하여 협의를 할 수 있으며, 긴급관세의 부과와 제66조제1항에 따른 잠정긴급관세의 부과는 각각의 부과조치 결정 시행일 이후 수입되는 물품에 한정하여 적용한다.(관세법 제65조제3항~4항)

긴급관세 또는 제66조제1항에 따른 잠정긴급관세를 부과하여야 하는 대상물품·세율·적용기간·수량·수입관리방안 그 밖에 필요한 사항에 관하여는 기획재정부령으로 정한다. 기획재정부장관은 긴급관세 또는 제66조제1항에 따른 잠정긴급관세의 부과 여부를 결정하기 위하여 필요하다고 인정되는 경우에는 관계행정기관의 장 및 이해관계인 등에게 관련자료의 제출 등 필요한 협조를 요청할 수 있다(관세법 제65조제6항~7항). [전문개정 2010.12.30.]

(3) 잠정긴급관세의 부과

긴급관세의 부과 여부를 결정하기 위한 조사가 시작된 물품 또는 「불공정무역행위 조사 및 산업피해구제에 관한 법률」 제7조제1항에 따라 잠정조치가 건의된 물품에 대하여 조사기간 중에 발생하는 심각한 피해 등을 방지하지 아니하는 경우 회복하기 어려운 피해가 초래되거나 초래될 우려가 있다고 판단되는 경우에는 조사가 종결되기 전에 피해의 구제 등을 위하여 필요한 범위 안에서 잠정긴급관세를 추가하여 부과할 수 있다(관세법 제66조제1항).

긴급관세의 부과 또는 수입수량제한등의 조치 여부를 결정한 때에는 제1항에 따른 잠정긴급관세의 부과를 중단한다. 또한 긴급관세의 부과 또는 수입수량제한등의 조치 여부를 결정하기 위하여 조사한 결과 수입증가가 국내산업에 심각한 피해를 초래하거나 초래할 우려가 있다고 판단되지 아니하는 경우에는 제1항에 따라 납부된 잠정긴급관세를 환급하여야 한다(관세법 제66조제2항~3항). [전문개정 2010.12.30.]

(4) 긴급관세의 부과기간

긴급관세의 부과기간은 4년을 초과할 수 없으며, 잠정긴급관세는 200일을 초과하여 부과할 수 없다. 다만, 제67조에 따른 재심사의 결과에 따라 부과기간을 연장하는 경우에는 잠정긴급관세의 부과기간, 긴급관세의 부과기간, 「대외무역법」 제39조제1항에 따른 수입수량제한 등의 적용기간 및 그 연장기간을 포함한 총 적용기간은 8년을 초과할 수 없다(관세법 제65조제5항).

(5) 긴급관세에 대한 재심사 등

기획재정부장관은 필요하다고 인정되는 때에는 긴급관세의 부과결정에 대하여 재심사를 할 수 있으며, 재심사결과에 따라 부과내용을 변경할 수 있다. 이 경우 변경된 내용은 최초의 조치내용보다 더 강화되어서는 아니된다(관세법 제67조). 〈개정 2008.2.29.〉

5) 특정국물품 긴급관세 부과(제67조의2)

(1) 의 의

국제조약 또는 일반적인 국제법규에 따라 허용되는 한도에서 대통령령으로 정하는 국가를 원산지로 하는 물품("특정국물품")이 다음 각호의 어느 하나에 해당하는 것으로 조사를 통하여 확인한 경우에는 피해를 구제하거나 방지하기 위하여 필요한 범위 안에서 관세("특정국물품긴급관세")를 추가하여 부과할 수 있다(제67조의2제1항).

1. 해당물품의 수입증가가 국내시장의 교란 또는 교란우려의 중대한 원인이 되는 경우
2. 세계무역기구 회원국이 당해 물품의 수입증가에 대하여 자국의 피해를 구제하거나 방지하기 위하여 취한 조치로 인하여 중대한 무역전환이 발생하여 해당물품이 우리나라로 수입되거나 수입될 우려가 있는 경우

(2) 국내시장의 교란 또는 교란우려

"국내시장의 교란 또는 교란우려"란 특정국물품의 수입증가로 인하여 동종물품 또는 직접적인 경쟁관계에 있는 물품을 생산하는 국내산업이 실질적 피해를 받거나 받을 우려가 있는 경우를 말한다.

특정국물품 긴급관세 또는 제5항에 따른 특정국물품 잠정긴급관세를 부과하여야 하는 대상물품·세율·적용기간·수량·수입관리방안 등에 관하여 필요한 사항은 기획재정부령으로 정한다.

기획재정부장관은 특정국물품 긴급관세를 부과하는 경우에는 이해당사국과 해결책을 모색하기 위하여 사전협의를 할 수 있다(관세법 제67조의2제2항~4항).

(3) 특정국물품 잠정긴급관세의 부과 범위

특정국물품 긴급관세의 부과 여부를 결정하기 위한 조사가 시작된 물품에 대하여 조사기간 중에 발생하는 국내시장의 교란을 방지하지 아니하는 경우 회복하기 어려운 피해가 초래되거나 초래될 우려가 있다고 판단될 경우에는 조사가 종결되기 전에 피해를 구제하거나 방지하기 위하여 필요한 범위에서 특정국물품에 대한 잠정긴급관세("특정국물품 잠정긴급관세")를 200일의 범위에서 부과할 수 있다(관세법 제67조의2제5항).

(4) 특정국물품 잠정긴급관세의 환급

특정국물품 긴급관세의 부과 여부를 결정하기 위한 조사결과 국내시장의 교란 또는 교란우려가 있다고 판단되지 아니하는 경우에는 제5에 따라 납부된 특정국물품 잠정긴급관세를 환급하여야 한다(관세법 제67조의2제6항).

(5) 특정국물품긴급관세 부과의 중지

제1항제2호에 따른 특정국물품 긴급관세 부과의 원인이 된 세계무역기구 회원국의 조치가 종료된 경우에는 그 종료일부터 30일 이내에 특정국물품긴급관세 부과를 중지하여야 한다. 특정국물품 긴급관세 또는 특정국물품 잠정긴급관세의 부과에 관하여 제65조제2항·제4항·제7항, 제66조제2항 및 제67조의 규정을 준용한다(관세법 제67조의2제7항~8항).

6) 농림축산물에 대한 특별긴급관세

"농림축산물에 대한 특별긴급관세"란 국내외 가격 차에 상당한 율로 양허한 농림축산물의 수입물량이 급증하거나 수입가격이 하락하는 경우에 양허한 세율을 초과하여 부과하는 관세를 말한다.

제73조에 따라 국내외 가격 차이에 상당한 비율로 양허한 농림축산물의 수입물량이 급등하거나 수입가격이 하락하는 경우에는 대통령령으로 정하는 바에 따라 양허한 세율을 초과하여 관세("특별긴급관세")를 부과할 수 있으며, 특별긴급관세를 부과하여야 하는 대상물품·세율·적용시한·수량 등은 기획재정부령으로 정한다.(관세법 제68조제1항~2항)

7) 조정관세

"조정관세"는 물품 간 세율 불균형 해소, 국민보건, 환경보전, 소비자 보호, 국내시장 및 산업기반 보호 등을 목적으로 부과한다. 즉, 값싼 외국의 제품이 대량으로 수입되어 국내 생산자들이 큰 피해를 볼 경우 이를 보호하기 위해 관세율을 일정 기간 상향 조정하거나, 유사물품간의 세율이 현저히 불균형하여 이를 바로잡을 필요가 있는 경우 등 관세법에서 정한 일정한 요건에 해당하고, 소관 부처의 요청이 있을 때 기획재정부가 이를 취합해 국무회의의 의결을 거쳐 시행 여부를 결정하게 되어 있다. 최고관세율은 100%이다. 이를 발동하면 수입제품의 판매가격이 올라 수요가 억제되는 효과가 생긴다. 그러나 물가상승을 자극하고 외국과의 통상마찰을 일으킬 소지도 있다.

(1) 조정관세의 부과대상 및 부과범위

다음 각 호의 어느 하나에 해당하는 경우에는 100분의 100에서 당해 물품의 기본세율을 뺀 율을 기본세율에 더한 율의 범위에서 관세를 부과할 수 있다. 다만, 농림축수산물 또는 이를 원재료로 하여 제조된 물품의 국내외 가격차가 해당물품의 과세가격을 초과하는 경우에는 국내외 가격차에 상당하는 율의 범위에서 관세를 부과할 수 있다(관세법 제69조).

1. 산업구조의 변동 등으로 물품간의 세율이 불균형이 심하여 이를 시정할 필요가 있는 경우
2. 국민보건·환경보전·소비자보호 등을 위하여 필요한 경우
3 국내에서 개발된 물품을 일정기간 보호할 필요가 있는 경우
4. 농림축수산물 등 국제경쟁력이 취약한 물품의 수입증가로 인하여 국내

시장이 교란되거나 산업기반을 붕괴시킬 우려가 있어 이를 시정 또는 방지할 필요가 있는 경우

문제 23

관세법상 조정관세를 부과할 수 있는 경우를 모두 고른 것은? (2017년 관세사 1차기출)

ㄱ. 산업구조의 변동 등으로 물품 간의 세율 불균형이 심하여 이를 시정할 필요가 있는 경우
ㄴ. 국민보건, 환경보전, 소비자보호 등을 위하여 필요한 경우
ㄷ. 원활한 물자수급 또는 산업의 경쟁력 강화를 위하여 특정물품의 수입을 촉진할 필요가 있는 경우
ㄹ. 국내에서 개발된 물품을 일정 기간 보호할 필요가 있는 경우
ㅁ. 수입가격이 급등한 물품 또는 이를 원재료로 한 제품의 국내가격을 안정시키기 위하여 필요한 경우
ㅂ. 농림축수산물 등 국제경쟁력이 취약한 물품의 수입증가로 인하여 국내시장이 교란되거나 산업기반이 붕괴될 우려가 있어 이를 시정하거나 방지할 필요가 있는 경우

① ㄱ,ㄴ,ㄷ,ㄹ ② ㄱ,ㄴ,ㄷ,ㅁ ③ ㄱ,ㄴ,ㄹ,ㅂ
④ ㄴ,ㄷ,ㅁ,ㅂ ⑤ ㄷ,ㄹ,ㅁ,ㅂ

정답 ③

문제 24

다음 중 관세법상 조정관세 부과대상 요건에 해당하지 않는 것은?
(2017년 제40회 국제무역사 1급 기출)

① 산업구조의 변동 등으로 물품 간의 세율 불균형이 심하여 이를 시정할 필요가 있는 경우
② 국민보건, 환경보전, 소비자보호 등을 위하여 필요한 경우
③ 원활한 물자수급 또는 산업의 경쟁력 강화를 위하여 특정물품의 수입을 촉진할 필요가 있는 경우
④ 농림축수산물 등 국제경쟁력이 취약한 물품의 수입증가로 인하여 국내시장이 교란되거나 산업기반이 붕괴될 우려가 있어 이를 시정하거나 방지할 필요가 있는 경우

정답 ③

8) 할당관세

"할당관세"란 특정물품이 정부가 정한 일정수량까지 수입될 경우에는 저세율을 부과하고 일정량을 초과하여 수입될 경우에는 고세율의 관세를 부과

하는 제도로서 일종의 이중세율 제도이다. 이 제도는 특정물품에 대하여 그 수입을 억제하려는 국내생산자 측의 요청과 이 물품을 싼값으로 인수하려는 수요자 측의 상반되는 요청이 공존하고, 더욱이 그 물품의 국내 총생산량이 총수요량에 따르지 못할 경우에 이중관세율로 양자의 요청을 동시에 충족시키려는 취지에서 시행되는 것이다.

(1) 할당관세의 부과대상 및 부과범위

다음 각 호의 어느 하나에 해당하는 경우에는 100분의 40의 범위의 율을 기본세율에서 빼고 관세를 부과할 수 있다. 이 경우 필요하다고 인정될 때에는 그 수량을 제한할 수 있다(관세법 제71조제1항).

1. 원활한 물자수급 또는 산업의 경쟁력 강화를 위하여 특정물품의 수입을 촉진시킬 필요가 있는 경우
2. 수입가격이 급등한 물품 또는 이를 원재료로 한 제품의 국내가격의 안정을 위하여 필요한 경우
3. 유사물품간의 세율이 현저히 불균형하여 이를 시정할 필요가 있는 경우에는 100분의 40의 범위의 율을 기본세율에서 빼고 관세를 부과할 수 있다. 이 경우 필요하다고 인정된 때에는 그 수량을 제한할 수 있다

특정물품의 수입을 억제할 필요가 있는 경우에는 일정한 수량을 초과하여 수입되는 분에 대하여 100분의 40의 범위 안의 율을 기본세율에 가산하여 관세를 부과할 수 있다. 다만, 농림축산물의 경우에는 기본세율에 동종물품·유사물품 또는 대체물품의 국내외 가격차에 상당하는 율을 가산한 율의 범위 안에서 관세를 부과할 수 있다(관세법 제71조제2항). 제1항과 제2항에 따른 관세를 부과하여야 하는 대상 물품, 수량, 세율, 적용기간 등은 대통령령으로 정하며, 기획재정부장관은 매 회계연도 종료 후 5개월 이내에 제1항부터 제3항까지의 규정에 따른 관세의 전년도 부과 실적 및 그 결과(관세 부과의 효과 등을 조사·분석한 보고서를 포함한다)를 국회 소관 상임위원회에 보고하여야 한다(관세법 제71조제3항~4항). 〈신설 2011.12.31., 2014.1.1.〉 [전문개정 2010.12.30.]

9) 계절관세

"계절관세"란 1년 중 일정한 계절에만 부과하는 관세이다.

국내산업의 피해 입증 여부와 관계없이 계절에 따른 가격 차이가 클 경우 임의적인 기준에 의해 과세하는 것이다. 따라서 일정한 피해를 보고 있다는 '객관적 사실'에 근거해 과세하는 조정관세, 긴급관세 등과 구별된다. 공산품의 경우 계절에 따라 가격변동이 민감한 품목은 거의 없으므로 대부분 농산물에 한정되어 과세한다.

계절에 따라 가격의 차이가 심한 물품으로서 동종물품 · 유사물품 또는 대체물품의 수입으로 인하여 국내시장이 교란되거나 생산기반이 붕괴될 우려가 있을 때에는 계절에 따라 해당물품의 국내외 가격차에 상당하는 율의 범위에서 기본세율보다 높게 관세를 부과하거나 100분의 40의 범위의 율을 기본세율에서 빼고 관세를 부과할 수 있다. 이에 따른 관세를 부과하여야 하는 대상 물품, 세율 및 적용시한 등은 기획재정부령으로 정한다.(관세법 제72조제1항~2항) [전문개정 2010.12.30.]

10) 국제협력관세

"국제협력관세"는 대외무역의 증진을 위하여 필요하다고 인정될 때 특정국가 또는 국제기구와의 관세에 관하여 협상을 통하여 통상증진 및 확대를 꾀할 수 있도록 하는 관세이다.

관세법 제73조(국제협력관세)제1항에서 "정부는 우리나라의 대외무역의 증진을 위하여 필요하다고 인정될 때에는 특정국가 또는 국제기구와 관세에 관하여 협상을 할 수 있다"고 규정하고 있으며, 같은 조 제2항에서 "제1항의 규정에 따른 협상을 수행할 때 필요하다고 인정되면 관세를 양허할 수 있다. 다만, 특정국가와의 협상을 수행함에 있어서는 기본관세율의 100분의 50의 범위를 초과하여 관세를 양허할 수 없다"고 했으며, 동조 제3항에서 "제2항의 규정에 따른 관세를 부과하여야 하는 대상물품 · 세율 · 적용기간 등은 대통령령으로 정한다"고 명시하고 있다.

질문 : 수입신고시 WTO 협정세율과 기본세율이 다를 경우에 어느 세율을 적용합니까?

답변 : 관세법 제50조 세율적용 우선순위에 따라 세율이 적용됩니다. 예를 들어 WTO 5.5%와 기본세율 7%인 경우 국제협력관세가 우선 적용되어 WTO 5.5%를 적용합니다.

11) 편익관세(便益關稅)

"편익관세"란 자국이 일방적으로 최혜국대우의 범위에서 편익을 주는 것이고 상대국은 편익을 요청할 권리가 없는 것이다. 이처럼 어느 국가에 대하여 일방적으로 관세 상의 편익을 부여하는 것은 그 나라와의 정치적·경제직 유내관세를 증신하려는데 목적이 있는 것이다. 무역에 관하여 조약을 체결하면서 그 조약에는 최혜국조항이란 것을 넣는 것이 일반적인데 이것은 이미 조약을 체결한 타국에 대하여 부여한 무역상의 혜택 가운데서 가장 큰 혜택을 준 국가와 같은 대우를 상대국가에도 준다는 것이다.

관세에 관한 조약에 따른 편익을 받지 아니하는 나라의 생산물로서 우리나라에 수입되는 물품에 대하여 이미 체결된 외국과의 조약에 따른 편익의 한도 안에서 관세에 관한 편익("편익관세")를 부여할 수 있으며, 편익관세를 부여할 수 있는 대상 국가, 대상 물품, 적용 세율, 적용방법, 그 밖에 필요한 사항은 대통령령으로 정한다(관세법 제74조제1~2항). 이러한 편익관세는 ① 편익관세의 적용으로 국민경제에 중대한 영향이 초래되거나 초래될 우려가 있는 경우, ② 그 밖에 편익관세의 적용을 중지시켜야 할 긴급한 사태가 있는 경우에는 기획재정부장관이 국가, 물품 및 기간을 지정하여 적용을 정지시킬 수 있다(관세법 제75조).

〈표 8-8〉 편익을 받을 수 있는 국가

지 역		국 가
1	아시아	부탄
2	중동	이란, 이라크, 레바논, 시리아
3	대양주	나우루
4	아프리카	코모로, 에디오피아, 소말리아
5	유럽	안도라, 모나코, 산마리노, 바티칸, 덴마크(그린란드 및 페로제도에 한정한다)

법 시행령 제95조1항, 편익관세〈개정 2013.2.15., 2015.2.6., 2017.3.27〉

문제 25

관세법상 관세에 관한 편익을 받을 수 있는 국가를 모두 고른 것은? (2016년 관세사 1차 기출)

ㄱ. 리베리아	ㄴ. 볼리비아	ㄷ. 부탄	ㄹ. 이란
ㅁ. 모나코	ㅂ. 아르헨티나	ㅅ.브라질	

① ㄱ, ㄴ, ㄷ, ㄹ ② ㄱ, ㄴ, ㄹ, ㅁ ③ ㄱ, ㄷ, ㄹ, ㅁ
④ ㄱ, ㄷ, ㅁ, ㅂ ⑤ ㄴ, ㄹ, ㅁ, ㅅ

정답 ③

12) 일반특혜관세

(1) 일반특혜관세제도의 의의

“일반특혜관세제도”(一般特惠關稅制度, generalized system of preferences)는 1968년 2월 뉴델리에서 열린 제2차 UNCTAD(유엔무역개발회의) 총회에서 무차별적・비 상호주의적인 특혜관세제도를 채택함으로써 시작됐다. 선진국이 개발도상국으로부터 수입하는 농수산품・공산품의 제품 및 반제품에 대해 대가 없이 일방적으로 관세를 면제하거나 최혜국대우의 세율보다는 저율의 관세를 부과하여 특별대우를 하는 것이 이 제도의 주요 내용이다.

(2) 일반특혜관세의 적용기준(관세법 제76조)

① 대통령령으로 정하는 개발도상국가(“특혜대상국”)를 원산지로 하는 물품 중 대통령령으로 정하는 물품(“특혜대상물품”)에 대하여는 기본세율보다 낮은 세율의 관세(“일반특혜관세”)를 부과할 수 있다.

② 일반특혜관세를 부과할 때 해당 특혜대상물품의 수입이 국내산업에 미치는 영향 등을 고려하여 그 물품에 적용되는 세율에 차등을 두거나 특혜대상물품의 수입수량 등을 한정할 수 있다.

③ 국제연합총회의 결의에 따른 최빈 개발도상국 중 대통령령이 정하는 국가를 원산지로 하는 물품에 대하여는 다른 특혜대상국보다 우대하여 일반 특혜관세를 부과할 수 있다.

④ 특혜대상물품에 적용되는 세율·적용기간 그 밖에 필요한 사항은 대통령령으로 정한다.

(3) 일반특혜관세의 적용정지(법 제77조)

① 기획재정부장관은 특정한 특혜대상물품의 수입이 증가하여 이와 동종의 물품 또는 직접적인 경쟁관계에 있는 물품을 생산하는 국내산업에 중대한 피해를 주거나 줄 우려가 있는 등 일반특혜관세를 부과하는 것이 적당하지 아니하다고 판단될 때에는 대통령령으로 정하는 바에 따라 해당물품과 그 물품의 원산지인 국가를 지정하여 일반특혜관세의 적용을 정지할 수 있다.

② 기획재정부장관은 특정한 특혜대상국의 소득수준, 우리나라의 총수입액 중 특정한 특혜대상국으로부터의 수입액이 차지하는 비중, 특정한 특혜대상국의 특정한 특혜대상물품이 지니는 국제경쟁력의 정도, 그 밖에 이 사정을 감안하여 일반특혜관세를 부과하는 것이 적당하지 아니하다고 판단되는 경우에는 대통령령이 정하는 바에 따라 해당국가를 지정하거나 해당국가 및 물품을 지정하여 일반특혜관세의 적용을 배제할 수 있다.

질문 : 한·아세안 FTA 특혜관세의 경우 갑오징어는 협정세율이 0%와 10%가 있는데 차이는 무엇입니까?

답변 : 특정품목의 경우 일정수량을 정하여 일정 물량(In-quota)까지는 특혜관세가 부과되며, 이를 초과(Out-quota)하는 물량에 대해서는 현행세율이 부과되는데, 일정수량에 대해 한국수산물수출입조합(전화 : 02-6300-8901) 추천을 받은 경우 0%, 미추천일 경우 10%를 적용합니다.

제9장 관세의 감면·환급·분할납부

본 장은 납세자의 납세편의를 위한 납세의무완화제도로서 이에는 납부하여야 할 납부세액의 조정과 납부기한을 조정해 주는 것이 있다.

관세감면과 관세환급은 납부세액의 조정에 속하며, 분할납부와 납부연기는 납부기한의 조정에 속한다.

제1절 관세감면

1. 관세감면의 의의

"관세의 감면"이란 수입물품이 일정한 요건에 해당하는 경우에는 관세의 납부의무를 무조건 감면하거나, 일정용도에 사용할 것을 조건으로 감면하는 것을 말한다.

관세의 감면은 산출세액 일부를 낮추는 감세와 산출세액 전부를 면제하는 면세로 구분된다. 우리나라가 관세감면제도를 마련하여 관세법에 관련 규정을 두고 있는 것은 기술개발, 학술연구촉진, 사회정책수행, 환경오염방지, 교역증진 등 여러 가지 목적을 수행하기 위해서이다.

1) 관세감면의 구분

관세감면은 감면승인 시에 이행조건의 이행에 따라 무조건 감면세와 조건부 감면세로 나누어진다.

(1) 무조건감면

“무조건 감면세”는 일정물품의 수입사실을 기준으로 하여 관세감면이 완결되고, 수입신고수리 후에 예정된 용도가 아닌 다른 용도에 사용하더라도 원칙적으로 감면한 관세의 추징을 하지 아니하고, 사후관리의 대상이 아니다. 외교관물품 등 면세, 정부용품 등 면세, 소액물품 등의 면세, 손상감세, 재수입면세 등이 이에 속한다.

(2) 조건부감면

“조건부 감면세”는 수입 시 일정한 용도에 사용할 것을 조건으로 관세를 감면하고 사후관리기간 내에 지정 용도외에 사용할 때 감면된 관세를 징수하는 제도이다. 세율불균형물품 감면세, 학술연구용품 등 감면세, 종교용품 · 자선용품 · 장애자용품 면세, 특정물품 면세, 환경오염방지물품 등의 감면세, 재수출면세, 재수출감면세 · 수출용원재료 등의 감면세 등이 이에 속한다.

2) 관세감면의 신청

관세를 감면받으려는 자는 해당물품의 수입신고수리전에 관세감면신청서를 세관장에게 제출하여야 하며, 다만, 관세청장이 정하는 경우에는 간이한 방법으로 하게 할 수 있다(관세법 시행령 제112조제1항).

2. 관세감면의 종류

1) 외교관용 물품 등의 면세(관세법 제88조)

다음 각 호의 어느 하나에 해당하는 물품이 수입될 때에는 그 관세를 면제한다(관세법 제88조제1항).

1. 우리나라에 있는 외국의 대사관·공사관 그 밖에 이에 준하는 기관의 업무용품
2. 우리나라에 주재하는 외국의 대사·공사 그 밖에 이에 준하는 사절 및 그 가족이 사용하는 물품
3. 우리나라에 있는 외국의 영사관 그 밖에 이에 준하는 기관의 업무용품
4. 우리나라에 있는 외국의 대사관·공사관·영사관 그 밖에 이에 준하는 기관의 직원 중 대통령령이 정하는 직원과 그 가족이 사용하는 물품
5. 정부와의 사업계약을 수행하기 위하여 외국계약자가 계약조건에 따라 수입하는 업무용품
6. 국제기구 또는 외국정부로부터 정부에 파견된 고문관·기술단원 그 밖에 기획재정부령이 정하는 자가 사용하는 물품

(2) 사후관리와 사후관리 기간

관세를 면제받은 물품 중 기획재정부령으로 정하는 물품인 자동차, 이륜자동차, 삼륜자동차, 선박, 피아노, 전자오르간과 파이프오르간, 엽총은 수입신고 수리일부터 3년의 범위에서 대통령령으로 정하는 기준에 따라 관세청장이 정하는 기간에 제1항의 용도 외의 다른 용도로 사용하기 위하여 양수할 수 없다. 다만, 대통령령으로 정하는 바에 따라 미리 세관장의 승인을 받았을 때에는 그러하지 아니하다. 이에 따라 기획재정부령으로 정하는 물품을 제2항에 따른 기간에 제1항에 따른 용도 외의 다른 용도로 사용하기 위하여 양수한 경우에는 그 양수자로부터 면제된 관세를 즉시 징수한다(관세법 제88조제2항~3항). [전문개정 2010.12.30.]

2) 세율불균형물품의 면세(관세법 제89조)

세율불균형을 시정하기 위하여 「조세특례제한법」 제5조제1항에 따른 중소기업이 대통령령으로 정하는 바에 따라 세관장이 지정하는 공장에서 ① 항공기, ② 반도체 제조용 장비(부속기기를 포함한다)를 제조 또는 수리하기 위하여 사용되는 부분품 및 원재료(수출한 후 외국에서 수리·가공되어 수입되는 부분품과 원재료의 가공수리분을 포함) 중 기획재정부령이 정하는 물품에 대하여는

그 관세를 면제할 수 있다(관세법 제89조제1항). 〈개정 2013.1.1.〉.

다음 각 호의 어느 하나에 해당하는 자는 제1항에 따른 지정을 받을 수 없다(관세법 제89조제2항). 〈신설 2015.12.15.〉

1. 제175조제1호부터 제5호까지 및 제7호의 어느 하나에 해당하는 자
2. 제4항에 따라 지정이 취소(제175조제1호부터 제3호까지의 어느 하나에 해당하여 취소된 경우는 제외한다)된 날부터 2년이 지나지 아니한 자
3. 제1호 또는 제2호에 해당하는 사람이 임원(해당 공장의 운영업무를 직접 담당하거나 이를 감독하는 자로 한정)으로 재직하는 법인

제1항에 따른 지정기간은 3년 이내로 하되, 지정받은 자의 신청에 의하여 연장할 수 있다. 세관장은 제1항에 따라 지정을 받은 자가 다음 각 호의 어느 하나에 해당하는 경우에는 그 지정을 취소할 수 있다. 다만, 제1호 또는 제2호에 해당하는 경우에는 지정을 취소하여야 한다.(관세법 제89조제3항~4항)〈신설 2015.12.15.〉.

1. 제2항 각 호의 어느 하나에 해당하는 경우
2. 거짓이나 그 밖의 부정한 방법으로 지정을 받은 경우
3. 1년 이상 휴업하여 세관장이 지정된 공장의 설치목적을 달성하기 곤란하다고 인정하는 경우

제1항에 따라 지정된 공장에 대하여는 제179조, 제180조제2항, 제182조 및 제187조를 준용한다(관세법 제89조제5항). 〈개정 2013.1.1., 2015.12.15.〉[전문개정 2010.12.30.][제목개정 2013.1.1.]

3) 학술연구용품의 감면세(관세법 제90조)

다음 각 호의 어느 하나에 해당하는 물품이 수입될 때에는 그 관세를 감면할 수 있다(관세법 제90조1항).

1. 국가기관, 지방자치단체 및 기획재정부령으로 정하는 기관에서 사용할 학술연구용품 · 교육용품 및 실험실습용품으로서 기획재정부령으로 정

하는 물품

2. 학교, 공공의료기관, 공공직업훈련원, 박물관, 그 밖에 이에 준하는 기획재정부령으로 정하는 기관에서 학술연구용 · 교육용 · 훈련용 · 실험실습용 및 과학기술연구용으로 사용할 물품 중 기획재정부령으로 정하는 물품
3. 제2호의 기관에서 사용할 학술연구용품 · 교육용품 · 훈련용품 · 실험실습용품 및 과학기술연구용품으로서 외국으로부터 기증되는 물품. 다만, 기획재정부령으로 정하는 물품은 제외한다.
4. 기획재정부령으로 정하는 자가 산업기술의 연구개발에 사용하기 위하여 수입하는 물품으로서 기획재정부령으로 정하는 물품

이에 따라 관세를 감면하는 경우 그 감면율은 기획재정부령으로 정한다(관세법 제90조2항). [전문개정 2010.12.30.]

4) 종교용품 · 자선용품 · 장애인용품 등의 면세(관세법 제91조)

다음 각 호의 어느 하나에 해당하는 물품이 수입될 때에는 그 관세를 면제한다.

1. 교회, 사원 등 종교단체의 예배용품과 식전용품(式典用品)으로서 외국으로부터 기증되는 물품. 다만, 기획재정부령으로 정하는 물품은 제외한다.
2. 자선 또는 구호의 목적으로 기증되는 물품 및 기획재정부령으로 정하는 자선시설 · 구호시설 또는 사회복지시설에 기증되는 물품으로서 해당 용도로 직접 사용하는 물품. 다만, 기획재정부령으로 정하는 물품은 제외한다.
3. 국제적십자사 · 외국적십자사 및 기획재정부령으로 정하는 국제기구가 국제평화봉사활동 또는 국제친선활동을 위하여 기증하는 물품
4. 시각장애인, 청각장애인, 언어장애인, 지체장애인, 만성신부전증환자, 희귀난치성질환자 등을 위한 용도로 특수하게 제작되거나 제조된 물품 중 기획재정부령으로 정하는 물품
5. 「장애인복지법」 제58조에 따른 장애인복지시설 및 장애인의 재활의료를 목적으로 국가 · 지방자치단체 또는 사회복지법인이 운영하는 재활

병원·의원에서 장애인을 진단하고 치료하기 위하여 사용하는 의료용구[전문개정 2010.12.30.]

5) 정부용품 등의 면세(관세법 제92조)

다음 각 호의 어느 하나에 해당하는 물품이 수입될 때에는 그 관세를 면제할 수 있다.〈개정 2013.3.23., 2017.7.26.〉

1. 국가기관이나 지방자치단체에 기증된 물품으로서 공용으로 사용하는 물품. 다만, 기획재정부령으로 정하는 물품은 제외한다.
2. 정부가 외국으로부터 수입하는 군수품(정부의 위탁을 받아 정부 외의 자가 수입하는 경우를 포함한다) 및 국가원수의 경호용으로 사용하는 물품. 다만, 기획재정부령으로 정하는 물품은 제외한다.
3. 외국에 주둔하는 국군이나 재외공관으로부터 반환된 공용품
4. 과학기술정보통신부장관이 국가의 안전보장을 위하여 긴요하다고 인정하여 수입하는 비상통신용 물품 및 전파관리용 물품
5. 정부가 직접 수입하는 간행물, 음반, 녹음된 테이프, 녹화된 슬라이드, 촬영된 필름, 그 밖에 이와 유사한 물품 및 자료
6. 국가나 지방자치단체(이들이 설립하였거나 출연 또는 출자한 법인을 포함한다)가 환경오염(소음 및 진동을 포함한다)을 측정하거나 분석하기 위하여 수입하는 기계·기구 중 기획재정부령으로 정하는 물품
7. 상수도 수질을 측정하거나 이를 보전·향상하기 위하여 국가나 지방자치단체(이들이 설립하였거나 출연 또는 출자한 법인을 포함한다)가 수입하는 물품으로서 기획재정부령으로 정하는 물품
8. 국가정보원장 또는 그 위임을 받은 자가 국가의 안전보장 목적의 수행상 긴요하다고 인정하여 수입하는 물품[전문개정 2010.12.30.]

6) 특정물품 면세 등(관세법 제93조)

다음 각 호의 어느 하나에 해당하는 물품이 수입될 때에는 그 관세를 면제할 수 있다.〈개정 2013.3.23.〉

1. 동식물의 번식 · 양식 및 종자개량을 위한 물품 중 기획재정부령으로 정하는 물품
2. 박람회, 국제경기대회, 그 밖에 이에 준하는 행사 중 기획재정부령으로 정하는 행사에 사용하기 위하여 그 행사에 참가하는 자가 수입하는 물품 중 기획재정부령으로 정하는 물품
3. 핵사고 또는 방사능 긴급사태 시 그 복구지원과 구호를 목적으로 외국으로부터 기증되는 물품으로서 기획재정부령으로 정하는 물품
4. 우리나라 선박이 외국 정부의 허가를 받아 외국의 영해에서 채집하거나 포획한 수산물(이를 원료로 하여 우리나라 선박에서 제조하거나 가공한 것을 포함)
5. 우리나라 선박이 외국의 선박과 협력하여 기획재정부령으로 정하는 방법으로 채집하거나 포획한 수산물로서 해양수산부장관이 추천하는 것
6. 해양수산부장관의 허가를 받은 자가 기획재정부령으로 정하는 요건에 적합하게 외국인과 합작하여 채집하거나 포획한 수산물 중 해양수산부장관이 기획재정부장관과 협의하여 추천하는 것
7. 우리나라 선박 등이 채집하거나 포획한 수산물과 제5호 및 제6호에 따른 수산물의 포장에 사용된 물품으로서 재사용이 불가능한 것 중 기획재정부령으로 정하는 물품
8. 「중소기업기본법」 제2조에 따른 중소기업이 해외구매자의 주문에 따라 제작한 기계 · 기구가 해당 구매자가 요구한 규격 및 성능에 일치하는지를 확인하기 위하여 하는 시험생산에 필요한 원재료로서 기획재정부령으로 정하는 요건에 적합한 물품
9. 우리나라를 방문하는 외국의 원수와 그 가족 및 수행원의 물품
10. 우리나라의 선박이나 그 밖의 운송수단이 조난으로 인하여 해체된 경우 그 해체재(解體材) 및 장비
11. 우리나라와 외국 간에 건설될 교량, 통신시설, 해저통로, 그 밖에 이에 준하는 시설의 건설 또는 수리에 필요한 물품
12. 우리나라 수출물품의 품질, 규격, 안전도 등이 수입국의 권한 있는 기관이 정하는 조건에 적합한 것임을 표시하는 수출물품에 부착하는 증표로서 기획재정부령으로 정하는 물품

13. 우리나라의 선박이나 항공기가 해외에서 사고로 발생한 피해를 복구하기 위하여 외국의 보험회사 또는 외국의 가해자의 부담으로 하는 수리 부분에 해당하는 물품
14. 우리나라의 선박이나 항공기가 매매계약상의 하자보수 보증기간 중에 외국에서 발생한 고장에 대하여 외국의 매도인의 부담으로 하는 수리 부분에 해당하는 물품
15. 국제올림픽 · 장애인올림픽 · 농아인올림픽 및 아시아운동경기 · 장애인아시아운동경기 종목에 해당하는 운동용구(부분품을 포함한다)로서 기획재정부령으로 정하는 물품
16. 국립묘지의 건설 · 유지 또는 장식을 위한 자재와 국립묘지에 안장되는 자의 관 · 유골함 및 장례용 물품
17. 피상속인이 사망하여 국내에 주소를 둔 자에게 상속되는 피상속인의 신변용품[전문개정 2010.12.30.]

7) 소액물품 등의 면세(관세법 제94조)

다음 각 호의 어느 하나에 해당하는 물품이 수입될 때에는 그 관세를 면제할 수 있다.

1. 우리나라의 거주자에게 수여된 훈장 · 기장(紀章) 또는 이에 준하는 표창장 및 상패
2. 기록문서 또는 그 밖의 서류
3. 상용견품(商用見品) 또는 광고용품으로서 기획재정부령으로 정하는 물품[1]
4. 우리나라 거주자가 받는 소액물품으로서 기획재정부령으로 정하는 물품[2]이 수입될 때에는 그 관세를 면제할 수 있다. [전문개정 2010.12.30.]

---

1) 제45조(관세가 면제되는 소액물품) 1. 물품이 천공 또는 절단되었거나 통상적인 조건으로 판매할 수 없는 상태로 처리되어 견품으로 사용될 것으로 인정되는 물품 2. 판매 또는 임대를 위한 물품의 상품목록 · 가격표 및 교역안내서 등 3. 과세가격이 미화 250달러 이하인 물품으로서 견품으로 사용될 것으로 인정되는 물품 4. 물품의 형상 · 성질 및 성능으로 보아 견품으로 사용될 것으로 인정되는 물품

2) 법 제94조 제4호의 규정에 의하여 관세가 면제되는 물품은 다음 각호와 같다. 〈개정 2003.2.14., 2004.3.30., 2015.12.1.〉 1. 물품가격이 미화 150달러 이하의 물품으로서 자가사용 물품으로 인정되는 것. 다만, 반복 또는 분할하여 수입되는 물품으로서 관세청장이 정하는 기준에 해

8) 환경오염방지물품 등에 대한 감면세(관세법 제95조)

다음 각 호의 어느 하나에 해당하는 물품으로서 국내에서 제작하기 곤란한 물품이 수입될 때에는 그 관세를 감면할 수 있다.

1. 오염물질(소음 및 진동을 포함한다)의 배출 방지 또는 처리를 위하여 사용하는 기계·기구·시설·장비로서 기획재정부령으로 정하는 것
2. 폐기물 처리(재활용을 포함한다)를 위하여 사용하는 기계·기구로서 기획재정부령으로 정하는 것
3. 기계·전자기술 또는 정보처리기술을 응용한 공장 자동화 기계·기구·설비(그 구성기기를 포함한다) 및 그 핵심부분품으로서 기획재정부령으로 정하는 것의 물품으로서 국내에서 제작하기 곤란한 물품이 수입될 때에는 그 관세를 감면할 수 있다. 이에 따라 관세를 감면하는 경우 그 감면기간과 감면율은 기획재정부령으로 정한다.(관세법 제95조제1항~2항) [전문개정 2010.12.30.]

9) 여행자휴대품 및 이사물품 등의 면세(관세법 제96조)

(1) 대상물품

다음 각 호의 어느 하나에 해당하는 물품이 수입될 때에는 그 관세를 면제할 수 있다(관세법 제96조제1항). 〈개정 2014.12.23.〉

1. 여행자의 휴대품 또는 별송품으로서 여행자의 입국 사유, 체재기간, 직업, 그 밖의 사정을 고려하여 기획재정부령으로 정하는 기준에 따라 세관장이 타당하다고 인정하는 물품
2. 우리나라로 거주를 이전하기 위하여 입국하는 자가 입국할 때 수입하는 이사물품으로서 거주이전의 사유, 거주기간, 직업, 가족 수, 그 밖의

당하는 것을 제외한다. 2. 박람회 기타 이에 준하는 행사에 참가하는 자가 행사장안에서 관람자에게 무상으로 제공하기 위하여 수입하는 물품(전시할 기계의 성능을 보여주기 위한 원료를 포함). 다만, 관람자 1인당 제공량의 정상도착가격이 미화 5달러 상당액 이하의 것으로서 세관장이 타당하다고 인정하는 것에 한한다.

사정을 고려하여 기획재정부령으로 정하는 기준에 따라 세관장이 타당하다고 인정하는 물품

3. 외국무역선 또는 외국무역기의 승무원이 휴대하여 수입하는 물품으로서 항행일수, 체재기간, 그 밖의 사정을 고려하여 세관장이 타당하다고 인정하는 물품. 다만, 기획재정부령으로 정하는 물품은 제외한다.

(2) 자진신고

여행자가 휴대품 또는 별송품(제1항 제1호에 해당하는 물품은 제외한다)을 기획재정부령으로 정하는 방법으로 자진신고하는 경우에는 15만원을 넘지 아니하는 범위에서 해당 물품에 부과될 관세의 100분의 30에 상당하는 금액을 경감할 수 있다(관세법 제96조제2항) 〈신설 2014.12.23.〉 [전문개정 2010.12.30.] [제목개정 2014.12.23.]

(3) 관세의 면세한도

관세의 면제 한도는 여행자 1명의 휴대품 또는 별송품으로서 각 물품의 과세가격 합계 기준으로 미화 600달러 이하(기본면세 범위)로 한다. 다만, 농림축산물등 관세청장이 정하는 물품이 휴대품 또는 별송품에 포함되어 있는 경우에는 기본면세 범위에서 해당 농림축산물 등에 대하여 관세청장이 따로 정한 면세한도를 적용할 수 있다(법 시행규칙 제48조제2항).〈신설 2012.2.28., 2014.9.2〉 제2항에도 불구하고 술・담배・향수에 대해서는 기본면세 범위와 관계없이 다음 〈표 9-1〉에 따라 관세를 면제하되, 19세 미만인 사람이 반입하는

〈표 9-1〉 여행자의 휴대품 또는 별송품의 면세한도

구 분	면세한도	비 고
기본면세범위	여행자 1명의 휴대품 또는 별송품으로서 각 물품의 과세가격 합계 기준으로 미화 600달러 이하	
술	1병	1리터(l)이하이고, 미화400달러 이하인 것으로 한정
담배	궐련200개비, 엽궐련 50개비, 전자담배 니코틴용액 20ml, 그 밖의 담배는 250g	2 이상의 담배종류를 반입하는 경우에는 한 종류로 한정
향수	60ml	

술·담배는 관세를 면제하지 아니한다. 이 경우 해당 물품이 면세한도를 초과하여 관세를 부과하는 경우에는 해당 물품의 가격을 과세가격으로 한다(법 시행규칙 제48조제3항). 〈신설 2012.2.28〉

10) 재수출면세(관세법 제97조)

(1) 대상물품

"재수출면세"는 수입신고 시 다시 수출할 것을 전재로 하여 면세를 받는 것을 말한다.

수입신고 수리일부터 다음 각 호의 어느 하나의 기간에 다시 수출하는 물품에 대하여는 그 관세를 면제할 수 있다(관세법 제97조제1항).

1. 기획재정부령으로 정하는 물품: 1년의 범위에서 대통령령으로 정하는 기준에 따라 세관장이 정하는 기간. 다만, 세관장은 부득이한 사유가 있다고 인정될 때에는 1년의 범위에서 그 기간을 연장할 수 있다.
2. 1년을 초과하여 수출하여야 할 부득이한 사유가 있는 물품으로서 기획재정부령으로 정하는 물품: 세관장이 정하는 기간

11) 재수출감면세(관세법 제98조)

장기간에 걸쳐 사용할 수 있는 물품으로서 그 수입이 임대차계약에 의하거나 도급계약의 이행과 관련하여 국내에서 일시적으로 사용하기 위하여 수입하는 물품 중 기획재정부령이 정하는 물품이 그 수입신고 수리일부터 2년(장기간의 사용이 부득이한 물품으로서 기획재정부령으로 정하는 것 중 수입하기 전에 세관장의 승인을 받은 것은 4년의 범위에서 대통령령으로 정하는 기준에 따라 세관장이 정하는 기간) 이내에 재수출되는 물품에 대하여는 다음 각 호의 구분에 따라 그 관세를 경감할 수 있다. 다만, 외국과 체결한 조약·협정 등에 의하여 수입되는 것에 대하여는 상호조건에 따라 그 관세를 면제한다(관세법 제98조제1항).

재수출기간이 6개월 이내인 경우	해당물품에 대한	관세액의 100분의 85
재수출기간이 6개월 초과 1년 이내인 경우		관세액의 100분의 70
재수출기간이 1년 초과 2년 이내인 경우		관세액의 100분의 55
재수출기간이 2년 초과 3년 이내인 경우		관세액의 100분의 40
재수출기간이 3년 초과 4년 이내인 경우		관세액의 100분의 30

제1항에 따라 관세를 감면한 물품에 대하여는 제97조제2항부터 제4항까지의 규정을 준용한다(관세법 제98조제2항). [전문개정 2010.12.30.]

12) 재수입면세(관세법 제99조)

다음 각 호의 어느 하나에 해당하는 물품이 수입될 때에는 그 관세를 면제할 수 있다[개정 2014.1.1]

1. 우리나라에서 수출(보세가공수출을 포함)된 물품으로서 해외에서 제조 · 가공 · 수리 또는 사용(장기간에 걸쳐 사용할 수 있는 물품으로서 임대차계약 또는 도급계약 등에 따라 해외에서 일시적으로 사용하기 위하여 수출된 물품 중 기획재정부령으로 정하는 물품이 사용된 경우와 박람회, 전시회, 품평회, 그 밖에 이에 준하는 행사에 출품 또는 사용된 경우는 제외)되지 아니하고 수출신고 수리일부터 2년 내에 다시 수입("재수입")되는 물품.
2. 수출물품의 용기로서 다시 수입하는 물품
3. 해외시험 및 연구를 목적으로 수출된 후 재수입되는 물품[전문개정 2010.12.30.].

(1) 적용배제 물품

다만 다음 각 목의 어느 하나에 해당하는 경우에는 관세를 면제하지 아니한다.

가. 해당물품 또는 원자재에 대하여 관세를 감면받은 경우

나. 이 법 또는 「수출용원재료에 대한 관세 등 환급에 관한 특례법」에 따른 환급을 받은 경우

다. 이 법 또는 「수출용 원재료에 대한 관세 등 환급에 관한 특례법」에 따른 환급을 받을 수 있는 자 외의 자가 해당물품을 재수입하는 경

우. 다만, 재수입하는 물품에 대하여 환급을 받을 수 있는 자가 환급받을 권리를 포기하였음을 증명하는 서류를 재수입하는 자가 세관장에게 제출하는 경우는 제외한다.

라. 보세가공 또는 장치기간경과물품을 재수출조건으로 매각함에 따라 관세가 부과되지 아니한 경우

문제 1

다음 중 관세법 제99조에 따른 재수입면세가 적용될 수 없는 것은?

(제32회 국제무역사, 2013. 8. 3.)

① 수출물품의 용기로서 다시 수입되는 물품
② 해외시험 및 연구를 목적으로 수출된 후 다시 수입되는 물품
③ 우리나라에서 수출된 물품으로서 해외에서 제조, 가공, 수리 또는 사용되지 아니하고 수출신고수리일부터 2년 이내 다시 수입되는 물품
④ 우리나라에 전시할 목적으로 수입되는 물품

정답 ④

문제 2

다음 중 관세법상 재수입면세에 대한 설명으로 잘못된 것은? (2017년 제40회 국제무역사 1급 기출)

① 수출물품의 용기로서 다시 수입 되는 경우에도 적용받을 수 있다.
② 우리나라에서 수출된 제품이 해외에서 제조 가공 수리 또는 사용되지 아니 하고 수출신고 수리일부터 2년 내에 다시 수입되는 경우에도 적용받을 수 있다.
③ 해외 전시회에 출품하여 품평 등에 사용한 물품을 다시 수입하는 경우 에는 적용받을 수 없다.
④ 원칙적으로 면세신청은 수입신고 수리 전에 제출하여야 한다.

정답 ③

13) 손상감세(관세법 제100조)

수입신고한 물품이 수입신고가 수리되기 전에 변질되거나 손상되었을 때에는 대통령령으로 정하는 바에 따라 그 관세를 경감할 수 있다(관세법 제100조제1항).

이 법이나 그 밖의 법률 또는 조약·협정 등에 따라 관세를 감면받은 물품에 대하여 관세를 추징하는 경우 그 물품이 변질 또는 손상되거나 사용되어 그 가치가 떨어졌을 때에는 대통령령으로 정하는 바에 따라 그 관세를 경감할 수 있다(관세법 제100조제2항). 〈개정 2011.12.31.〉 [전문개정 2010.12.30.]

14) 해외임가공물품 등의 감세(관세법 101조)

다음 각 호의 1에 해당하는 물품이 수입되는 경우에는 대통령령이 정하는 바에 의하여 그 관세를 경감할 수 있다(관세법 101조제1항).

1. 원재료 또는 부분품을 수출하여 기획재정부령으로 정하는 물품으로 제조하거나 가공한 물품
2. 가공 또는 수리할 목적으로 수출한 물품으로서 기획재정부령으로 정하는 기준에 적합한 물품

(1) 적용배제 물품

제 1항의 물품이 다음 각 호의 어느 하나에 해당하는 경우에는 그 관세를 경감하지 아니한다(관세법 101조제2항).

1. 해당물품 또는 원자재에 대하여 관세의 감면을 받은 경우. 다만, 제1항 제2호의 경우는 제외한다.
2. 이 법 또는 「수출용원재료에 대한 관세 등 환급에 관한 특례법」에 따른 환급을 받은 경우
3. 보세가공 또는 장치기간경과물품을 재수출조건으로 매각함에 따라 관세가 부과되지 아니한 경우 [전문개정 2010.12.30.]

15) 시설대여업자에 대한 감면 등(관세법 제105조)

① 「여신전문금융업법」에 따른 시설대여업자("시설대여업자")가 이 법에 따라 관세가 감면되거나 분할납부되는 물품을 수입할 때에는 제19조에도 불구하고 대여시설 이용자를 납세의무자로 하여 수입신고를 할 수 있다. 이 경우 납세의무자는 대여시설 이용자가 된다. 〈개정 2016.3.29.〉

② 제1항에 따라 관세를 감면받거나 분할납부를 승인받은 물품에 대하여 관세를 징수하는 경우 납세의무자인 대여시설 이용자로부터 관세를 징수할 수 없을 때에는 시설대여업자로부터 징수한다. [전문개정 2010.12.30.]

3. 관세감면물품의 사후관리

1) 관세감면물품의 감면용도외 사용금지

세율불균형물품의 면세, 학술연구용품의 감면세, 종교용품·자선용품·장애자용품 등의 면세, 특정물품 면세 및 환경오염방지물품 등에 대한 감면세에 따라 관세를 감면 받은 물품은 수입신고 수리일부터 3년의 범위에서 대통령령으로 정하는 기준에 따라 관세청장이 정하는 기간에는 그 감면받은 용도 외의 다른 용도로 사용하거나 양도(임대를 포함한다.)할 수 없다. 다만, 기획재정부령으로 정하는 물품과 대통령령으로 정하는 바에 따라 미리 세관장의 승인을 받은 물품의 경우에는 그러하지 아니하다(관세법 102조제1항).

(1) 감면된 관세의 징수

다음 각 호의 어느 하나에 해당되면 그 용도외의 다른 용도로 사용한 자나 그 양도인(임대인 포함)으로부터 감면된 관세를 즉시 징수하며, 양도인으로부터 해당 관세를 징수할 수 없는 경우에는 양수인(임차인 포함)으로부터 감면된 관세를 징수한다. 다만 재해 그 밖에 부득이한 사유로 멸실되었거나 미리 세관장의 승인을 얻어 폐기한 경우에는 그러하지 아니하다(관세법 제102조제2항).

1. 제1항에 따라 관세를 감면받은 물품을 제1항에 따른 기간에 감면받은 용도외의 다른 용도로 사용한 때
2. 제1항에 따라 관세를 감면받은 물품을 제1항에 따른 기간에 감면받은 용도외의 다른 용도로 사용하고자 하는 자에게 양도한 때 [2010.12.30.]

(2) 관세감면물품의 용도외 사용

법령, 조약, 협정 등에 따라 관세를 감면받은 물품을 감면받은 용도 외의 다른 용도로 사용하거나 감면받은 용도 외의 다른 용도로 사용하려는 자에게 양도하는 경우(해당물품을 다른 용도로 사용하는 자나 해당물품을 다른 용도로 사용하기 위하여 양수하는 자가 그 물품을 다른 용도로 사용하기 위하여 수입하는 경우에는 그 물품에 대하여 법령 또는 조약, 협정 등에 따라 관세를 감면받을 수 있는 경

우로 한정한다)에는 대통령령으로 정하는 바에 따라 제83조제3항, 제88조제3항, 제97조제3항, 제98조제2항, 제102조 2항 또는 제109조제2항에 따라 징수하여야 하는 관세를 감면할 수 있다. 다만, 이 법 외의 법령, 조약, 협정 등에 따라 그 감면된 관세를 징수할 때에는 그러하지 아니하다(관세법 103조제1항). 〈개정 2011.12.31.〉

제98조제2항과 제102조제1항에도 불구하고 제90조, 제93조, 제95조 또는 제98조에 따라 관세를 감면받은 물품은 「대·중소기업 상생협력 촉진에 관한 법률」 제2조제4호에 따른 수탁·위탁거래의 관계에 있는 기업에 양도할 수 있으며, 이 경우 제98조제2항과 제102조제2항에 따라 징수할 관세를 감면할 수 있다. 다만, 이 법 외의 법령, 조약, 협정 등에 따라 그 감면된 관세를 징수할 때에는 그러하지 아니하다(관세법 103조제2항).

제1항과 제2항에 따라 관세를 감면받은 경우 그 사후관리기간은 당초의 수입신고 수리일부터 계산한다(관세법 103조제3항). [전문개정 2010.12.30.]

문제 3

다음 보기는 관세법의 규정에 의한 관세의 감면세다. 이들 중 감면세 처분이후 세관의 별도 사후관리가 따르지 않는 것을 모두 기재한 것은? (제35회 국제무역사, 2015. 2. 7.)

A. 세율불균형물품의 면세	B. 학술연구용품의 감면세
C. 소액물품면세	D. 여행자휴대품면세
E. 재수출면세	F. 재수입면세

① A, B, D　② A, C, D
③ C, D, E　④ C, D, F

정답 ④

제2절 관세환급

1. 관세환급의 의의

"관세환급"이란 수입신고 시에 세관에서 일단 징수한 관세 등을 특정한 요건에 해당하는 경우에는 그 전부 또는 일부를 되돌려 주는 것을 말한다. 현행 법령상 관세환급제도는 납세의무의 형평과 징세행정의 공정을 위한 「관세법」상의 환급(과오납환급과 위약물품환급 등)과 수출지원을 위한 「수출용원재료에 대한 관세 등 환급에 관한 특례법」상의 환급이 있는바 일반적으로 관세환급이란 후자를 가리킨다. 이는 수출지원의 한 방법으로 국내산업보호를 위하여 설치된 관세장벽을 수출의 경우에는 제거하여 우리나라 수출품의 국제경쟁력을 제고시키기 위한 제도이다.

수출 등에 제공한 물품에 대하여 관세 등을 환급하는 이론적인 배경은 외화획득 이외에도 수출물품이 국내에서 소비되지 않는다는 점에서도 찾아 볼 수 있다. 관세 등은 소비세의 일종이므로 국내에서 소비되는 것을 전제로 부과되는 조세이기 때문이다. 현행 환급특례법령에서는 국내에서 소비되는 경우에도 환급대상으로 인정하고 있는 것(국내 외화판매 또는 공사)도 있고, 외국으로 수출되는 경우에도 환급대상으로 인정하지 않는 것(무상수출)도 있는 점으로 보아 외화획득에 더 중점을 두고 있는 것으로 보인다.

2. 관세법상 환급의 종류

1) 계약내용과 다른 물품 등에 대한 관세환급(관세법 제106조)

수입신고가 수리된 물품이 계약내용과 다르고 수입신고 당시의 성질이나 형태가 변경되지 아니한 경우 해당물품이 수입신고 수리일부터 1년 이내에 다음 각 호의 어느 하나에 해당하면 그 관세를 환급한다(관세법 제106조제1항). 〈개정 2011.12.31.〉

1. 외국으로부터 수입된 물품: 보세구역(제156조제1항에 따라 세관장의 허가를 받았을 때에는 그 허가받은 장소를 포함)에 이를 반입하였다가 다시 수출하였을 것. 이 경우 수출은 수입신고 수리일부터 1년이 지난 후에도 할 수 있다.
2. 보세공장에서 생산된 물품: 보세공장에 이를 다시 반입하였을 것

제1항에 따른 수입물품으로서 세관장이 환급세액을 산출하는 데에 지장이 없다고 인정하여 승인한 경우에는 그 수입물품의 일부를 수출하였을 때에도 제1항에 따라 그 관세를 환급할 수 있다(관세법 제106조제2항).

제1항과 제2항에 따른 수입물품의 수출을 갈음하여 이를 폐기하는 것이 부득이하다고 인정하여 그 물품을 수입신고수리일부터 1년 내에 보세구역에 반입하여 미리 세관장의 승인을 받아 폐기하였을 때에는 그 관세를 환급한다(관세법 제106조제3항).

2) 수입신고가 수리된 물품의 멸실 또는 손상에 따른 관세환급

수입신고가 수리된 물품이 수입신고수리 후에도 지정보세구역에 계속 장치되어 있는 중에 재해로 멸실되거나 변질 또는 손상되어 그 가치가 떨어졌을 때에는 대통령령으로 정하는 바에 따라 그 관세의 전부 또는 일부를 환급할 수 있다(관세법 제106조제4항).

제1항부터 제4항까지의 규정을 적용할 때 해당 수입물품에 대한 관세의 납부기한이 종료되기 전이거나 징수유예 중 또는 분할납부기간이 끝나지 아니하여 해당물품에 대한 관세가 징수되지 아니한 경우에는 세관장은 해당 관세의 부과를 취소할 수 있다. 〈개정 2013.1.1.〉 제1항부터 제4항까지에서 규정한 관세의 환급에 관하여는 제46조와 제47조를 준용한다(관세법 제106조제5항~6항). [전문개정 2010.12.30.]

문제 4

다음 사례에 대한 설명 중 관세법상 잘못된 것은? (제35회 국제무역사, 2015. 2. 7.)

무역상사 KITA(주)는 독일로부터 인산비료(관세율 6.5%)를 수입하였다. 그러

나 수입신고수리 후 당사 창고에 도착한 물품을 개봉하여 보니 계약과 다른 물품이 배송된 것이었다. 이에 독일 수출상에게 클레임을 제기하고 독일로 다시 물품을 반품하기로 하였다.

① KITA(주)는 계약과 상이한 물품이 도착한 경우 당초에 납부한 관세를 일정조건하에 되돌려 받을 수 있다. 이를 흔히 계약내용과 다른 물품에 대한 관세환급이라 한다.
② 계약과 상이한 물품이라 하더라도 무세품은 관세환급의 여지가 없다.
③ 계약내용과 다른 물품에 대한 환급 대상물품은 당초의 수입신고수리일로부터 2년 이내에 보세구역에 반입하여 수출되거나 폐기되어야 한다.
④ 계약내용과 다른 물품에 대한 환급 대상물품은 수입신고당시의 성질 또는 형태가 변경되지 아니한 상태로 수출이 진행되어야 환급이 가능하다.

정답 ③

제3절 관세의 분할납부

1. 분할납부의 의의

"관세의 분할납부"란 관세에 대한 부담을 일정한 기간 나누어 분담시키는 것으로서, 산업시설과 설비투자의 지원·공익사업의 지원·사회복지사업의 지원 등을 하기 위하여 특정물품에 대하여 부과된 관세를 일정 기간 분할하여 납부할 수 있도록 하는 제도이다. 관세의 분할납부는 수입통관 시 관세의 전액을 납부함으로써 생기는 자금부담의 집중을 일정 기간 이내에 분산시켜 자금의 이자 부담을 경감시킬 뿐만 아니라 수입물품을 판매함으로써 생기는 이익으로 관세를 납부하는 편익 또한 있다.

1) 분할납부의 사유

세관장은 천재지변이나 그 밖에 대통령령으로 정하는 사유로 이 법에 따른 신고, 신청, 청구, 그 밖의 서류의 제출, 통지, 납부 또는 징수를 정하여진 기한까지 할 수 없다고 인정될 때에는 1년을 넘지 아니하는 기간을 정하여 대통령령으로 정하는 바에 따라 관세를 분할하여 납부하게 할 수 있다(관세법 제107조제1항).

2. 분할납부 대상물품의 승인 · 관리

다음 각 호의 어느 하나에 해당하는 물품이 수입될 때에는 세관장은 기획재정부령으로 정하는 바에 따라 5년을 넘지 아니하는 기간을 정하여 관세의 분할납부를 승인할 수 있다(관세법 제107조제2항).

1) 분할납부 대상물품

1. 시설기계류, 기초설비품, 건설용 재료 및 그 구조물과 공사용 장비로서 기획재정부장관이 고시하는 물품. 다만, 기획재정부령으로 정하는 업종에 소요되는 물품은 제외한다.
2. 정부나 지방자치단체가 수입하는 물품으로서 기획재정부령으로 정하는 물품
3. 학교나 직업훈련원에서 수입하는 물품과 비영리법인이 공익사업을 위하여 수입하는 물품으로서 기획재정부령으로 정하는 물품
4. 의료기관 등 기획재정부령으로 정하는 사회복지기관 및 사회복지시설에서 수입하는 물품으로서 기획재정부장관이 고시하는 물품
5. 기획재정부령으로 정하는 기업부설연구소, 산업기술연구조합 및 비영리법인인 연구기관, 그 밖에 이와 유사한 연구기관에서 수입하는 기술개발연구용품 및 실험실습용품으로서 기획재정부장관이 고시하는 물품
6. 기획재정부령으로 정하는 중소제조업체가 직접 사용하려고 수입하는 물품. 다만, 기획재정부령으로 정하는 기준에 적합한 물품이어야 한다.
7. 기획재정부령으로 정하는 기업부설 직업훈련원에서 직업훈련에 직접 사용하려고 수입하는 교육용품 및 실험실습용품 중 국내에서 제작하기가 곤란한 물품으로서 기획재정부장관이 고시하는 물품

2) 용도변경 및 양도

제2항에 따라 관세의 분할납부를 승인받은 자가 해당물품의 용도를 변경하거나 그 물품을 양도하려는 경우에는 미리 세관장의 승인을 받아야 한다(관세법 제107조제3항).

3) 미납부한 관세의 징수

다음 각 호의 어느 하나에 해당하는 경우에는 납부하지 아니한 관세의 전액을 즉시 징수한다(관세법 제107조제9항).

1. 관세의 분할납부를 승인받은 물품을 제2항에서 정한 기간에 해당 용도 외의 다른 용도로 사용하거나 해당 용도 외의 다른 용도로 사용하려는 자에게 양도한 경우
2. 관세를 지정된 기한까지 납부하지 아니한 경우. 다만, 관세청장이 부득이한 사유가 있다고 인정하는 경우는 제외한다.
3. 파산선고를 받은 경우
4. 법인이 해산한 경우 [전문개정 2010.12.30.]

(1) 미납된 관세의 연대적 납세의무

관세의 분할납부를 승인받은 법인이 합병·분할·분할합병 또는 해산을 하거나 파산선고를 받은 경우 또는 관세의 분할납부를 승인받은 자가 파산선고를 받은 경우에는 제6항부터 제8항까지의 규정에 따라 그 관세를 납부하여야 하는 자는 지체 없이 그 사유를 세관장에게 신고하여야 한다(관세법 제107조제4항).

관세의 분할납부를 승인받은 물품을 동일한 용도로 사용하려는 자에게 양도한 경우에는 그 양수인이 관세를 납부하여야 하며, 해당 용도 외의 다른 용도로 사용하려는 자에게 양도한 경우에는 그 양도인이 관세를 납부하여야 한다. 이 경우 양도인으로부터 해당 관세를 징수할 수 없을 때에는 그 양수인으로부터 징수한다(관세법 제107조제5항).

관세의 분할납부를 승인받은 법인이 합병 · 분할 또는 분할합병된 경우에는 합병 · 분할 또는 분할합병 후에 존속하거나 합병 · 분할 또는 분할합병으로 설립된 법인이 연대하여 관세를 납부하여야 한다(관세법 제107조제6항).

관세의 분할납부를 승인받은 자가 파산선고를 받은 경우에는 그 파산관재인이 관세를 납부하여야 한다(관세법 제107조제7항).

관세의 분할납부를 승인받은 법인이 해산한 경우에는 그 청산인이 관세를 납부하여야 한다(관세법 제107조제8항).

4) 담보제공 및 사후관리

세관장은 필요하다고 인정될 때에는 대통령령으로 정하는 범위에서 관세청장이 정하는 바에 따라 이 법이나 그 밖의 법령 · 조약 · 협정 등에 따라 관세를 감면받거나 분할납부를 승인받은 물품에 대하여 그 물품을 수입할 때에 감면받거나 분할납부하는 관세액(제97조제4항 및 제98조제2항에 따른 가산세는 제외)에 상당하는 담보를 제공하게 할 수 있다(관세법 제108조제1항).

이 법이나 그 밖의 법률 · 조약 · 협정 등에 따라 용도세율을 적용받거나 관세의 감면 또는 분할납부를 승인받은 자는 대통령령으로 정하는 바에 따라 해당 조건의 이행 여부를 확인하는 데에 필요한 서류를 세관장에게 제출하여야 한다. 관세청장은 제2항에 따른 조건의 이행 여부를 확인하기 위하여 필요할 때에는 대통령령으로 정하는 바에 따라 해당물품의 사후관리에 관한 사항을 주무부장관에게 위탁할 수 있다(관세법 제108조제2항~3항).

용도세율을 적용받거나 관세를 감면받은 물품을 세관장의 승인을 받아 수출한 경우에는 이 법을 적용할 때 용도 외의 사용으로 보지 아니하고 사후관리를 종결한다. 다만, 용도세율을 적용받거나 관세를 감면받은 물품을 가공하거나 수리할 목적으로 수출한 후 다시 수입하거나 해외시험 및 연구를 목적으로 수출한 후 다시 수입하여 제99조(재수입면세)제3호 또는 제101조제1항(해외임가공물품 등의 감세)제2호에 따른 감면을 받은 경우에는 사후관리를 계속한다(관세법 제108조제4항). [전문개정 2010.12.30.]

문제 5

㈜ 한국무역은 법규상 중소제조업체에 해당된다. 이번에 자사에서 직접 사용 하기 위해 대만에서 기계류를 수입하면서 수입 시에 관세분할 납부신청을 하였 . ㈜ 한국무역이 관세 분할납부 승인을 받기 위한 조건이 아닌 것은? (2017년 제40회 국제무역사 1급 기출)

① 관세법에 따른 다른 관세 감면을 받지 아니할 것
② 당해 관세액이 500만원 이상일 것
③ 국내에서 제작이 곤란한 물품이라고 당해 물품의 생산에 관한 사무를 관장하는 주무부처의 장이 확인한 것일 것
④ 당해 물품이 관세율 표 제84류, 제85류, 제90류에 해당하는 물품일 것

정답 ②

제4절 용도세율

1. 용도세율의 의의

"용도세율"이란 수입물품이 용도에 따라 세율이 다르게 정하여져 있는 경우 그중에서 낮은 세율을 적용받는 것을 말한다. 관세법에서 용도세율을 정하고 있는 것은 필요한 용도에 사용하는 물품인 경우 낮은 세율을 적용하여 납세의무자의 관세부담을 덜어주기 위함이다.

1) 용도세율의 적용

별표, 관세율표나 제50조제4항(잠정세율) · 제65조(특정국물품 긴급관세) · 제67조의2(긴급관세) · 제68조 · 제70조까지 제73조(조정관세 · 할당관세 · 계절관세) 및 제76조(일반특혜관세)의 규정에 따른 대통령령 또는 기획재정부령으로 용도에 따라 세율을 다르게 정하는 물품을 세율이 낮은 용도에 사용하고자 하는 자는 대통령령으로 정하는 바에 따라 세관장의 승인을 받아야 한다. 다만, 물품의 성질과 형태가 그 용도외의 다른 용도에 사용할 수 없는 경우에는 그러하지 아니하다(관세법 제83조제1항).

2. 용도세율 적용물품의 사후관리

사후관리 제1항의 규정에 따라 낮은 세율("용도세율")이 적용된 물품은 그 수입신고의 수리일부터 3년의 범위에서 대통령령이 정하는 기준에 따라 관세청장이 정하는 기간에는 해당 용도외의 다른 용도에 사용하거나 양도할 수 없다. 다만, 다음 각 호의 어느 하나에 해당하는 경우에는 그러하지 아니하다(관세법 제83조제2항).

1. 대통령령으로 정하는 바에 의하여 미리 세관장의 승인을 얻은 경우
2. 제1항 단세에 해당하는 경우

1) 관세의 추징

제1항의 물품을 제2항에 따른 기간에 해당 용도 외의 다른 용도에 사용하거나 그 용도 외의 다른 용도에 사용하려는 자에게 양도한 경우에는 해당 물품을 특정용도 외에 사용한 자 또는 그 양도인으로부터 해당 물푼을 특정용도에 사용할 것을 요건으로 하지 아니하는 세율에 따라 계산한 관세액과 해당 용도세율에 따라 계산한 관세액의 차액에 상당하는 관세를 즉시 징수하며, 양도인으로부터 해당 관세를 징수할 수 없을 때에는 그 양수인으로부터 즉시 징수한다. 다만, 재해나 그 밖의 부득이한 사유로 멸실되었거나 미리 세관장의 승인을 받아 폐기한 경우에는 그러하지 아니하다(관세법 제83조제3항). [전문개정 2010.12.30.]

제10장 납세자의 권리 및 구제제도

제1절 납세자의 권리

1. 납세자의 권리

1) 납세자권리헌장의 제정(관세법 제110조제1항)

관세법 제110조1항에는 “관세청장은 제111조(관세조사권 남용금지)부터 제116조(비밀유지)까지, 제116조의2(고액·상습체납자의 명단 공개) 및 제117조(정보의 제공)에서 규정한 사항과 그 밖에 납세자의 권리보호에 관한 사항을 포함하는 납세자권리헌장을 제정하여 고시하여야 한다.”라고 규정하고 있다.

2) 납세자권리헌장의 교부(관세법 제110조제2항)

“세관공무원은 다음 각 호의 어느 하나에 해당하는 경우에는 납세자권리헌장의 내용이 수록된 문서를 납세자에게 내주어야 한다.”〈개정 2011.12.31., 2017.12.19〉라고 규정되어 있으며, 그 내용은 다음과 같다.

1. 제283조에 따른 관세범(「수출용 원재료에 대한 관세 등 환급에 관한 특례법」 제23조제1항부터 제4항까지의 규정에 따른 죄를 포함한다)에 관한 조사를 하는 경우
2. 관세의 과세표준과 세액의 결정 또는 경정을 위하여 납세자를 방문 또는 서면으로 조사(제110조의2에 따른 통합조사를 포함 “관세조사”)하는 경우
3. 그 밖에 대통령령[1)]으로 정하는 경우

〈표 10-1〉 납세자권리헌장

(관세청) 납세자권리헌장

[관세청고시 제2015-41호, 2015-10-05, 일부개정]

제1조(납세자 권리)
납세자로서 귀하의 권리는 헌법과 법률이 정하는 바에 의하여 존중받고 보장되어야 합니다. 이를 위하여 관세공무원은 귀하가 신성한 납세의무를 성실하게 이행할 수 있도록 필요한 정보와 편익을 최대한 제공하며, 귀하의 권리가 존중되고 실현될 수 있도록 최선을 다하여 협력할 의무가 있습니다. 이 헌장은 귀하에게 납세자로서 보장받을 수 있는 권리를 알려드리기 위한 것입니다.

1. 귀하는 수출입신고 등의 의무를 이행하지 않았거나 구체적인 관세포탈 등의 혐의가 없는 한 성실한 납세자이며, 귀하가 제출한 자료는 진실한 것으로 추정됩니다.
2. 귀하는 법령에서 정하는 경우를 제외하고는 관세조사의 사전통지와 조사결과의 통지를 받을 권리가 있으며, 불가피한 사유가 있는 경우에는 조사의 연기를 신청할 권리가 있습니다.
3. 귀하는 관세공무원으로부터 조사를 받게되는 경우 관세사 등 전문가로 하여금 입회하게 하거나 의견을 신술하게 할 수 있는 권리가 있습니다.
4. 귀하는 법령에서 정한 경우를 제외하고는 이미 조사받은 사안에 대하여 다시 조사 받지 아니할 권리가 있습니다.
5. 귀하는 자신의 과세정보에 대한 비밀을 보호받을 권리가 있으며, 자신의 권리행사를 위해 필요한 정보를 신속하게 제공받을 권리가 있습니다.
6. 귀하는 위법・부당한 처분을 받거나 필요한 처분을 받지 못함으로써 권리나 이익을 침해받은 경우에는 심사청구 등을 통해 공정하고 신속하게 구제받을 권리가 있습니다.

제2조(재검토기한)
관세청장은 「훈령・예규 등의 발령 및 관리에 관한 규정」에 따라 이 고시에 대하여 2016년 1월 1일 기준으로 매3년이 되는 시점(매 3년째의 12월 31일까지를 말한다)마다 그 타당성을 검토하여 개선 등의 조치를 하여야 한다.

부 칙

부칙 〈제2009-110호,2009.8.20〉
제1조(시행일) 이 고시는 2009년 8월 20일부터 시행한다.
제2조(종전 훈령의 폐지) 종전의 「납세자 권리헌장」(관세청 고시 제2001-002호, '01.1.15)는 이를 폐지한다.
부칙 〈제2012-24호,2012.8.17〉
제1조(시행일) 이 고시는 2012년 8월 17일부터 시행한다.
부칙 〈제2015-41호,2015.10.5.〉
이 고시는 2015년 10월 5일부터 시행한다.

1) 징수권의 확보를 위하여 압류를 하는 경우와 보세판매장에 대한 조사를 하는 경우 등(관세법 시행령 제135조).

3) 납세자권리헌장의 교부 예외

세관공무원은 납세자를 긴급히 체포·압수·수색하는 경우 또는 현행범인 납세자가 도주할 우려가 있는 등 조사목적을 달성할 수 없다고 인정되는 경우에는 납세자권리헌장을 내주지 아니할 수 있다(관세법 제110조제3항). [전문개정 2010.12.30.]

2. 통합조사의 원칙(관세법 제110조의2)

세관공무원은 특정한 분야만을 조사할 필요가 있는 등 대통령령으로 정하는 경우를 제외하고는 신고납부 세액과 이 법 및 다른 법령에서 정하는 수출입 관련 의무이행과 관련하여 그 권한에 속하는 사항을 통합하여 조사하는 것을 원칙으로 한다. [본조신설 2011.12.31.]

3. 관세조사 대상자 선정(관세법 제110조의3)

1) 정기선정

세관장은 다음 각 호의 어느 하나에 해당하는 경우에 정기적으로 신고의 적정성을 검증하기 위하여 대상을 선정("정기선정")하여 조사를 할 수 있다. 이 경우 세관장은 객관적 기준에 따라 공정하게 그 대상을 선정하여야 한다(관세법 제110조의3제1항).

1. 관세청장이 수출입업자의 신고 내용에 대하여 정기적으로 성실도를 분석한 결과 불성실 혐의가 있다고 인정하는 경우
2. 최근 4년 이상 조사를 받지 아니한 납세자에 대하여 업종, 규모 등을 고려하여 대통령령으로 정하는 바에 따라 신고 내용이 적정한지를 검증할 필요가 있는 경우
3. 무작위추출방식으로 표본조사를 하려는 경우

2) 정기선정외의 조사

세관장은 정기선정에 의한 조사 외에 다음 각 호의 어느 하나에 해당하는 경우에는 조사를 할 수 있다(관세법 제110조의3제2항). 〈개정 2013.8.13., 2017.12.19.〉

1. 납세자가 이 법에서 정하는 신고·신청, 과세가격결정자료의 제출 등의 납세협력의무를 이행하지 아니한 경우
2. 수출입업자에 대한 구체적인 탈세제보 등이 있는 경우
3. 신고내용에 탈세나 오류의 혐의를 인정할 만한 자료가 있는 경우
4. 납세자가 세관공무원에게 직무와 관련하여 금품을 제공하거나 금품제공을 알선한 경우

3) 관세조사의 결과통지(관세법 제115조)

세관공무원은 제110조제2항 각호의 어느 하나에 해당하는 조사를 종료하였을 때에는 종료 후 20일 이내에 그 조사결과를 서면으로 납세자에게 통지하여야 한다. 다만, 납세자가 폐업한 경우 등 대통령령으로 정하는 경우에는 그러하지 아니하다〈개정 2017.12.19.〉[선문개정 2010.12.30.]

4) 부과고지를 하는 경우의 조사

세관장은 제39조제1항에 따라 부과고지를 하는 경우 과세표준과 세액을 결정하기 위한 조사를 할 수 있다(관세법 제110조의3제3항).

5) 미조사

세관장은 최근 2년간 수출입신고 실적이 일정금액 이하인 경우 등 대통령령으로 정하는 요건을 충족하는 자에 대해서는 제1항에 따른 조사를 하지 아니할 수 있다. 다만, 객관적인 증거자료에 의하여 과소 신고한 것이 명백한 경우에는 그러하지 아니하다(관세법 제110조의3제4항)[본조신설 2011.12.31.].

4. 관세조사권 남용 금지(관세법 제111조)

세관공무원은 적정하고 공평한 과세를 실현하고 통관의 적법성을 보장하기 위하여 필요한 최소한의 범위에서 관세조사를 하여야 하며 다른 목적 등을 위하여 조사권을 남용하여서는 아니 된다. 세관공무원은 다음 각 호의 어느 하나에 해당하는 경우를 제외하고는 해당 사안에 대하여 이미 조사받은 자를 다시 조사할 수 없다.(관세법 제111조제1항~2항)〈개정 2017.12.19.〉

1. 관세포탈 등의 혐의를 인정할 만한 명백한 자료가 있는 경우
2. 이미 조사받은 자의 거래상대방을 조사할 필요가 있는 경우
3. 이 법에 따른 이의신청・심사청구 또는 심판청구가 이유 있다고 인정되어 내려진 필요한 처분의 결정에 따라 조사하는 경우
4. 그 밖에 탈세혐의가 있는 자에 대한 일제조사 등 대통령령으로 정하는 경우 [전문개정 2011.12.31.]

5. 관세조사의 경우 조력을 받을 권리(관세법 제112조)

납세자는 법 제110조제2항 각 호의 어느 하나에 해당하여 세관공무원으로부터 조사를 받는 경우에 변호사・관세사로 하여금 조사에 참여하게 하거나 의견을 진술하게 할 수 있다. 〈개정 2014.1.1.〉 [전문개정 2010. 12.30.]

6. 납세자의 성실성 추정 등(관세법 제113조)

세관공무원은 납세자가 이 법에 따른 신고 등의 의무를 이행하지 아니한 경우 또는 납세자에게 구체적인 관세포탈 등의 혐의가 있는 경우 등 대통령령으로 정하는 경우를 제외하고는 납세자가 성실하며 납세자가 제출한 신고서 등이 진실한 것으로 추정하여야 한다. 제1항은 세관공무원이 납세자가 제출한 신고서 등의 내용에 관하여 질문을 하거나 신고한 물품에 대하여 확

인을 하는 행위 등 대통령령으로 정하는 행위를 하는 것을 제한하지 아니한다(관세법 제113조제1항~2항). [전문개정 2010.12.30.]

7. 관세조사의 사전통지와 연기신청(관세법 제114조)

1) 관세조사의 사전통지

세관공무원은 제110조제2항 각 호의 어느 하나에 해당하는 조사를 하기 위하여 해당 장부, 서류, 전산처리장치 또는 그 밖의 물품 등을 조사하는 경우에는 조사를 받게 될 납세자(그 위임을 받은 자를 포함한다. 이하 이 조에서 같다)에게 조사 시작 15일 전에 조사 대상, 조사 사유, 그 밖에 대통령령으로 정하는 사항을 통지하여야 한다. 다만, 다음 각 호의 어느 하나에 해당하는 경우에는 그러하지 아니하다(관세법 제114조1항). 〈개정 2016.12.20., 2017.12.19.〉

1. 범칙사건에 대하여 조사하는 경우
2. 사전에 통지하면 증거인멸 등으로 조사 목적을 달성할 수 없는 경우

2) 관세조사의 연기 신청

제1항에 따른 통지를 받은 납세자가 천재지변이나 그 밖에 대통령령으로 정하는 사유로 조사를 받기가 곤란한 경우에는 대통령령으로 정하는 바에 따라 해당 세관장에게 조사를 연기하여 줄 것을 신청할 수 있다(관세법 제114조제2항). [전문개정 2010.12.30.]

3) 장부 · 서류 등의 보관 금지(관세법 제114조의2)

세관공무원은 관세조사의 목적으로 납세자의 장부 · 서류 또는 그 밖의 물건("장부등")을 세관관서에 임의로 보관할 수 없다. 제1항에도 불구하고 세관공무원은 제110조의3제2항 각 호의 어느 하나의 사유에 해당하는 경우에는 조사목적에 필요한 최소한의 범위에서 납세자, 소지자 또는 보관자 등 정당한 권한이 있는 자가 임의로 제출한 장부등을 납세자의 동의를 받아 세관관

서에 일시 보관할 수 있다. 세관공무원은 제2항에 따라 납세자의 장부등을 세관관서에 일시 보관하려는 경우 납세자로부터 일시 보관 동의서를 받아야 하며, 일시 보관증을 교부하여야 한다.(관세법 제114조의2제1항~3항)

세관공무원은 제2항에 따라 일시 보관하고 있는 장부등에 대하여 납세자가 반환을 요청한 경우에는 납세자가 그 반환을 요청한 날부터 14일을 초과하여 장부등을 보관할 수 없다. 다만, 조사목적을 달성하기 위하여 필요한 경우에는 납세자의 동의를 받아 한 차례만 14일 이내의 범위에서 보관 기간을 연장할 수 있다.

제4항에도 불구하고 세관공무원은 납세자가 제2항에 따라 일시 보관하고 있는 장부등의 반환을 요청한 경우로서 관세조사에 지장이 없다고 판단될 때에는 요청한 장부등을 즉시 반환하여야 한다. 제4항 및 제5항에 따라 납세자에게 장부등을 반환하는 경우 세관공무원은 장부등의 사본을 보관할 수 있고, 그 사본이 원본과 다름없다는 사실을 확인하는 납세자의 서명 또는 날인을 요구할 수 있다. 제1항부터 제6항까지에서 규정한 사항 외에 장부등의 일시 보관 방법 및 절차 등에 관하여 필요한 사항은 대통령령으로 정한다.(관세법 제114조의2제4항~7항)[본조신설 2017.12.19.]

8. 비밀유지(관세법 제116조)

세관공무원은 납세자가 이 법에서 정한 납세의무를 이행하기 위하여 제출한 자료나 관세의 부과·징수 또는 통관을 목적으로 업무상 취득한 자료 등(과세정보)을 타인에게 제공 또는 누설하여서는 아니 되며, 사용 목적 외의 용도로 사용하여서도 아니 된다. 다만, 다음 각 호의 어느 하나에 해당하는 경우에는 그 사용 목적에 맞는 범위에서 납세자의 과세정보를 제공할 수 있다. 〈개정 2017.12.19.〉 제1항에 따라 과세정보를 알게 된 자는 타인에게 제공하거나 누설하여서는 아니 되며, 그 목적 외의 용도로 사용하여서도 아니 된다(관세법 제116조제4항).

1. 국가기관이 관세에 관한 쟁송이나 관세범에 대한 소추(訴追)를 목적으로 과세정보를 요구하는 경우
2. 법원의 제출명령이나 법관이 발부한 영장에 따라 과세정보를 요구하는 경우
3. 세관공무원 상호간에 관세를 부과·징수, 통관 또는 질문·검사하는 데에 필요하여 과세정보를 요구하는 경우
4. 통계청장이 국가통계작성 목적으로 과세정보를 요구하는 경우
5. 다른 법률에 따라 과세정보를 요구하는 경우

제1항제1호 및 제4호 및 제5호에 따라 과세정보의 제공을 요구하는 자는 문서로 해당 세관장에게 요구하여야 한다(관세법 제116조제2항). 〈개정 2017.12.19.〉

세관공무원은 제1항 및 제2항에 위반되게 과세정보의 제공을 요구받으면 이를 거부하여야 한다(관세법 제116조제3항).

이 조에 따라 과세정보를 제공받아 알게 된 자 중 공무원이 아닌 자는 「형법」이나 그 밖의 법률에 따른 벌칙을 적용할 때 공무원으로 본다(관세법 제116조 제5항). [전문개정 2010.12.30.]

1) 고액·상습체납자 명단공개(관세법 제116조의2)

(1) 명단공개 대상

제116조에도 불구하고 관세청장은 체납발생일부터 1년이 지난 관세 및 내국세등("체납관세 등")이 2억원 이상인 체납자에 대하여는 그 인적사항과 체납액 등을 공개할 수 있다. 다만, 체납관세 등에 대하여 이의신청·심사청구 등 불복청구가 진행 중이거나 체납액의 일정금액 이상을 납부한 경우 등 대통령령으로 정하는 사유에 해당하는 경우에는 그러하지 아니하다(관세법 제117조 제1항). 〈개정 2011.12.31., 2013.1.1., 2015.12.15., 2017.12.19.〉

제1항과 제4항에 따른 체납자의 인적사항과 체납액 등에 대한 공개 여부를 심의하거나 재심의하기 위하여 관세청에 관세정보공개심의위원회("심의위원회")를 둔다.

관세청장은 심의위원회의 심의를 거친 공개대상예정자에게 체납자 명단

공개대상예정자임을 통지하여 소명할 기회를 주어야 한다.

관세청장은 이에 따라 통지한 날부터 6개월이 지나면 심의위원회로 하여금 체납액의 납부이행 등을 고려하여 체납자의 명단 공개 여부를 재심의하게 한다.

제1항에 따른 공개는 관보에 게재하거나 관세청장이 지정하는 정보통신망 또는 관할 세관의 게시판에 게시하는 방법으로 한다.

제1항부터 제5항까지의 규정에 따른 체납자 명단 공개 및 심의위원회의 구성·운영 등에 필요한 사항은 대통령령으로 정한다(관세법 제117조제2항~6항). [전문개정 2010.12.30.]

2) 납세증명서의 제출 및 발급(관세법 제116조의3)

납세자(미과세된 자를 포함)는 다음 각 호의 어느 하나에 해당하는 경우에는 대통령령으로 정하는 바에 따라 납세증명서를 제출하여야 한다

1. 국가, 지방자치단체 또는 대통령령으로 정하는 정부관리기관으로부터 대금을 지급받을 경우
2. 관세를 납부할 의무가 있는 외국인이 출국할 경우
3. 내국인이 외국으로 이주하거나 1년을 초과하여 외국에 체류할 목적으로 외교부장관에게 거주목적의 여권을 신청하는 경우

세관장은 납세자로부터 납세증명서의 발급신청을 받았을 때에는 그 사실을 확인하고 즉시 납세증명서를 발급하여야 한다(관세법 제118조제2항). [본조신설 2014.12.23.]

3) 정보의 제공(관세법 제117조)

세관공무원은 납세자가 납세자의 권리행사에 필요한 정보를 요구하면 신속하게 제공하여야 한다. 이 경우 세관공무원은 납세자가 요구한 정보와 관련되어 있어 관세청장이 정하는 바에 따라 납세자가 반드시 알아야 한다고 판단되는 그 밖의 정보도 함께 제공하여야 한다.[본조 신설 2014.12.23]

문제 1

관세법상 납세자는 관세행정과 관련된 처분에 있어 조세절차법상의 권리를 가지고 있다. 이와 관련된 납세자의 권리에 대한 다음 설명 중 잘못된 것은?

(제34회 국제무역사, 2014. 8. 2.)

① 관세청장은 납세자의 권리보호에 관한 사항을 포함하는 납세자권리헌장을 제정하여 고시하여야 한다.
② 일부 특정한 경우를 제외하고, 세관공무원은 해당 사안에 대해 중복조사를 할 수 없다.
③ 납세자는 관세조사를 받는 경우에 변호사 또는 관세사로 하여금 조사에 참여하게 하거나 의견을 진술하게 할 수 있다.
④ 세관공무원은 관세조사를 하는 경우, 조사 개시 10일 전까지 조사대상 및 사유 등 필요한 사항을 납세자에게 서면으로 통지하여야 한다.

정답 ④

제2절 과세전적부심사제도

1. 과세전적부심사제도의 의의

"과세전적부심사제도"는 납세의무자를 위한 사전구제제도로써 세관의 경정 ·고지에 대하여 세금고지서를 발부하기 전에 과세할 내용을 납세자에게 미리 알려주고 이에 이의가 있는 납세자는 과세전적부심사를 청구하도록 하여 심사결과 납세자의 주장이 타당한 경우 세금고지서서 발부 전에 바로잡는 제도로서 납세자권리를 원천적으로 보호하는 제도이다. 납세자들은 과세전적부심사제도와는 별도로 납세고지서를 받은 후에도 이의신청, 심사청구 및 심판청구 등 관세행정심판제도를 이용하여 권리를 구제받을 수 있다.

2. 부족세액의 징수 전 서면 통지

세관장은 제38조의3제4항(수정 및 경정) 또는 제39조(부과고지) 제2항에 따라 납부세액이나 납부하여야 하는 세액에 미치지 못한 금액을 징수하려는 경우에는 미리 납세의무자에게 그 내용을 서면으로 통지하여야 한다. 다만, 다음 각 호의 어느 하나에 해당하는 경우에는 그러하지 아니하다(관세법 제118조제1항). 〈개정 2011.12.31., 2016.12.20.〉

1. 통지하려는 날부터 3개월 이내에 제21조에 따른 관세부과의 제척기간이 만료되는 경우
2. 제28조제2항에 따라 납세의무자가 확정가격을 신고한 경우
3. 제38조제2항 단서에 따라 수입신고 수리 전에 세액을 심사하는 경우로서 그 결과에 따라 부족세액을 징수하는 경우
4. 제97조제3항 또는 제102조제2항에 따라 감면된 관세를 징수하는 경우
5. 제270조에 따른 관세포탈죄로 고발되어 포탈세액을 징수하는 경우
6. 그 밖에 관세의 징수가 곤란하게 되는 등 사전통지가 적당하지 아니한 경우로서 대통령령으로 정하는 경우

3. 과세전적부심사 청구

납세의무자는 제1항에 따른 통지를 받았을 때에는 그 통지를 받은 날부터 30일 이내에 기획재정부령으로 정하는 세관장에게 통지 내용이 적법한지에 대한 심사("과세전적부심사")를 청구할 수 있다. 다만, 법령에 대한 관세청장의 유권해석을 변경하여야 하거나 새로운 해석이 필요한 경우 등 대통령령으로 정하는 경우에는 관세청장에게 이를 청구할 수 있다(관세법 제118조제2항).

1) 과세전적부심사의 범위(관세법 시행령 제143조)

관세법 제118조제2항 단서에서 "법령에 대한 관세청장의 유권해석을 변경하여야 하거나 새로운 해석이 필요한 경우 등 대통령령으로 정하는 경우"란 다음 각 호의 어느 하나에 해당하는 경우를 말한다. 〈개정 2001.12.31., 2004.3.29., 2007.4.5., 2010.3.26., 2011.4.1., 2012.2.2.〉

1. 관세청장의 훈령·예규·고시 등과 관련하여 새로운 해석이 필요한 경우
2. 관세청장의 업무감사결과 또는 업무지시에 따라 세액을 경정하거나 부족한 세액을 징수하는 경우
3. 관세평가분류원장의 품목분류 및 유권해석에 따라 수출입물품에 적용할 세율이나 물품분류의 관세율표 번호가 변경되어 세액을 경정하거나 부족한 세액을 징수하는 경우
4. 동일 납세의무자가 동일한 사안에 대하여 둘 이상의 세관장에게 과세전적부심사를 청구하여야 하는 경우
5. 제1호부터 제4호까지의 규정에 해당하지 아니하는 경우로서 과세전적부심사 청구금액이 5억원 이상인 것

2) 결정 및 통지

과세전적부심사를 청구받은 세관장이나 관세청장은 그 청구를 받은 날부터 30일 이내에 제124조에 따른 관세심사위원회의 심사를 거쳐 결정을 하고, 그 결과를 청구인에게 통지하여야 한다. 다만, 과세전적부심사 청구기간이 지난 후 과세전적부심사청구가 제기된 경우 등 대통령령으로 정하는 사유에 해당하는 경우에는 관세심사위원회의 심사를 거치지 아니하고 결정할 수 있다(관세법 제118조제3항). 〈개정 2011.12.31., 2015.12.15.〉

3) 과세전적부심사 청구에 대한 결정

과세전적부심사 청구에 대한 결정은 다음 각 호의 구분에 따른다(관세법 제118조제4항). 〈개정 2017.12.19.〉

1. 청구가 이유 없다고 인정되는 경우: 채택하지 아니한다는 결정
2. 청구가 이유 있다고 인정되는 경우: 청구의 전부 또는 일부를 채택하는 결정. 이 경우 구체적인 채택의 범위를 정하기 위하여 사실관계 확인 등 추가적으로 조사가 필요한 경우에는 제1항 본문에 따른 통지를 한 세관장으로 하여금 이를 재조사하여 그 결과에 따라 당초 통지 내용을 수정하여 통지하도록 하는 재조사 결정을 할 수 있다.

3. 청구기간이 지났거나 보정기간 내에 보정하지 아니하는 경우: 심사하지 아니한다는 결정

제1항 각 호 외의 부분 본문에 따른 통지를 받은 자는 과세전적부심사를 청구하지 아니하고 통지를 한 세관장에게 통지받은 내용의 전부 또는 일부에 대하여 조기에 경정해 줄 것을 신청할 수 있다. 이 경우 해당 세관장은 즉시 신청받은 대로 세액을 경정하여야 한다(관세법 제118조제5항). 〈신설 2011.12.31.〉

과세전적부심사에 관하여는 제122조제2항, 제123조, 제126조, 제128조제5항·제6항 및 제130조를 준용한다(관세법 제118조제6항). 〈개정 2011.12.31., 2017.12.19〉

과세전적부심사에 관하여는 「행정심판법」 제15조, 제16조, 제20조부터 제22조까지, 제29조, 제39조 및 제40조를 준용한다. 이 경우 "위원회"는 "관세심사위원회"로 본다(관세법 제118조 제7항). 〈신설 2011.12.31.〉

과세전적부심사의 방법과 그 밖에 필요한 사항은 대통령령으로 정한다(관세법 제118조제8항). 〈개정 2011.12.31.〉 [전문개정 2010.12.30.]

제3절 관세행정심판제도

"관세행정심판제도"는 관세 행정상의 잘못된 처분으로 권익을 침해받은 개인이 '이의신청', '심사청구', '심판청구'와 같은 관세행정심판제도를 이용함으로써 법원의 소송절차 없이 적은 비용으로 자기의 정당한 권리를 보호받을 수 있는 제도이다. 즉, 관세행정심판제도는 세관의 위법한 행정처분이나 그 밖의 공권력 행사·불행사로 인하여 권리 또는 이익을 침해당한 자가 법원에 행정소송을 제기하기 전보다 간편하고 신속한 절차를 이용하여 그 구제를 요구하는 제도를 말한다.

1. 관세행정심판의 의의와 필요성

1) 관세행정심판의 의의

행정심판은 위법·부당한 행정작용으로 인하여 권익을 침해당한 개인 또는 법인이 행정작용의 취소, 변경, 위법한 부작위에 대한 의무이행, 무효의 확인을 행정기관인 재결청(裁決廳)에 구하는 행정상 권리구제절차를 말한다. 행정소송제도 중에서 행정심판은 법원에 의하여 재판절차로 진행되는 행정소송과는 달리 처분행정청의 재결청에 설치된 행정심판위원회에서 심리(審理), 재결(裁決)되는 절차라는 점에서 사법절차는 아니다.

2) 행정구제의 필요성

법원에 대한 행정소송 이외에 행정구제제도인 행정심판이 필요한 이유는 법원에 따른 판단이 신중하고 공정하다고 볼 수 있지만, 여기에는 많은 시간과 노력 그리고 비용이 소요된다고 볼 수 있다. 이러한 애로점을 피하고자 일차적으로 행정청 자신에게 맡겨서 그 자체의 전문성과 기술성을 가지고 간편·신속하게 의뢰인의 권리를 구제함으로써 사법상의 미비점을 보완시킬 수 있는 제도이다. 이를 통하여 행정청 자신의 처분에 대한 정당성 여부를 평가받는 교정의 기회를 얻게 되고 행정관청의 수직관계에서 상급관청은 하급관청에 대하여 업무의 관리·감독을 수행한다는 점에서도 행정구제절차는 필요한 제도이다.

2. 관세행정심판의 종류와 심급

관세행정심판에는 이의신청, 심사청구, 심판청구 등 3가지 종류가 있다. 세관의 처분에 불만이 있는 자는 세관장에게 이의신청하거나 관세청장에게 심사청구 또는 국세심판원장에게 심판청구를 할 수 있다. 이의신청을 제기하였으나 청구인의 주장을 세관장이 받아들여 주지 않으면 다시 관세청장에게 심사청구 또는 국세심판원장에게 심판청구를 요청할 수 있다. 이 경우 심사청구와 심판청구는 중복하여 제기할 수 없다. 청구인은 심사청구 또는 심판청구가 받아들여지지 않으면 법원에 소송을 제기할 수 있다. 또한, 감사원에 직접 심사청구를 제기할 수도 있다. 감사원 심사청구제도는 행정심판제도의 최종심이 되므로 감사원의 결정에 불복하는 경우에는 법원에 행정소송을 제기할 수 있다.

3. 불복의 신청과 관세행정심판의 청구인

1) 불복의 신청

이 법이나 그 밖의 관세에 관한 법률 또는 조약에 따른 처분으로서 위법한 처분 또는 부당한 처분을 받거나 필요한 처분을 받지 못하여 권리 또는 이익을 침해당한 자는 이 절에 따른 심사청구 또는 심판청구를 하여 그 처분을 취소 또는 변경하거나 그 밖에 필요한 처분을 하여 줄 것을 청구할 수 있다. 다만, 관세청장이 조사결정한 처분 또는 처리하였거나 처리하였어야 하는 처분인 경우를 제외하고는 그 처분에 대하여 심사청구 또는 심판청구에 앞서 이 절에 따른 이의신청을 할 수 있다(관세법 제119조제1항).

2) 관세행정심판의 청구인

수입물품에 부과하는 내국세 등의 부과, 징수, 감면, 환급 등에 관한 세관장의 처분에 불복하는 자는 이 절에 따른 이의신청·심사청구 및 심판청구를 할 수 있다(관세법 제119조제6항).

이 법이나 그 밖의 관세에 관한 법률 또는 조약에 따른 처분으로 권리나 이익을 침해받게 되는 제2차 납세의무자 등 대통령령으로 정하는 이해관계인은 그 처분에 대하여 이 절에 따른 심사청구 또는 심판청구를 하여 그 처분의 취소 또는 변경이나 그 밖에 필요한 처분을 청구할 수 있다. 이 경우 제1항 단서, 제2항 및 제6항을 준용한다(관세법 제119조제7항).

3) 관세행정심판의 대상이 아닌 처분

다음 각 호의 처분은 제1항의 처분에 포함되지 아니한다(관세법 제119조제2항). 〈개정 2015.12.15.〉

1. 이 절에 따른 이의신청·심사청구 또는 심판청구에 대한 처분. 다만, 이의신청에 대한 처분에 대하여 심사청구 또는 심판청구를 하는 경우는 제외한다.
2. 이 법에 따른 통고처분
3. 「감사원법」에 따라 심사청구를 한 처분이나 그 심사청구에 대한 처분

제2항제3호의 심사청구는 그 처분을 한 것을 안 날(처분의 통지를 받았을 때에는 그 통지를 받은 날을 말한다)부터 90일 이내에 하여야 한다.

제2항제3호의 심사청구를 거친 처분에 대한 행정소송은 「행정소송법」 제18조제2항·제3항 및 같은 법 제20조에도 불구하고 그 심사청구에 대한 결정을 통지받은 날부터 90일 내에 처분청을 당사자로 하여 제기하여야 한다.

제3항과 제4항의 기간은 불변기간으로 한다.

수입물품에 부과하는 내국세등의 부과, 징수, 감면, 환급 등에 관한 세관장의 처분에 불복하는 자는 이 절에 따른 이의신청·심사청구 및 심판청구를 할 수 있다.

이 법이나 그 밖의 관세에 관한 법률 또는 조약에 따른 처분으로 권리나 이익을 침해받게 되는 제2차 납세의무자 등 대통령령으로 정하는 이해관계인은 그 처분에 대하여 이 절에 따른 심사청구 또는 심판청구를 하여 그 처분의 취소 또는 변경이나 그 밖에 필요한 처분을 청구할 수 있다. 이 경우 제1항 단서, 제2항 및 제6항을 준용한다.

동일한 처분에 대하여는 심사청구와 심판청구를 중복하여 제기할 수 없다(관세법 제119조제3항~제8항).[전문개정 2010.12.30.]

4. 이의신청(관세법 제132조)

"이의신청"(異議申請)이란 행정법상, 위법 또는 부당한 행정처분의 취소 또는 변경을 요구하기 위하여 처분행정청에 대하여 재심사를 청구하는 행위이다. 법령상 이의신청이라는 용어 이외에 불복신청, 재심사청구, 심사청구, 재정신청, 재결신청, 소원(訴願) 등의 말이 쓰이고 있다. 즉, 세관장의 위법·부당한 과세처분에 대하여 그 세관장에게 이를 취소하거나 변경하도록 요구하는 것을 말하며, 이는 관세 관련 행정구제제도에 있어서 제1단계이지만 반드시 거쳐야 하는 절차가 아니므로 관세청장에게 직접 심사청구를 하거나 국세심판원장에게 심판청구를 할 수 있다.

이의신청은 대통령령으로 정하는 바에 따라 불복의 사유를 갖추어 해당 처분을 하였거나 하였어야 할 세관장에게 하여야 한다. 이 경우 제258조에 따른 결정사항 또는 제259조제1항에 따른 세액에 관한 이의신청은 해당 결정사항 또는 세액에 관한 통지를 직접 우송한 우체국의 장에게 이의신청서를 제출함으로써 할 수 있고, 우체국의 장이 이의신청서를 접수한 때에 세관장이 접수한 것으로 본다. 이에 따라 이의신청을 받은 세관장은 관세심사위원회의 심의를 거쳐 결정하여야 한다(관세법 제132조제1항~2항).

이의신청에 관하여는 제121조, 제122조제2항, 제123조, 제127조 및 제128조를 준용한다. 다만, 제128조제2항 중 "90일"은 "30일"(제6항에 따라 증거서류 또는 증거물을 제출한 경우에는 "60일")로 본다(관세법 제132조제3항). 〈개정 2017.12.19.〉

제1항에 따라 이의신청을 받은 세관장은 이의신청을 받은 날부터 7일 이내에 이의신청의 대상이 된 처분에 대한 의견서를 이의신청인에게 송부하여야 한다. 이 경우 의견서에는 처분의 근거·이유 및 처분의 이유가 된 사실 등이 구체적으로 기재되어야 한다. 이의신청인은 제5항 전단에 따라 송부받은 의견서에 대하여 반대되는 증거서류 또는 증거물을 세관장에게 제출할 수 있다.(관세법 제132조제5~6항항). 〈신설 2017.12.19.〉

5. 대리인(관세법 제126조)

이의신청인, 심사청구인 또는 심판청구인은 변호사나 관세사를 대리인으로 선임할 수 있다.〈개정 2016.12.20.〉

이의신청인, 심사청구인 또는 심판청구인은 신청 또는 청구의 대상이 대통령령으로 정하는 금액 미만인 3천만원 미만인 경우에는 배우자, 4촌 이내의 혈족 또는 배우자의 4촌 이내의 혈족을 대리인으로 선임할 수 있다.〈신설 2016.12.20.〉

대리인의 권한은 서면으로 증명하여야 하며, 대리인은 본인을 위하여 청구에 관한 모든 행위를 할 수 있다. 다만, 청구의 취하는 특별한 위임을 받은 경우에만 할 수 있다. 또한, 대리인을 해임하였을 때에는 그 뜻을 서면으로 해당 재결청에 신고하여야 한다.〈개정 2016.12.20.〉[전문개정 2010.12.30.]

6. 심사청구

"관세심사청구"란 세관상의 위법·부당한 과세처분에 대하여 그 상급기관인 관세청장에게 과세처분의 취소 또는 변경을 요구하는 것을 말한다.

1) 심사청구기간

심사청구는 해당 처분을 한 것을 안 날(처분하였다는 통지를 받았을 때에는 통지를 받은 날)부터 90일 이내에 제기하여야 한다.

이의신청을 거친 후 심사청구를 하려는 경우에는 이의신청에 대한 결정을 통지받은 날부터 90일 이내에 하여야 한다. 다만, 제132조제4항 단서에 따른 결정기간 내에 결정을 통지받지 못한 경우에는 결정을 통지받기 전이라도 그 결정기간이 지난 날부터 심사청구를 할 수 있다.

제1항과 제2항 본문의 기한 내에 우편으로 제출(「국세기본법」 제5조의2에서 정한 날을 기준으로 한다)한 심사청구서가 청구기간이 지나 세관장 또는 관세청장에게 도달한 경우에는 그 기간의 만료일에 청구된 것으로 본다.〈개정

2014.1.1.〉

심사청구인이 제10조에서 규정하는 사유(신고, 신청, 청구, 그 밖의 서류의 제출 및 통지에 관한 기한 연장 사유로 한정한다)로 제1항에서 정한 기간 내에 심사청구를 할 수 없을 때에는 그 사유가 소멸한 날부터 14일 이내에 심사청구를 할 수 있다. 이 경우 심사청구인은 그 기간 내에 심사청구를 할 수 없었던 사유, 그 사유가 발생한 날과 소멸한 날, 그 밖에 필요한 사항을 적은 문서를 함께 제출하여야 한다(관세법 제121조제1항~4항). [전문개정 2010.12.30.].

2) 심사청구절차

심사청구는 대통령령으로 정하는 바에 따라 불복하는 사유를 심사청구서에 적어 해당 처분을 하였거나 하였어야 하는 세관장을 거쳐 관세청장에게 하여야 한다. 이에 따라 해당 심사청구서를 제출받은 세관장은 이를 받은 날부터 7일 내에 그 심사청구서에 의견서를 첨부하여 관세청장에게 보내야 한다.(관세법 제122조제1항, 제3항)

제121조에 따른 심사청구기간을 계산할 때에는 제1항에 따라 해당 심사청구서가 세관장에게 제출된 때에 심사청구가 된 것으로 본다. 해당 심사청구서가 제1항에 따른 세관장 외의 세관장이나 관세청장에게 제출된 경우에도 또한 같다. 관세청장은 이에 따라 세관장의 의견서를 받은 때에는 지체 없이 해당 의견서의 부본을 심사청구인에게 송부하여야 한다(관세법 제122조제2항, 제4항).〈신설 2017.12.19.〉

심사청구인은 제4항에 따라 송부받은 의견서에 대하여 반대되는 증거서류 또는 증거물을 관세청장에게 제출할 수 있다.〈신설 2017.12.19.〉(관세법 제122조 제1항~제5항)[전문개정 2010.12.30.]

3) 심사청구에 대한 결정

납세의무자의 심사청구에 대하여 관세청장은 이를 심사하고 관세심사위원회의 심의를 거쳐 90일 이내에 결정을 하여야 한다.

(1) 관세심사위원회의 운영

제118조에 따른 과세전적부심사, 제122조에 따른 심사청구 및 제132조에 따른 이의신청을 심의하기 위하여 세관 및 관세청에 각각 관세심사위원회를 둔다(관세법 제124조제1항). 관세심사위원회는 관세청장에게 제기된 심사청구를 심의하기 위하여 관세청에 설치된 위원회이다.

(2) 결정 절차(관세법 제127조)

제122조에 따른 심사청구가 있으면 관세청장은 관세심사위원회의 심의를 거쳐 이를 결정하여야 한다. 다만, 심사청구기간이 지난 후 심사청구가 제기된 경우 등 대통령령으로 정하는 사유에 해당하는 경우에는 그러하지 아니하다. 관세심사위원회의 회의는 공개하지 아니한다. 다만, 관세심사위원회의 위원장이 필요하다고 인정할 때에는 공개할 수 있다.(관세법 제127조제1항~2항)
[전문개정 2010.12.30.]

(3) 결정

심사청구에 대한 결정은 다음 각 호의 구분에 따른다(관세법 제128조제1항). 〈개정 2016.12.20., 2017.12.19.〉

1. 심사청구가 다음 각 목의 어느 하나에 해당하는 경우: 그 청구를 각하하는 결정
   가. 심판청구를 제기한 후 심사청구를 제기(같은 날 제기한 경우도 포함)한 경우
   나. 제121조에 따른 심사청구 기간이 지난 후에 심사청구를 제기한 경우
   다. 제123조에 따른 보정기간 내에 필요한 보정을 하지 아니한 경우
   라. 적법하지 아니한 심사청구를 제기한 경우
   마. 가목부터 라목까지의 규정에 따른 경우와 유사한 경우로서 대통령령으로 정하는 경우
2. 심사청구가 이유 없다고 인정되는 경우: 그 청구를 기각하는 결정
3. 심사청구가 이유 있다고 인정되는 경우: 그 청구의 대상이 된 처분의 취

소 · 경정 또는 필요한 처분의 결정. 이 경우 취소 · 경정 또는 필요한 처분을 하기 위하여 사실관계 확인 등 추가적으로 조사가 필요한 경우에는 처분청으로 하여금 이를 재조사하여 그 결과에 따라 취소 · 경정하거나 필요한 처분을 하도록 하는 재조사 결정을 할 수 있다.

제1항에 따른 결정은 심사청구를 받은 날부터 90일 이내에 하여야 한다. 다만, 부득이한 사유가 있을 때에는 그러하지 아니하다. 제1항에 따른 결정을 하였을 때에는 제2항의 결정기간 내에 그 이유를 적은 결정서를 심사청구인에게 통지하여야 한다(관세법 제128조제2항~3항).

제123조에 따른 보정기간은 제2항에 따른 결정기간에 산입하지 아니한다(관세법 제128조제4항).

제1항제3호 후단에 따른 재조사 결정이 있는 경우 처분청은 재조사 결정일부터 60일 이내에 결정서 주문에 기재된 범위에 한정하여 조사하고, 그 결과에 따라 취소 · 경정하거나 필요한 처분을 하여야 한다. 이 경우 처분청은 대통령령으로 정하는 바에 따라 조사를 연기 또는 중지하거나 조사기간을 연장할 수 있다(관세법 제128조제5항).〈신설 2017.12.19.〉.

제1항제3호 후단 및 제5항에서 규정한 사항 외에 재조사 결정에 필요한 사항은 대통령령으로 정한다(관세법 제128조제6항).〈신설 2017.12.19.〉[전문개정 2010.12.30.].

4) 불복방법의 통지(관세법 제129조)

이의신청 · 심사청구 또는 심판청구의 재결청은 결정서에 다음 각 호의 구분에 따른 사항을 함께 적어야 한다(관세법 제129조제1항).

1. 이의신청인 경우: 결정서를 받은 날부터 90일 이내에 심사청구 또는 심판청구를 제기할 수 있다는 뜻
2. 심사청구 또는 심판청구인 경우: 결정서를 받은 날부터 90일 이내에 행정소송을 제기할 수 있다는 뜻

이의신청 · 심사청구 또는 심판청구의 재결청은 해당 신청 또는 청구에 대

한 결정기간이 지날 때까지 결정을 하지 못한 경우에는 지체 없이 신청인이나 청구인에게 다음 각 호의 사항을 서면으로 통지하여야 한다(관세법 제129조제2항).

1. 이의신청인 경우: 결정을 통지받기 전이라도 그 결정기간이 지난 날부터 심사청구 또는 심판청구를 제기할 수 있다는 뜻
2. 심사청구 또는 심판청구인 경우: 결정을 통지받기 전이라도 그 결정기간이 지난 날부터 행정소송을 제기할 수 있다는 뜻[전문개정 2010.12.30.]

7. 조세심판원 심판청구제도

제119조제1항에 따른 심판청구에 관하여는 「국세기본법」 제7장제3절을 준용한다. 이 경우 「국세기본법」 중 "세무서장"은 "세관장"으로, "국세청장"은 "관세청장"으로 본다(관세법 제131조).

세관장의 처분에 불복하는 경우 처분을 안 날로부터 90일 이내에 관세청에 심사청구를 하거나 또는 조세심판원에 심판청구를 할 수 있다.

8. 행정소송

관세법 제119조에 따른 위법한 처분에 대한 행정소송은 「행정소송법」 제18조제1항 본문, 제2항 및 제3항에도 불구하고 이 법에 따른 심사청구 또는 심판청구와 그에 대한 결정을 거치지 아니하면 제기할 수 없다(관세법 제120조제2항).

제2항에 따른 행정소송은 「행정소송법」 제20조에도 불구하고 심사청구나 심판청구에 따른 결정을 통지받은 날부터 90일 이내에 제기하여야 하며 이의 기간은 불변으로 한다. 다만, 제128조제2항 본문 또는 제131조에 따른 결정기간 내에 결정을 통지받지 못한 경우에는 제2항에도 불구하고 결정을 통지받기 전이라도 그 결정기간이 지난날부터 행정소송을 제기할 수 있으며 이 기간은 불변으로 한다(관세법 제120조제3항, 제5항).

제119조제2항 제3호에 따른 심사청구를 거친 경우에는 이 법에 따른 심사

청구나 심판청구를 거친 것으로 보고 제2항을 준용한다(관세법 제120조제4항). [전문개정 2010.12.30.]

문제 2

다음과 같은 상황에서 수입자 ㈜ 한국무역이 관세법상 취할 수 있는 행위를 잘못 설명한 것은? (2017년 제40회 국제무역사 1급 기출)

㈜ 한국무역은 2014년 2월 5일부터 A제품을 중국으로 부터 수입하면서 중국측에 제공하는 로열티를 가산하지 않았으며, 잠정가격신고도 하지 않았다. 그러던 중 2017년 5월 1일부터 서울 세관으로부터 심사를 받았고, 심사결과, 로열티에 해당하는 재세액 3억원에 대하여 과세전 통지를 받았다.

① ㈜ 한국무역은 서울세관에 추징세액에 대한 과세 전 통지를 받을 날로부터 30일 이내에 과세 전 적부심사를 청구할 수 있다.

② ㈜ 한국무역은 과세 전 적부심사를 거치지 않고 관세청장 또는 감사원장 에 심사 청구를 하거나 조세심판원장에 심판청구를 할 수 있다.

③ 한국무역은 심사청구나 심판청구에 대한 결정통지를 받은 날로부터 90일 이내에 행정소송을 제기하여야 한다.

④ 한국무역은 관세법에 따른 심사청구 또는 심판청구를 거치지 아니하여도 행정 소송을 제기할 수 있다

정답 ④

9. 심사청구 등이 집행에 미치는 효력

이의신청·심사청구 또는 심판청구는 법령에 특별한 규정이 있는 경우를 제외하고는 해당 처분의 집행에 효력을 미치지 아니한다. 다만, 해당 재결청이 필요하다고 인정할 때에는 그 처분의 집행을 중지하게 하거나 중지할 수 있다(관세법 제125조). [전문개정 2010.12.30.]

문제 3

A사는 아르헨티나에서 콩을 수입하면서 현지에서 해당물품의 구매활동을 한 B사에 수수료를 지불하였다. 세관이 사후 심사과정에서 동 수수료가 과세가격에 포함되어야 한다며 이를 과세하겠다는 통지서를 보내왔다. A사는 동 수수료가 구매수수료이므로

이에 대한 과세가 위법·부당하다고 판단한다. 이 경우 A사가 선택하여 그 조치를 할 수 있는 것을 다음 보기에서 모두 고르면? (제33회 국제무역사 2014. 2. 15.)

가. 과세전적부심사청구	나. 이의신청	다. 심사청구
라. 심판청구	마. 행정소송	

① 가 ② 가, 나 ③ 나, 다, 라 ④ 나, 다, 라, 마

정답 ①

제11장 운송수단 및 보세제도

제1절 운송수단

관세법상 "우송수단"이란 관세법에 따라 규제대상이 되는 운송수단으로서 주로 무역을 위하여 외국을 왕래하는 무역선(기) 등으로 선박, 항공기, 국경을 출입하는 차량을 말한다.

1. 개항의 지정 등

개항은 대통령령으로 지정되는데(관세법 제133조: 개항의 지정 등), 현재 부산, 인천 등의 항구와 인천, 김포, 김해, 제주, 청주국제공항 등이 개항으로 지정되어있다. 개항의 반대개념인 개항으로 지정되지 아니한 항구 및 공항을 불개항이라고 한다.

1) 개항

"개항"은 외국무역선(기)이 자유롭게 출입할 수 있는 항구 및 공항으로서 수출입 화물의 적재와 하역이 이루어지고 내외국여행자들이 출입국하는 장소를 말한다.

2) 우리나라 개항의 종류

법 제133조에 따른 개항은 다음 표와 같다(관세법 시행령 제115조1항).〈개정 2012.2.2, 2012.6.5., 2015.2.6.〉 개항의 항계는 「항만법 시행령」 별표 1에 따른 항만의 수상구역 또는 「공항시설법」에 의한 범위로 한다(관세법 시행령 제115조 제2항).〈개정 2006.5.22., 2015.8.3., 2016.2.5., 2017.3.29.〉

◇ 개항의 종류(관세법 시행령 제155조) ◇

구분	개항명
항구	인천항, 부산항, 마산항, 여수항, 목포항, 군산항, 제주항, 동해·묵호항, 울산항, 통영항, 삼천포항, 장승포항, 포항항, 장항항, 옥포항, 광양항, 평택·당진항, 대산항, 삼척항, 진해항, 완도항, 속초항, 고현항, 경인항
공항	인천공항, 김포공항, 김해공항, 제주공항, 청주공항, 대구공항, 부산공항, 양양공항

〈개정 2012.2.2., 2012.6.5., 2015.2.6.〉

문제 1

외국무역선이나 외국무역기는 개항에 한정하여 운항할 수 있다. 다음 중 개항이 아닌 곳은? (제32회 국제무역사, 2013. 8. 3.)

① 보령항 ② 완도항 ③ 진해항 ④ 경인항

정답 ①

3) 개항 등에의 출입

외국무역선이나 외국무역기는 개항에 한정하여 운항할 수 있다. 다만, 대통령령으로 정하는 바에 따라 개항이 아닌 지역에 대한 출입의 허가를 받은 경우에는 그러하지 아니하다(관세법 제134조제1항).

외국무역선의 선장이나 외국무역기의 기장은 제1항 단서에 따른 허가를 받으려면 기획재정부령으로 정하는 바에 따라 허가수수료를 납부하여야 한다(관세법 제134조제2항). [전문개정 2010.12.30.]

2. 선박과 항공기

1) 입출항 절차

(1) 입항절차

외국무역선이나 외국무역기가 개항(제134조제1항 단서에 따라 출입허가를 받은 지역을 포함)에 입항하였을 때에는 선장이나 기장은 대통령령으로 정하는 사항이 적힌 선용품 또는 기용품의 목록, 여객명부, 승무원명부, 승무원 휴대품목록과 적하목록을 첨부하여 지체 없이 세관장에게 입항보고를 하여야 하며, 외국무역선은 선박국적증서와 최종 출발항의 출항면장(出港免狀)이나 이를 갈음할 서류를 제시하여야 한다. 다만, 세관장은 감시・단속에 지장이 없다고 인정될 때에는 선용품 또는 기용품의 목록이나 승무원 휴대품목록의 첨부를 생략하게 할 수 있다(관세법 제135조제1항).

세관장은 신속한 입항 및 통관절차의 이행과 효율적인 감시・단속을 위하여 필요할 때에는 관세청장이 정하는 바에 따라 입항하는 해당 선박 또는 항공기가 소속된 선박회사 또는 항공사(그 업무를 대행하는 자를 포함)로 하여금 제1항에 따른 여객명부・적하목록 등을 입항하기 전에 제출하게 할 수 있다. 다만, 제222조제1항제2호에 따른 화물운송주선업자(제254조의2제1항에 따른 탁송품 운송업자로 한정)로서 대통령령으로 정하는 요건을 갖춘 자가 작성한 적하목록은 관세청장이 정하는 바에 따라 해당 화물운송주선업자로 하여금 제출하게 할 수 있다(관세법 제135조제2항). 〈개정 2015.12.15.〉[전문개정 2010.12.30.]

(2) 출항절차

외국무역선이나 외국무역기가 개항을 출항하려면 선장이나 기장은 출항하기 전에 세관장에게 출항허가를 받아야 한다. 선장이나 기장은 제1항에 따른 출항허가를 받으려면 그 개항에서 적재한 물품의 목록을 제출하여야 한다. 다만, 세관장이 출항절차를 신속하게 진행하기 위하여 필요하다고 인정하여 출항허가 후 7일의 범위에서 따로 기간을 정하는 경우에는 그 기간 내에 그 목록을 제출할 수 있다(관세법 제136조제1항~2항). [전문개정 2010.12.30.]

(3) 간이입출항절차

외국무역선이나 외국무역기가 개항에 입항하여 물품(선용품 또는 기용품과 승무원의 휴대품은 제외)을 하역하지 아니하고 입항한 때부터 24시간 이내에 출항하는 경우 세관장은 제135조에 따른 적하목록, 선용품 또는 기용품의 목록, 여객명부, 승무원명부, 승무원 휴대품목록 또는 제136조에 따른 적재물품의 목록의 제출을 생략하게 할 수 있다(관세법 제137조제1항). 세관장은 외국무역선이나 외국무역기가 개항에 입항하여 제135조에 따른 절차를 마친 후 다시 우리나라의 다른 개항에 입항할 때에는 제1항을 준용하여 서류제출의 생략 등 간소한 절차로 입출항하게 할 수 있다(관세법 제137조제2항). [전문개정 2010.12.30.]

(4) 승객예약자료의 요청

세관장은 다음 각 호의 어느 하나에 해당하는 업무를 수행하기 위하여 필요한 경우 제135조에 따라 입항하거나 제136조에 따라 출항하는 선박 또는 항공기가 소속된 선박회사 또는 항공사가 운영하는 예약정보시스템의 승객예약자료를 정보통신망을 통하여 열람하거나 기획재정부령으로 정하는 시한 내에 제출하여 줄 것을 선박회사 또는 항공사에 요청할 수 있다. 이 경우 해당 선박회사 또는 항공사는 이에 따라야 한다(관세법 제137조의2제1항).

1. 제234조에 따른 수출입금지물품을 수출입한 자 또는 수출입하려는 자에 대한 검사업무
2. 제241조제1항・제2항을 위반한 자 또는 제241조제1항・제2항을 위반하여 다음 각 목의 어느 하나의 물품을 수출입하거나 반송하려는 자에 대한 검사업무
   가. 「마약류관리에 관한 법률」에 따른 마약류
   나. 「총포・도검・화약류 등 단속법」에 따른 총포・도검・화약류・분사기・전자충격기 및 석궁

세관장이 제1항에 따라 열람이나 제출을 요청할 수 있는 승객예약자료는 다음 각 호의 자료로 한정한다(관세법 제137조의2제2항).

1. 국적, 성명, 생년월일, 여권번호 및 예약번호
2. 주소 및 전화번호
3. 예약 및 탑승수속 시점
4. 항공권 또는 승선표의 번호·발권일·발권도시 및 대금결제방법
5. 여행경로 및 여행사
6. 동반탑승자 및 좌석번호
7. 수하물 자료
8. 항공사 또는 선박회사의 회원으로 가입한 경우 그 회원번호 및 등급과 승객주문정보

제1항에 따라 제공받은 승객예약자료를 열람할 수 있는 사람은 관세청장이 지정하는 세관공무원으로 한정한다(관세법 제137조의2제3항). 이에 따른 세관공무원은 직무상 알게 된 승객예약자료를 누설 또는 권한 없이 처리하거나 타인이 이용하도록 제공하는 등 부당한 목적을 위하여 사용하여서는 아니 된다(관세법 제137조의2제4항).

제1항에 따라 제공받은 승객예약자료의 열람방법, 보존기한 등에 관하여 필요한 사항은 대통령령으로 정한다(관세법 제137조의2제5항). [전문개정 2010.12.30.]

2) 재해나 그 밖의 부득이한 사유로 인한 면책

제134조부터 제137조까지 및 제140조부터 제143조까지의 규정은 재해나 그 밖의 부득이한 사유에 의한 경우에는 적용하지 아니한다. 제1항의 경우 선장이나 기장은 지체 없이 그 이유를 세관공무원이나 국가경찰공무원(세관공무원이 없는 경우로 한정)에게 신고하여야 한다. 이에 따른 신고를 받은 국가경찰공무원은 지체 없이 그 내용을 세관공무원에게 통보하여야 한다. 선장이나 기장은 재해나 그 밖의 부득이한 사유가 종료되었을 때에는 지체 없이 세관장에게 그 경과를 보고하여야 한다.(관세법 제138조제1항~4항) [전문개정 2010.12.30.]

(1) 외국 기착의 보고

재해나 그 밖의 부득이한 사유로 내항선이나 내항기가 외국에 기착(寄着)

하고 우리나라로 되돌아왔을 때에는 선장이나 기장은 지체 없이 그 사실을 세관장에게 보고하여야 하며, 외국에서 적재한 물품이 있을 때에는 그 목록을 제출하여야 한다(관세법 제139조). [전문개정 2010.12.30.]

3) 물품의 하역(관세법 제140조)

(1) 물품의 하역절차

외국무역선이나 외국무역기는 제135조에 따른 입항절차를 마친 후가 아니면 물품을 하역하거나 환적할 수 없다. 다만, 세관장의 허가를 받은 경우에는 그러하지 아니하다(관세법 제140조제1항).

외국무역선이나 외국무역기에 물품을 하역하거나 환적하려면 세관장에게 신고하고 현장에서 세관공무원의 확인을 받아야 한다. 다만, 세관공무원이 확인할 필요가 없다고 인정하는 경우에는 그러하지 아니하다. 세관장은 감시·단속을 위하여 필요할 때에는 제2항에 따라 물품을 하역하는 장소 및 통로("하역통로")와 기간을 제한할 수 있다.(관세법 제140조제2항~3항)

외국무역선이나 외국무역기에는 내국물품을 적재할 수 없으며, 내항선이나 내항기에는 외국물품을 적재할 수 없다. 다만, 세관장의 허가를 받았을 때에는 그러하지 아니하다(관세법 제140조제4항). [전문개정 2010.12.30.]

(2) 외국물품의 일시양륙 등

다음 각 호의 어느 하나에 해당하는 행위를 하려면 세관장에게 신고를 하고, 현장에서 세관공무원의 확인을 받아야 한다. 다만, 관세청장이 감시·단속에 지장이 없다고 인정하여 따로 정하는 경우에는 간소한 방법으로 신고 또는 확인하거나 이를 생략하게 할 수 있다(관세법 제141조제1항).

1. 외국물품을 운송수단으로부터 일시적으로 육지에 내려 놓으려는 경우
2. 해당 운송수단의 여객·승무원 또는 운전자가 아닌 자가 타려는 경우
3. 외국물품을 적재한 운송수단에서 다른 운송수단으로 물품을 환적 또는 복합환적하거나 사람을 이동시키는 경우(관세법 제141조). [전문개정 2010.12.30.]

(3) 항외 하역

외국무역선이 개항의 바깥에서 물품을 하역하거나 환적하려는 경우에는 선장은 세관장의 허가를 받아야 한다. 선장은 제1항에 따른 허가를 받으려면 기획재정부령으로 정하는 바에 따라 허가수수료를 납부하여야 한다(관세법 제142조제1항~2항). [전문개정 2010.12.30.]

(4) 선용품 및 기용품의 하역 등

다음 각 호의 어느 하나에 해당하는 물품을 외국무역선 또는 외국무역기에 하역하거나 환적하려면 세관장의 허가를 받아야 하며, 하역 또는 환적허가의 내용대로 하역하거나 환적하여야 한다(관세법 제143조제1항). 〈개정 2014.1.1.〉

1. 선용품 또는 기용품
2. 외국무역선 또는 외국무역기 안에서 판매하는 물품

제1항 각 호의 어느 하나에 해당하는 물품이 외국으로부터 우리나라에 도착한 외국물품일 때에는 보세구역으로부터 외국무역선 또는 외국무역기에 적재하는 경우에만 그 외국물품을 그대로 적재할 수 있다. 또한, 제1항 각 호에 따른 물품의 종류와 수량은 선박이나 항공기의 종류, 톤수 또는 무게, 항행일수 또는 운행일수, 여객과 승무원의 수 등을 고려하여 세관장이 타당하다고 인정하는 범위이어야 한다.(관세법 제143조제2항~3항)

제2항에 따른 외국물품인 선용품 또는 기용품과 외국무역선 또는 외국무역기 안에서 판매할 물품이 제1항에 따른 하역 또는 환적허가의 내용대로 운송수단에 적재되지 아니한 경우에는 해당 허가를 받은 자로부터 즉시 그 관세를 징수한다. 다만, 다음 각 호의 어느 하나에 해당하는 경우에는 그러하지 아니하다(관세법 제143조제4항). 〈개정 2014.12.23.〉

1. 세관장이 지정한 기간 내에 그 물품이 다시 보세구역에 반입된 경우
2. 재해나 그 밖의 부득이한 사유로 멸실된 경우
3. 미리 세관장의 승인을 받고 폐기한 경우

제1항에 따라 허가를 받아야 하는 물품의 종류와 수량, 사용 또는 판매내역관리, 하역 또는 환적절차 등에 관하여 필요한 사항은 관세청장이 정하여 고시한다(관세법 제143조제5항). 〈개정 2014.12.23.〉 [전문개정 2010.12.30.]

3. 차 량

1) 관세통로

국경출입차량은 관세통로를 경유하여야 하며, 통관역이나 통관장에 정차하여야 한다. 관세통로는 육상국경으로부터 통관역에 이르는 철도와 육상국경으로부터 통관장에 이르는 육로 또는 수로 중에서 세관장이 지정한다. 통관역은 국외와 연결되고 국경에 근접한 철도역 중에서 관세청장이 지정하며, 통관장은 관세통로에 접속한 장소 중에서 세관장이 지정한다(관세법 제148조).

2) 국경출입차량의 도착절차

국경출입차량이 통관역이나 통관장에 도착하면 통관역장이나 도로차량(선박 · 철도차량 또는 항공기가 아닌 운송수단)의 운전자는 차량용품목록 · 여객명부 · 승무원명부 및 승무원 휴대품목록과 관세청장이 정하는 적하목록을 첨부하여 지체 없이 세관장에게 도착보고를 하여야 하며, 최종 출발지의 출발허가서 또는 이를 갈음하는 서류를 제시하여야 한다. 다만, 세관장은 감시 · 단속에 지장이 없다고 인정될 때에는 차량용품목록이나 승무원 휴대품목록의 첨부를 생략하게 할 수 있다. 또한, 세관장은 신속한 입국 및 통관절차의 이행과 효율적인 감시 · 단속을 위하여 필요한 경우에는 관세청장이 정하는 바에 따라 도착하는 해당 차량이 소속된 회사(그 업무를 대행하는 자를 포함)로 하여금 여객명부 · 적하목록 등을 도착하기 전에 제출하게 할 수 있다(관세법 제149조제1항~3항).

3) 국경출입차량의 출발절차

국경출입차량이 통관역이나 통관장을 출발하려면 통관역장이나 도로차량의 운전자는 출발하기 전에 세관장에게 출발보고를 하고 출발허가를 받아야 한다. 통관역장이나 도로차량의 운전자는 제1항에 따른 허가를 받으려면 그 통관역 또는 통관장에서 적재한 물품의 목록을 제출하여야 한다(관세법 제150조 제1항~4항).

4) 물품의 하역 등

통관역이나 통관장에서 외국물품을 차량에 하역하려는 자는 세관장에게 신고를 하고, 현장에서 세관공무원의 확인을 받아야 한다. 다만, 세관공무원이 확인할 필요가 없다고 인정할 때에는 그러하지 아니하다.

차량용품과 국경출입차량 안에서 판매할 물품을 해당 차량에 하역하거나 환적하는 경우에는 선용품 및 기용품의 하역 등을 준용한다(관세법 제151조제1항~2항).

5) 도로차량의 국경출입

국경을 출입하려는 도로차량의 운전자는 해당 도로차량이 국경을 출입할 수 있음을 증명하는 서류를 세관장으로부터 발급받아야 한다(제152조제1항). 국경을 출입하는 도로차량의 운전자는 출입할 때마다 제1항에 따른 서류를 세관공무원에게 제시하고 사증을 받아야 한다. 이 경우 전자적인 방법으로 서류의 제시 및 사증 발급을 대신할 수 있다(관세법 제152조 제2항). 사증을 받으려는 자는 400원의 수수료를 납부하여야 한다. 다만, 기획재정부령으로 정하는 차량은 수수료를 면제한다(관세법 제152조제3항). [전문개정 2010.12.30.]

4. 재해나 그 밖에 부득이한 사유로 인한 면책

개항 등에의 출입, 입항절차, 출항절차, 간이입출항절차, 물품의 하역, 외국물품의 일시양륙 등, 항외하역, 선용품 및 기용품의 하역까지의 규정은 재해, 그 밖에 부득이한 사유 따른 경우에는 적용하지 아니한다. 상기의 경우 선장이나 기장은 지체없이 그 이유를 세관공무원 또는 경찰공무원(세관공무원이 없는 때에 한한다)에게 신고하여야 한다. 이 경우 신고를 받은 국가경찰공무원은 지체 없이 그 내용을 세관공무원에게 통보하여야 한다. 선장이나 기장은 재해나 그 밖의 부득이한 사유가 종료되었을 때에는 지체 없이 세관장에게 그 경과를 보고하여야 한다(관세법 제138조제1항~4항). 한편, 재해나 그 밖에 부득이한 사유로 인하여 내항선 또는 내항기가 외국에 기항하고 우리나라로 되돌아 온 경우에는 선장 또는 기장은 지체없이 그 사실을 세관장에게 보고하여야 하며 외국에서 적재한 물품이 있는 경우에는 그 목록을 제출하여야 한다(관세법 제139조).

5. 외국무역선의 내항선으로의 전환 등

1) 외국무역선의 내항선으로의 전환 등(법 제144조)

외국무역선 또는 외국무역기를 내항선 또는 내항기로 전환하거나, 내항선 또는 내항기를 외국무역선 또는 외국무역기로 전환하려면 선장이나 기장은 세관장의 승인을 받아야 한다. [전문개정 2010.12.30.]

2) 선장의 직무대행자(법 제145조)

선장이나 기장이 하여야 할 직무를 대행하는 자에게도 제134조제2항, 제135조제1항, 제136조, 제138조제2항·제4항, 제139조, 제142조 및 제144조를 적용한다. [전문개정 2010.12.30.]

3) 그 밖의 선박 또는 항공기(법 제146조)

① 외국무역선 또는 외국무역기 외의 선박이나 항공기로서 외국에 운항하는 선박 또는 항공기, ② 외국을 왕래하는 여행자와 휴대품·탁송품 또는 별송품, 우편물, 관세가 면제되는 물품, 국제운송을 위한 컨테이너(기본세율이 무세인 것으로 한정)를 전용으로 운송하기 위하여 국내에서만 운항하는 항공기("환승전용내항기")는 외국무역선이나 외국무역기에 관한 규정을 준용한다. 다만, 군함 및 군용기, 국가원수 또는 정부를 대표하는 외교사절이 전용하는 선박 또는 항공기는 그러하지 아니하다(법 제146조제1항). 1항에도 불구하고 환승전용내항기에 대해서는 제143조(선·기용품의 하역) 제2항은 적용하지 아니하며 효율적인 통관 및 감시·단속을 위하여 필요한 사항은 대통령령으로 따로 정할 수 있다(관세법 제146조제2항). [전문개정 2011.12.31.]

4) 국경하천을 운항하는 선박(법 제147조)

국경하천만을 운항하는 내국선박에 대하여는 외국무역선에 관하여 규정을 적용하지 아니한다. [전문개정 2010.12.30.]

제2절 보세제도

1. 보세제도의 개요

"보세"(保稅, in bond, customs bond)는 일반적으로 관세유보 또는 관세 미납을 뜻하는 것으로 해석하나 무세품(無稅品)도 수입통관 이전에는 보세물품 또는 보세화물이라고 칭한다. 좀 더 엄밀하게 정의하면 수입신고 수리 미필 상태라고 할 수 있다. 즉, 외국물품이 수입신고가 수리되지 아니한 상태를 말한다. "보세제도"는 관세징수권을 확보하기 위하여 보세물품의 장치・제조 또는 가공・건설・전시・판매 및 운송에 대해서 세관의 지시 또는 감독을 받는 제도를 말한다. 이 제도는 관세징수권 확보 이외에도 통관의 적정, 세관업무의 효율화 및 수출지원 등의 부차적인 목적이 있다.

1) 보세제도의 종류

"보세제도"는 보세구역제도와 보세운송제도로 구분된다. 보세구역[1]은 보세물품을 장치・제조 또는 가공・건설・전시・판매하는 구역으로 세관장이 지정하거나 특허한 구역이다. 보세구역은 설치형식에 따라 지정보세구역과 특허보세구역 및 종합보세구역으로 구분된다. 보세운송은 보세물품을 운송하는 것을 말하는데, 이는 수입화물의 관세가 유보된 상태에서 운송되는 것

---

1) 보세구역(bonded area)은 외국물품을 장치하거나 물품의 수출입에 따른 통관절차를 이행하기 위하여 수출물품을 일정 기간 장치하거나 외국물품의 가공・제조・전시 등을 하기 위한 장소로서 세관장이 지정하거나 특허한 구역으로서, 보세를 인정받은 전 지역을 가리킨다. 지정지역, 보세창고, 보세공장 등이 여기에 포함된다. 이 지역은 보세제도상에서 외국으로 간주하여 외국화물의 적재, 보관, 가공 등에 수입세가 면제된다.

이므로 운송에 제약이 따른다.

2. 보세구역

1) 보세구역의 종류

보세구역은 지정보세구역 · 특허보세구역 및 종합보세구역으로 구분하고, 지정보세구역은 지정장치장 및 세관검사장으로 구분하며, 특허보세구역은 보세창고 · 보세공장 · 보세전시장 · 보세건설장 및 보세판매장으로 구분한다 (관세법 제154조).

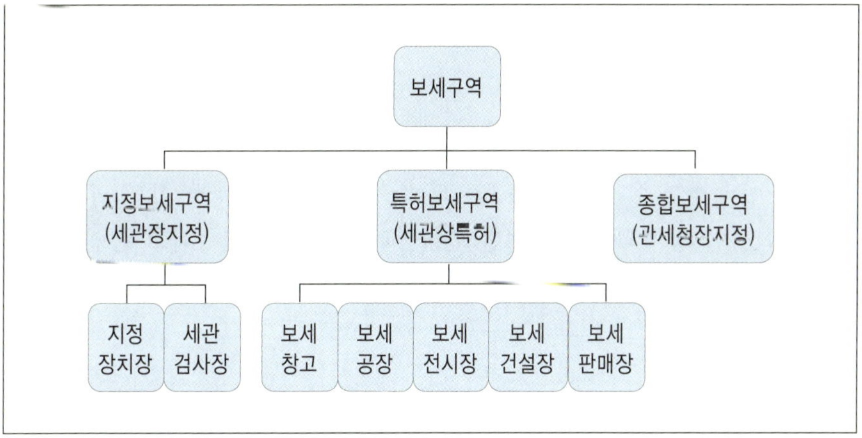

[그림 11-1] 보세구역의 종류

[속초]도 '속초종합보세구역' 지정 추진

이에 따라 도는 이달 중 구역 내에 보세공장과 창고, 판매장을 조성하는 내용의 지정 신청을 완료하고 올해 안에 최소 예비 지정까지 마친다는 계획이다. 특히 중 · 러 동해 출구전략과 북한과의 신경협 추진 등으로 속초항의 중요성이 강화되고 있으며, 앞으로 GTI사업 극대화를 위해 속초해양산업단지 일원을 종합보세구역으로 지정해 동해안권 산업 인프라를 구축하고 산업물류기반을 조성한다는 방침이다. 속초종합보세구역 지정 추진은 동해자유무역지역, 경제자유구역 등과 연계한 외자 유치 촉진, 중국 관광객 유치 등 지역경기 활성화에 큰 파급효과를 가져올 것으로 기대하고 있다.

<박기용기자, 강원일보, 2015.5.14.>

동북아 오일허브 구축사업을 본격적으로 지원

오일탱크터미널이 종합보세구역으로 지정되면 그동안 단순 보관 기능에서 벗어나 수출을 목적으로 종합보세구역내에서 석유제품의 자유로운 혼합(블렌딩)이 허용됨에 따라 국가별 석유품질기준에 부합하는 맞춤형 석유제품 수출이 가능하게 되었다.

현재 정유사는 원유 수입시 관세와 부가가치세 등을 납부하며, 정제된 석유제품의 국내유통시 유류세를 납부한 후, 수출시 에는 기납부한 세금을 환급받고 있는데, 향후 정유사가 보세공장으로 특허받으면 정유사가 수입하는 원유와 수출하는 석유제품에는 과세 및 이로 인한 환급문제가 발생하지 않을 것으로 예상된다. 정유사에서 생산된 석유제품을 국내로 수입통관할 경우에만 일괄 과세함으로써 절차가 대폭 간소화되고, 금융비용과 행정비용이 감소된다.

<관세청 통관지원국, 수출입물류과, 2014.6.18.>

2) 물품의 장치

(1) 보세구역장치 원칙

외국물품과 내국운송의 신고를 하려는 내국물품은 일반적으로 보세구역이 아닌 장소에는 장치할 수 없다. 보세구역에 장치하도록 한 이유는 일정장소에 화물이 장치되어야 안전한 화물관리와 화주가 신속하고 손쉽게 물품을 통관해 갈 수 있을 뿐 아니라 세관의 감시 및 단속을 쉽게 할 수 있기 때문이다.

(2) 보세구역장치 원칙의 예외

보세화물은 원칙적으로 보세구역에 장치하여야 한다. 그러나 화물의 성질상 보세구역에 반입할 수 없거나 보세구역에 반입할 실익이 없는 경우에는 보세구역이 아닌 장소에도 장치할 수 있도록 하고 있다. 보세구역이 아닌 장소에 장치할 수 있는 물품에는 수출신고가 수리된 물품, 크기 또는 무게의 과다나 그 밖의 사유로 보세구역에 장치하기 곤란하거나 부적당한 물품, 재해나 그 밖의 부득이한 사유로 임시로 장치한 물품, 검역물품, 압수물품, 우편물품 등이 해당된다(관세법 제155조).

(3) 보세구역외 장치

보세구역외의 장치 허가를 받은 장소에 수입화물이 있는 동안은 보세구역의 성격을 띠게 되어 보세구역에 관하여 규정이 적용된다. 보세구역외 장치 화주가 요청하는 장소에 허가를 해주기 때문에 화주에게 유리한 곳이 될 뿐만 아니라 보세구역 반출입 등에 따른 비용을 절감할 수 있다.

(4) 보세구역외 장치 허가

크기 또는 무게의 과다나 그 밖의 사유로 보세구역에 장치하기 곤란하거나 부적당한 물품물품을 보세구역이 아닌 장소에 장치하려는 자는 세관장의 허가를 받아야 한다. 이때 세관장은 외국물품에 대하여 그 물품의 관세에 상당하는 담보의 세공, 필요한 시설의 설치 등을 명할 수 있다. 이에 따른 허가를 받으려는 자는 기획재정부령으로 정하는 금액과 방법 등에 따라 수수료를 납부하여야 한다(관세법 제156조). [전문개정 2010.12.30.]

문제 2

의류제조/수출업체인 K물산은 중국산 원단 및 일본산 의류 부속품을 외국으로부터 반입하여 수입통관을 위하여 보관하고자 하는 보세구역은? (제32회 국제무역사, 2013. 2. 23.)

① 보세전시장　② 보세판매장
③ 보세공장　④ 보세창고

정답 ④

3) 물품의 반입 · 반출

보세구역에 물품을 반입 또는 반출하고자 하는 경우에는 세관장에게 신고하여야 한다. 이에 따라 보세구역에 물품을 반입하거나 반출하려는 경우에는 세관장은 세관공무원을 참여시킬 수 있으며, 세관공무원은 해당물품을 검사할 수 있으며, 보세구역에 반입할 수 있는 물품의 종류를 제한할 수 있다(관세법 제157조). [전문개정 2010.12.30.]

〈표 11-1〉 보세구역의 종류별 설치목적 등

보세구역의 종류 및 지정		설치목적	설치·운영기간	장치기간
지정보세구역(세관장이 지정)	지정장치장	통관하고자 하는 물품의 일지장치		6개월(3월의 범위 내에서 연장)
	세관검사장	통관하고자 하는 물품의 검사		
특허보세구역(세관장이 특허	보세창고	외국물품이나 통관을 하려는 물품을 장치	10년	외국물품 : 1년 내국물품 : 1년 비축물품 : 비축에 필요한 기간
	보세공장	외국물품을 원료 또는 재료로 하는 외국물품과 내국물품을 원료 또는 재료로 하여 제조·가공하거나 이와 비슷한 작업	10년 내(신청인이 신청한 기간	해당 특허보세구역의 특허기간
	보세전시장	박람회, 전람회, 견본품전시회 등의 운영을 위하여 외국물품을 장치·전시하거나 사용	전시기간+외국물품반출입에 필요한 기간	
	보세건설장	산업시설의 건설에 사용되는 외국물임인 기계류 설비품이나 공사용장비를 장치·사용하여 해당건설공사를 할 수 있다.	보세건설에 필요한 기간	
	보세판매장	외국으로 반출하거나 제88조(외교관면세)제1항 제1호부터 제4호까지에 따라 관세의 면제를 받을 수 있는 자가 사용하는 것을 조건으로 외국물품을 판매	10년 내 (신청인이 신청한 기간	
종합보세구역(관세청장)		특허보세구역에서 수행되는 기능 중 둘이상의 기능을 복합적으로 수행할 수 있는 지역		제한 없음 단, 보세창고기능을 수행하는 장소중에서 관세청장이 지정하는 물품 : 1년

4) 수입신고수리 물품의 반출

관세청장이 정하는 보세구역에 반입되어 수입신고가 수리된 물품의 화주 또는 반입자는 제177조(장치기간)에도 불구하고 그 수입신고 수리일부터 15일 이내에 해당물품을 보세구역으로부터 반출하여야 한다. 다만, 외국물품을 장치하는 데에 방해가 되지 아니하는 것으로 인정되어 세관장으로부터 해당 반출기간의 연장승인을 받았을 때에는 그러하지 아니하다(관세법 제157조의2). [전문개정 2010.12.30.]

5) 보세구역 장치물품에 대한 보수작업

"보수작업"이란 보세구역에 장치된 물품에 대하여 세관장의 승인을 얻은 후에 그 현상을 유지하는데 필요한 보수작업과 그 성질을 변하지 아니하게 하는 범위에서 포장을 바꾸거나 구분·분할·합병을 하거나 그 밖의 비슷한 작업을 하는 것을 말한다.

(1) 보수작업의 허용범위

보세구역에 장치된 물품은 그 현상을 유지하기 위하여 필요한 보수작업과 그 성질을 변하지 아니하게 하는 범위에서 포장을 바꾸거나 구분·분할·합병을 하거나 그 밖의 비슷한 보수작업을 할 수 있다. 이 경우 보세구역에서의 보수작업이 곤란하다고 세관장이 인정할 때에는 기간과 장소를 지정받아 보세구역 밖에서 보수작업을 할 수 있다. 보수작업을 하고자 하는 자는 세관장의 승인을 받아야 한다. 보수작업으로 외국물품에 부가된 내국물품은 외국물품으로 본다. 외국물품은 수입될 물품의 보수작업의 재료로 사용할 수 없다. 제1항 후단의 규정에 의하여 보수작업을 하는 경우 해당물품에 관하여 반출검사 등에 관하여는 제187조 제3항, 제4항 및 제6항의 규정을 준용한다(관세법 제158조제1항~4항). [전문개정 2010.12.30.]

문제 3

다음 중 관세법상 보세구역에 대한 설명으로 잘못된 것은?(2017년 제40회 국제무역사 1급 기출)

① 보세구역은 지정보세구역·특허보세구역 및 종합보세구역으로 구분하고, 지정보세구역은 지정장치장 및 세관검사장으로 구분하며, 특허보세구역은 보세창고·보세공장·보세전시장·보세건설장 및 보세판매장으로 구분한다.
② 보세구역에 물품을 반입하거나 반출하려는 자는 세관장에게 신고하여야 한다.
③ 보세구역에 반입되어 수입신고가 수리된 물품은 수입신고 수리일로부터 15일 이내에 해당 물품을 보세구역으로부터 반출하여야 한다.
④ 보세구역에서 보수작업으로 외국물품에 부가된 내국물품은 내국물품으로 본다.

정답 ④

6) 보세구역 장치물품에 대한 해체 · 절단작업

보세구역에 장치된 물품에 대하여 그 원형을 변경하거나 해체 · 절단 등의 작업이 필요한 경우에는 세관장의 허가를 받아야 한다. 이에 따라 작업을 할 수 있는 물품의 종류는 관세청장이 정한다. 해체 · 절단 등의 작업은 수입화주의 신청에 의하여 실시하는 것이 원칙이나 수입신고한 물품에 대하여 세관장이 필요하다고 인정될 때에는 화주 또는 그 위임을 받은 자에게 해체 · 절단 등의 작업을 명할 수 있다(관세법 제159조제1항~3항).

7) 장치물품의 폐기

부패 · 손상되거나 그 밖의 사유로 보세구역에 장치된 물품을 폐기하려는 자는 세관장의 승인을 받아야 한다. 그리고 보세구역에 장치된 외국물품이 멸실되거나 폐기되었을 때에는 그 운영인이나 보관인으로부터 즉시 그 관세를 징수한다. 다만, 재해나 그 밖의 부득이한 사유로 멸실된 때와 미리 세관장의 승인을 받아 폐기한 때에는 예외로 한다(관세법 제160조제1항).

1항에 따른 세관장의 승인을 받은 외국물품 중 폐기후에 남아 있는 부분에 대하여는 폐기후의 성질과 수량에 따라 관세를 부과한다(관세법 제160조제2항).

한편, 세관장은 보세구역에 장치된 물품 중 ① 사람의 생명이나 재산에 해를 끼칠 우려가 있는 물품, ② 부패하거나 변질된 물품, ③ 유효기간이 지난 물품, ④ 상품가치가 없어진 물품 및 이들에 준하는 물품으로서 관세청장이 정하는 물품 등은 화주, 반입자, 화주 또는 반입자의 위임을 받은 자 또는 제2차 납세의무자에게 이를 반송 또는 폐기할 것을 명하거나 화주 등에게 통고한 후 이를 폐기할 수 있다. 다만, 급박하여 통고할 여유가 없는 경우에는 폐기한 후 즉시 통고하여야 한다. 통고를 할 때 화주 등의 주소나 거소를 알 수 없거나 그 밖의 사유로 통고할 수 없는 경우에는 공고로써 이를 갈음할 수 있다. 세관장이 물품을 폐기하거나 화주 등이 물품을 폐기 또는 반송한 경우 그 비용은 화주 등이 부담한다(관세법 제160조제3항~6항). [전문개정 2010.12.30.]

8) 견품반출

보세구역에 장치된 외국물품에 대하여 수입화주가 당해 물품의 위약여부 확인 또는 성능시험 등의 목적으로 수입신고수리전에 견품을 반출하거나 세관공무원이 검사의 필요에 의하여 견품을 채취하는 경우가 있으며, 화주가 반출한 견품은 보세구역에 재반입하여야 한다.

보세구역에 장치된 외국물품의 전부 또는 일부를 견본품으로 반출하려는 자는 세관장의 허가를 받아야 한다.

세관공무원은 보세구역에 반입된 물품에 대하여 검사상 필요하면 그 물품의 일부를 견본품으로 채취할 수 있다.

다음 각 호의 어느 하나에 해당하는 물품이 사용·소비된 경우에는 수입신고를 하여 관세를 납부하고 수리된 것으로 본다.〈개정 2016.12.20.〉

1. 제2항에 따라 채취된 물품
2. 다른 법률에 따라 실시하는 검사·검역 등을 위하여 견본품으로 채취된 물품으로서 세관장의 확인을 받은 물품[전문개정 2010.12.30.]

9) 물품취급자에 대한 단속

수출신고가 수리된 물품, 크기 또는 무게의 과다나 그 밖의 사유로 보세구역에 장치하기 곤란하거나 부적당한 물품, 재해나 그 밖의 부득이한 사유로 임시로 장치한 물품, 검역물품, 압수물품, 우편물품, 장치기간 경과물품의 처분하는 자와 보세구역에 출입하는 자는 물품 및 보세구역감시에 관한 세관장의 명령을 준수하고 세관공무원의 지휘를 받아야 한다(관세법 제162조).

10) 장치기간 경과물품의 매각

외국으로부터 우리나라에 도착한 수입화물은 부두를 포함한 보세구역을 경유하게 되는데 이러한 보세구역에 수입물품이 장기간 방치될 경우 다른 정상적인 수출입화물의 물류흐름을 저해하고, 관세징수에도 차질을 초래할 수 있다. 따라서 보세구역에 장기간 방치된 이러한 수입화물을 처분함으로써 물류원활화를 도모하고 관세징수권을 확보하며, 보세구역의 활용효율을 높일 목적에서 체화("장치기간 경과물품")처분제도를 운영하고 있다.

세관장은 보세구역에 반입한 외국물품의 장치기간이 지나면 그 사실을 공고한 후 해당물품을 매각할 수 있다. 체화처분절차는 세관장이 보세구역에 반입된 당해 물품의 장치기간 만료 30일전에 체화반출통고서를 작성하여 반출통고서 발송일로부터 1월 이내에 수출, 수입 또는 반송할 것을 수입화주에게 등기우편으로 반출할 것을 통고한다. 반출통고를 받은 수입화주가 수출, 수입 또는 반송을 이행하지 않을 경우 장치기간이 경과한 물품이 되어 공매절차에 들어간다. 다만, 다음 중 하나에 해당하는 물품은 기간이 지나기 전이라도 공고한 후 매각할 수 있다(관세법 제208조제1항).

1. 살아 있는 동식물
2. 부패하거나 부패할 우려가 있는 것
3. 창고나 다른 외국물품을 해할 우려가 있는 것
4. 기간의 경과로 사용할 수 없게 되거나 상품가치가 현저히 감소될 우려가 있는 것
5. 관세청장이 정하는 물품 중 화주의 요청이 있는 것

그리고 세관장은 매각대금을 그 매각비용, 관세, 각종 세금의 순으로 충당하고 잔금이 있는 경우에는 이를 화주에게 교부한다(관세법 제211조제1항: 잔금처리). 세관장은 매각되지 아니한 물품에 대하여는 그 물품의 화주등에게 장치 장소로부터 지체 없이 반출할 것을 통고하여야 하며, 통고일부터 1개월 내에 해당물품이 반출되지 아니하는 경우에는 소유권을 포기한 것으로 보고 이를 국고에 귀속시킬 수 있다(관세법 제212조 : 국고귀속). [전문개정 2010.12.30.]

11) 자율관리보세구역

"자율관리보세구역"은 보세구역 중에서 물품의 관리와 세관의 감시에 지장이 없다고 인정된 보세구역에 대하여 화물관리를 운영인 또는 관리인에게 위임하여 자율적으로 운영하도록 함으로써 세관의 직접적인 규제를 될 수 있는 대로 완화하고 관세행정의 능률적인 수행과 질서유지를 위하여 세관장

이 지정한 보세구역을 말한다.

(1) 보세구역의 자율관리

보세구역 중 물품의 관리 및 세관감시에 지장이 없다고 인정하여 관세청장이 정하는 바에 의하여 세관장이 지정하는 보세구역("자율관리보세구역")에 장치한 물품에 대하여는 제157조에 따른 세관공무원의 참여와 이 법에 따른 절차 중 관세청장이 정하는 절차를 생략한다(관세법 제164조제1항). 보세구역의 화물관리인이나 운영인은 자율관리보세구역의 지정을 받으려면 세관장에게 지정을 신청하여야 하며, 자율관리보세구역의 지정을 신청하려는 자는 해당 보세구역에 장치된 물품을 관리하는 사람("보세사")을 채용하여야 한다(관세법 제164조제2항~3항).

(2) 보세사의 자격

보세사는 제175조제1호부터 제7호까지의 어느 하나에 해당하지 아니하는 사람으로서 다음 각 호의 어느 하나에 해당하는 사람이어야 한다(관세법 제165조제1항). 〈개정 2013.1.1., 2014.1.1.〉

1. 일반직 공무원으로서 5년 이상 관세행정에 종사한 경력이 있는 자
2. 보세화물의 관리업무에 관하여 전형에 합격한 자

이상의 자격을 갖춘 자가 보세사로 근무하려고 하면 해당 보세구역을 관할하는 세관장에게 등록하여야 한다(관세법 제165조제2항). 〈개정 2013.1.1., 2014.1.1.〉

문제 4

관세법상 보세구역에 장치된 물품에 대한 다음의 설명 중 잘못된 것은?

(제34회 국제무역사, 2014. 8. 2.)

① 보세구역의 종류에 따라 물품 장치기간이 정해져 있다. 이 기간을 경과한 경우 세관장은 반출 통보를 거쳐 공고 후 매각 처리가 가능하다.

② 보세구역 장치 물품은 세관장 승인을 얻어 보수작업을 할 수 있는데 이 때 외국물품에 부가된 내국물품은 외국물품으로 본다.

③ 보세구역에 장치된 물품을 부패・손상을 이유로 세관장의 승인을 받아 폐기 하는 경우에는 잔존물에 대해 관세를 부과하지 않는다.

④ 보세구역에 장치된 외국물품의 전부 또는 일부를 견품으로 반출하여 사용·소비한 경우 해당물품은 관세를 납부하고 수입신고 수리된 것으로 본다.

정답 ③

제3절 보세운송

1. 보세운송의 개요

"보세운송"이란 외국으로부터 수입하는 화물을 입항지 보세구역에서 통관하지 아니하고 세관장에게 신고하거나 승인을 얻어 외국물품 상태 그대로 다른 보세구역으로 운송하는 것을 말한다. 이러한 보세운송은 수입화물에 대한 관세가 유보된 상태에서 운송되는 것이므로 운송에 제약이 따른다.

외국물품은 다음의 각 호의 장소 간에 한하여 외국물품을 그대로 운송할 수 있다. 다만, 수출신고가 수리된 물품은 당해 물품이 장치된 장소에서 다음 각 호의 장소로 운송할 수 있다(관세법 제213조제1항).

1. 개항
2. 보세구역
3. 제156조(보세구역 외 장치의 허가)의 규정에 의하여 허가된 장소
4. 세관관서
5. 통관역
6. 통관장
7. 통관우체국

1) 보세운송의 신고와 승인

보세운송을 하려는 자는 관세청장이 정하는 바에 따라 세관장에게 보세운송의 신고를 하여야 한다. 다만, 물품의 감시 등을 위하여 필요하다고 인정하여 대통령령으로 정하는 경우에는 세관장의 승인을 받아야 한다. 이때 보세

운송의 신고 또는 승인신청은 화주, 관세사 등, 보세운송업자 중 하나에 해당하는 자의 명의로 하여야 한다(관세법 제214조제2항~3항). 세관장은 보세운송의 신고를 하거나 승인을 받으려는 물품에 대하여 관세의 담보를 제공하게 할 수 있다(관세법 제218조). 보세운송신고 또는 승인신청 시점은 수입물품의 적하목록을 제출하고 하선(기)장소에 물품이 반입된 이후에 보세운송신고(승인신청)하는 것이 원칙이나 선박이나 항공기가 입항하기 전이라도 할 수 있다.

(2) 보세운송의 예외

수출신고가 수리된 물품은 관세청장이 따로 정하는 것을 제외하고는 보세운송절차를 생략한다(관세법 제213조제4항).

국내에서 운송되는 모든 외국물품은 보세운송에 의해서만 운송이 가능한 것이 원칙이다. 그러나 우편법에 의거 체신관서의 관리하에 운송되는 물품, 검역법 등에 의거 검역관서가 인수하여 검역소 구내계류장 또는 검역시행장으로 운송하는 검역대상 물품, 국가기관에 의하여 운송되는 압수물품은 보세운송절차를 필요로 하지 않는다.

(3) 보세운송인

수입화물을 보세운송하고자 하는 경우에는 등록된 자기보유의 운송수단 또는 등록된 다른 보세운송업자의 운송수단(관련법령에 의하여 화물운송주선업 등의 자격을 갖춘 보세운송업자)으로 운송하여야 한다. 다만, 보세운송 물품을 철도차량으로 운송하는 경우에는 그러하지 아니하다. 냉장 또는 냉동화물 등 특수한 경우에는 사전에 세관장의 승인을 얻어 일반업체의 운송수단으로 운송할 수 있으며, 일반업체의 운송수단으로 보세운송("임차보세운송")을 하려는 자(관계 법령에 의하여 화물운송주선업 등의 자격을 갖춘 보세운송업자)는 1년의 임차기간 범위 내에서 별지 제17호 서식의 보세운송수단 임차승인(신청)서를 전자문서 또는 서류로 관할지 또는 신고지세관장에게 제출하여야 한다(보세운송에 관한 고시 제37조 보세운송수단). [시행 2014.9.1.]

2. 보세운송 보고 및 보세운송통로

1) 보세운송 보고

보세운송의 신고를 하거나 승인을 얻은 자는 당해 물품이 운송목적지에 도착한 경우에는 관세청장이 정하는 바에 의하여 도착지의 세관장에게 보고하여야 한다(관세법 제215조).

2) 보세운송통로의 제한

세관장은 보세운송물품의 감시·단속을 위하여 필요하다고 인정되는 경우에는 관세청장이 정하는 바에 의하여 운송통로를 제한할 수 있다(관세법 제216조제1항).

3) 보세운송의 기한

보세운송물품은 관세청장이 정하는 기간인 신고수리 또는 승인일로부터 해상화물은 10일, 항공화물은 5일내에 종료하여야 한다. 다만, 세관장은 선박 또는 항공기 입항전에 보세운송신고를 하는 때에는 입항예정일 및 하선(기)장소 반입기간을 고려하여 5일 이내의 기간을 추가할 수 있다(보세운송에 관한 고시 제6조).

4) 보세운송기간 경과 시의 관세징수

보세운송의 신고를 하거나 승인을 받아 보세운송하는 외국물품이 지정된 기간 내에 목적지에 도착하지 아니한 경우에는 즉시 그 관세를 징수한다. 다만, 해당물품이 재해나 그 밖의 부득이한 사유로 망실되었거나 미리 세관장의 승인을 받아 그 물품을 폐기하였을 때에는 그러하지 아니하다(관세법 제217조). [전문개정 2010.12.30.]

3. 간이보세운송

세관장은 보세운송을 하고자 하려는 물품의 성질과 형태, 보세운송업자의 신용도 등을 고려하여 보세운송업자 또는 물품을 지정하여 보세운송 신고절차의 간소화, 검사의 생략, 담보제공의 면제 등의 조치를 할 수 있다(관세법 제220조).

1) 일반간이보세운송업자의 지정요건(보세운송에 관한 고시 제13조)

1. 자본금이 1억원 이상인 법인
2. 5천만원 이상의 인·허가 보증보험에 가입한 자이거나, 법 제24조에 따른 담보(부동산은 제외)를 5천만원 이상 제공한 자. 다만, 다음 각 목의 요건을 모두 갖춘 일반간이보세운송업자 2인 이상의 연대보증으로 담보를 갈음할 수 있다.
   가. 일반간이보세운송업자로 지정된 날로부터 2년이 경과한 자
   나. 이 법의 규정 또는 명령을 위반하여 처벌받은 사실이 없거나, 위반사항이 경미하여 세관장이 감시단속상 문제가 없다고 인정하는 자
   다. 총 보증액이 1억 5천만원을 초과하지 않은 자
3. 「종합인증우수업체 공인 및 관리업무에 관한 고시」에 따라 공인된 종합인증우수업체(AEO: Authorized Economic Operator) 또는 직전 법규수행능력평가 B등급 이상인 법인. 다만, 일반간이보세운송업자 지정신청을 하려는 업체가 직전 연도 법규수행능력평가를 받지 않은 경우에는 지정신청 전에 세관장에게 법규수행능력평가를 요청할 수 있다.

4. 보세운송업자 등의 등록

1) 보세운송업자 등의 등록

(a) 보세운송업자, (b) 화물운송주선업자, (c) 외국무역선(기)에 선(기)용품 또는 국경출입차량에 물품을 하역하는 것을 업으로 하는 자, (d) 외국무역선·

외국무역기 또는 국경출입차량에 선용품, 기용품, 차량용품, 선박·항공기 또는 철도차량 안에서 판매할 물품, 용역에 해당하는 물품 등을 공급하는 것을 업으로 하는 자, (e) 개항 안에 있는 보세구역에서 물품이나 용역을 제공하는 것을 업으로 하는 자, (f) 외국무역선·외국무역기 또는 국경출입차량을 이용하여 상업서류나 그 밖의 견본품 등을 송달하는 것을 업으로 하는 보세운송업자 등은 관세청장 또는 세관장에게 등록하여야 한다(관세법 제222조제1항).

보세운송업자 등의 등록의 기준과 절차에 관하여 필요한 사항은 대통령령으로 정한다(관세법 제222조제2항).

2) 보세운송업자 등의 등록요건

보세운송업자 등은 다음 각 호의 요건을 갖춘 자이어야 한다(관세법 제223조). 〈개정 2014.12.23.〉

1. 제175조(운영인의 결격사유) 각 호의 어느 하나에 해당하지 아니 할 것,
2. 「항만운송사업법」등 관련 법령에 의한 면허·허가·지정 등을 받거나 등록을 하였을 것,
3. 관세 및 국세의 체납이 없을 것,
4. 보세운송업자 등의 등록이 취소된 후 2년이 지났을 것.

3) 보세운송업자 등의 명의대여 등의 금지

보세운송업자 등은 다른 사람에게 자신의 성명·상호를 사용하여 보세운송업자등의 업무를 하게 하거나 그 등록증을 빌려주어서는 아니 된다(관세법 제223조의2). [본조신설 2014.1.1.]

4) 보세운송업자 등의 등록취소

세관장은 보세운송업자 등이 다음 각 호의 어느 하나에 해당하는 경우에는 등록의 취소, 6개월의 범위에서의 업무정지 또는 그 밖에 필요한 조치를 할 수 있다. 다만, 제1호 및 제2호에 해당하는 경우에는 등록을 취소하여야

한다(관세법 제224조1항).〈개정 2011.12.31., 2013.1.1., 2014.1.1., 2014.12.23.〉

1. 거짓이나 그 밖의 부정한 방법으로 등록을 한 경우
2. 제175조(등록의 결격사유) 각 호의 어느 하나에 해당하는 경우
3. 「항만운송사업법」 등 관련 법령에 따라 면허·허가·지정·등록 등이 취소되거나 사업정지처분을 받은 경우
4. 보세운송업자 등(그 임직원 및 사용인을 포함)이 보세운송업자 등의 업무와 관련하여 이 법이나 이 법에 따른 명령을 위반한 경우

4의2. 제223조의2를 위반한 경우

5. 보세운송업자 등(그 임직원 및 사용인을 포함)이 보세운송업자 등의 업무와 관련하여 「조세범 처벌법」 제4조 제4항에 따른 과태료를 부과 받은 경우

(1) 과징금의 부과

세관장은 제1항에 따른 업무정지가 그 이용자에게 심한 불편을 주거나 공익을 해칠 우려가 있을 경우에는 보세운송업자 등에게 업무정지처분을 갈음하여 해당 업무 유지에 따른 매출액의 100분의 3 이하의 과징금을 부과할 수 있다. 이 경우 매출액 산정, 과징금의 금액 및 과징금의 납부기한 등에 관하여 필요한 사항은 대통령령으로 정한다(관세법 제224조제2항). 〈신설 2014.12.23.〉

과징금을 납부하여야 할 자가 납부기한까지 납부하지 아니한 경우 과징금의 징수에 관하여는 제26조를 준용한다(관세법 제224조제3항). 〈신설 2014.12.23.〉 [전문개정 2010.12.30.]

5) 보세운송업자 등의 등록의 효력상실

보세운송업자 등은 ① 보세운송업자등이 폐업한 경우, ② 보세운송업자 등이 사망한 경우(법인인 경우에는 해산된 경우), ③ 등록의 유효기간이 만료된 경우, ④ 등록이 취소된 경우에 해당하면 그 효력을 상실한다.[본조신설 2017.12.19.]

문제 5

관세법에 규정된 보세운송에 관한 다음 설명중 옳은 것은? (제32회 국제무역사, 2013. 8. 3.)

① 관세법은 외국물품을 국내에서 그대로 운송을 할 수 있는 장소를 따로 한정하고 있지는 않다.

② 외국물품을 보세운송을 할 때는 어떤 물품이거나 미리 세관장의 허가 또는 승인을 받아야 한다.

③ 보세운송 출발지와 도착지가 서로 다른 세관 관할일 경우 보세운송 도착보고는 도착지 관할 세관장에게 하여야 한다.

④ 보세운송은 화주 또는 화주로부터 해당 업무를 위탁받은 관세사만이 가능하다.

정답 ③

제12장 통　관

제1절 수출 · 수입 및 반송의 통관

1. 통관의 의의

"통관"이란 관세법의 규정에 따른 절차를 이행하여 물품을 수출 · 수입 또는 반송하는 것을 말한다. 즉, 통관이란 수출 또는 수입하려는 화물을 일정한 장소에 운반하여 들여온 다음, 세관 등의 검사를 거쳐 수출신고 수리된 화물을 외국무역선(기)에 적재하거나 수입 신고된 물품을 국내에서 인수할 때까지의 모든 절차를 말한다.

일반적인 화물을 수출 또는 수입하려고 할 때는 우선 보세구역에 반입하고, 세관에 수출신고 또는 수입신고를 한 뒤에 관세법에 따라 필요한 세관의 검사를 거쳐야 한다. 또한, 관세법 이외의 법령(대외무역법 · 외국환거래법 · 가축전염병예방법 · 마약법 등)에 따라 허가 · 승인 등을 필요로 하는 화물에서는 절차에 따른 허가와 승인을 받아야 한다. 수입화물 중 과세대상품은 관세 등을 납부하지 않으면 원칙적으로 국내에 반입할 수 없다. 우편물, 여행자의 휴대품 또는 별송품에 대하여는 특수성을 고려하여 간이한 통관절차를 밟을 수 있다.

1) 수출통관

"수출통관"이란 수출의 신고수리를 의미하는 것으로 내국물품을 외국물품화하여 외국으로 반출하는 것을 허용하는 세관장의 처분이다. 이는 법정통관 절차로서 수출하려는 상품을 보세구역에 반입하거나 반입하기 전에 세관에 수출신고를 한 후 필요한 검사를 거쳐 수출신고 수리를 받아 우리나라와 외국 간을 왕래하는 운송수단에 적재하기까지의 절차를 말하며 좁게는 수출신고에서 수출신고 수리까지의 세관절차를 말한다.

2) 수입통관

"수입통관"이란 본선에서 양하하여 보세구역에 반입→세관에 수입신고를 하고 서류심사와 검사→수입신고가 관세법 및 기타 법령에 따라 적법하고 정당하게 이루어진 경우에 이를 신고수리 →관세 및 내국세를 납부한 다음 수입신고수리필증→보세지역으로부터 일반지역에 반출하기까지의 행위를 말하며, 협의로는 수입신고에서 수입신고 수리까지의 절차를 말한다.

2. 통관요건

1) 허가 · 승인 등의 증명 및 확인

수출입을 할 때 법령에서 정하는 바에 따라 허가 · 승인 · 표시 또는 그 밖의 조건을 갖출 필요가 있는 물품은 세관장에게 그 허가 · 승인 · 표시 또는 그 밖의 조건을 갖춘 것임을 증명하여야 한다. 이 때 구비조건에 대한 세관장의 확인이 필요한 수출입물품에 대하여는 다른 법령에도 불구하고 그 물품과 확인방법, 확인절차, 그 밖에 필요한 사항을 대통령령으로 정하는 바에 따라 미리 공고하여야 한다(관세법 제226조제1항~2항). [전문개정 2010.12.30.]

2) 의무이행의 요구

세관장은 다른 법령에 따라 수입 후 특정한 용도로 사용하여야 하는 등의 의무가 부가되어 있는 물품에 대하여는 문서로써 해당의무를 이행할 것을 요구할 수 있다. 이에 따라 의무의 이행을 요구받은 자는 대통령령으로 정하는 특별한 사유가 없으면 해당물품에 대하여 부가된 의무를 이행하여야 한다(관세법 제227조제1항~2항). [전문개정 2010.12.30.]

3. 수출 · 수입 또는 반송의 신고

1) 수출 · 수입 또는 반송의 신고

물품을 수출 · 수입 또는 반송하려면 해당물품의 품명 · 규격 · 수량 및 가격과 그 밖에 대통령령으로 정하는 사항을 세관장에게 신고하여야 한다(관세법 제241조제1항). 한편 휴대품 · 탁송품 또는 별송품, 우편물, 관세가 면제되는 물품 및 국제운송을 위한 컨테이너(별표 관세율표 중 기본세율이 무세인 것) 등은 별도로 통관절차를 정하여 신고를 생략하게 하거나 관세청장이 정하는 간소한 방법으로 신고하게 할 수 있다(관세법 제241조제2항). 〈개정 2014.12.23.〉

2) 수출 · 수입 · 반송 등의 신고인

수출 · 수입 또는 반송의 신고는 화주 또는 관세사 등의 명의로 하여야 한다. 다만, 수출신고의 경우에는 화주에게 해당 수출물품을 제조하여 공급한 자의 명의로 할 수 있다(관세법 제242조).

3) 신고요건

여행자의 물품 중 관세청장이 정하는 물품은 관세청장이 정하는 바에 따라 반송방법을 제한할 수 있다(관세법 제243조제1항).

제241조(수출 · 수입 또는 반송의 신고)제1항에 따른 수입의 신고는 해당물품을 적재한 선박이나 항공기가 입항된 후에만 할 수 있다(관세법 제243조제2항).

제241조(수출·수입 또는 반송의 신고) 제1항에 따른 반송의 신고는 해당물품이 이 법에 따른 장치 장소에 있는 경우에만 할 수 있다(관세법 제243조제3항).

밀수출 등 불법행위가 발생할 우려가 높거나 감시단속상 필요하다고 인정하여 대통령령으로 정하는 물품은 관세청장이 정하는 장소에 반입한 후 제241조제1항에 따른 수출의 신고를 하게 할 수 있다(관세법 제243조제4항). 〈신설 2015.12.15.〉

4) 입항전수입신고

수입하려는 물품의 신속한 통관이 필요할 때에는 수입의 신고는 해당물품을 적재한 선박이나 항공기가 입항된 후에만 할 수 있음에도 불구하고 대통령령으로 정하는 바에 따라 해당물품을 적재한 선박이나 항공기가 입항하기 전에 수입신고를 할 수 있다. 이 경우 입항전수입신고가 된 물품은 우리나라에 도착한 것으로 본다.

세관장은 입항전수입신고를 한 물품에 대하여 물품검사의 실시를 결정하였을 때에는 수입신고를 한 자에게 이를 통보하여야 한다. 이에 따라 검사대상으로 결정된 물품은 수입신고를 한 세관의 관할 보세구역(보세구역이 아닌 장소에 장치하는 경우 그 장소를 포함)에 반입되어야 한다. 다만, 세관장이 적재상태에서 검사가 가능하다고 인정하는 물품은 해당물품을 적재한 선박이나 항공기에서 검사할 수 있다. 검사대상으로 결정되지 아니한 물품은 입항 전에 그 수입신고를 수리할 수 있다(관세법 제244조제1항~4항). [전문개정 2010.12.30.]

문제 1

다음 중 관세법상 입항전 수입신고 제도에 대한 설명으로 잘못된 것은?

(2017년 제40회 국제무역사 1차 기출)

① 당해 물품을 적재한 항공기가 그 물품을 적재한 공항에서 출항하여 우리 나라에 입항하기 1일 전부터 할 수 있다.

② 입항전수입신고가 된 물품이라도 보세구역에 반입되어야 우리나라에 도착한 것으로 본다.

③ 입항전수입신고가 된 물품이 검사대상으로 결정되지 아니하면 입항 전에 수입신고를 수리할 수 있다.

④ 입항전수입신고가 된 물품이 검사대상으로 결정되면 수입신고를 한 세관의 관할 보세구

역에 반입되어야 하나, 적재 상태에서 검사가 가능하다고 인정되는 경우 선박이나 항공기에서 검사할 수 있다.

정답 ②

5) 신고시의 제출서류

수출・수입 또는 반송의 신고를 하는 자는 과세가격결정자료외에 선하증권 사본 또는 항공화물운송장 사본, 원산지증명서(제236조 제1항이 적용되는 경우로 한정), 기타 참고서류를 제출하여야 한다.〈개정 2013.8.13.〉 이에 따라 서류를 제출하여야 하는 자가 해당서류를 관세사 등에게 제출하고, 관세사 등이 해당서류를 확인한 후 수출・수입 또는 반송에 관한 신고를 할 때에는 해당서류의 제출을 생략하게 하거나 해당서류를 수입신고수리 후에 제출하게 할 수 있다. 이에 따라 서류의 제출을 생략하게 하거나 수입신고수리 후에 서류를 제출하게 하는 경우 세관장이 필요하다고 인정하여 신고인에게 관세청장이 정하는 장부나 그 밖의 관계자료의 제시 또는 제출을 요청하면 신고인은 이에 따라야 한다(관세법 제245조제1항~3항). [전문개정 2010.12.30.]

문제 2

물품의 수출입 통관을 위한 각종 신고에 대한 설명이다. 설명이 가장 옳지 않은 것은?

(제33회 국제무역사, 2014. 2. 15.)

① 대외무역법에 규정된 바에 따라 수출승인을 받은 물품이라도 관세법에 의한 수출신고를 하여야 한다.

② 대외무역법에 의해 수입승인이 면제되는 물품이라도 관세법에 규정된 수입신고를 하여야 한다.

③ 대외무역법에 의해 산업통상자원부장관이 고시한 통합공고에 따라 허가, 승인 등의 '요건확인'을 받았다 하더라도 관세법에 규정된 바에 따라 수출입신고를 하여야 한다.

④ 외국에서 외국으로 인도하는 물품이지만 그 대가를 국내에서 외화로 영수하는 것이라면 관세법에 규정된 바에 따라 수출신고를 하여야 한다.

정답 ④

문제 3

다음 중 관세법상 수출입통관에 관한 설명으로 가장 옳은 것은?(제33회 국제무역사, 2014. 2. 15.)

① 수입통관 시 세관장의 확인이 필요한 수입물품 중 다른 법령에서 별도로 그 확인 방법, 절차 및 필요한 사항을 정하고 있는 경우 별도의 공고가 존재하지 않으므로 수입자가 개별 법령을 일일이 확인하여야 한다.
② 원산지표시가 법령에서 정하는 기준과 방법에 부합되지 아니하는 경우 세관장은 우선적으로 과태료를 부과하고 반송을 명령한다.
③ 화폐·채권의 모조품을 수입하는 경우 일단 통관을 보류하였다가 벌금을 납부하면 수입통관을 허용한다.
④ 수입신고가 수리되어 보세구역에서 반출된 물품도 관세법에 따른 의무사항을 위반하면 세관장이 보세구역으로 반입명령할 수 있고, 반입명령을 받으면 지정받은 보세구역으로 반입하여야 한다.

정답 ④

문제 4

다음 중 관세법상 반송통관에 대한 설명으로 올바른 것은? (2017년 제2회 국제무역사 2급 기출)

① 보세구역을 경유하지 않고 통관을 진행한다.
② 통관절차 진행 시 관세 등 제세를 납부하여야 한다.
③ 반드시 수출국으로 되돌아가야 하는 것은 아니다.
④ 수출자는 중개무역를 실행할 때와 유사한 통관절차를 거치게 된다.

정답 ③

6) 원산지의 확인

(1) 원산지 확인 기준

관세법, 조약, 협정 등에 따른 관세의 부과·징수, 수출입물품의 통관, 제233조제3항의 확인요청에 따른 조사 등을 위하여 원산지를 확인할 때에는 다음 각 호의 어느 하나에 해당하는 나라를 원산지로 한다(관세법 제229조제1항). 〈개정 2014.1.1.〉

1. 해당물품의 전부를 생산·가공·제조한 나라
2. 해당물품이 2개국 이상에 걸쳐 생산·가공 또는 제조된 경우에는 그 물품의 본질적 특성을 부여하기에 충분한 정도의 실질적인 생산·가공·제조 과정이 최종적으로 수행된 나라

(가) 특수물품의 원산지결정기준

관세법 시행규칙 제75조(특수물품의 원산지결정기준)제1항에서는 시행규칙 제74조(일반물품의 원산지결정기준)의 규정에 불구하고 촬영된 영화용 필름, 부속품·예비부분품 및 공구와 포장용품은 다음 각 호의 구분에 따라 원산지를 인정한다. 〈개정 2011.4.1.〉

1. 촬영된 영화용 필름은 그 제작자가 속하는 국가
2. 기계·기구·장치 또는 차량에 사용되는 부속품·예비부분품 및 공구로서 기계·기구·장치 또는 차량과 함께 수입되어 동시에 판매되고 그 종류 및 수량으로 보아 통상 부속품·예비부분품 및 공구라고 인정되는 물품은 당해 기계·기구 또는 차량의 원산지
3. 포장용품은 그 내용물품의 원산지. 다만, 통합품목분류표상 포장용품과 내용품을 각각 별개의 품목번호로 하고 있는 경우에는 그러하지 아니한다.

(2) 원산지증명서의 제출

관세법, 조약, 협정 등에 따라 원신지 확인이 필요한 물품을 수입하는 자는 해당물품의 원산지증명서를 제출하여야 한다. 다만, 대통령령으로 정하는 물품의 경우에는 그러하지 아니하다. 세관장은 이에 따라 원산지 확인이 필요한 물품을 수입하는 자가 원산지증명서를 제출하지 아니하는 경우에는 관세법, 조약, 협정 등에 따른 관세율을 적용할 때 일반특혜관세·국제협력관세 또는 편익관세를 배제하는 등 관세의 편익을 적용하지 아니할 수 있다. 또한 세관장은 원산지 확인이 필요한 물품을 수입한 자로 하여금 제출받은 원산지증명서의 내용을 확인하기 위하여 원산지증명서 확인자료를 제출하게 할 수 있다. 이 경우 원산지 확인이 필요한 물품을 수입한 자가 정당한 사유 없이 원산지증명서 확인자료를 제출하지 아니할 때에는 세관장은 수입신고 시 제출받은 원산지증명서의 내용을 인정하지 아니할 수 있다(관세법 제232조제1항~3항). 〈신설 2011.12.31.〉 [전문개정 2010.12.30.]

(3) 원산지증명서의 발급 등

관세법, 조약, 협정 등에 따라 관세를 양허받을 수 있는 물품의 수출자가 원산지증명서의 발급을 요청하는 경우에는 세관장이나 그 밖에 원산지증명서를 발급할 권한이 있는 기관은 그 수출자에게 원산지증명서를 발급하여야 한다(관세법 제232조의2제1항). 세관장은 이에 따라 발급된 원산지증명서의 내용을 확인하기 위하여 필요하다고 인정되는 경우에는 다음 각 호의 자로 하여금 원산지증명서확인자료(대통령령으로 정하는 자료로 한정)를 제출하게 할 수 있다. 이 경우 자료의 제출기간은 20일 이상으로서 기획재정부령으로 정하는 기간인 세관장으로부터 원산지증명서확인자료의 제출을 요구받은 날부터 30일 이내로 한다. 다만, 제출을 요구받은 자가 부득이한 사유로 그 기간에 원산지증명서확인자료를 제출하기 곤란할 때에는 그 기간을 30일의 범위에서 한 차례만 연장할 수 있다(관세법 제232조의2제2항).

1. 원산지증명서를 발급받은 자
2. 원산지증명서를 발급한 자
3. 그 밖에 대통령령으로 정하는 자[본조신설 2010.12.30.]

문제 5

다음 중 관세법상 물품의 원산지를 대한민국으로 볼 수 없는 것은?

(2017년 제40회 국제무역사 1급 기출)

① 대한민국 선박에 의하여 공해상에서 채집 또는 포획한 어획물
② 대한민국에서 제조·가공의 공정 중에 발생한 부스러기
③ 대한민국의 제작자가 홍콩에서 촬영한 영화용 필름
④ 미국산 소를 수입해서 6개월 이내에 대한민국에서 도축한 쇠고기

정답 ④

제2절 통관의 제한

1. 수출입의 금지

관세법에서는 다음의 물품에 대해서는 수출입을 금하고 있다(관세법 제234조: 수출입의 금지).

1. 헌법질서를 문란하게 하거나 공공의 안녕질서 또는 풍속을 해치는 서적·간행물·도화·영화·음반·비디오물·조각물 그 밖에 이에 준하는 물품
2. 정부의 기밀을 누설하거나 첩보활동에 사용되는 물품
3. 화폐·채권이나 그 밖의 유가증권의 위조품·변조품 또는 모조품

이와 함께 지식재산권을 침해하는 물품도 수출입을 금하고 있다(관세법 제235조: 지식재산권보호). 〈개정 2012.6.1.〉

2. 원산지 허위표시물품 등의 통관제한

세관장은 법령에 따라 원산지를 표시하여야 하는 물품이 다음 각 호의 어느 하나에 해당하는 경우에는 해당물품의 통관을 허용하여서는 아니 된다. 다만, 그 위반사항이 경미한 경우에는 이를 보완·정정하도록 한 후 통관을 허용할 수 있다.(관세법 제230조).

1. 원산지표시가 법령에서 정하는 기준과 방법에 부합되지 아니하게 표시된 경우
2. 원산지표시가 부정한 방법으로 사실과 다르게 표시된 경우
3. 원산지표시가 되어 있지 아니한 경우

3. 지식재산권의 보호

"지식재산권"이란 무형의 재산적 이익인 저작·발명 등의 정신적·지능적 창조물을 독점적으로 이용하는 것을 내용으로 하는 권리를 말한다.

1) 지식재산권 위반물품의 수출입금지

다음 각 호의 어느 하나에 해당하는 지식재산권을 침해하는 물품은 수출하거나 수입할 수 없다(관세법 제235조제1항). 〈개정 2012.6.1.〉

1. 「상표법」에 따라 설정등록된 상표권
2. 「저작권법」에 따른 저작권과 저작인접권("저작권 등")
3. 「식물신품종 보호법」에 따라 설정등록된 품종보호권
4. 「농산물품질관리법」 또는 「수산물품질관리법」에 따라 등록되거나 조약·협정 등에 따라 보호대상으로 지정된 지리적표시권 또는 지리적표시("지리적 표시권 등")
5. 「특허법」에 따라 설정등록된 특허권
6. 「디자인보호법」에 따라 설정등록된 디자인권

2) 지식재산권의 신고

관세청장은 제1항 각 호에 따른 지식재산권을 침해하는 물품을 효율적으로 단속하기 위하여 필요한 경우에는 해당 지식재산권을 관계법령에 따라 등록 또는 설정등록한 자 등으로 하여금 해당 지식재산권에 관한 사항을 신고하게 할 수 있다(관세법 제235조제2항).

3) 지적재산권 침해물품의 통보

세관장은 다음 각 호의 어느 하나에 해당하는 물품이 제2항에 따라 신고된 지식재산권을 침해하였다고 인정될 때에는 그 지식재산권을 신고한 자에게

해당물품의 수출입, 환적, 복합환적, 보세구역 반입, 보세운송 또는 제141조 제1호에 따른 일시양륙의 신고("수출입신고 등") 사실을 통보하여야 한다. 이 경우 통보를 받은 자는 세관장에게 담보를 제공하고 해당물품의 통관 보류나 유치를 요청할 수 있다(관세법 제235조제3항).

1. 수출입신고된 물품
2. 환적 또는 복합환적 신고된 물품
3. 보세구역에 반입신고된 물품
4. 보세운송신고된 물품
5. 제141조 제1호에 따라 일시양륙이 신고된 물품

4) 통관의 보류 및 유치의 요청 및 해제

지식재산권을 보호받으려는 자는 세관장에게 담보를 제공하고 해당물품의 통관 보류나 유치를 요청할 수 있다. 이의 요청을 받은 세관장은 특별한 사유가 없으면 해당물품의 통관을 보류하거나 유치하여야 한다. 다만, 수출입신고등을 한 자가 담보를 제공하고 통관 또는 유치 해제를 요청하는 경우에는 다음 각 호의 물품을 제외하고는 해당물품의 통관을 허용하거나 유치를 해제할 수 있다(관세법 제235조제5항).

(1) 통관의 허용 및 유치제한 물품

1. 위조하거나 유사한 상표를 부착하여 제1항 제1호에 따른 상표권을 침해하는 물품
2. 불법복제된 물품으로서 저작권등을 침해하는 물품
3. 같거나 유사한 품종명칭을 사용하여 제1항 제3호에 따른 품종보호권을 침해하는 물품
4. 위조하거나 유사한 지리적표시를 사용하여 지리적표시권등을 침해하는 물품
5. 특허로 설정등록된 발명을 사용하여 제1항 제5호에 따른 특허권을 침해하는 물품
6. 같거나 유사한 디자인을 사용하여 제1항 제6호에 따른 디자인권을 침해하는 물품

지식재산권에 관한 신고, 담보 제공, 통관의 보류·허용 및 유치·유치해제 등에 필요한 사항은 대통령령으로 정한다(관세법 제235조제6항).

(2) 통관보류 및 유치의 통보

세관장은 제3항 각 호에 따른 물품이 제1항 각 호의 어느 하나에 해당하는 지식재산권을 침해하였음이 명백한 경우에는 대통령령으로 정하는 바에 따라 직권으로 해당물품의 통관을 보류하거나 해당물품을 유치할 수 있다. 이 경우 세관장은 해당물품의 수출입신고등을 한 자에게 그 사실을 즉시 통보하여야 한다(관세법 제235조제7항). [전문개정 2010.12.30.]

문제 6

다음 지식재산권 중 관세법상 보호 대상이 아닌 것은? (제33회 국제무역사, 2013. 8. 3.)

① 상표권
② 저작권과 저작인접권
③ 디자인권
④ 영업권

정답 ④

5) 통관물품 및 통관절차의 제한

관세청장이나 세관장은 감시 상 필요하다고 인정될 때에는 통관역·통관장 또는 특정한 세관에서 통관할 수 있는 물품을 제한할 수 있다(관세법 제236조).

6) 통관의 보류

세관장은 다음 각 호의 어느 하나에 해당하는 경우에는 당해 물품의 통관을 보류할 수 있다(관세법 제237조). 〈개정 2015.12.15., 2016.12.20.〉

1. 제241조 또는 제244조에 따른 수출·수입 또는 반송에 관하여 신고서의 기재사항의 보완이 필요한 경우
2. 제245조에 따른 제출서류 등이 갖추어지지 아니하여 보완이 필요한 경우
3. 관세법에 따른 의무사항을 위반하거나 국민보건 등을 해칠 우려가 있는 경우

4. 제246조의3제1항에 따른 안전성 검사가 필요한 경우
5. 「국세징수법」제30조의2에 따라 세관장에게 체납처분이 위탁된 해당 체납자가 수입하는 경우
6. 그 밖에 이 법에 따라 필요한 사항을 확인할 필요가 있다고 인정하여 대통령령으로 정하는 경우[전문개정 2010.12.30.]

(1) 보세구역 반입명령

관세청장이나 세관장은 ① 수출신고가 수리되어 외국으로 반출되기 전에 있는 물품, ② 수입신고가 수리되어 반출된 물품의 어느 하나에 해당하는 물품으로서 이 법에 따른 의무사항을 위반하거나 국민보건 등을 해칠 우려가 있는 물품은 보세구역으로 반입할 것을 명할 수 있다. 이러한 반입명령을 받은 자는 해당 물품을 지정 받은 보세구역으로 반입하여야 한다(관세법 제238조제1항~2항).

4. 통관의 예외적용

1) 수출입의 의제(擬制)

"수출입의 의제"란 수출입 되는 물품의 특수성과 관세 행정상의 목적을 달성함에 지장이 없는 점을 고려하여 통관절차를 거치지 아니하고도 수출입이 이루어진 것으로 간주하고 관세 등을 따로 징수하지 않는 것을 말한다. 다음 각 호의 어느 하나에 해당하는 외국물품은 이 법에 따라 적법하게 수입된 것으로 보고 관세 등을 따로 징수하지 아니한다(관세법 제240조제1항).

1. 체신관서가 수취인에게 내준 우편물
2. 이 법에 따라 매각된 물품
3. 이 법에 따라 몰수된 물품
4. 이 법에 따른 통고처분으로 납부된 물품
5. 법령에 따라 국고에 귀속된 물품
6. 몰수를 갈음하여 추징된 물품

또한 체신관서가 외국으로 발송한 우편물은 이 법에 따라 적법하게 수출되거나 반송된 것으로 본다(관세법 제240조제2항). [전문개정 2010.12.30.]

문제 7

관세법상 수출입의 의제 대상물품으로 옳지 않은 것은? (2016년 관세사 1차 기출)

① 관세법에 따라 몰수된 제품
② 법령에 따라 국고에 귀속된 물품
③ 체신관서가 수취인에게 내준 우편물
④ 관세법에 따라 매각된 물품
⑤ 여행자가 운송수단 또는 관세통로에서 소비한 휴대품

정답 ⑤

5. 신고서류의 보관기간

이 법에 따라 가격신고·납세신고·수출입신고, 반송신고, 보세화물반출입신고, 보세운송신고를 하거나 적하목록을 제출한 자는 신고 또는 제출한 자료(신고필증을 포함)를 신고 또는 제출한 날로부터 5년의 범위내에서 대통령령이 정하는 기간 동안 이를 보관하여야 한다(관세법 제12조). 〈개정 2011.12.31.〉 [전문개정 2010.12.30.]

〈표 12-1〉 신고서류의 보관기간 (관세법 시행령 제3조)

<table>
<tr><th colspan="2">보관기간</th><th>보관대상 신고서류</th></tr>
<tr><td rowspan="3">해당신고에 대한 수리일부터</td><td>5년간</td><td>① 수입신고필증
② 수입거래관련 계약서 또는 이에 갈음하는 서류
③ 제 237조에 따른 지식재산권 거래관련 계약서 또는 이에 갈음하는 서류
④ 수입물품 가격결정에 관한 자료</td></tr>
<tr><td>3년간</td><td>① 수출신고필증
② 반송신고필증
③ 수출물품·반송물품 가격결정에 관한 자료
④ 수출거래·반송거래 관련 계약서 또는 이에 갈음하는 서류</td></tr>
<tr><td>2년간</td><td>① 보세화물반출입에 관한 자료
② 적하목록에 관한 자료
③ 보세운송에 관한 자료</td></tr>
<tr><td colspan="3">제1항 각 호의 자료는 관세청장이 정하는 바에 따라 마이크로필름·광디스크 등 자료전달 및 보관 매체에 의하여 보관할 수 있다. 〈개정 2015.2.6.〉</td></tr>
</table>

문제 8

관세법상 신고서류 중 보관하여야 하는 기간이 가장 짧은 것은? (2017년 관세사 1차 기출)

① 수입거래관련 계약서
② 수출신고필증
③ 반송물품 가격결정에 관한 자료
④ 수입신고필증
⑤ 보세운송에 관한 자료

정답 ⑤

문제 9

관세법령에 따라 수출입통관과 관련된 신고서류는 일정기간 동안 반드시 보관하여야 한다. 다음 중 신고 서류의 보관 기간이 틀린 것은? (2017년 제39회 국제무역사 기출)

① 수입거래관련 계약서: 신고 수리일부터 5년
② 반송신고필승: 신고 수리일부터 3년
③ 지식재산권의 거래에 관련된 계약서: 신고 수리일부디 3년
④ 보세운송에 관한 자료: 신고 수리일부터 2년

정답 ③

6. 유치 및 처분

1) 여행자 휴대품 등의 유치 및 예치

(1) 유치 및 예치

① 여행자의 휴대품, ② 우리나라와 외국 간을 왕래하는 운송수단에 종사하는 승무원의 휴대품은 법령에 의하여 필요한 허가・승인・표시 또는 그 밖에 조건이 구비되지 아니한 것은 세관장이 이를 유치할 수 있으며, 유치한 물품은 해당사유가 해소되었거나 반송하는 경우에만 유치를 해제한다. 수입할 의사가 없는 물품은 세관장에게 신고하여 일시 예치시킬 수 있다(관세법 제206조제1항~3항). [전문개정 2010.12.30.]

(2) 유치 및 예치물품의 보관

유치하거나 예치한 물품은 세관장이 관리하는 장소에 보관한다. 다만, 세관장이 필요하다고 인정할 때에는 그러하지 아니하다. 세관장은 유치 또는

예치된 물품의 원활한 통관을 위하여 필요하다고 인정되는 경우에는 관세청장이 지정하는 바에 따라 해당물품을 유치 또는 예치될 때에 유치 또는 예치기간내 수출·수입 또는 반송하지 아니하면 매각한다는 뜻을 통고할 수 있다(관세법 제207조제1항~3항).

2) 환적물품 등에 대한 유치

(1) 유치(留置)

세관장은 외국물품의 일시양륙 등에 따라 일시적으로 육지에 내려지거나 다른 운송수단으로 환적 또는 복합환적되는 외국물품 중 원산지를 우리나라로 허위표시한 물품은 이를 유치할 수 있다(관세법 제231조제1항)

(2) 유치사실의 통지

세관장은 외국물품을 유치할 때에는 그 사실을 그 물품의 화주나 그 위임을 받은 자에게 통지하여야 한다. 또한 세관장은 통지를 할 때에는 이행기간을 정하여 원산지표시의 수정 등 필요한 조치를 명할 수 있다. 이 경우 지정한 이행기간 내에 명령을 이행하지 아니하면 매각한다는 뜻을 함께 통지하여야 한다(관세법 제231조제3항~4항).

(3) 유치의 해제 및 매각

세관장은 명령이 이행된 경우에는 물품의 유치를 즉시 해제하여야 하나, 명령이 이행되지 아니한 경우에는 이를 매각할 수 있다. 이 경우 매각방법 및 절차에 관하여는 제160조 제4항부터 제6항까지 및 제210조를 준용한다(관세법 제232조제5항~6항). [전문개정 2010.12.30.].

제3절 통관 후 유통이력관리

1. 통관 후 유통이력관리의 의의

"통관 후 유통이력관리"란 외국수출자, 국내수입자, 유통업자, 최종판매자까지 특정 수입물품의 통관·유통내역 및 경로를 추적·관리하는 것을 말한다.

1) 통관 후 유통이력 신고(관세법 제240조의2)

외국물품을 수입하는 자와 수입물품을 국내에서 거래하는 자(소비자에 대한 판매를 주된 영업으로 하는 사업자는 제외한다)는 사회안전 또는 국민보건을 해칠 우려가 현저한 물품 등으로서 관세청장이 지정하는 물품("유통이력 신고물품")에 대한 유통단계별 거래내역("유통이력")을 관세청장에게 신고하여야 한다. 이에 따른 유통이력 신고의 의무가 있는 자("유통이력 신고의무자")는 유통이력을 장부에 기록(전자적 기록방식을 포함)하고, 그 자료를 거래일부터 1년간 보관하여야 한다.(관세법 제240조의2제1항~제2항)

관세청장은 유통이력 신고물품을 지정함에 있어 미리 관계행정기관의 장과 협의하여야 하며, 관세청장은 유통이력 신고물품의 지정, 신고의무 존속기한 및 신고대항 범위설정 등에 있어 수입물품을 내국물품에 비하여 부당하게 차별하여서는 아니되며, 이를 이행하는 유통이력 신고의무자의 부담이 최소화되독록 하여야 한다. 유통이력 신고물품별 신고의무, 존속기한, 유통이력의 범위, 신고절차, 그 밖에 유통이력 신고에 관하여 실요한 사항은 관세청장이 정한다.(관세법 제240조의2제3항~제5항) [전문개정 2010.12.30.]

2. 유통이력 조사

관세청장은 제240조의2(통관 후 유통이력 신고)를 시행하기 위하여 필요하다고 인정할 경우에는 세관공무원으로 하여금 유통이력 신고의무자의 사업장에 출입하여 영업 관계의 장부나 서류를 열람하여 조사를 하게 할 수 있다. 유통이력 신고의무자는 정당한 사유 없이 이에 따른 조사를 거부·방해 또는 기피하여서는 아니되며, 제1항에 따라 조사를 하는 세관공무원은 신분을 확인할 수 있는 증표를 지니고 이를 관계인에게 내보여야 한다(관세법 제240조의3). [전문개정 2010.12.30.]

문제 10

관세법상 통관 후 유통이력 관리에 관한 설명으로 옳지 않은 것은?

(2017년 관세사 1차 기출)

① 외국물품을 수입하는 자와 수입물품을 국내에서 거래하는 자(소비자에 대한 판매를 주된 영업으로 하는 사업자는 제외한다)는 사회안전 또는 국민보건을 해칠 우려가 현저한 물품 등으로서 관세청장이 지정하는 유통이력 신고물품에 대한 유통단계별 거래명세를 관세청장에게 신고하여야 한다.

② 유통이력 신고의 의무가 있는 자는 유통이력을 장부(전자적 기록방식을 포함)에 기록하고, 그 자료를 거래일부터 3년간 보관하여야 한다.

③ 관세청장은 유통이력 신고물품을 지정할 때 미리 관계 행정기관의 장과 협의하여야 한다.

④ 관세청장은 유통이력 신고물품의 지정, 신고의무 존속기한 및 신고대상 범위 설정 등을 할 때 수입물품을 내국물품에 비하여 부당하게 차별하여서는 아니 되며, 이를 이행하는 유통이력 신고의무자의 부담이 최소화 되도록 하여야 한다.

⑤ 유통이력 신고물품별 신고의무 존속기한, 유통이력의 범위, 신고절차, 그 밖에 유통이력 신고에 필요한 사항은 관세청장이 정한다.

정답 ⑤

제4절 통관절차 등의 국제협력〈신설 2014.12.23.〉

1. 무역원활화 기본계획의 수립 및 시행

기획재정부장관은 「세계무역기구 설립을 위한 마라케쉬협정」에 따라 이 법 및 관련법에서 정한 통관 등 수출입 절차의 원활화 및 이와 관련된 국제협력의 원활화("무역원활화")를 촉진하기 위하여 다음 각 호의 사항이 포함된

무역원활화 기본계획("기본계획")을 수립·시행하여야 한다(관세법 제240조의4의제1항).

1. 무역원활화 정책의 기본방향에 관한 사항
2. 무역원활화 기반시설의 구축과 운영에 관한 사항
3. 무역원활화의 환경조성에 관한 사항
4. 무역원활화와 관련된 국제협력에 관한 사항
5. 무역원활화와 관련된 통계자료의 수집·분석 및 활용방안에 관한 사항
6. 무역원활화 촉진을 위한 재원확보 및 배분에 관한 사항
7. 그 밖에 무역원활화를 촉진하기 위하여 필요한 사항

기획재정부장관은 기본계획을 시행하기 위하여 대통령령으로 정하는 바에 따라 무역원활화에 관한 업무를 수행하는 기관 또는 난세에 필요한 지원을 할 수 있다(관세법 제240조의4의제2항). [본조신설 2014.12.23.]

2. 상호주의에 따른 통관절차 간소화

국제무역 및 교류를 증진하고 국가 간의 협력을 촉진하기 위하여 우리나라에 대하여 통관절차의 편익을 제공하는 국가에서 수입되는 물품에 대하여는 상호 조건에 따라 대통령령으로 정하는 바에 따라 간이한 통관절차를 적용할 수 있다(관세법 제240조의5). [본조신설 2014.12.23.]

3. 국가 간 세관정보의 상호 교환 등

관세청장은 물품의 신속한 통관과 이 법을 위반한 물품의 반입을 방지하기 위하여 세계관세기구에서 정하는 수출입 신고항목 및 화물식별번호를 발급하거나 사용하게 할 수 있다. 또한 관세청장은 세계관세기구에서 정하는 수출입 신고항목 및 화물식별번호 정보를 다른 국가와 상호 조건에 따라 교환할 수 있다. 관세청장은 관세의 부과와 징수, 과세 불복에 대한 심리 및 형사소추를 위하여 수출입신고자료 등 대통령령으로 정하는 사항을 대한민국 정

부가 다른 국가와 관세행정에 관한 협력 및 상호지원에 관하여 체결한 협정과 국제기구와 체결한 국제협약에 따라 다른 법률에 저촉되지 아니하는 범위에서 다른 국가와 교환할 수 있다(관세법 제240조의6제1항~3항).

제3항에도 불구하고 관세청장은 상호주의 원칙에 따라 상대국에 수출입신고자료 등을 제공하는 것을 제한할 수 있다. 또한 관세청장은 제3항에 따라 다른 국가와 수출입신고자료 등을 교환하는 경우 대통령령으로 정하는 바에 따라 이를 신고인 또는 그 대리인에게 통지하여야 한다(관세법 제240조의6제4항~제5항). [본조신설 2014.12.23.]

제5절 물품의 검사

1. 물품의 검사

1) 물품의 검사 및 확인

세관공무원은 수출·수입 또는 반송하려는 물품에 대하여 검사를 할 수 있으며, 관세청장은 검사의 효율을 거두기 위하여 검사대상, 검사범위, 검사방법 등에 관하여 필요한 기준을 정할 수 있으며, 화주는 수입신고를 하고자 하려는 물품에 대하여 수입신고전에 관세청장이 정하는 바에 의하여 확인을 할 수 있다(관세법 제246조제1항~3항).

2) 물품의 검사에 따른 손실보상

관세청장 또는 세관장은 제246조에 따른 세관공무원의 적법한 물품검사로 인하여 물품에 손실이 발생한 경우 그 손실을 입은 자에게 보상("손실보상") 하여야 한다.

이에 따른 손실보상의 기준, 보상금액에 관한 사항은 대통령령으로 정하며 손실보상의 지급절차 및 방법, 그 밖에 필요한 사항은 관세청장이 정한다

(관세법 제246조의2). [본조신설 2015.12.15.]

3) 물품에 대한 안전성 검사

세관장은 중앙행정기관의 장과 협의하여 제226조에 따른 세관장의 확인이 필요한 수출입물품 등 다른 법령에서 정한 물품의 성분・품질 등에 대한 안전성 검사("안전성 검사")를 할 수 있다. 이에 필요한 정보교류 등 대통령령으로 정하는 사항을 협의하기 위하여 관세청에 수출입물품안전관리기관협의회를 두며, 협회의 구성・운영과 그 밖에 필요한 사항은 대통령령으로 정한며, 안전성 검사의 방법・절차 등에 관하여 필요한 사항은 관세청장이 정한다(관세법 제246조의3제1항~4항).[본조신설 2015.12.15.]

4) 검사장소

제186조(사용신고)제1항 또는 제246조(물품의 검사)에 따라 검사할 경우에는 보세구역에서 행한다. 그러나 수출하고자 하는 물품에 대한 검사는 해당물품이 장치되어 있는 장소에서 검사한다. 단, 세관상은 효율적인 검사를 위하여 부득이하다고 인정될 때에는 관세정상이 정하는 바에 따라 해당물품을 보세구역에 반입하게 한 후 검사할 수 있다(관세법 제247조).

제246조의3(물품에 대한 안전성 검사)

① 관세청장은 중앙행정기관의 장의 요청을 받아 세관장으로 하여금 제226조에 따른 세관장의 확인이 필요한 수출입물품 등 다른 법령에서 정한 물품의 성분・품질 등에 대한 안전성 검사("안전성 검사")를 하게 할 수 있다.〈개정 2017.12.19.〉

② 중앙행정기관의 장은 제1항에 따라 안전성 검사를 요청하는 경우 관세청장에게 해당 물품에 대한 안전성 검사 방법 등 관련 정보를 제공하여야 한다.〈신설 2017.12.19.〉

③ 관세청장은 제1항에 따라 중앙행정기관의 장의 안전성 검사 요청을 받은 경우 해당 안전성 검사를 위하여 필요한 인력 및 설비 등을 고려하여 안전성 검사 대상 물품을 지정하여야 하고, 그 결과를 해당 중앙행정기관의 장에게 통보하여야 한다.〈신설 2017.12.19.〉

④ 관세청장은 세관장에게 제3항에 따라 지정된 안전성 검사 대상 물품의 안전성 검사에 필요한 자체 검사 설비를 지원하는 등 원활한 안전성 검사를 위한 조치

를 취하여야 한다.〈신설 2017.12.19.〉
⑤ 세관장은 제3항에 따라 안전성 검사 대상 물품으로 지정된 물품에 대하여 중앙행정기관의 장과 협력하여 안전성 검사를 실시하여야 한다.〈신설 2017.12.19.〉
⑥ 관세청장은 안전성 검사 결과 불법·불량·유해 물품으로 확인된 물품의 정보를 관세청 인터넷 홈페이지를 통하여 공개할 수 있다.〈신설 2017.12.19.〉
⑦ 안전성 검사에 필요한 정보교류 등 대통령령으로 정하는 사항을 협의하기 위하여 관세청에 수출입물품안전관리기관협의회를 둔다.〈개정 2017.12.19.〉
⑧ 제7항에 따른 수출입물품안전관리기관협의회의 구성·운영과 그 밖에 필요한 사항은 대통령령으로 정한다.〈개정 2017.12.19.〉
⑨ 제1항부터 제8항까지에서 규정한 사항 외에 안전성 검사의 방법·절차 등에 관하여 필요한 사항은 관세청장이 정한다. 〈개정 2017.12.19.〉
[본조신설 2015.12.15.][시행일: 2018.7.1.] 제246조의3

제6절 수출·수입 등의 신고시 처리 및 물품의 적재

1. 신고의 수리

세관장은 제241조(수출·수입 또는 반송의 신고) 또는 제244조(입항전수입신고)의 규정에 따른 신고가 이 법의 규정에 적합하게 이루어진 경우에는 이를 지체없이 수리하고 신고인에게 신고필증을 교부하여야 한다. 다만, 제327조 제2항(국가관세종합정보망의 구축 및 운영)에 따라 국가관세종합정보망의 전산처리설비를 이용하여 신고를 수리하는 경우에는 관세청장이 정하는 바에 따라 신고인이 직접 전산처리설비를 이용하여 신고필증을 발급받을 수 있다. 신고수리 전에는 운송수단·관세통로·하역통로 또는 이 법에 따른 장치장소로부터 신고된 물품을 반출하여서는 아니 된다.(관세법 제248조제1항~3항). [전문개정 2010.12.30.]

1) 담보의 제공

세관장은 관세를 납부하여야 하는 물품에 대해서는 제241조 또는 제 244조에 따른 신고를 수리하는 때에 다음 각 호의 어느 하나에 해당하는 자에게 관세에 상당하는 담보의 제공을 요구할 수 있다(관세법 제248조제2항).

1. 이 법 또는 「수출용원재료에 대한 관세 등 환급에 관한 특례법」 제23조를 위반하여 징역형의 실형을 선고받고 그 집행이 끝나거나(집행이 끝난 것으로 보는 경우를 포함) 면제된 후 2년이 지나지 아니한 자
2. 이 법 또는 「수출용원재료에 대한 관세 등 환급에 관한 특례법」 제23조를 위반하여 징역형의 집행유예를 선고받고 그 유예기간 중에 있는 자
3. 제269조부터 제271조까지, 제274조, 제275조의2, 제275조의3 또는 「수출용원재료에 대한 관세 등 환급에 관한 특례법」 제23조에 따라 벌금형 또는 통고처분을 받은 자로서 그 벌금형을 선고받거나 통고처분을 이행한 후 2년이 지나지 아니한 자.
4. 제241조 또는 제244조에 따른 수입신고일을 기준으로 최근 2년간 관세 등 조세를 납세한 사실이 있는 자
5. 수입실적, 수입물품의 관세율 등을 고려하여 대통령령[1]으로 정하는 관세채권의 확보가 곤란한 경우에 해당하는 자

2) 신고사항의 보완(관세법 제249조)

세관장은 ① 수출·수입 또는 반송에 관하여 신고서의 기재사항이 갖추어지지 아니한 경우, ② 신고시의 제출서류가 갖추어지지 아니한 경우에는 수출·수입 또는 반송에 따라 신고가 수리되기 전까지 이를 보완하게 할 수 있다. 다만, 해당사항이 경미하고 신고수리 후에 보완이 가능하다고 인정되는 경우에는 관세청장이 정하는 바에 따라 신고수리 후 이를 보완하게 할 수 있다(관세법 제249조). [전문개정 2010.12.30.]

3) 수출신고수리물품의 적재 등

수출신고가 수리된 물품은 수출신고가 수리된 날부터 30일 이내에 운송수

1) 1. 최근 2년간 계속해서 수입실적이 없는 자 2. 파산, 청산 또는 개인회생절차가 진행 중인 자 3. 수입실적, 자산, 영업이익, 수입물품의 관세율 등을 고려할 때 관세채권 확보가 곤란한 경우로서 관세청장이 정하는 요건에 해당하는 자(관세법시행령 제252조 : 담보의 제공)

단에 적재하여야 한다. 다만, 기획재정부령이 정하는 바에 의하여 1년의 범위에서 적재기간의 연장승인을 받은 것은 그러하지 아니하다. 세관장은 위의 기간 내에 적재하지 아니한 물품에 대하여는 대통령령이 정하는 바에 의하여 수출신고의 수리를 취소할 수 있다(관세법 제251조제1항~2항). [전문개정 2010.12.30.]

2. 신고의 취하 및 각하

"신고의 취하"란 당사자가 결정한 법률행위를 취소하는 행위이고, "각하"는 결정기관에서 신청행위의 결함에 대하여 보완이 되지 않거나 위법에 대하여 처리를 취소시키는 것을 말한다.

1) 신고의 취하

"신고"는 정당한 이유가 있는 경우에만 세관장의 승인을 받아 이를 취하할 수 있다. 다만, 수입 및 반송의 신고는 운송수단·관세통로·하역통로 또는 이 법에 규정된 장치장소에서 물품을 반출한 후에는 이를 취하할 수 없다(관세법 제250조제1항). 수출·수입 또는 반송의 신고를 수리한 후 신고의 취하를 승인한 경우에는 신고수리의 효력은 상실된다(관세법 제250조제2항).

2) 신고의 각하

"각하"란 세관장이 직권으로 수출·수입 또는 반송의 신고의 효력을 상실시키는 것을 말한다.

관세법 제250조제3항에는 "세관장은 제241조(수출·수입 또는 반송의 신고) 및 제244조(입항전신고)의 요건을 갖추지 못하였거나 부정한 방법으로 신고되었을 때에는 해당 수출·수입 또는 반송의 신고를 각하할 수 있다"고 명시되어 있다.

제7절 통관절차의 특례

일국의 관세선 영역으로 들어오는 수입물품은 관세의 부과·징수와 수입신고 수리필의 등의 과정을 거쳐서 외국물품이 내국물품이 된다. 그러나 물품의 특성에 의한 통관절차를 간소화하여야 하는 경우가 있어 관세법 제252조부터 제255조의2에는 이러한 특수성을 고려한 통관절차의 특례를 주고 있다.

1. 수입신고수리전 반출

수입신고를 한 물품을 제248조(신고의 수리)에 따른 세관장의 수리 전에 해당 물품이 장치된 장소로부터 반출하고자 하는 자는 납부하여야 할 관세에 상당하는 담보를 제공하고 세관장의 승인을 얻어야 한다. 다만, 정부 또는 지방자치단체가 수입하거나 담보제공 의무규정이 적용되지 않는 경우에는 담보의 제공을 생략할 수 있다(관세법 제252조).

1) 수입신고수리전 반출의 의의

"수입신고수리전 반출"이란 수입신고는 하였으나 그 형식요건의 내용확인, 기타 사유로 그 신고의 수리가 지연되는 반면, 그 물품을 빨리 수입해야 하는 경우에 그 신고의 수리를 하기 전에 물품을 반출할 수 있도록 세관장이 승인하여 그 물품을 반출시켜 수입하게 한 후에 그 신고를 수리하는 것을 말한다.

2) 수입신고수리전 반출(수입통관 사무처리에 관한 고시 제38조)

수입통관에 곤란한 사유가 없는 물품으로서 다음에 해당하는 경우에는 법 제252조에 따라 세관장이 신고수리전반출을 승인할 수 있다.

1. 완성품의 세번으로 수입신고수리 받고자 하는 물품이 미조립상태로 분

할선적 수입된 경우

2. 「조달사업에 관한 법률」에 따른 비축물자로 신고된 물품으로서 실수요자가 결정되지 아니한 경우
3. 사전세액심사 대상물품(부과고지물품을 포함한다)으로서 세액결정에 오랜 시간이 걸리는 경우
4. 품목분류나 세율결정에 오랜 시간이 걸리는 경우
5. 수입신고 시 「관세법 시행령」제236조제1항제1호에 따라 원산지증명서를 세관장에게 제출하지 못한 경우

3) 수입신고의 수리

수입신고수리전 반출승인에 의하여 반출된 물품은 내국물품이나 수입신고수리를 한 것이 아니므로 수입신고수리전 반출사유가 해소되면 그 때 수입신고를 수리한다.

2. 수입신고전 물품반출

수입하려는 물품을 수입신고 전에 운송수단·관세통로·하역통로 또는 이 법에 따른 장치장소로 부터 즉시 반출하고자 하는 자는 대통령령으로 정하는 바에 따라 세관장에게 즉시반출신고를 하여야 한다. 이 경우 세관장은 납부하여야 하는 관세에 상당하는 담보를 제공하게 할 수 있다(관세법 제253조제1항). 즉시반출 대상물품은 관세 등의 체납이 없고 최근 3년동안 수출입 실적이 있는 제조업자 또는 외국인투자자가 수입하는 시설재 또는 원부자재, 그 밖에 관세 등의 체납우려가 없는 경우로서 관세청장이 정하는 물품 등으로 세관장이 지정하고 있다(관세법 제253조제2항).

1) 수입신고전 물품반출의 의의

수입에 필요한 과세자료, 선하증권 등을 구비하는데 시일이 소요되는 반

면, 긴급히 수입하여 사용하여야 할 원재료와 같은 물품이 있는 등 특별한 사정이 있을 때에는 세관장에게 그 수입하고자 하는 물품의 품명, 수량 및 가격을 기재한 신고서를 제출하여 즉시반출하는 것을 말한다.

2) 수입신고의 시기

수입신고를 하지 않고 물품을 반출하였으므로 즉시반출신고를 하고 반출을 하는 자는 즉시반출신고를 한 날부터 10일 이내에 수입신고를 하여야 한다(관세법 제253조제3항).

3) 즉시반출 대상물품 지정의 취소

세관장은 제1항에 따라 반출을 한 자가 제3항에 따른 기간 내에 수입신고를 하지 아니하는 경우에는 관세를 부과·징수한다. 이 경우 해당 물품에 대한 관세의 100분의 20에 상당하는 금액을 가산세로 징수하고, 제2항에 따른 지정을 취소할 수 있다(관세법 제253조제4항).[전문개정 2010.12.30.]

문제 11

관세법상 수입신고전의 물품반출에 관한 설명으로 옳은 것은? (2016년 관세사 1차 기출)

① 수입하려는 물품을 수입신고 전에 운송수단, 관세통로, 하역통로 또는 관세법에 따른 장치 장소로부터 즉시 반출하려는 자는 대통령령으로 정하는 바에 따라 세관장에게 즉시반출신고를 하여야 한다.

② 세관장은 즉시반출신고를 하고 반출을 하는 자에게 납부하여야 하는 관세에 상당하는 담보를 제공하게 할 수 있다.

③ 수입신고전 즉시반출신고를 하고 반출을 하는 자는 즉시반출신고를 한 날부터 10일 이내에 수입신고를 하여야 한다.

④ 세관장은 수입신고전 즉시반출을 한 자가 정해진 기간 이내에 수입신고를 하지 아니하는 경우에는 해당 물품에 대한 관세의 100분의 20에 상당하는 금액을 가산세로 징수한다.

⑤ 수입하고자 하는 물품을 수입신고 전에 즉시 반출하고자 하는 자는 당해 물품의 품명·규격·수량 및 가격을 기재한 신고서를 제출하여야 한다.

정답 ④

3. 전자상거래물품 등의 특별통관

관세청장은 전자문서로 거래되는 수출입물품에 대하여 대통령령이 정하는 바에 의하여 수출입신고·물품검사 등 그 밖에 통관에 필요한 사항을 따로 정할 수 있다(관세법 제254조).

1) 적용대상

이 고시의 특별통관절차를 적용받는 거래물품은 전자상거래로 수입하는 물품을 말한다. 다만, 전자상거래업체가 아닌 법인(개인사업자를 포함)이 수입하거나 법인의 구매요청을 받아 전자상거래업체가 수입하는 물품은 제외한다(「전자상거래물품 등의 특별통관 절차에 관한 고시」 제3조).

2) 전자상거래물품의 수입신고

전자상거래물품의 수입신고는 다음 각 호와 같이 한다(「전자상거래물품 등의 특별통관 절차에 관한 고시」제7조).

1. 수입신고하는 때에는 수입을 대행한 전자상거래업체의 상호와 특별통관대상업체 신고번호를 수입신고서에 기재
2. 특급탁송으로 물품을 수입하는 때에는 화물운송장, 송품장, 통관목록에 특별통관대상업체 신고번호를 기재
3. 전자상거래업체는 자신의 물품을 운송하는 특송업체에게 특별통관대상업체 신고번호를 사전에 통보

4. 탁송품의 특별통관

제241조제2항제1호의 탁송품으로서 기획재정부령으로 정하는 물품은 운송업자(제222조제1항제6호에 따라 관세청장 또는 세관장에게 등록한 자. "탁송품 운송업자")가 다음 각 호에 해당하는 사항이 적힌 목록("통관목록")을 세관장에

게 제출함으로써 제241조제1항에 따른 수입신고를 생략할 수 있다(관세법 제254조의2제1항). 〈개정 2013.1.1., 2017.12.19.〉

1. 물품의 송하인 및 수하인의 성명, 주소, 국가
2. 물품의 품명, 수량, 중량 및 가격
3. 탁송품의 통관목록에 관한 것으로 기획재정부령으로 정하는 사항

탁송품 운송업자는 통관목록을 사실과 다르게 제출하여서는 아니 된다. 또한 탁송품 운송업자는 제출한 통관목록에 적힌 수하인의 주소지(제241조제1항에 따른 수입신고를 한 탁송품의 경우에는 수입신고서에 적힌 납세의무자의 주소지)가 아닌 곳에 탁송품을 배송하거나 배송하게 한 경우(「우편법」 제31조 단서에 해당하는 경우는 제외)에는 배송한 날이 속하는 달의 다음달 15일까지 실제 배송한 주소지를 세관장에게 제출하여야 한다.(관세법 제254조의2제2항~3항)〈신설 2014.1.1., 2017.12.19.〉

세관장은 탁송품 운송업자가 제2항 또는 제3항을 위반하거나 이 법에 따라 통관이 제한되는 물품을 국내에 반입하는 경우에는 제1항에 따른 통관절차의 적용을 배제할 수 있다(관세법 제254조의2제4항). 〈개정 2014.1.1.〉

관세청장 또는 세관장은 탁송품에 대하여 세관공무원으로 하여금 검사하게 하여야 하며, 탁송품의 통관목록의 제출시한, 실제 배송지의 제출, 물품의 검사 등에 필요한 사항은 관세청장이 정하여 고시한다(관세법 제254조의2제5항). 〈개정 2011.12.31., 2014.1.1.〉

세관장은 관세청장이 정하는 절차에 따라 별도로 정한 지정장치장에서 탁송품을 통관하여야 한다. 다만, 세관장은 탁송품에 대한 감시·단속에 지장이 없다고 인정하는 경우 탁송품을 해당 탁송품 운송업자가 운영하는 보세창고 또는 시설(「자유무역지역의 지정 및 운영에 관한 법률」 제11조에 따라 입주계약을 체결하여 입주한 업체가 해당 자유무역지역에서 운영하는 시설에 한정)에서 통관할 수 있다. 〈신설 2013.1.1., 2014.1.1., 2016.1.27.〉 이의 단서에 따라 탁송품 운송업자가 운영하는 보세창고 또는 시설에서 통관하는 경우 그에 필요한 탁송품 검사설비 기준, 설비이용 절차, 설비이용 유효기간 등에 관하여 필요한 사항은 대통령령으로 정한다(관세법 제254조의제6항~7항). 〈신설 2013.1.1., 2014.1.1.〉

[전문개정 2010.12.30.]

❑ 특송물품에 대한 통관절차

1. 국내거주자가 수취하는 자가사용물품 또는 면세되는 상용견품 중 물품가격이 미화 150달러(미합중국과의 협정에 따른 특송물품 통관의 특례에 해당하는 물품은 미화 200달러) 이하에 해당하는 물품("목록통관특송물품")은 특송업체가 통관목록을 세관장에게 제출함으로써 법 제241조제1항의 수입신고를 생략할 수 있다.
2. 물품가격이 미화 150달러(미합중국과의 협정에 따른 특송물품 통관의 특례에 해당하는 물품은 미화 200달러)를 초과하고 2,000달러 이하인 물품("간이신고특송물품")은 간이한 방법으로 신고할 수 있다.
3. 물품가격이 미화 2,000달러를 초과하는 물품("일반수입신고특송물품")은 법 제241조제1항에 따른 수입신고를 하여야 한다.

② 제1항에도 불구하고 별표 1의 목록통관배제대상물품과 별표 2의 간이신고배제대상물품에 대해서는 제1항제1호 또는 제2호에 따른 목록통관 또는 간이신고를 배제하고 법 제241조제1항에 따른 수입신고를 하여야 한다.(특송물품 수입통관 사무처리에 관한 고시 제8조).

제8절 우편물의 통관

1. 통관우체국 경유의 원칙

서신을 제외한 수출·수입 또는 반송하고자 하는 우편물은 통관우체국을 경유하여야 한다(관세법 제256조제1항). 관세청장이 지정하는 통관우체국은 체신관서 중에서 국제우편물류센터와 부산국제우체국이다(국제우편물 수입통관 사무처리에 관한 고시 제4조).

1) 우편물의 검사

통관우체국의 장이 우편물을 접수한 경우에는 세관장에게 우편물 목록을 제출하고 당해 우편물에 대한 검사를 받아야 한다. 다만, 관세청장이 정하는 우편물에 대하여는 이를 생략할 수 있다(관세법 제257조).

2) 우편물통관에 대한 결정 및 세관장의 통지

통관우체국의 장은 세관장이 우편물에 대하여 수출·수입 또는 반송을 할 수 없다고 결정한 경우에는 그 우편물을 발송하거나 수취인에게 내줄 수 없다. 우편물이 수출입의 승인을 받은 것이거나 그 밖에 대통령령으로 정하는 기준에 해당하는 것일 때에는 해당 우편물의 수취인이나 발송인은 제241조에 따른 신고를 하여야 한다(관세법 제258조제1항~2항). 세관장은 제258조에 따른 결정을 한 경우에는 그 결정사항을, 관세를 징수하려는 경우에는 그 세액을 통관우체국의 장에게 통지하여야 한다. 통지를 받은 통관우체국의 장은 우편물의 수취인이나 발송인에게 그 결정사항을 통지하여야 한다(관세법 제259조).
(전문개정 2010. 12. 30)

3) 우편물의 납세절차(관세법 제260조)

① 제259조제2항에 따른 통지를 받은 자는 대통령령으로 정하는 바에 따라 해당 관세를 수입인지 또는 금전으로 납부하여야 한다.
② 체신관서는 관세를 징수하여야 하는 우편물은 관세를 징수하기 전에 수취인에게 내줄 수 없다.[전문개정 2010.12.30.]

우편물에 대한 관세의 납세의무는 당해 우편물이 반송되면 소멸한다(관세법 제261조).

문제 12

외국으로부터 수취하는 우편물에 대한 수입통관절차와 관련된 다음 설명 중 관세법상 잘못된 것은? (제35회 국제무역사, 2015. 2. 7.)

① 수입하려는 우편물은 통관우체국을 경유하여야 하며, 통관우체국은 체신관서 중 관세청장이 지정한다.
② 법령에 의하여 수출입이 제한되거나 금지되는 우편물은 간이한 방법으로 통관할 수 없고 일반수입신고를 하여야 한다.
③ 우리나라 거주자가 우편물로 수취하는 소액물품으로서 총 과세가격 20만원 이하의 물품으로서 자가사용물품으로 인정되는 것은 면세가 가능하다.
④ 세관공무원이 당해 우편물을 검사할 필요가 있는 경우 화주의 허가없이 포장을 풀 수 있다.

정답 ③

제13장 세관공무원의 권한 및 벌칙

제1절 세관공무원의 권한

1. 운송수단의 출발중지 등

관세청장이나 세관장은 이 법 또는 이 법에 따른 명령을 집행하기 위하여 필요하다고 인정될 때에는 운송수단의 출발을 중지시키거나 그 진행을 정지시킬 수 있다(관세법 제262조). [전문개정 2010.12.30.]

2. 서류의 제출 또는 보고 등의 명령

관세청장이나 세관장은 이 법(「수출용원재료에 대한 관세 등 환급에 관한 특례법」을 포함) 또는 이 법에 따른 명령을 집행하기 위하여 필요하다고 인정될 때에는 물품·운송수단 또는 장치장소에 관한 서류의 제출·보고 또는 그 밖에 필요한 사항을 명하거나, 세관공무원으로 하여금 수출입자·판매자 또는 그 밖의 관계자에 대하여 관계 자료를 조사하게 할 수 있다(관세법 제263조). [전문개정 2010.12.30.]

관세청장은 국가기관 및 지방자치단체 등 관계기관 등에 대하여 관세의 부과·징수 및 통관에 관계되는 자료 또는 통계를 요청할 수 있다(관세법 제264조). 또한 세관공무원은 이 법에 따른 직무를 집행하기 위하여 필요하다고 인정되는 경우에는 수출입업자·판매업자 또는 그 밖의 관계업자에 대하여 질문하거나 문서화·전산화된 장부, 서류 등 관계 자료 또는 물품을 조사하거

나, 그 제시 또는 제출을 요구할 수 있다(관세법 제266조제1항). 〈개정 2011.12.31.〉

3. 세관공무원의 물품검사

세관공무원은 이 법 또는 이 법에 따른 명령에 위반한 행위를 방지하기 위하여 필요하다고 인정될 때에는 물품·운송수단·장치 장소 및 관계 장부 서류를 검사 또는 봉쇄하거나 그 밖에 필요한 조치를 할 수 있다(관세법 제265조). 〈개정 2011.12.31.〉 [전문개정 2010.12.30.]

4. 총기의 휴대 및 사용

① 관세청장이나 세관장은 직무를 집행하기 위하여 필요하다고 인정될 때에는 그 소속 공무원에게 무기를 휴대하게 할 수 있다. 〈개정 2017.12.19.〉

② 제1항 및 제3항에서 "무기"란 「총포·도검·화약류 등의 안전관리에 관한 법률」에 따른 총포(권총 또는 소총에 한정), 도검, 분사기 또는 전자충격기를 말한다. 〈신설 2017.12.19.〉

③ 세관공무원은 그 직무를 집행할 때 특히 자기나 다른 사람의 생명 또는 신체를 보호하고 공무집행에 대한 방해 또는 저항을 억제하기 위하여 필요한 상당한 이유가 있는 경우 그 사태에 응하여 부득이하다고 판단될 때에는 무기를 사용할 수 있다. 〈개정 2017.12.19.〉[전문개정 2010.12.30.]

[제목개정 2017.12.19.]

제2절 조사와 처분

1. 조 사

1) 관세범의 조사

관세범에 관하여 조사·처분은 세관공무원이 이를 행한다.

세관공무원은 관세범에 관하여 「사법경찰관리의 직무를 수행할 자와 그 직무범위에 관한 법률」에서 정하는 바에 따라 사법경찰관리의 직무를 수행한다(관세법 제295조). 세관공무원이 관세범이 있다고 인정할 때에는 범인·범죄사실 및 증거를 조사하여야 한다(관세법 제290조). 세관공무원이 관세범조사상 필요하다고 인정할 때에는 피의자·증인 또는 참고인을 조사할 수 있다(관세법 제291조). [전문개정 2010.12.30.]

2) 수색·압수영장

이 법에 따라 수색·압수를 할 때에는 관할 지방법원 판사의 영장을 받아야 한다. 다만, 긴급한 경우에는 사후에 영장을 발급받아야 한다. 소유자·점유자 또는 보관자가 임의로 제출한 물품이나 남겨 둔 물품은 영장없이 압수할 수 있다(관세법 제296조). [전문개정 2010.12.30.]

3) 현행범의 체포

세관공무원이 관세범의 현행범인을 발견하였을 때에는 즉시 체포하여야 한다(관세법 제297조).[전문개정 2010.12.30.]

4) 현행범의 인도

관세범의 현행범인이 그 장소에 있을 때에는 누구든지 체포할 수 있으며(관세법 제298조제1항), 범인을 체포하는 자는 지체 없이 세관공무원에게 범인

을 인도하여야 한다(관세법 제298조제2항). [전문개정 2010.12.30.]

5) 검증수색

세관공무원은 관세범 조사에 필요하다고 인정하는 경우에는 선박·차량·항공기·창고 또는 그 밖에의 장소를 검증하거나 수색할 수 있다(관세법 제300조). [전문개정 2010.12.30.]

6) 신변 수색 등

세관공무원은 범죄사실을 증명하기에 충분한 물품을 피의자가 신변(身邊)에 은닉하였다고 인정될 때에는 이를 내보이도록 요구하고, 이에 따르지 아니하는 경우에는 신변을 수색할 수 있다. 여성의 신변을 수색할 때에는 성년의 여성을 참여시켜야 한다(관세법 제301조). [전문개정 2010.12.30.]

7) 참 여

세관공무원이 수색을 할 때에는 다음 각 호의 어느 하나에 해당하는 사람을 참여시켜야 한다. 다만, 이들이 모두 부재중일 때에는 공무원을 참여시켜야 한다(관세법 제302조).

1. 선박·차량·항공기·창고 또는 그 밖의 장소의 소지인·관리인
2. 동거하는 친척이나 고용된 사람
3. 이웃에 거주하는 사람들

이들은 모두 성년자이어야 한다. [전문개정 2010.12.30.]

8) 압수와 보관(관세법 제303조)

세관공무원은 관세범 조사에 의하여 발견한 물품이 범죄의 사실을 증명하기에 충분하거나 몰수하여야 하는 것으로 인정될 때에는 이를 압수할 수 있으며, 압수물품은 편의에 따라 소지자나 시·군·읍·면사무소에 보관시킬 수 있다.

관세청장이나 세관장은 압수물품이 다음 각 호의 어느 하나에 해당하는 경우에는 피의자나 관계인에게 통고한 후 매각하여 그 대금을 보관하거나 공탁할 수 있다. 다만, 통고할 여유가 없을 때에는 매각한 후 통고하여야 한다. 이에 따른 통고 및 매각에 관하여는 제160조제5항 및 제326조를 준용한다.[전문개정 2010.12.30.]

1. 부패 또는 손상되거나 그 밖에 사용할 수 있는 기간이 지날 우려가 있는 경우
2. 보관하기가 극히 불편하다고 인정되는 경우
3. 처분이 지연되면 상품가치가 크게 떨어질 우려가 있는 경우
4. 피의자나 관계인이 매각을 요청하는 경우

9) 신분증명(관세법 제308조)

세관공무원은 조사·검증·수색 또는 압수를 할 때에는 제복을 착용하거나 그 신분을 증명할 증표를 지니고 그 처분을 받을 자가 요구하면 이를 보여 주어야 한다. 세관공무원이 제복을 착용하지 아니한 경우로서 그 신분을 증명하는 증표제시 요구에 응하지 아니하는 경우에는 처분을 받을 자는 그 처분을 거부할 수 있다.[전문개정 2010.12.30.]

2. 처 분

1) 통고처분(관세법 제311조)

"통고처분"이란 조세, 전매 따위에 관한 법률을 어긴 행위에 대해서 벌금, 과료, 몰수 등에 해당하는 금액을 납부할 것을 알리는 행정처분을 말한다. 관세청장이나 세관장은 관세범을 조사한 결과 범죄의 확증을 얻었을 때에는 그 이유를 구체적으로 밝히고 다음 각 호의 어느 하나에 해당하는 금액이나 물품을 납부할 것을 통고할 수 있다〈개정 2015.12.15.〉.

1. 벌금에 상당하는 금액
2. 몰수에 해당하는 물품
3. 추징금에 해당하는 금액

관세청장이나 세관장은 제1항에 따른 통고처분을 받는 자가 벌금이나 추징금에 상당한 금액을 예납(豫納)하려는 경우에는 이를 예납시킬 수 있다. 이에 따른 통고가 있는 때에는 공소의 시효는 정지된다. [전문개정 2010.12.30.]

2) 통고서의 작성과 송달

통고처분을 할 때에는 통고서[1]를 작성하여 송달에 의하여 고지하여야 한다(관세법 314조). [전문개정 2010.12.30.]

3) 통고처분의 불이행과 고발

관세범인이 통고서의 송달을 받았을 때에는 그 날부터 15일 이내에 이를 이행하여야 하며, 이 기간 내에 이행하지 아니하였을 때에는 관세청장이나 세관장은 즉시 고발하여야 한다. 다만, 15일이 지난 후 고발이 되기 전에 관세범인이 통고처분을 이행한 경우에는 그러하지 아니하다(관세법 제316조). 〈개정 2013.1.1.〉 그럼에도 불구하고 관세청장 또는 세관장은 다음 각 호의 어느 하나의 경우에는 즉시 고발하여야 한다(관세법 제318조).

1. 관세범인이 통고를 이행할 수 있는 자금능력이 없다고 인정되는 경우
2. 관세범인의 주소 및 거소가 분명하지 아니하거나 그 밖의 사유로 통고를 하기 곤란하다고 인정되는 경우

4) 몰수품 등의 처분

세관장은 이 법에 따라 몰수되거나 국고에 귀속된 물품("몰수품등")을 공매 또는 그 밖의 방법으로 처분할 수 있다(관세법 제326조제1항).

---

1) 통고서의 기재내용-1. 처분을 받을 자의 성명·연령·성별·직업 및 주소, 2. 벌금에 상당한 금액, 몰수에 해당하는 물품 또는 추징금에 상당한 금액, 3. 범죄사실, 4. 적용법조문, 5. 이행장소, 6. 통고처분 연월일.

5) 압수물품의 폐기

관세청장이나 세관장은 압수물품 중 다음 각 호의 어느 하나에 해당하는 것은 피의자나 관계인에게 통고한 후 폐기할 수 있다. 다만, 통고할 여유가 없을 때에는 폐기한 후 즉시 통고하여야 한다(관세법 제304조).

1. 사람의 생명이나 재산을 해칠 우려가 있는 것
2. 부패하거나 변질된 것
3. 유효기간이 지난 것
4. 상품가치가 없어진 것

이에 따른 통고에 관하여는 제160조 제5항을 준용한다. [전문개정 2010.12.30.]

6) 압수물품의 반환(관세법 제313조)

관세청장이나 세관장은 압수물품을 몰수하지 아니할 때에는 그 압수물품이나 그 물품의 환가대금(換價代金)을 반환하여야 한다. 물품이나 그 환가대금을 반환 받을 자의 주소 및 거소가 분명하지 아니하거나 그 밖의 사유로 반환할 수 없을 때에는 그 요지를 공고하여야 한다. 공고를 한 날부터 6개월이 지날 때까지 반환의 청구가 없는 경우에는 그 물품이나 그 환가대금을 국고에 귀속시킬 수 있다. 환가대금을 반환함에 있어 물품에 대하여 관세가 미납된 경우에는 반환받을 자로부터 해당관세를 징수한 후 그 물품이나 그 환가대금을 반환하여야 한다. [전문개정 2010.12.30.]

7) 전산처리설비의 이용

세관장은 관세청장이 정하는 바에 따라 국가관세종합정보망의 전산처리설비를 이용하여 이 법에 따른 신고·신청·보고·납부 등과 법령에 따른 허가·승인 또는 그 밖의 조건을 갖출 필요가 있는 물품의 증명 및 확인신청 등("전자신고등")을 하게 할 수 있다.

세관장은 관세청장이 정하는 바에 따라 국가관세종합정보망의 전산처리설비를 이용하여 전자신고 등의 승인·허가·수리 등에 대한 교부·통지·

통고 등("전자송달")을 할 수 있다.

전자신고 등을 할 때에는 관세청장이 정하는 바에 따라 관계 서류를 국가관세종합정보망의 전산처리설비를 이용하여 제출하게 하거나, 그 제출을 생략하게 하거나 간소한 방법으로 하게 할 수 있다(관세법 제327조제2항~4항). [전문개정 2010.12.30.]

8) 신고 등의 효력발생시기

전자신고 등은 관세청장이 정하는 국가관세종합정보망의 전산처리설비에 저장된 때에 세관에 접수된 것으로 보고, 전자송달[2]은 송달받을 자가 지정한 컴퓨터에 입력된 때(관세청장이 정하는 국가관세종합정보망의 전산처리설비에 저장하는 경우에는 저장된 때)에 그 송달을 받아야 할 자에게 도달된 것으로 본다(관세법 제327조제5항). [전문개정 2010.12.30.]

제3절 벌 칙

1. 관세사범 등의 처벌

"관세사범" 등이란 관세법에 어긋나는 행위를 함으로써 관세법에 따라 형사처분되거나 통고처분되는 것을 말한다. 관세법에서는 전자문서 위조·변조, 밀수출·입, 관세포탈, 부정수출입, 부정감면죄, 부정환급제, 밀수품 취득, 그 밖에 관세법령 위반 등의 행위를 한 자를 관세범으로 규정하고 있다. 이러한 죄를 범한 자 및 미수범에 대하여 징역, 벌금, 과태료, 몰수, 추징, 징역과 벌금의 병과 등 각종 벌칙을 규정하고 있다. 또한, 대외무역법과 마찬가지로 양벌규정을 두어 사용인(법인의 임원·직원 또는 사용인)이 본인(법인)의

---

2) 전자송달은 대통령령이 정하는 바에 따라 송달을 받아야 할 자가 신청하는 경우에만 한다(관세법 제327조제6항). [전문개정 2010.12.30.]

업무에 관하여 관세법령에서 규정한 벌칙에 위반되는 행위를 한 경우에는 그 행위자를 처벌하는 외에 본인도 처벌하도록 하고 있다.

2. 관세법령 위반의 주요 유형

관세법령을 위반하는 주요 행위로는 다음과 같은 것들이 있다.

① 수출입 금지물품의 수출입
② 세관에 수출입신고를 하였으나 당해 수출품목과 다른 물품을 신고하여 수출입한 행위
③ 세관에 수출입신고를 하지 않은 수출입
④ 세액결정에 영향을 미치기 위하여 과세가격 또는 관세율 등을 허위로 신고하거나 신고하지 아니하고 수입하는 행위
⑤ 법령에 의하여 수입에 필요한 허가, 승인, 추천, 증명, 그 밖에조건을 구비하지 아니하거나 사위(詐僞) 그 밖에 부정한 방법으로 구비하여 수입하는 행위
⑥ 법령에 의하여 수입이 제한된 사항을 회피할 목적으로 부분품으로 수입하거나 주요 특성을 갖춘 미완성·불완전한 물품 또는 완제품을 부분품으로 분할하여 수입한 행위
⑦ 외환의 부정수출입
⑧ 수입물품에 대한 폭리를 취하는 행위
⑨ 그 밖에 관세법령을 위반하는 행위 등

3. 형법 적용의 일부 배제

이 법에 따른 벌칙에 위반되는 행위를 한 자에게는 「형법」 제38조제1항제2호 중 벌금경합에 관한 제한가중 규정을 적용하지 아니한다. [전문개정 2010.12.30.]

4. 벌칙조항

1) 전자문서 위조 · 변조죄 등(관세법 제268조의2)

1) 1년 이상 10년 이하의 징역 또는 1억원 이하의 벌금	제327조의4제1항을 위반하여 국가관세종합정보망이나 전자문서중계사업자의 전산처리설비에 기록된 전자문서 등 관련 정보를 위조 또는 변조하거나 위조 또는 변조된 정보를 행사한 자
2) 5년 이하의 징역 또는 5천만원 이하의 벌금	① 국가관세종합정보망의 구축 및 운영에 따른 지정을 받지 아니하고 국가관세종합정보망을 운영하거나 전자문서중계사업자의 지정을 위반하여 관세청장의 지정을 받지 아니하고 전자문서중계업무를 행한 자 ② 전자문서 등 관련 정보에 관한 보안을 위반하여 국가관세종합정보망 또는 전자문서중계사업자의 전산처리설비에 기록된 전자문서 등 관련 정보를 훼손하거나 그 비밀을 침해한 자 ③ 전자문서 등 관련 정보에 관한 보안에 있어 비밀의 누설 또는 노용의 빕큘을 위빈하여 업무상 알게 된 전자문서 등 관련 정보에 관한 비밀을 누설하거나 도용한 국가관세종합정보망 운영사업자 또는 전자문서중계사업자의 임직원 또는 임직원이었던 사람

2) 밀수출입죄(관세법 제269조)

7년 이하의 징역 또는 7천만원 이하의 벌금 <개정 2014.12.23.>	수출입의 금지(관세법 제234조)의 각 호의 물품을 수출하거나 수입한 자
5년 이하의 징역 또는 관세액의 10배와 물품원가 중 높은 금액 이하에 상당하는 벌금	① 수출 · 수입 또는 반송의 신고나 입항전수입신고에 따른 신고를 하지 아니하고 물품을 수입한 자 다만, 수입신고전의 물품 반출에 따른 반출신고를 한 자는 제외한다. ② 제241조(수출 · 수입 또는 반송의 신고)제1항 · 제2항 또는 제244조(입항전수입신고) 제1항에 따른 신고를 하였으나 해당 수입물품과 다른 물품으로 신고하여 수입한 자
3년 이하의 징역 또는 물품원가 이하에 상당하는 벌금	① 수출 · 수입 또는 반송의 신고나 입항전수입신고에 따른 신고를 하지 아니하고 물품을 수출하거나 반송한 자 ② 수출 · 수입 또는 반송에 따른 신고를 하였으나 해당 수출물품 또는 반송물품과 다른 물품으로 신고하여 수출하거나 반송한 자

3) 관세포탈죄 등(관세법 제270조)

3년 이하의 징역 또는 포탈한 관세액의 5배와 물품원가 중 높은 금액 이하에 상당 하는 벌금	수출·수입 또는 반송의 신고나 입항전수입신고에 따른 수입신고를 한 자 중 다음에 해당하는 자. 이 경우 물품원가는 전체 물품 중 포탈한 세액의 전체 세액에 대한 비율에 해당하는 물품만의 원가로 한다.〈개정 2015.12.15.〉 ① 세액결정에 영향을 미치기 위하여 과세가격 또는 관세율 등을 거짓으로 신고하거나 신고하지 아니하고 수입한 자 ② 세액결정에 영향을 미치기 위하여 거짓으로 서류를 갖추어 제86조 제1항에 따른 사전심사를 신청한 자 ③ 법령에 따라 수입이 제한된 사항을 회피할 목적으로 부분품으로 수입하거나 주요 특성을 갖춘 미완성·불완전한 물품이나 완제품을 부분품으로 분할하여 수입한 자
3년 이하의 징역 또는 3천만원 이하의 벌금	수출·수입 또는 반송의 신고나 입항전수입신고에 따른 수입신고를 한 자 중 법령에 따라 수입에 필요한 허가·승인·추천·증명 또는 그 밖의 조건을 갖추지 아니하거나 부정한 방법으로 갖추어 수입한 자
1년 이하의 징역 또는 2천만원 이하의 벌금	수출·수입 또는 반송의 신고에 따른 수출신고를 한 자 중 법령에 따라 수출에 필요한 허가·승인·추천·증명 또는 그 밖의 조건을 갖추지 아니하거나 부정한 방법으로 갖추어 수출한 자
3년 이하의 징역 또는감면받거나 면탈한 관세액의 5배 이하에 상당하는 벌금	부정한 방법으로 관세를 감면받거나 관세를 감면받은 물품에 대한 관세의 징수를 면탈한 자
3년 이하의 징역 또는 환급받은 세액의 5배 이하에 상당하는 벌금	부정한 방법으로 관세를 환급받은 자. 이 경우 세관장은 부정한 방법으로 환급받은 세액을 즉시 징수한다.

4) 가격조작죄(제270조의2)

다음 각 호의 신청 또는 신고를 할 때 부당하게 재물이나 재산상 이득을 취득하거나 제3자로 하여금 이를 취득하게 할 목적으로 물품의 가격을 조작하여 신청 또는 신고한 자는 2년 이하의 징역 또는 물품원가와 5천만원 중 높은 금액 이하의 벌금에 처한다.

① 보정신청(제38조의2제1항·제2항)
② 수정신고(제38조의3제1항)
③ 제241조 제1항·제2항에 따른 신고
④ 제244조 제1항에 따른 신고[전문개정 2014.1.1.]

5) 미수범 등(관세법 제271조)

종 류	처 벌
그 정황을 알면서 밀수출입죄 및 관세포탈죄에 따른 행위를 교사하거나 방조한 자	정범에 준하여 처벌
전자문서의 위・변조죄, 밀수출입죄, 관세포탈죄의 미수범	본죄에 준하여 처벌
위・변조죄, 밀수출입죄, 관세포탈죄를 범할 목적으로 그 예비를 한 자	본죄의 2분의 1을 경감하여 처벌

6) 밀수 전용 운반기구의 몰수(관세법 제272조)

밀수출입죄에 전용(專用)되는 선박・자동차나 그 밖의 운반기구는 그 소유자가 범죄에 사용된다는 정황을 알고 있고, 다음에 해당하는 경우에는 몰수한다.

① 범죄물품을 적재하거나 적재하려고 한 경우
② 검거를 기피하기 위하여 권한 있는 공무원의 정지명령을 받고도 정지하지 아니하거나 적재된 범죄물품을 해상에서 투기・파괴 또는 훼손한 경우
③ 범죄물품을 해상에서 인수 또는 취득하거나 인수 또는 취득하려고 한 경우
④ 범죄물품을 운반한 경우

7) 범죄에 사용된 물품의 몰수 등(법 제273조)

① 밀수출입죄에 사용하기 위하여 특수한 가공을 한 물품은 누구의 소유이든지 몰수하거나 그 효용을 소멸시킨다.
② 밀수출입죄에 해당되는 물품이 다른 물품 중에 포함되어 있는 경우 그 물품이 범인의 소유일 때에는 그 다른 물품도 몰수할 수 있다.

8) 밀수품의 취득죄 등(관세법 제274조)

다음에 해당되는 물품을 취득・양도・운반・보관 또는 알선하거나 감정한 자는 3년 이하의 징역 또는 물품원가 이하에 상당하는 벌금에 처한다.

① 밀수출입죄에 해당되는 물품
② 제270조(관세포탈죄) 제1항제3호, 같은 조 제2항 및 제3항에 해당되는 물품

상기에 규정된 죄의 미수범은 본죄에 준하여 처벌하며, 상기에 규정된 죄를 범할 목적으로 그 예비를 한 자는 본죄의 2분의 1을 감경하여 처벌한다.

9) 징역과 벌금의 병과(관세법 제275조)

밀수출입죄, 관세포탈죄 등, 미수범 등, 밀수품의 취득죄 등의 벌칙에 해당하는 죄를 범한 자는 정상(情狀)에 따라 징역과 벌금을 병과할 수 있다.

10) 체납처분면탈죄 등(관세법 제275조의2)

3년 이하의 징역 또는 3천만원 이하의 벌금	납세의무자 또는 납세의무자의 재산을 점유하는 자가 체납처분의 집행을 면탈할 목적 또는 면탈하게 할 목적으로 그 재산을 은닉 ・탈루하거나 거짓 계약을 하였을 때(관세법 제275조의2제1항)
	압수물건의 보관자가 그 보관한 물건을 은닉 ・ 탈루, 손괴 또는 소비하였을 때(관세법 제275조의2제2항)
2년 이하의 징역 또는 2천만원 이하의 벌금	제1항과 제2항의 사정을 알고도 이를 방조하거나 거짓계약을 승낙한 자

11) 타인에 대한 명의대여죄(관세법 제275조 제3항)

내국세를 포함한 관세의 회피 또는 강제집행의 면탈을 목적으로 타인에게 자신의 명의를 사용하여 신고납부에 따른 납세신고를 할 것을 허락한 자는 1년 이하의 징역 또는 1천만원 이하의 벌금에 처한다.

12) 허위신고죄 등(법 제276조)

물품원가 또는 2천만원 중 높은 금액 이하의 벌금 <개정 2013.1.1., 2013.8.13., 2014.1.1.>	① 종합보세사업장의 설치・운영에 관한 신고를 하지 아니하고 종합보세기능을 수행한 자 ② 세관장의 중지조치를 위반하여 종합보세기능을 수행한 자 ③ 보세구역 반입명령에 대하여 반입대상 물품의 전부 또는 일부를 반입하지 아니한 자 ④ 수출・수입 또는 반송의 신고 및 입항전수입신고에 따른 신고를 할 때 신고사항을 신고하지 아니하거나 허위신고를 한 자 ⑤ 보정신청 또는 수정신고를 할 때, 입항전신고를 할 때 수출・수입 또는 반송의 신고에 따른 사항을 허위로 신청하거나 신고한 자(관세법 제276조의 2, 제276조 제2항 제4호의2 신설) ⑥ 신고수리전에 장치장소로부터 반출금지를 위반한자

2천만원 이하의 벌금. 단, 과실로 제2호, 제3호 또는 제4호에 해당하게 된 경우에는 300만원 이하의 벌금. 〈개정 2011.7.25., 2011.12.31., 2013.1.1., 2014.12.23., 2017.12.19〉	① 부정한 방법으로 적하목록을 작성하였거나 제출한 자 ② 제12조(신고서류의 보관기간)(제277조 제4항 제2호에 해당하는 경우는 제외한다), 제98조(재수출감면세)제2항, 제109조(다른 법령 등에 따른 감면물품의 관세징수)제1항(제277조 제3항 제3호에 해당하는 경우는 제외한다), 제134조(개항 등에의 출입)제1항, 제136조(출항절차)제2항, 제148조(관세통로)제1항, 제149조(국경출입차량의 도착절차), 제222조(간이 보세운송)제1항(제146조 제1항에서 준용하는 경우를 포함한다) 또는 제225조(보세화물 취급 선박회사 등의 신고 및 보고)제1항 전단을 위반한 자 ③ 제83조(용도세율의 적용)제2항, 제88조(외교관용 물품 등의 면세)제2항 제1항에 따라 관세를 면제받은 물품 중 기획재정부령으로 정하는 물품은 수입신고수리일부터 3년의 범위에서 대통령령으로 정하는 기준에 따라 관세청장이 정하는 기간에 제1항의 용도 외의 다른 용도로 사용하기 위하여 양수할 수 없다. 다만, 대통령령으로 정하는 바에 따라 미리 세관장의 승인을 받았을 때에는 그러하지 아니하다, 제97조(재수출면세)제2항 및 제102조(관세감면물품의 사후관리)제1항을 위반한 자. 다만, 제277조(과태료)제4항제3호에 해당하는 자는 제외한다. ④ 제227조(의무이행의 요구)에 따른 세관장의 의무이행 요구를 이행하지 아니한 자 ⑤ 제38조 제3항(수정 및 경정) 후단에 따른 자율심사 결과를 거짓으로 작성하여 제출한 자 ⑥ 제178조(반입정지 등과 특허의 취소)제2항 제1호(특허의 취소사유 : 거짓이나 그 밖의 부정한 방법으로 특허를 받은 경우) 및 제224조(보세운송업자 등의 행정제재)제1호(거짓이나 그 밖의 부정한 방법으로 등록을 한 경우에 해당하는 자)
3) 1천만원 이하의 벌금. 단, 과실로 제②호부터 제④호까지의 규정에 해당하게 된 경우에는 200만원 이하의 벌금 〈개정 2011.12.31., 2013.1.1.〉	① 세관공무원의 질문에 대하여 거짓의 진술을 하거나 그 직무의 집행을 거부 또는 기피한 자 ② 제135조(입항절차)제1항(제146조 제1항에서 준용하는 경우를 포함한다)에 따른 입항보고를 거짓으로 하거나 제136조(출항절차) 제1항(제146조 제1항에서 준용하는 경우를 포함한다)에 따른 출항허가를 거짓으로 받은 자 ③ 제135조(입항절차)제1항(제146조 제1항에서 준용하는 경우를 포함하며 제277(과태료)조 제3항 제4호에 해당하는 자는 제외한다), 제136조(출항절차) 제1항(제146조 제1항에서 준용하는 경우를 포함한다), 제137조(간이입출항절차)의2제1항 각 호 외의 부분 후단(제277조 제3항 제4호에 해당하는 자는 제외한다), 제140조(물품의 하역)제1항 · 제2항 · 제4항(제146조 제1항에서 준용하는 경우를 포함한다), 제141조(외국물품의 일시양륙 등)제1호 · 제3호(제146조 제1항에서 준용하는 경우를 포함한다), 제142조(항외하역)제1항(제146조 제1항에서 준용하는 경우를 포함한다), 제144조(외국무역선의 내항선으로의 전환 등)(제146조 제1항에서 준용하는 경우를 포함한다), 제150조(국경출입차량의 출발절차), 제151조(물품의 하역 등) 또는 제213조(보세운송의 신고)제2항을 위반한 자 ④ 제135조(입항절차)제2항(제146조 제1항에서 준용하는 경우를 포함하며 제277조 제3항 제4호에 해당하는 자는 제외한다), 제200조(반출입물품의 범위 등)제3항, 제203조(종합보세구역에 대한 세관의 관리 등)제1항 또는 제262조(운송수단의 출발 중지 등)에 따른 관세청장 또는 세관장의 조치를 위반하거나 검사를 거부 · 방해 또는 기피한 자 ⑤ 부정한 방법으로 제248조(신고의 수리)제1항 단서에 따른 신고필증을 발급받은 자 ⑥ 서류의 제출 · 보고 또는 그 밖에 필요한 사항에 관한 명령을 이행하지 아니하거나 거짓의 보고를 한 자 ⑦ 세관장 또는 세관공무원의 조치를 거부 또는 방해한 자 ⑧ 세관공무원의 장부 또는 자료의 제시요구 또는 제출요구를 거부한 자 [시행일 : 2012.3.1]제276조 제2항 제2호 환승전용내항기에 관한 규정
4) 500만원 이하의 벌금	제165조 제2항을 위반한 자 〈신설 2013.1.1.〉 [전문개정 2010.12.30.] [시행일 : 2012.3.1.] 제276조제2항 제2호 환승전용내항기에 관한 규정

문제 1

관세법상 세액결정에 영향을 미치기 위하여 과세가격 또는 관세율 등을 거짓으로 신고하거나 신고하지 아니하고 수입한 자의 벌칙 조항 중 가장 올바른 것은?

(제35회 국제무역사, 2015. 2. 7.)

① 밀수출입죄 ② 관세포탈죄 ③ 가격조작죄 ④ 허위신고죄

정답 ②

제 4 부

외국환거래법

외국환거래법은 외국환거래 그 밖에 대외거래의 자유를 보장하고 시장기능을 활성화하여 대외거래의 원활화 및 국제수지의 균형과 통화가치의 안정을 도모함으로써 국민경제의 건전한 발전에 이바지함을 목적으로 하고 있다. 이러한 제정목적을 가진 외국환거래법은 1997년 11월의 외환위기를 겪으면서 종전의 외환관리법의 문제점이 대두되고 이에 대하여 개정의 필요성이 제기되어 새롭게 1998년 9월16일 제정되었다. 그동안 내용의 계속적 개정을 통해 왔으며 현재 외국환거래법은, 외국환거래법 시행령, 외국환거래규정으로 구성 체계를 이루고 있다. 외국환거래법령이 규율하고 있는 내용은 거주자와 비거주자의 구분, 환율 및 지정통화, 외국환은행, 외국환수급계획, 외국환의 집중, 결제방법의 제한, 무역외거래 및 자본거래에 대한 내용 등을 규정하고 있다.

제14장 외국환거래법의 주요 내용

제1절 외국환거래법의 개관

1. 외국환거래법의 제정목적

「외국환거래법」 제1조 목적에서 "이 법은 외국환거래 그 밖에 대외거래의 자유를 보장하고 시장기능을 활성화하여 대외거래의 원활화 및 국제수지의 균형과 통화가치의 안정을 도모함으로써 국민경제의 건전한 발전에 이바지함을 그 목적으로 한다."고 외국환거래법 제정의 목적을 밝히고 있다. [전문개정 2009.1.30]

2. 적용 대상(외국환거래법 제2조)

「외국환거래법」은 대한민국내의 외환거래에 대해 적용하는 속지주의와 거주자의 외국에서의 외환거래에 대해 적용하는 속인주의를 병행하고 있다. 즉 「외국환거래법」이 적용되는 대상행위는 첫째, 대한민국내에서 행하는 외환거래, 둘째, 대한민국과 외국간의 거래(또는 지급이나 영수), 셋째, 비거주자의 원화거래, 넷째, 거주자의 외국에서의 거래행위 등이다. 이처럼 「외국환거래법」은 거주자와 비거주자를 구분하여 법 적용을 달리하고 있다. 거주자와 비거주자의 구분은 국적과는 관계없이 일정기간을 거주하고 있거나 또는 거주할 의사가 있는지 여부 및 경제적으로 밀접한 관계를 가지고 있는지 여부에 따라 구분된다.

한편 「외국환거래법」이 적용되는 객체인 물적대상에는 귀금속, 대외지급수단, 외화증권, 외화채권(外貨債權) 등이 포함된다. 그리고 대외지급수단에는 외국통화, 외국통화로 표시된 수표, 우편환, 신용장, 약속어음, 환어음 등이 있고 외화증권에는 외국통화로 표시된 채권(債券), 주식, 수익증권, 무기명 양도성예금증서(CD), 유동화증권 등이 해당된다.

1. 대한민국에서의 외국환과 대한민국에서 하는 외국환거래 및 그 밖에 이와 관련되는 행위
2. 대한민국과 외국 간의 거래 또는 지급·수령, 그 밖에 이와 관련되는 행위(외국에서 하는 행위로서 대한민국에서 그 효과가 발생하는 것을 포함)
3. 외국에 주소 또는 거소를 둔 개인과 외국에 주된 사무소를 둔 법인이 하는 거래로서 대한민국 통화(通貨)로 표시되거나 지급받을 수 있는 거래와 그 밖에 이와 관련되는 행위
4. 대한민국에 주소 또는 거소를 둔 개인 또는 그 대리인, 사용인, 그 밖의 종업원이 외국에서 그 개인의 재산 또는 업무에 관하여 한 행위
5. 대한민국에 주된 사무소를 둔 법인의 대표자, 대리인, 사용인, 그 밖의 종업원이 외국에서 그 법인의 재산 또는 업무에 관하여 한 행위

제1항 제1호부터 제3호까지의 규정에 따른 "그 밖에 이와 관련되는 행위"의 범위는 대통령령으로 정한다. [전문개정 2009.1.30.]

3. 외국환거래법의 운용원칙

외국환거래법 제4조(대외거래의 원활화 촉진 등) 제1항에서는 "기획재정부장관은 이 법에 따른 제한을 필요한 최소한의 범위 안에서 행함으로써 외국환거래 그 밖에 대외거래가 원활하게 행하여질 수 있도록 노력하여야 한다."라고 규정하여 기획재정부장관으로 하여금 거주자 및 비거주자의 자유로운 외국환거래를 위해 필요한 최소한의 규제만을 하도록 하고 있다. 이어 제2항에는 "기획재정부장관은 안정적인 외국환수급의 기반조성과 외환시장의 안정에 노력하여야 하며, 이를 위한 시책을 강구하여야 한다."고 규정하고 있다.

문제 1

다음은 우리나라의 무역관리 3대 법규 중 외국환거래법에 대한 설명이다. 올바른 것이 모두 기재된 것은? (제35회 국제무역사, 2015. 8. 30.)

가. 공정한 거래질서 확립과 통상의 확대 나. 수출입물품의 통관 적정 다. 외국환의 지급 및 영수 라. 국제수지의 균형과 통화가치의 안정

① 가, 나　　② 나, 다, 라　　③ 다, 라　　④ 가, 다, 라

정답 ③

4. 외국환거래법의 체계

현행 외국환관리의 법제는 외국환거래법→외국환거래법 시행령→외국환거래규정(기획재정부고시)으로 체계화되어 있다. 외국환거래법은 여러 차례 개정을 거처 시행 2017.7.18., 법률 제14525호, 2017.1.17. 일부개정으로 오늘에 이르고 있는데 총 6장 32조와 부칙으로 구성되어 있다.

◇ 외국환거래법시행체계 ◇

외국환거래법
(제정 : 국회입법)
▼
외국환거래법시행령
(대통령령)
▼
외국환거래규정
(기획재정부령)

1) 외국환거래법의 개정이유(시행 2017.7.18., 법률 제14525호)

대한민국과 외국 간의 지급 및 수령 등의 일부 외국환업무를 영위할 수 있는 자의 범위를 확대하여 변화하는 금융수요에 탄력적으로 대응할 수 있도

록 하고, 전문외국환업무취급업자의 파산, 지급불이행 등이 발생할 가능성이 있으므로 기획재정부장관이 보증금 예탁, 보험 또는 공제 가입 등의 조치를 할 수 있도록 근거 규정을 신설하며, 이러한 조치에 따르지 않거나 파산 등의 사유가 발생하는 경우 업무 정지 등을 할 수 있도록 근거를 마련하는 등 현행 제도의 운영상 나타난 일부 미비점을 개선·보완하려는 것이다.

〈표 14-1〉 시행 2017.7.18., 법률 제14525호, 삭제 법률

삭제	제7조(채권의 회수명령)
	제3항제2호~5호, 7호, 10호
	제12조제2항
	제27조제1항제5호, 제7호, 제8호
	제29조제1항제1호, 제2호, 제4호,
	제32조제1항제3호의2, 제32조제2항제2호~5호, 제7호, 제10호

〈 표 14-2〉 시행 2017.7.18., 법률 제14525호, 신설 법률

신설	제6조제1항3호	비거주자에 대한 채권을 보유하고 있는 거주자로 하여금 그 채권을 추심하여 국내로 회수하도록 하는 의무의 부과
	제6조제1항5항	기획재정부장관은 제1항제3호의 조치를 하기 위하여 필요한 경우 해당 거주자의 관할 세무관서의 장에게 「국제조세조정에 관한 법률」 제34조에 따른 해외금융계좌정보의 제공을 요청할 수 있다. 이 경우 해외금융계좌정보의 제공을 요청받은 관할 세무관서의 장은 특별한 사정이 없으면 그 요청에 따라야 한다.
	제8조7항	기획재정부장관은 외국환업무의 성실한 이행을 위하여 제3항에 따라 등록한 자에게 기획재정부장관이 지정하는 기관에 보증금을 예탁하게 하거나 보험 또는 공제에 가입하게 하는 등 대통령령으로 정하는 바에 따라 필요한 조치를 할 수 있다
	제10조제2항	외국환업무취급기관등은 외국환업무와 관련하여 부당한 이익을 얻거나 제3자에게 부당한 이익을 얻게 할 목적으로 다음 각 호의 어느 하나에 해당하는 행위를 하여서는 아니 된다. 1. 외국환의 시세를 변동 또는 고정시키는 행위 2. 제1호의 행위와 유사한 행위로서 대통령령으로 정하는 건전한 거래질서를 해치는 행위
	제12조제1항제5호의2부터 제5호의4까지	5의2. 제8조제6항에 따른 외국환업무취급기관 및 전문외국환업무취급업자의 업무 수행에 필요한 사항을 따르지 아니한 경우 5의3. 제8조제7항에 따른 보증금 예탁 등 필요한 조치를 따르지 아니한 경우 5의4. 제8조제7항에 따른 조치에도 불구하고 전문외국환업무취급업자의 파산 또는 지급불능 우려 사유가 발생한 경우

	제12조제4항	제1항에 따라 등록 또는 인가가 취소된 자(제1항에 따라 등록 또는 인가가 취소된 자의 임직원이었던 자로서 그 취소 사유의 발생에 직접 또는 이에 상응하는 책임이 있는 자를 포함)는 등록 또는 인가가 취소된 날부터 3년이 경과하지 아니한 경우에는 해당 외국환업무를 다시 제8조제1항 또는 제3항에 따라 등록하거나 제9조제1항에 따라 인가받을 수 없다.
	제27조제1항제4호	제6조제1항제3호의 조치에 따른 회수의무를 위반한 자
	제27조의2제1항(벌칙) 3년 이하의 징역 또는 3억원 이하의 벌금. 단, 위반행위의 목적물 가액의 3배가 3억원을 초과하는 경우에는 그 벌금을 목적물 가액의 3배 이하.	1. 제8조제1항 본문 또는 같은 조 제3항에 따른 등록을 하지 아니하거나, 거짓이나 그 밖의 부정한 방법으로 등록을 하고 외국환업무를 한 자(제8조제4항에 따른 폐지신고를 거짓으로 하고 외국환업무를 한 자 및 제12조제1항에 따른 처분을 위반하여 외국환업무를 한 자를 포함) 2. 제9조제1항 전단, 같은 조 제3항 또는 제5항에 따른 인가를 받지 아니하거나, 거짓이나 그 밖의 부정한 방법으로 인가를 받고 외국환중개업무를 한 자(제9조제3항에 따른 신고를 거짓으로 하고 외국환중개업무를 한 자 및 제12조제1항에 따른 처분을 위반하여 외국환중개업무를 한 자를 포함) 3. 제15조제2항에 따른 허가를 받지 아니하거나, 거짓이나 그 밖의 부정한 방법으로 허가를 받고 지급 또는 수령을 한 자
	제27조의2제2항	제1항의 징역과 벌금은 병과할 수 있다
	제32조제1항	1. 제8조제4항에 따른 변경신고를 하지 아니하거나 거짓으로 변경신고를 하고 외국환업무를 한 자 2. 제9조제1항 후단에 따른 변경신고를 하지 아니하거나 거짓으로 변경신고를 하고 외국환중개업무를 한 자 또는 같은 조 제2항을 위반하여 거래한 자
	제32조제2항 5천만원 이하의 과태료,다만, 제29조에 해당하는 경우는 제외	1. 제11조의3제5항에 따른 자료를 제출하지 아니하거나 거짓으로 제출한 자 2. 제15조제1항에 따른 지급절차 등을 위반하여 지급 · 수령을 하거나 자금을 이동시킨 자 3. 제17조에 따른 신고를 하지 아니하거나 거짓으로 신고를 하고 지급수단 또는 증권을 수출입하거나 수출입하려 한 자 1. 제16조 또는 제18조를 위반하여 신고를 갈음하는 사후 보고를 하지 아니하거나 거짓으로 사후 보고를 한 자
	제32조제4항 1천만원 이하의 과태료	1. 제8조제4항에 따른 폐지신고를 하지 아니한 자 2. 제9조제3항에 따른 신고를 하지 아니한 자 3. 제19조제1항에 따른 경고를 받고 2년 이내에 경고 사유에 해당하는 위반행위를 한 자 4. 제20조제1항 또는 제2항에 따른 보고 또는 자료 제출을 하지 아니하거나 거짓으로 보고 또는 자료 제출을 한 자 5. 제20조제4항 또는 제6항에 따른 자료를 제출하지 아니하거나 거짓으로 자료 제출을 한 자 6. 제24조제2항에 따른 기획재정부장관의 명령을 위반하여 신고, 신청, 보고, 자료의 통보 및 제출을 전자문서의 방법으로 하지 아니한 자

2) 기본법규

1999년 4월 제1단계 자유화 조치에 따라 기존의 외국환관리법이 폐지되고 새로운 외국환거래법이 시행됨으로써 기업 및 금융기관의 대외영업 활동과 관련된 대부분의 외환거래가 자유화되었고 자본거래에 대한 규제가 원칙규제・예외허용(positive system)에서 원칙자유・예외규제(negative system)의 체계로 새롭게 개편되었다. 이 법은 외국환거래에 관련되는 모든 대외거래를 대상으로 한 극히 포괄적인 법률로서 추상적인 규정만을 두고 있으며 외국환거래법 시행령 이하의 제 규정에서 구체적인 세부사항을 정하고 있다. 실제로 외국환거래제도의 내용을 구체화한 것이 기획재정부 고시로 정한 '외국환거래규정'이다. 이는 외국환거래규정의 개정 및 정비로 외국환거래의 유동적 성질에 대비하고 수시로 변화하고 있는 국내외 경제정세나 국제경제환경의 조류에 부응하는데 법률개정의 번거로움을 회피함으로써 외국환거래제도의 기동성과 신축성을 기하고 있다.

3) 외국환관리 및 관련법규

"외국환관리"란 외국환거래를 직접 또는 간접적으로 국가가 조정하는 것을 말한다. 즉, 외국환의 수요와 공급을 국가가 직접 통제하여 대외적 균형을 달성하려는 외환정책이다. 국가 간의 대금결제는 외국환이 따르는 것이 일반적이다. 외국환이 발생하는 국가 간 경제거래는 상품무역을 비롯하여 각종 서비스거래, 국제투자, 이전거래, 차관 등 다양하다. 일국의 대외경제거래가 자유화되어 있다면 외국환은 관련된 이종통화 간의 환율 변동에 영향을 주고받으면서 자유롭게 이용될 것이다. 이러한 외국환의 이용결과에 따라 일국의 국제수지가 영향을 받기 때문에 정부에서는 외국환에 대해 관리를 하게 된다. 외국환은 내국환과 달리 이종통화간의 교환절차를 거쳐야 하므로 환율의 등락에 따라 외국환의 수요와 공급이 영향을 받게 되므로 이를 시장기능에 맡기지 않고 정부가 직접 환율변동에 개입한다든지 또는 비가격적인 통제를 함으로 외국환의 수급이 조정된다. 이처럼 정부가 외국환에 대하여 시장기능에 맡기지 않고 직접 통제하는 것을 외국환관리라고 할 수 있다. 외국환과 관련한 대외거래를 단일법 체계에 의하여 관리하는 것이 바람직하다고 볼 수 있지만, 우리나라의 외국환법규는 법제사적 특수성과 그 밖에 경제적 여건으로 인하여 무역거래와 관련된 외국환거래, 외국인 직·간접투자 등에 관하여 별도의 법률을 제정하여 관리하고 있다.

> 환율은 어떤 나라 통화 1단위를 다른 나라 통화와 교환할 때 적용하는 교환비율로서 한 나라 통화의 외국상품 및 용역에 대한 구매력을 나타낸다. 즉, 한 나라 화폐의 대외가치를 나타낸다. 현재 외환시장에서 형성되는 환율은 크게 매매기준율, 재정(裁定)된 매매기준율, 외국환은행간 매매율 및 외국환은행 대고객 매매율로 구분되어지고 있다.

(1) 대외무역법

외국환거래법령에서는 수출입의 대금결제방법과 관련하여 대부분의 기업 영업활동과 관련이 있는 지급 및 영수의 방법을 원칙적으로 자유화하여 종전의 지급 등의 방법에 대한 허가제를 폐지하고 거주자와 비거주자간의 채권·채무를 소멸시키거나 불법적인 외화 유출입 수단으로 이용될 수 있는 지급 등의 방법에 대해서만 이를 신고토록 하고 있고, 대외무역법은 수출입 거래행위 자체를 관리하고 있다.

(2) 외국인투자촉진법

이 법은 외국인투자를 지원하고 외국인투자에 편의를 제공하여 외국인투자 유치를 촉진함으로써 국민경제의 건전한 발전에 이바지함을 목적으로 한다(제1조 목적).

현행 외국환거래법 및 외국인투자촉진법은 외국인의 직접투자와 관련된 국내 증권의 취득, 국내기업에 대한 장기차관의 공여 등 외국환 및 대외거래에 관하여 사항에 관하여 외국인투자촉진법에 특별한 규정이 있는 경우에는 외국인투자촉진법을 우선 적용토록 하고 있다. [(시행 2017.7.26.) (법률 제14839호, 2017.7.26., 타법개정)]

(3) 한미행정협정

「대한민국과 미합중국간의 상호방위조약」 제4조에 따른 시설과 구역 및 대한민국에서의 미합중국군대의 지위에 관한 협정」은 1967년 2월 9일부터 발효된 한·미간의 국제조약으로서 한국에 주둔하고 있는 미군과 그 구성원, 군속과 그 가족 및 초청계약자 등의 신분과 법적 지위를 규율함과 동시에 이들의 출입국 및 외국환관리, 재판권 등에 있어 한국법률의 적용범위 등을 규정하고 있다. 따라서 한미행정협정은 주한미군 등에 대한 외국환관리의 근거법규인 동시에 외국환거래법에 대한 특별법적인 성격을 가지고 있다.

(4) 한국은행법

① 이 법은 한국은행을 설립하고 효율적인 통화신용정책의 수립과 집행을 통하여 물가안정을 도모함으로써 국민경제의 건전한 발전에 이바지함을 목적으로 한다.
② 한국은행은 통화신용정책을 수행함에 있어 금융안정에 유의하여야 한다 (한국은행법 제1조 목적).[전문개정 2016.3.29.]

한국은행법 제82조에서는 한국은행이 영위하는 외국환업무의 범위를 다음과 같이 규정하고 있다.

① 외국환업무 및 외국환의 보유
② 외국의 금융기관, 국제금융기구, 외국정부와 그 대행기관 또는 국제연합기구로부터의 예금의 수입(受入)
③ 귀금속의 매매

(5) 금융실명거래 및 비밀보장에 관한 법률

이 법은 실지명의(實地名義)에 의한 금융거래를 실시하고 그 비밀을 보장하여 금융거래의 정상화를 꾀함으로써 경제정의를 실현하고 국민경제의 건전한 발전을 도모함을 목적으로 한다(제1조 목적). [전문개정 2011.7.14.]

금융실명거래 및 비밀보장에 관하여 법률 제3조(금융실명거래)제2항제2호에서 "외국통화의 매입, 외국통화로 표시된 예금의 수입(受入) 또는 외국통화로 표시된 채권의 매도 등의 거래로서 대통령령이 정하는 기간 동안의 거래"에 대하여 규정하고 있다.

(6) 금융위원회의 설치 등에 관한 법률

이 법은 금융위원회와 금융감독원을 설치하여 금융산업의 선진화와 금융시장의 안정을 도모하고 건전한 신용질서와 공정한 금융거래 관행(慣行)을 확립하며 예금자 및 투자자 등 금융 수요자를 보호함으로써 국민경제의 발전에 이바지함을 목적으로 한다(제1조 목적). [전문개정 2012.3.21.]

우리나라의 외환시장 참가자를 구체적으로 보면 외국환은행, 일반법인, 개인 고객, 한국은행, 외국환 중개회사가 있다. 대고객 시장에는 외국환은행과 일반법인・개인고객이, 은행 간 시장에는 외국환은행, 한국은행 및 외국환중개회사가 거래에 참여하고 있다. 외환거래도 금융제도의 영역 속에서 이루어지므로 이 법과의 관련성을 갖는다.

4) 다른 법률과의 관계

외국환거래법 제20조(보고・검사)·제23조(권한의 위임・위탁 등)·제24조(전자문서에 의한 허가 등)·제25조(사무처리 등)제2항의 규정은 「금융실명거래 및 비밀보장에 관한 법률」 제4조의 규정에 우선하여 적용된다(외국환거래법 제26조). [전문개정 2009.1.30.]

5. 외국환거래법의 특징[1]

외국환거래법에서는 원칙자유・예외규제 방식을 채택함으로써 대외거래에 수반하는 지급・영수를 원칙적으로 자유화하였다. 즉, 외국환거래의 확대를 도모하기 위하여 금지 또는 제한사항이 아닌 거래는 모두 자유화하였다. 그리고 우리나라에 주된 사무소를 가지고 있는 법인 또는 자연인의 대리인 등이 외국에서 행하는 재산 또는 업무에 관하여 행위에도 외국환거래법을 적용함으로써 속인법주의를 채택하고 있다(외국환거래법 제2조: 적용대상).

1) 전게서, 김희길, pp. 361-366.

1) 국제성

외국환거래법은 외국환거래라는 국가 간 거래를 대상으로 하는 것이므로, 국제관습을 존중하거나 국제조약을 준수함으로써 국제적으로 통용될 수 있어야 한다. 즉, 1995년의 WTO 출범과 더불어 1996년에 우리나라가 OECD에 가입함으로써 세계무역의 자유화·개방화에 부응하여 1998년 7월의 외환거래의 조기 자유화에 이어 1999년 4월 1일 1단계 외환거래자유화 및 2000년 1월 1일에는 외환거래가 완전히 자유화되었다. 이는 우리나라의 외국환거래법이 자유화·개방화라고 하는 세계적인 흐름에 부응함으로써 외국환거래의 국제성을 인정하고 있다.

2) 안전장치(Safeguard) 근거마련

현행 외국환거래법은 외환거래 자유화에 따른 부작용을 최소화하기 위해 한국은행을 외환거래 정보의 집중, 교환, 중계 등을 담당하는 외환정보집중기관으로 지정·운영함으로써 효과적인 사후관리 및 모니터링 체제 구축을 도모하고 있으며, 유사시에 대비한 안전장치(safeguard)로서 외국환거래법 제6조(외국환거래의 정지 등)제1항제2호에서 "지급수단 또는 귀금속을 한국은행·정부기관·외국환평형기금·금융기관에의 보관·예치 또는 매각의무의 부과" 등을 규정하여 예치의무제, 자본거래허가제(외환거래법 제6조제2항)[2] 등의 실시 근거를 마련하고 있다.

---

2) 기획재정부장관은 다음 각 호의 어느 하나에 해당된다고 인정되는 경우에는 대통령령으로 정하는 바에 따라 자본거래를 하려는 자에게 허가를 받도록 하는 의무를 부과하거나, 자본거래를 하는 자에게 그 거래와 관련하여 취득하는 지급수단의 일부를 한국은행·외국환평형기금 또는 금융회사등에 예치하도록 하는 의무를 부과하는 조치를 할 수 있다.〈개정 2011.4.30.〉
1. 국제수지 및 국제금융상 심각한 어려움에 처하거나 처할 우려가 있는 경우
2. 대한민국과 외국 간의 자본 이동으로 통화정책, 환율정책, 그 밖의 거시경제정책을 수행하는 데에 심각한 지장을 주거나 줄 우려가 있는 경우

> ❑ 제6조(외국환거래의 정지 등)
> 기획재정부장관은 천재지변·전시·사변, 국내외 경제사정의 중대하고도 급격한 변동, 그 밖에 이에 준하는 사태가 발생하여 부득이 하다고 인정되는 경우에는 대통령령이 정하는 바에 따라 다음 각 호의 어느 하나에 해당하는 조치를할 수 있다.〈개정 2011.4.30., 2017.1.17.〉
> 1. 이 법을 적용받는 지급 또는 수령, 거래의 전부 또는 일부에 대한 일시 정지
> 2. 지급수단 또는 귀금속을 한국은행·정부기관·외국환평형기금·금융회사등에 보관·예치 또는 매각하도록 하는 의무의 부과
> 3. 비거주자에 대한 채권을 보유하고 있는 거주자로 하여금 그 채권을 추심하여 국내로 회수하도록 하는 의무의 부과

3) 예외규제(Negative System)체계

현행 외국환거래법(2017. 1. 17. 법률 제14525호)은 원칙적으로 자본거래를 포함한 모든 외국환거래를 자유롭게 인정하되 필요하다고 인정되는 부분은 예외적으로 규제하는 예외규제(negative system)방식을 채택하고 있다.

4) 위임·위탁에 따른 운용

기획재정부장관은 이 법에 따른 권한의 일부를 대통령령이 정하는 바에 의하여 금융위원회·증권선물위원회·관계행정기관의 장·한국은행총재·금융감독원장·외국환업무취급기관 등의 장, 그 밖에 대통령령이 정하는 자에게 위임 또는 위탁할 수 있다(외국환거래법 제23조제1항).

제1항 및 제20조제6항의 규정에 따른 업무를 담당하는 자와 그 소속 임원 및 직원(공무원 및 다른 법률에서 공무원으로 보도록 하는 자를 제외한다)은 「형법」이나 그 밖에 법률에 따른 벌칙의 적용에 있어서는 이를 공무원으로 본다(외국환거래법 제23조제2항).

(1) 위탁기관

관세청장, 금융감독원장, 한국은행총재, 외국환업무기관의 장

(2) 관세청장(외국환거래법 시행령 제37조제1항)

법 제23조제1항에 따라 다음 각 호의 사항에 관한 기획재정부장관의 권한은 관세청장에게 위임한다. 관세청장은 기획재정부장관의 승인을 받아 위임받은 권한의 일부를 세관의 장에게 재위임할 수 있다.〈개정 2016.3.22., 2016.5.31., 2017.6.27.〉

1. 법 제8조제3항제1호 및 같은 조 제4항에 따른 환전업무의 등록과 등록사항 변경 및 폐지의 신고

1의2. 법 제11조제1항에 따른 환전영업자에 대한 감독 및 감독상 필요한 명령

1의3. 법 제11조제2항에 따른 환전영업자에 대한 제21조제9호의 사항에 관한 제한

2. 법 제12조제1항에 따른 환전영업자의 등록취소·업무제한 또는 업무정지와 같은 조 제3항에 따른 청문

3. 법 제12조의2에 따른 환전영업자에 대한 과징금의 부과

4. 법 제17조에 따른 지급수단등의 수출 또는 수입 신고

5. 법 제19조에 따른 경고 및 거래정지 등의 행정처분(제35조제3항제3에 해당하는 자에 대한 처분에 한정한다)과 같은 조 제3항에 따른 청문

6. 법 제20조제1항에 따른 보고 및 같은 조 제2항에 따른 자료 또는 정보 제출의 요구(이 항에 따라 위탁받은 사무를 처리하기 위한 경우로 한정)

7. 법 제32조제1항부터 제4항까지(같은 조 제2항제3호에 해당하는 경우는 제외)에 따른 과태료의 부과·징수(제35조제3항제3호에 해당하는 자에 한정)

8. 법 제32조제2항제3호에 따른 과태료의 부과·징수

(3) 금융위원회(외국환거래법 시행령 제37조제2항)

법 제23조제1항에 따라 다음 각 호의 사항에 관한 기획재정부장관의 권한은 금융위원회에 위탁한다. 금융위원회는 기획재정부장관의 승인을 받아 위탁받은 권한의 일부를 금융감독원장에게 재위탁할 수 있다.〈개정 2013.9.17., 2016.5.31., 2017.6.27.〉

1. 법 제11조제1항에 따른 외국환업무취급기관에 대한 감독 및 감독상 필요한 명령
2. 법 제11조제2항에 따른 다음 각 목의 사항에 대한 제한
   가. 제21조제2호의 사항(제14조제1호의 기관에 대한 제한은 제외)
   나. 제21조제4호부터 제7호까지의 사항
3. 법 제12조제1항 및 제2항에 따른 외국환업무취급기관의 업무제한 또는 업무정지
4. 법 제12조의2에 따른 과징금의 부과
5. 법 제18조에 따른 자본거래의 신고(기획재정부장관이 고시한 사항으로 한정)
6. 법 제19조에 따른 경고 및 거래정지 등 행정처분(제35조제3항제2호에 해당하는 자에 대한 처분에 한정하되, 제5항제3호에 해당하는 경우는 제외)
7. 법 제20조제1항에 따른 보고 및 같은 조 제2항에 따른 자료 또는 정보 제출의 요구(이 항에 따라 위탁받은 사무를 처리하기 위한 경우로 한정)
8. 법 제32조제1항부터 제4항까지(같은 조 제2항제3호에 해당하는 경우는 제외)에 따른 과태료의 부과·징수(제35조제3항제2호에 해당하는 자에 한정하되, 소액해외송금업자와 그 거래 당사자 및 관계인에 대한 처분은 제외)

(4) 한국은행총재(외국환거래법 시행령 제37조제3항)

법 제23조제1항에 따라 다음 각 호의 사항에 관한 기획재정부장관의 권한은 금융위원회에 위탁한다. 금융위원회는 기획재정부장관의 승인을 받아 위탁받은 권한의 일부를 금융감독원장에게 재위탁할 수 있다.〈개정 2013.9.17., 2016.5.31., 2017.6.27.〉

1. 삭 제 〈2016.3.22.〉
2. 법 제11조제1항에 따른 외국환중개회사에 대한 감독 및 감독상 필요한 명령
3. 법 제11조제2항에 따른 다음 각 목의 사항에 대한 제한
   가. 제21조제1호·제3호 및 제8호의 사항. 다만, 제21조제3호에 따른 외화자금의 조달 및 운용방법에 관한 사항은 한국은행 외의 외국환업무취급기관에 대하여 적용되는 것에 한정한다.

나. 제21조제2호의 사항(제14조제1호의 기관에 대한 제한에 한정한다)

4. 삭제 〈2016.3.22.〉
5. 법 제12조제1항에 따른 외국환중개회사의 업무제한 또는 업무정지
6. 법 제13조 및 제14조에 따른 외국환평형기금의 운용 및 관리에 관한 사무
7. 법 제15조에 따른 지급 또는 수령의 허가
8. 법 제16조에 따른 지급 또는 수령방법의 신고(제5항제1호에 해당하는 경우는 제외)
9. 법 제18조에 따른 자본거래의 신고(기획재정부장관이 고시한 사항에 한정)
10. 법 제19조에 따른 경고 및 거래정지 등의 행정처분(제35조제3항제1호에 해당하는 자에 한정)
11. 법 제20조제1항에 따른 보고 및 같은 조 제2항에 따른 자료 또는 정보 제출의 요구(이 항에 따라 위탁받은 사무를 처리하기 위한 경우와 외환통계의 작성에 필요한 경우로 한정)
12. 삭제 〈2017.6.27.〉
13. 법 제11조의2 및 제11조의3에 따른 부담금 및 가산금의 부과·징수에 관한 다음 각 목의 사항
    가. 법 제11조의2제1항 및 이 영 제21조의6제1항에 따른 부담금의 납부고지 및 수납처리
    나. 법 제11조의3제1항 및 이 영 제21조의7에 따른 분할납부 신청의 접수 및 분할납부 여부의 통보
    다. 법 제11조의3제2항에 따른 독촉장의 발급
    라. 법 제11조의3제3항에 따른 가산금의 징수
    마. 법 제11조의3제4항에 따른 부담금과 가산금의 강제징수
    바. 법 제11조의3제5항에 따른 자료제출의 요구
    사. 법 제11조의3제6항 및 이 영 제21조의10에 따른 이의신청의 접수·처리 및 처리결과의 통지, 조정된 부담금 또는 차액의 부과·징수 또는 환급
    아. 제21조의3부터 제21조의5까지에 따른 만기, 비예금성외화부채등 잔액 및 비예금성외화부채등 잔액의 증가분의 산정에 필요한 세부 사항

자. 그 밖에 부담금 및 가산금의 부과 · 징수 업무를 효율적으로 수행하기 위하여 필요한 사항

(5) 금융감독원장(외국환거래법 시행령 제37조제4항)

법 제23조제1항에 따라 다음 각 호의 사항에 관한 기획재정부장관의 권한은 금융감독원장에게 위탁한다.〈신설 2017.6.27.〉

1. 소액해외송금업자에 대한 법 제11조제1항에 따른 감독 및 감독상 필요한 명령
2. 소액해외송금업자와 관련된 제21조제10호의 사항에 대한 법 제11조제2항에 따른 제한
3. 법 제20조제1항에 따른 보고 및 같은 조 제2항에 따른 자료 또는 정보 제출의 요구(이 항에 따라 위탁받은 사무를 처리하기 위한 경우로 한정)
4. 제15조의2제1항에 따른 등록 신청서의 접수 및 확인, 소액해외송금업자에 대한 제16조제2항에 따른 변경 또는 폐지 신고의 접수 및 확인
5. 제15조의2제2항제4호에 따른 소액해외송금업자의 등록요건에 관한 사항
6. 제15조의3제2항 단서에 따른 계좌를 통한 거래에 준하는 수준의 투명성 확보 여부에 관한 사항
7. 제15조의4제3항 및 제4항에 따른 약관의 제정, 변경 신고 및 소액해외송금업자에 대한 약관의 변경 권고
8. 소액해외송금업자에 대한 제16조제3항에 따른 겸영신고 및 같은 조 제4항에 따른 거래기준 초과의 신고 및 확인
9. 제17조의2제4항에 따른 소액해외송금업자의 이행보증금 산성 등에 관한 보고의 수령

(6) 외국환업무취급기관의 장(외국환거래법 시행령 제37조제5항)

법 제23조 제1항에 따라 다음 각 호의 사항에 관한 기획재정부장관의 권한은 외국환업무취급기관의 장에게 위탁한다.〈개정 2013.9.17., 2014.12.9.,2017.6.21〉

1. 법 제16조제1호 또는 제3호에 따른 방법의 신고(기획재정부장관이 고시한 사항에 한정)

2. 법 제18조에 따른 자본거래의 신고(기획재정부장관이 고시하는 것에 한정)
3. 법 제19조에 따른 경고나 관련 외국환거래 또는 지급 또는 수령의 정지 또는 제한(「여신전문금융업법」에 따른 신용카드업자가 카드회원에 대하여 행하는 경우에 한정)
4. 법 제20조 제1항에 따른 보고의 요구(이 항에 따라 위탁받은 사무를 처리하기 위한 경우로 한정)

❑ 동일한 당사자가 법 제15조부터 제18조까지의 사항을 두 가지 이상 위반함에 따라 법 제19조제1항 및 제2항에 따른 경고·거래정지 또는 법 제32조제1항부터 제4항까지에 따른 과태료 처분을 관세청장과 금융위원회가 각각 하게 될 경우에는 제1항 및 제2항에도 불구하고 기획재정부장관이 정하는 기관이 일괄하여 처분할 수 있다(외국환거래법 시행령 제37조제6항). 〈개정 2017.6.27.〉

❑ 외국환거래법 시행령 제3조제7항
제1항부터 제5항까지의 규정에 따라 권한을 위임 또는 위탁받은 자는 위임 또는 위탁업무처리기준을 정하려는 때에는 미리 기획재정부장관과 협의하여야 한다.

제2절 용어의 정의

외국환거래법의 용어는 제3조제1항에서 내국통화부터 비예금성외화부채 등에 이르기까지 20여개의 용어가 정의되어 진다.

이 법에서 사용하는 용어의 정의는 다음과 같다(외국환거래법 제3조). 〈개정 2011.4.30., 2012.3.21.〉

1. 내국통화와 외국통화

1) 내국통화

"내국통화"는 대한민국의 법정통화인 원화를 말한다.

2) 외국통화

"외국통화"는 내국통화외의 통화를 말한다.

2. 지급수단

"지급수단"이란 다음 각목의 어느 하나에 해당하는 것을 말한다.

가. 정부지폐·은행권·주화·수표·우편환·신용장
나. 대통령령이 정하는 환어음·약속어음 그 밖에의 지급지시
다. 증표(證票)·플라스틱카드 또는 그 밖의 물건에 전자 또는 자기적 방법으로 재산적 가치가 입력되어 불특정 다수인간에 지급을 위하여 통화에 갈음하여 사용할 수 있는 것으로서 대통령령이 정하는 것

3. 대외지급수단과 내국지급수단

1) 대외지급수단

"대외지급수단"이란 외국통화, 외국통화로 표시된 지급수단 그 밖에 표시통화에 관계없이 외국에서 사용할 수 있는 지급수단을 말한다.

2) 내국지급수단

"내국지급수단"이란 대외지급수단외의 지급수단을 말한다. 외국에서 사용할 수 있는 내국지급수단은 외국환거래법상의 물적 적용대상이 된다.

4. 귀금속

"귀금속"이란 금이나 금합금의 지금(地金), 유통되지 아니하는 금화, 그 밖에 금을 주재료로 하는 제품 및 가공품을 말한다. 귀금속은 거래의 국제성이 인정되면 외국환거래법의 규율대상이 된다.

5. 증권과 외화증권

1) 증권

"증권"이란 제3호(지급수단)에 해당하지 아니하는 것으로서 「자본시장과 금융투자업에 관한 법률」 제4조(증권)에 따른 증권과 그 밖에 대통령령으로 정하는 것을 말한다.

2) 외화증권

"외화증권"이란 외국통화로 표시된 증권 또는 외국에서 지급을 받을 수 있는 증권을 말한다.

6. 파생상품과 외화파생상품

1) 파생상품

"파생상품"이란 「자본시장과 금융투자업에 관한 법률」 제5조(파생상품)에 따른 파생상품과 그 밖에 대통령령으로 정하는 것을 말한다.

2) 외화파생상품

"외화파생상품"이란 외국통화로 표시된 파생상품 또는 외국에서 지급받을 수 있는 파생상품을 말한다.

7. 채권과 외화채권

1) 채권

"채권"이란 모든 종류의 예금·신탁·보증·대차(貸借) 등으로 생기는 금전 등의 지급을 청구할 수 있는 권리로서 제1호부터 제10호[3]까지의 규정에 해당되지 아니하는 것을 말한다.

2) 외화채권

"외화채권"이란 외국통화로 표시된 채권 또는 외국에서 지급을 받을 수 있는 채권을 말한다.

8. 외국환

"외국환"이란 대외지급수단·외화증권, 외화파생상품 및 외화채권을 말한다.

9. 거주자와 비거주자

1) 거주자

"거주자"란 대한민국에 주소 또는 거소를 둔 개인과 대한민국에 주된 사무소를 둔 법인을 말한다.

2) 비거주자

"비거주자"란 거주자 외의 개인 및 법인을 말한다. 다만, 비거주자의 대한민국에 있고 지점·출장소 그 밖의 사무소는 법률상 대리권의 유무에 상관

---

3) 1. 내주통화, 2. 외국통화, 3. 지급수단, 4. 대외지급수단, 5. 내국지급수단, 6. 귀금속, 7. 증권, 8. 외화증권, 9. 파생상품, 10. 외화파생상품.

없이 거주자로 본다.

거주자와 비거주자의 구분이 명백하지 아니한 경우에는 대통령령으로 정하는 바에 따른다. [전문개정 2009.1.30.]

문제 2

다음은 '김무역상사'의 수출입 거래사항에 대한 설명이다. 아래의 문장에 적용되는 법률이 올바르게 기재된 것은? (제5회 무역관리사, 2014. 8. 30.)

가. 중국에서 1개당 10달러의 장난감을 수입하면서 5달러로 수입가격을 낮춰 신고하였다. 나. 수입대금을 은행을 통하여 지급하지 않고 한국에 거주하는 중국인에게 지급하였다.

① 관세법, 외국환거래법
② 대외무역법, 국제통상법
③ 국제통상법, 출입국관리법
④ 외국환거래법, 출입국관리법

정답 ①

문제 3

다음 중 외국환거래법상 '거주자'에 해당하는 자는? (제5회 무역관리사, 2014. 8. 30.)

① 외국인으로 우리나라에 2개월간 여행 중인 자
② 우리나라 국민으로서 일본에 거주하는 재일교포
③ 우리나라 무역회사의 영국법인에 2년 이상 계속하여 근무하고 있는 우리나라 국민
④ 대한민국 국민인 재미교포로서 우리나라에 3개월 이상 거주하고 있는 자

정답 ④

문제 4

다음 중 외국환거래법에 따른 비거주자에 해당하는 자는? (제4회 무역관리사, 2014. 3. 15.)

① 비거주자였던 자로서 입국하여 국내에 3개월 이상 체제하고 있는 국민
② 국내에서 영업활동에 종사하고 있는 외국인
③ 대한민국 재외공관
④ 외국에 있는 국제기구에 근무하고 있는 국민

정답 ④

〈표 14-3〉 거주자 및 비거주자의 구분(외국환거래법 시행령 10조)

거주자	비거주자〈개정 2017.6.27.〉
1. 대한민국 재외공관 2. 국내에 주된 사무소가 있는 단체·기관, 그 밖에 이에 준하는 조직체 3. 다음 각 목의 어느 하나에 해당하는 대한민국국민 가. 대한민국 재외공관에서 근무할 목적으로 외국에 파견되어 체재하고 있는 자 나. 비거주자이었던 자로서 입국하여 국내에 3개월 이상 체재하고 있는 자 다. 그 밖에 영업 양태, 주요 체재지 등을 고려하여 거주자로 판단할 필요성이 인정되는 자로서 기획재정부장관이 정하는 자 4. 다음 각 목의 어느 하나에 해당하는 외국인(제2항제2호 및 제6호가목·나목에 해당하는 자는 제외) 가. 국내에서 영업활동에 종사하고 있는 자 나. 6개월 이상 국내에서 체재하고 있는 자	1. 국내에 있는 외국정부의 공관과 국제기구 2. 「대한민국과 아메리카합중국 간의 상호방위조약 제4조에 의한 시설과 구역 및 대한민국에서의 합중국군대의 지위에 관한 협정」에 따른 미합중국군대 및 이에 준하는 국제연합군("미합중국군대등"), 미합중국군대등의 구성원·군속·초청계약자와 미합중국군대등의 비세출자금기관·군사우편국 및 군용은행시설 3. 외국에 있는 국내법인 등의 영업소 및 그 밖의 사무소 4. 외국에 주된 사무소가 있는 단체·기관, 그 밖에 이에 준하는 조직체 5. 다음 각 목의 어느 하나에 해당하는 대한민국 국민 가. 외국에서 영업활동에 종사하고 있는 자 나. 외국에 있는 국제기구에서 근무하고 있는 자 다. 2년 이상 외국에 체재하고 있는 자. 이 경우 일시 귀국의 목적으로 귀국하여 3개월 이내의 기간 동안 체재한 경우 그 체재기간은 2년에 포함되는 것으로 본다. 라. 그 밖에 영업양태, 주요 체재지 등을 고려하여 비거주자로 판단할 필요성이 인정되는 자로서 기획재정부장관이 정하는 자 6. 다음 각 목의 어느 하나에 해당하는 외국인 가. 국내에 있는 외국정부의 공관 또는 국제기구에서 근무하는 외교관·영사 또는 그 수행원이나 사용인 나. 외국정부 또는 국제기구의 공무로 입국하는 자 다. 거주자였던 외국인으로서 출국하여 외국에서 3개월 이상 체재 중인 자
거주자 또는 비거주자에 의하여 주로 생계를 유지하는 동거 가족은 해당 거주자 또는 비거주자의 구분에 따라 거주자 또는 비거주자로 구분한다.	

문제 5

다음 중 외국환거래법상 거주자에 해당하는 자는? (2017년 제2회 국제무역사 2급 기출)

① 대한민국 재외공관
② 국내에 있는 외국정부의 공관과 국제기구
③ 미합중국군대 및 이에 준하는 국제연합군
④ 대한민국 국민으로서 외국에 있는 국제기구에서 근무하고 있는 자

정답 ①

10. 외국환업무

가. 외국환의 발행 또는 매매
나. 대한민국과 외국간의 지급·추심 및 수령
다. 외국통화로 표시되거나 지급되는 거주자와의 예금, 금전의 대차 또는 보증
라. 비거주자와의 예금, 금전의 대차 또는 보증
마. 그 밖에 가목부터 라목까지의 규정과 유사한 업무로서 대통령령으로 정하는 업무

1) 외국환업무(외국환거래법 시행령 제6조)

1. 비거주자와의 내국통화로 표시되거나 지급되는 증권 또는 채권의 매매
2. 거주자 간의 신탁·보험 및 파생상품거래(외국환과 관련된 경우에 한정) 또는 거주자와 비거주자 간의 신탁·보험 및 파생상품거래
3. 외국통화로 표시된 시설대여(「여신전문금융업법」에 따른 시설대여를 말한다. 이하 같다)
4. 그 밖에 법 제3조제1항제16호 가목부터 라목까지 및 이 조 제1호부터 제3호까지의 업무에 딸린 업무

11. 금융회사 등

"금융회사 등"이란 「금융위원회의 설치 등에 관한 법률」 제38조(제9호 및 제10호는 제외)에 따른 기관과 그 밖에 금융업 및 금융 관련 업무를 하는 자로서 대통령령으로 정하는 자를 말한다.

1) 금융회사 등(외국환거래법 시행령 제7조)

법 제3조제1항제17호에서 "대통령령으로 정하는 자"란 다음 각 호의 자를 말한다.〈개정 2009.5.29, 2013.3.23., 2015.6.30.〉

1. 「한국산업은행법」에 따른 한국산업은행
1의2. 삭 제 〈2014.12.30.〉
2. 「한국수출입은행법」에 따른 한국수출입은행
3. 「중소기업은행법」에 따른 중소기업은행
4. 과학기술정보통신부장관이 지정하는 체신관서
5. 삭 제〈2017.6.27〉
6. 「새마을금고법」에 따른 새마을금고[제목개정 2011.7.25.]

12. 해외직접투자

"해외직접투자"란 거주자가 하는 다음 각 목의 어느 하나에 해당하는 거래·행위 또는 지급을 말한다.

① 외국법령에 따라 설립된 법인(설립 중인 법인을 포함)이 발행한 증권을 취득하거나 그 법인에 대한 금전의 대여 등을 통하여 그 법인과 지속적인 경제관계를 맺기 위하여 하는 거래 또는 행위로서 대통령령으로 정하는 것
② 외국에서 영업소를 설치·확장·운영하거나 해외사업 활동을 하기 위하여 자금을 지급하는 행위로서 대통령령으로 정하는 것

13. 자본거래

"자본거래"란 다음 각 목의 어느 하나에 해당하는 거래 또는 행위를 말한다.

가. 예금계약, 신탁계약, 금전대차계약, 채무보증계약, 대외지급수단·채권 등의 매매계약(다목에 해당하는 경우는 제외)에 따른 채권의 발생·변경 또는 소멸에 관한 거래(거주자 간 거래는 외국환과 관련된 경우로 한정)
나. 증권의 발행·모집, 증권 또는 이에 관한 권리의 취득(다목에 해당하는 경우는 제외하며, 거주자 간 거래는 외국환과 관련된 경우로 한정)

다. 파생상품거래(거주자 간의 파생상품거래는 외국환과 관련된 경우로 한정)

라. 거주자에 의한 외국에 있는 부동산이나 이에 관한 권리의 취득 또는 비거주자에 의한 국내에 있는 부동산이나 이에 관한 권리의 취득

마. 가목의 경우를 제외하고 법인의 국내에 있는 본점, 지점, 출장소, 그 밖의 사무소와 외국에 있는 사무소 사이에 이루어지는 사무소의 설치·확장 또는 운영 등과 관련된 행위와 그에 따른 자금의 수수(授受)(사무소를 유지하는 데에 필요한 경비나 경상적 거래와 관련된 자금의 수수로서 대통령령으로 정하는 것은 제외)

바. 그 밖에 가목부터 마목까지의 규정과 유사한 형태로서 대통령령으로 정하는 거래 또는 행위

14. 비예금성 외화부채 등

"비예금성 외화부채 등"이란 금융회사등의 외국통화표시 부채(외화예수금은 제외) 및 이와 유사한 것으로서 대통령령으로 정하는 것을 말한다.

제15장 외국환거래법의 적용대상 및 관리기관

"외국환업무취급기관제도"란 외국환거래의 효율화를 위해 일정요건을 갖춘 모든 금융기관이 등록만 하면 외국환업무를 취급할 수 있도록 하는 제도이다. 특히, 은행법, 한국산업은행법, 한국수출입은행법, 중소기업은행법, 농업협동조합법 및 수산업협동조합법에 따른 금융기관 중 외국환업무취급기관으로 등록하여 외국환업무를 영위하는 국내 영업소를 외국환은행이라고 한다. 현행 외국환거래법은 대부분의 외국환거래를 외국환은행을 통해 이루어지도록 유도하고 외국환관리 권한 일부를 외국환은행 및 그 밖에 외국환업무취급기관의 장에게 위탁하여 외국환관리의 실효성을 확보하고 있다.

제1절 외국환거래법의 적용대상

1. 외국환관리기관

우리나라의 현행 금융감독체계는 금융위원회 및 금융감독원, 그리고 금융관계법령의 제정 및 개정업무를 관장하는 기획재정부, 금융감독원에 대한 검사 요구나 공동검사 참여 등을 통해 제한적인 금융감독 기능을 보유하고 있는 한국은행과 예금보험공사로 이루어져 있다.

1) 기획재정부

기획재정부는 금융관계법령의 제정 또는 개정업무를 담당한다. 이 경우 기획재정부장관은 금융위원회와 협의하여야 한다. 그리고 기획재정부장관은 한국산업은행·한국수출입은행·중소기업은행·신용보증기금·기술신용보증기금에 대한 포괄적인 감독권과 금융기관의 외국환업무에 대한 인허가권을 포함한 모든 감독권한을 갖고 있다. 또한, 기획재정부는 외국환거래제도의 수립 및 운영에 있어서 실질적인 최고 집행기관으로서 그의 역할과 업무는 아래와 같다.

(1) 역할

① 외환정책의 수립・운용,
② 외국환업무취급기관의 등록,
③ 외국환평형기금의 운용・관리,
④ 외환거래에 대한 제한 및 허가,
⑤ 거래의 정지 등 같은 업무의 역할을 수행한다.

그리고 기획재정부장관은 원활하고 질서 있는 외국환거래를 위하여 필요하면 외국환거래에 관하여 기준환율, 외국환의 매도율・매입률 및 재정환율(裁定換率)["기준환율 등"]을 정할 수 있다(외국환거래법 제5조제1항). 거주자와 비거주자는 제1항에 따라 기획재정부장관이 기준환율 등을 정한 경우에는 그 기준환율 등에 따라 거래하여야 한다(외국환거래법 제5조제2항). [전문개정 2009. 1.30]

2) 한국은행

한국은행은 통화신용정책의 수행을 위하여 필요하다고 인정하는 경우 금융감독원에 대하여 구체적인 범위를 정하여 금융기관에 대한 검사를 요구할 수 있으며 필요시 한국은행 직원이 금융감독원의 금융기관 검사에 공동으로 참여할 수 있다. 이 경우 금융감독원은 한국은행의 요구에 지체 없이 응하여야 한다. 또한 한국은행은 금융감독원에 대하여 검사결과의 송부를 요청하거나 검사결과에 따라 금융기관에 대한 필요한 시정조치를 요청할 수 있다.[1] 그리고 한국은행은 외국환관리의 중간관리기구로서 ① 외환시장 운영, ② 외화자금 및 외국환의 보유와 운용, ③ 외화여수신업무에 관하여 정책, ④ 외국환중개회사에 대한 업무감독, ⑤ 대외지급 및 자본거래 관련 허가 등 업무, ⑥ 외국환거래에 대한 사후관리, ⑦ 외환거래 정보의 집중 및 관리 등의 업무역할을 수행한다.

3) 금융위원회

금융위원회와 그 소속기관 직제 제정(대통령령 제20684호, 2008.2.29)으로 금융위원회 및 증권선물위원회를 구성하고, 금융위원회 소속으로 금융정보분석원을 두었다. 금융위원회는 금융산업의 선진화와 금융시장의 안정을 꾀하고, 건전한 신용질서와 공정한 금융거래관행을 확립하기 위하여 설립되었으며, 금융정책기능과 감독정책을 통합하고 금융위원장과 금융감독원장의 겸임을 금지하여 정책기능과 집행기능을 분리하고 있다. 금융위원회는 국무총리소속의 합의제 행정기구이다. 금융위원회는 금융기관 감독과 관련된 규정의 제·개정, 금융기관의 설립·합병·영업 양수도 등의 인허가, 금융기관의 경영과 관련된 인허가, 금융기관에 대한 검사·제재, 증권·선물시장의 관리·감시·감독 등 금융감독에 관하여 주요 사항을 심의·의결한다. 또한 금융위원회는 금융감독원의 업무·운영·관리에 대해 지시·감독한다. 금융위원회는 외국환업무취급기관에 대한 감독, 외국환거래에 대한 사후관리 등의 역할을 수행한다.

4) 금융감독원

금융감독원은 1999년 1월 설립된 무자본 특수법인으로 한국은행의 출연금, 금융기관 분담금, 유가증권 발행분담금 등을 재원으로 운영된다. 금융감독원은 금융위원회 및 증권선물위원회의 지시를 받아 금융기관 및 증권·선물시장에 대한 조사, 검사, 감독 등의 업무를 수행한다. 검사대상 금융기관

---

1) 우리나라의 금융제도, 한국은행, 2005, pp. 115.

은 은행, 증권회사, 보험회사, 자산운용회사, 상호저축은행 등 거의 모든 금융기관이다. 다만 한국산업은행, 한국수출입은행 및 중소기업은행의 경우 주된 감독권은 기획재정부장관이 보유하며 금융위원회는 신용공여한도, 출자제한, 약관 등 경영건전성 관련 사항에 대해서만 감독업무를 수행한다. 농업·축산업·수산업협동조합의 단위조합이 영위하는 신용사업의 경우에도 농업협동조합법 제정(1999년 9월) 및 수산업협동조합법 개정(1999년 12월)을 통해 주된 감독권은 해당 정부부처의 장이 보유하되 경영건전성에 관하여 사항은 금융감독원위원회의 감독을 받도록 하였다.2)

5) 세 관

세관은 외국환관리행정의 보조기관으로서 지급수단, 수출입에 대한 허가 또는 신고접수, 허가에 대한 확인 및 제한조치, 개항장에 설치된 환전영업자의 업무와 수출입거래 및 이와 직접 관련된 용역거래에 대한 검사 및 제재 등의 역할을 수행한다.

제2절 외국환업무취급기관

"외국환업무취급기관"은 외국환업무를 업으로 영위하고자 기획재정부장관에게 등록을 한 금융기관과 기획재정부장관이 업무의 내용을 감안하여 등록이 필요하지 아니하다고 인정하여 대통령령으로 정하는 금융기관을 말한다. 외국환업무취급기관은 외국환업무를 수행하며 외국환의 최종관리기구로서 외국환거래에 대한 신고접수 및 확인과 외국환거래에 대한 사후관리 등의 역할을 수행한다.

2) 우리나라의 금융제도, 한국은행, 2005, p. 114~115.

1. 외국환업무

1) 외국환업무의 등록 등

외국환업무를 업으로 하려는 자는 대통령령으로 정하는 바에 따라 외국환업무를 하는 데에 충분한 자본·시설 및 전문인력을 갖추어 미리 기획재정부장관에게 등록하여야 한다. 다만, 기획재정부장관이 업무의 내용을 고려하여 등록이 필요하지 아니하다고 인정하여 대통령령으로 정하는 금융회사등은 그러하지 아니하다(외국환거래법 제8조제1항). 제1항에 따라 외국환업무의 등록을 한 금융회사등(제1항 단서에 따른 금융회사등을 포함. "외국환업무취급기관")은 국민경제의 건전한 발전, 국제 평화와 안전의 유지 등을 위하여 필요하다고 인정하여 대통령령으로 정하는 경우에는 이 법을 적용받는 업무에 관하여 외국금융기관과 계약을 체결할 때 기획재정부장관의 인가를 받아야 한다(외국환거래법 제8조제5항). 〈개정 2011.4.30.〉

외국환업무는 금융회사등만 할 수 있으며, 외국환업무를 하는 금융회사등은 대통령령으로 정하는 바에 따라 그 금융회사 등의 업무와 직접 관련되는 범위에서 외국환업무를 할 수 있다(외국환거래법 제8조제2항). 〈개정 2011.4.30.〉

외국환거래법 제1항 및 제2항에도 불구하고 금융회사등이 아닌 자가 다음 각 호의 어느 하나에 해당하는 외국환업무를 업으로 하려는 경우에는 대통령령으로 정하는 바에 따라 해당 업무에 필요한 자본·시설 및 전문인력 등 대통령령으로 정하는 요건을 갖추어 미리 기획재정부장관에게 등록하여야 한다. 이 경우 제1호 및 제2호의 외국환업무의 규모, 방식 등 구체적인 범위 및 안전성 확보를 위한 기준은 대통령령으로 정한다.(외국환거래법 제8조제3항). 〈개정 2017.1.17.〉

1. 외국통화의 매입 또는 매도, 외국에서 발행한 여행자수표의 매입
2. 대한민국과 외국 간의 지급 및 수령과 이에 수반되는 외국통화의 매입 또는 매도
3. 그 밖에 외국환거래의 편의 증진을 위하여 필요하다고 인정하여 대통령령으로 정하는 외국환업무

제1항 본문에 따라 외국환업무의 등록을 한 금융회사등과 제3항에 따라 외국환업무의 등록을 한 자("전문외국환업무취급업자")가 그 등록사항 중 대통령령으로 정하는 사항을 변경하려 하거나 외국환업무를 폐지하려는 경우에는 대통령령으로 정하는 바에 따라 기획재정부장관에게 미리 그 사실을 신고하여야 한다(외국환거래법 제8조제4항).〈개정 2011.4.30., 2017.1.17.〉

외국환업무취급기관 및 전문외국환업무취급업자의 업무 수행에 필요한 사항은 대통령령으로 정한다.(외국환거래법 제8조제6항).〈개정 2017.1.17.〉

기획재정부장관은 외국환업무의 성실한 이행을 위하여 제3항에 따라 등록한 자에게 기획재정부장관이 지정하는 기관에 보증금을 예탁하게 하거나 보험 또는 공제에 가입하게 하는 등 대통령령으로 정하는 바에 따라 필요한 조치를 할 수 있다.〈신설 2017.1.17.〉[전문개정 2009.1.30.]

(1) 외국환업무(법 제3조제1항제16)

"외국환업무"란 다음 각 목의 어느 하나에 해당하는 것을 말한다.

가. 외국환의 발행 또는 매매
나. 대한민국과 외국 간의 지급·추심(推尋) 및 수령
다. 외국통화로 표시되거나 지급되는 거주자와의 예금, 금전의 대차 또는 보증
라. 비거주자와의 예금, 금전의 대차 또는 보증
마. 그 밖에 가목부터 라목까지의 규정과 유사한 업무로서 대통령령으로 정하는 업무

2. 외국환업무 취급기관

1) 외국환업무의 취급기관 및 취급범위

(1) 취급기관

외국환업무는 금융회사 등에 한하여 이를 영위할 수 있으며, 외국환업무를 영위하는 금융회사 등은 당해 금융회사 등의 업무와 직접 관련되는 범위 안에서 이를 영위할 수 있다(외국환거래법 제8조제2항). 여기서 금융회사 등이

란 금융위원회의 설치 등에 관한 법률 제38조(제9호 및 제10호는 제외)에 따른 기관[은행, 금융투자업자·증권금융회사·종합금융회사 및 명의개서대행회사(名義改書代行會社), 보험회사, 상호저축은행과 그 중앙회, 신용협동조합 및 그 중앙회, 여신전문금융회사 및 겸영여신업자(兼營與信業者), 농협은행, 수협은행]과 그 밖에 금융업 및 금융 관련 업무를 하는 자로서 대통령령으로 정하는 자(한국산업은행, 한국수출입은행, 중소기업은행, 체신관서, 새마을 금고)를 말한다.

(2) 외국환업무의 취급범위(외국환거래법 시행령 제14조)

법 제8조 제1항에 따라 등록한 금융회사 등(같은 항 단서에 따른 금융회사등을 포함, "외국환업무취급기관")의 외국환업무의 취급 범위는 다음과 같다. 〈개정 2009.5.29., 2010.11.15., 2011.7.25., 2012.12.12., 2014.12.30., 2015.6.30., 2016.3.22., 2016.10.25., 2017.6.27〉

1. 「은행법」에 따른 은행, 「농업협동조합법」에 따른 농협은행, 「수산업협동조합법」에 따른 수협은행, 「한국산업은행법」에 따른 한국산업은행, 「한국수출입은행법」에 따른 한국수출입은행, 「중소기업은행법」에 따른 중소기업은행: 법 제3조 제1항 제16호 각 목의 업무
2. 「자본시장과 금융투자업에 관한 법률」에 따른 종합금융회사: 종합금융회사의 업무와 직접 관련된 외국환업무, 다만 법 제3조제1항제16호 다목 및 라목의 업무 중 예금업무는 다음 각 목의 부분에 따른 업무로 한정한다.
   가. 다른 외국환업무취급기관과 외국금융기관의 외국통화로 표시되거나 지급받을 수 있는 예금업무
   나. 외국금융기관과의 외국통화로 표시되거나 지급되는 예금업무
3. 체신관서: 「우정사업 운영에 관한 특례법」에 따른 체신관서의 업무와 직접 관련된 외국환업무
   가. 외국통화표시 우편환(우편 또는 전신에 의한 지급지시를 포함)의 매입
   나. 외국통화표시 우편환의 발행 및 대외지급수단의 발행 및 매매로서 기획재정부장관이 인정하는 업무
4. 그 밖의 외국환업무취급기관: 다음 각 목의 업무 중 해당 외국환업무

취급기관의 업무와 직접 관련되는 업무로서 기획재정부장관이 정하여 고시하는 업무

가. 외화채권의 매매
나. 외화증권의 발행 및 매매
다. 비거주자와의 내국통화로 표시되거나 지급되는 증권 · 채권의 매매 및 매매의 중개
라. 대한민국과 외국 간의 지급 · 추심(推尋) 및 수령
마. 거주자와의 외국통화로 표시되거나 지급받을 수 있는 예금 · 금전의 대차 또는 보증
바. 비거주자와의 예금 · 금전의 대차 또는 보증
사. 대외지급수단의 발행 및 매매
아. 파생상품거래
자. 거주자와의 외국통화로 표시된 보험거래 또는 비거주자와의 보험 거래
차. 외국통화로 표시된 시설대여
카. 투자판단을 일임받아 투자자별로 구분하여 운용하는 업무
타. 신탁업무
파. 그 밖에 「자본시장과 금융투자업에 관한 법률」, 「보험업법」, 「상호저축은행법」, 「신용협동조합법」, 「새마을금고법」 및 「여신전문금융업법」에 따른 업무

2) 외국금융회사등과의 계약체결

외국환업무의 등록을 한 금융회사 등(제1항 단서에 따른 금융회사 등을 포함. "외국환업무취급기관")은 국민경제의 건전한 발전, 국제 평화와 안전의 유지 등을 위하여 필요하다고 인정하여 대통령령으로 정하는 경우에는 이 법을 적용받는 업무에 관하여 외국금융기관과 계약을 체결할 때 기획재정부장관의 인가를 받아야 한다(외국환거래법 제8조제5항). 〈개정 2011.4.30.〉

3) 보고 · 검사

(1) 보고

기획재정부장관은 이 법의 실효성을 확보하기 위하여 거래당사자 또는 관계인으로 하여금 필요한 보고를 할 수 있게 할 수 있으며 비거주자에 대한 채권을 보유하고 있는 거주자로 하여금 대통령령으로 정하는 바에 따라 그 보유채권의 현황을 기획재정부장관에게 보고하게 할 수 있다(외국환거래법 제20조제1항).

(2) 자료 또는 정보의 제출요구

기획재정부장관은 이 법을 시행하기 위하여 필요하다고 인정되는 경우에는 국세청, 한국은행, 금융감독원, 외국환업무취급기관 등 이 법을 적용받는 관계기관의 장에게 관련 자료 또는 정보의 제출을 요구할 수 있다. 이 경우 관계 기관의 장은 특별한 사유가 없으면 그 요구에 따라야 한다(외국환거래법 제20조제2항). 〈개정 2017.1.17.〉

(3) 업무의 검사

기획재정부장관은 이 법을 시행하기 위하여 필요하다고 인정되는 경우에는 소속공무원으로 하여금 외국환업무취급기관 등이나 그 밖에 이 법을 적용을 받는 거래당사자 또는 관계인의 업무에 관하여 검사하게 할 수 있다(외국환거래법 제20조제3항). 기획재정부장관은 이에 따른 검사결과 위법한 사실을 발견한 경우에는 그 시정을 명하거나 그 밖에 필요한 조치를 할 수 있다(외국환거래법 제20조제5항).

기획재정부장관은 효율적인 검사를 위하여 필요하다고 인정되는 경우에는 외국환업무취급기관 등이나 그 밖에 이 법의 적용을 받는 거래당사자 또는 관계인의 업무와 재산에 관하여 자료의 제출을 요구할 수 있드며, 또한, 필요하다고 인정되는 경우에는 대통령령으로 정하는 바에 따라 한국은행총재 · 금융감독원장 그 밖에 대통령령으로 정하는 자에게 위탁하여 그 소속직원으로 하여금 제3항부터 제5항까지의 규정에 따른 업무를 수행하게 할 수 있다(외국환거래법 제20조제4항, 제6항).

제3항이나 제6항에 따라 검사를 하는 사람은 그 권한을 표시하는 증표를 지니고 이를 관계인에게 내보여야 한다(외국환거래법 제20조제7항). [전문개정 2009.1.30.]

3. 외국환 중개업무

1) 외국환 중개업무

1. 외국통화의 매매 · 교환 · 대여의 중개
2. 외국통화를 기초자산으로 하는 파생상품거래의 중개
3. 그 밖에 제1호 및 제2호와 관련된 업무

외국환중개업무를 업으로 하려는 자는 대통령령으로 정하는 바에 따라 자본 · 시설 및 전문인력을 갖추어 기획재정부장관의 인가를 받아야 한다. 이 경우 인가사항 중 대통령령으로 정하는 중요 사항을 변경하려면 기획재정부장관에게 신고하여야 한다(외국환거래법 제9조제1항).

2) 외국환중개회사

외국환중개업무를 인가받은 자가 외국환중개업무를 할 수 있는 거래의 상대방은 외국환거래 관련 전문성을 갖춘 금융회사 등 및 관련 기관으로서 대통령령으로 정하는 자로 한다.(외국환거래법 제9조제2항). 〈개정 2011.4.30.〉

3) 인가 또는 신고

외국환중개회사가 ① 합병 또는 해산, ② 영업의 전부 또는 일부의 폐지 · 양도 · 양수에 해당하는 행위를 하려는 경우에는 대통령령으로 정하는 구분에 따라 기획재정부장관의 인가를 받거나 기획재정부장관에게 신고하여야 한다(외국환거래법 제9조제3항).

외국환중개회사가 외국에서 외국환중개업무를 하려는 경우에는 대통령령으로 정하는 바에 따라 기획재정부장관의 인가를 받아야 한다(외국환거래법 제9조제5항).

4) 보증금의 예탁

기획재정부장관은 외국환중개업무의 성실한 이행을 위하여 외국환중개회사에 대하여 대통령령으로 정하는 바에 따라 기획재정부장관이 지정하는 기관에 보증금을 예탁하게 할 수 있다(외국환거래법 제9조제4항).

이 법에 따른 외국환중개업무에 관하여는 「자본시장과 금융투자업에 관한 법률」을 적용하지 아니한다. 다만, 같은 법 제37조, 제39조, 제44조, 제54조 및 그 밖에 투자자 보호를 위하여 대통령령으로 정하는 바에 따라 같은 법을 준용할 수 있다. 이 경우 "금융투자업자"는 "외국환중개회사"로, "금융투자업"은 "외국환중개업무"로 본다(외국환거래법 제9조제6항).

법 제9조 제1항부터 제6항까지에서 규정한 사항 외에 외국환중개회사의 업무 수행에 필요한 사항은 대통령령으로 정한다(외국환거래법 제9조제7항). [전문개정 2009.1.30.]

4. 외국환업무 취급기관 등의 업무상의 의무

외국환업무취급기관, 전문외국환업무취급업자 및 외국환중개회사("외국환업무취급기관 등")는 그 고객과 이 법을 적용받는 거래를 할 때에는 고객의 거래나 지급 또는 수령이 이 법에 따른 허가를 받았거나 신고를 한 것인지를 확인하여야 한다. 다만, 외국환수급 안정과 대외거래 원활화를 위하여 기획재정부장관이 정하여 고시하는 경우에는 그러하지 아니하다(외국환거래법 제10조제1항). [전문개정 2009.1.30]

외국환업무취급기관등은 외국환업무와 관련하여 부당한 이익을 얻거나 제3자에게 부당한 이익을 얻게 할 목적으로 다음 각 호의 어느 하나에 해당하는 행위를 하여서는 아니 된다.〈신설 2017.1.17.〉

1. 외국환의 시세를 변동 또는 고정시키는 행위
2. 제1호의 행위와 유사한 행위로서 대통령령으로 정하는 건전한 거래질서를 해치는 행위 [전문개정 2009.1.30.] [제목개정 2017.1.17.]

5. 업무의 감독과 건전성 규제

기획재정부장관은 외국환업무취급기관 등(외국환업무취급기관 등의 외국에 있는 영업소를 포함)의 업무를 감독하고 감독상 필요한 명령을 할 수 있다(외국환거래법 제11조제1항). 기획재정부장관은 외환시장의 안정과 외국환업무취급기관 등의 건전성을 유지하기 위하여 필요하다고 인정되는 경우에는 대통령령으로 정하는 바에 따라 외국환업무취급기관 등의 외국통화 자산·부채비율을 정하는 등 외국통화의 조달·운영에 필요한 제한을 할 수 있다. 이 경우 제한의 구체적인 기준은 대통령령으로 정한다. (외국환거래법 제11조제2항). [전문개정 2009.1.30].

6. 외환건전성 부담금

기획재정부장관은 외화자금의 급격한 유입·유출에 따른 금융시장의 불안을 최소화하고 국민경제의 건전한 발전을 위하여 금융시장에서의 역할, 취급 외국환업무 및 외국통화 표시 부채의 규모 등을 종합적으로 고려하여 대통령령으로 정하는 금융회사 등에 외환건전성부담금("부담금")을 부과·징수할 수 있으며, 이에 따라 징수한 부담금은 제13조제1항에 따른 외국환평형기금에 귀속된다(외국환거래법 제11조2의제1항, 제4항).

제1항에 따라 부과·징수하는 부담금은 비예금성외화부채 등의 잔액에 1천분의 5 이내의 범위에서 금융회사 등의 영업구역, 비예금성외화부채 등의 만기 등을 고려하여 대통령령으로 정하는 부과요율을 곱하여 계산한 금액으로 한다(외국환거래법 제11조2의제2항).

기획재정부장관은 제2항에도 불구하고 국제금융시장의 불안정, 외화자금의 급격한 유출·유입 등으로 금융시장과 국민경제의 안정을 현저히 해칠 우려가 있다고 인정되는 경우에는 6개월 이내의 기간을 정하여 다음 각 호의 어느 하나에 해당하는 금액을 부담금으로 부과·징수할 수 있다.〈개정 2017.1.17.〉

1. 해당 기간의 비예금성외화부채등 잔액에 대하여 제2항에 따른 부과요율 대신에 기획재정부장관이 하향하여 고시하는 부과요율을 곱하여 계산한 금액
2. 해당 기간의 비예금성외화부채등 잔액 증가분에 대하여 기획재정부장관이 제2항에 따른 부과요율보다 상향하여 고시하는 부과요율("추가부과 요율")을 적용하여 계산한 금액을 제2항에 따라 산정한 부담금 금액에 더한 금액. 이 경우 추가부과요율은 제2항에 따른 부과요율을 더하여 1천분의 10을 넘지 아니하도록 하여야 한다.

제2항의 비예금성외화부채 등의 잔액과 제3항의 비예금성외화부채 등 잔액의 증가분의 산정방법 및 그 밖에 부담금의 부과에 필요한 사항은 대통령령으로 정한다(외국환거래법 제11조2의제5항). [본조신설 2011.4.30.]

1) 부담금의 징수 및 이의신청

(1) 부담금의 징수

기획재정부장관은 금융회사 등이 내야 하는 부담금을 대통령령으로 정하는 바에 따라 나누어 내게 할 수 있으며, 기획재정부장관은 금융회사 등이 부담금을 납부기한까지 내지 아니하면 납부기한이 지난 후 10일 이내에 10일 이상의 기간을 정하여 독촉장을 발급하여야 한다. 기획재정부장관은 체납된 부담금에 대하여는 100분의 10 이내의 범위에서 대통령령으로 정하는 가산금을 징수할 수 있다(외국환거래법 제11조3의제1항~3항).

기획재정부장관은 제2항에 따라 독촉장을 받은 금융회사 등이 정하여진 기한까지 납부하지 아니할 때에는 국세 체납처분의 예에 따라 부담금과 가산금을 징수한다. 기획재정부장관은 제11조의2에 따른 부담금의 부과·징수를 위하여 필요하다고 인정되는 경우에는 해당 금융회사 등에 관련 자료의 제출을 요구할 수 있다. 이 경우 자료의 제출을 요구받은 금융회사 등은 특별한 사유가 없으면 요구에 따라야 한다(외국환거래법 제11조3의제4항~5항).

(2) 이의신청

제11조의2에 따라 부담금을 부과받은 금융회사등이 부과받은 사항에 대하여 이의가 있는 경우에는 기획재정부장관에게 이의를 신청할 수 있으며, 그 밖에 부담금의 징수 및 이의신청 등에 필요한 사항은 대통령령으로 정한다(외국환거래법 제11조3의제6항~제7항). [본조신설 2011.4.30.]

7. 인가의 취소 및 과징금

1) 인가의 취소

기획재정부장관은 외국환업무취급기관 등이 다음 각 호의 어느 하나에 해당하는 경우에는 제8조(외국환업무의 등록 등) 및 제9조(외국환중개업무 등)에 따른 등록 또는 인가를 취소하거나, 6개월 이내의 기간을 정하여 외국환업무취급기관 등(영업소를 포함)의 업무를 제한하거나 업무의 전부 또는 일부를 정지할 수 있다(외국환거래법 제12조제1항). 이에 따른 처분의 구체적인 기준은 대통령령으로 정한다(외국환거래법 제12조제1항, 제5항). 〈개정 2017.1.17.〉

1. 거짓이나 그 밖의 부정한 방법으로 등록을 하거나 인가를 받은 경우
2. 업무의 제한 또는 정지 기간에 그 업무를 한 경우
3. 등록 또는 인가의 내용이나 조건을 위반한 경우
4. 제8조제2항을 위반하여 외국환업무를 한 경우
5. 제8조제4항 또는 제9조제3항에 따른 인가를 받지 아니한 경우 또는 신고를 하지 아니하거나 거짓으로 신고를 한 경우

5의2. 제8조제6항에 따른 외국환업무취급기관 및 전문외국환업무취급업자의 업무 수행에 필요한 사항을 따르지 아니한 경우

5의3. 제8조제7항에 따른 보증금 예탁 등 필요한 조치를 따르지 아니한 경우

5의4. 제8조제7항에 따른 조치에도 불구하고 전문외국환업무취급업자의 파산 또는 지급불능 우려 사유가 발생한 경우

6. 제9조제2항을 위반하여 거래한 경우 또는 같은 조 제4항에 따른 보증

금 예탁 명령을 따르지 아니한 경우
7. 제10조에 따른 의무를 위반한 경우
8. 제11조제1항에 따른 감독상의 명령 또는 같은 조 제2항에 따른 업무상 제한을 위반한 경우
9. 제20조제1항 또는 제2항에 따른 보고 또는 자료·정보 제출을 하지 아니하거나 거짓 보고 또는 거짓 자료·정보를 제출한 경우
10. 제20조제3항 또는 제6항에 따른 검사에 응하지 아니하거나 이 검사를 거부·방해 또는 기피한 경우
11. 제20조제4항 또는 제6항에 따른 자료의 제출을 거부하거나 거짓 자료를 제출한 경우
12. 제20조제5항 또는 제6항에 따른 시정명령에 따르지 아니한 경우
13. 제21조에 따른 기획재정부장관의 명령을 위반하여 통보 또는 제공을 하지 아니하거나 거짓으로 통보 또는 제공한 경우
14. 제24조제2항에 따른 기획재정부장관의 명령을 위반하여 신고, 신청, 보고, 자료의 통보 및 제출을 전자문서의 방법으로 하지 아니한 경우

2) 청 문

기획재정부장관은 제1항에 따라 등록 또는 인가를 취소하려는 경우에는 청문을 하여야 한다(외국환거래법 제12조제3항).

제1항에 따라 등록 또는 인가가 취소된 자(제1항에 따라 등록 또는 인가가 취소된 자의 임직원이었던 자로서 그 취소 사유의 발생에 직접 또는 이에 상응하는 책임이 있는 자를 포함)는 등록 또는 인가가 취소된 날부터 3년이 경과하지 아니한 경우에는 해당 외국환업무를 다시 제8조제1항 또는 제3항에 따라 등록하거나 제9조제1항에 따라 인가받을 수 없다(외국환거래법 제12조제4항). 〈신설 2017.1.17.〉 [전문개정 2009.1.30.].

3) 과징금

기획재정부장관은 제12조제1항 각 호의 어느 하나에 해당하는 위반행위를

한 자에 대하여 업무를 제한하거나 업무의 전부 또는 일부를 정지할 수 있는 경우에는 이를 갈음하여 그 위반행위로 취득한 이익의 범위에서 과징금을 부과할 수 있으며, 이에 따라 과징금을 부과하는 경우에는 대통령령으로 정하는 기준에 따라 다음 각 호의 사항을 고려하여야 한다.(외국환거래법 제12조의2제1항~2항).

1. 위반행위의 내용 및 정도
2. 위반행위의 기간 및 횟수
3. 위반행위로 취득한 이익의 규모

과징금의 부과, 과징금 납부기한의 연장, 분할납부, 담보, 그 밖에 과징금의 징수에 필요한 사항은 대통령령으로 정하며, 기획재정부장관은 과징금 납부의무자가 납부기한까지 과징금을 납부하지 아니한 경우에는 국세 체납처분의 예에 따라 징수할 수 있다.(외국환거래법 제12조의2제3항~4항)[본조신설 2009.1.30.]

(1) 과징금의 부과기준

과징금의 부과기준

1. 기획재정부장관은 업무정지처분을 갈음하여 과징금을 부과할 수 있으며, 위반행위로 취득한 이익에 다음 각 목의 부과 비율을 곱한 금액을 상한으로 한다.
   가. 업무정지 1개월에 해당하는 경우: 100분의 20
   나. 업무정지 2개월에 해당하는 경우: 100분의 40
   다. 업무정지 3개월에 해당하는 경우: 100분의 50
   라. 업무정지 4개월에 해당하는 경우: 100분의 70

2. 제1호에도 불구하고 다음 각 목의 어느 하나에 해당하는 경우에는 위반행위로 인하여 취득한 이익의 100분의 50 이상을 과징금으로 부과하여야 한다. 다만, 별표 2 제1호 나목1) 또는 4)에 해당하는 경우에는 그러하지 아니하다.
   가. 위반행위가 1년 이상 지속되거나 최근 1년간 3회 이상 반복적으로 이루어진 경우
   나. 위반행위로 인하여 취득한 이익의 규모가 1억원 이상인 경우

외국환거래법시행령 제23조, [별표 3] 〈개정 2014.12.9.〉

(2) 과징금의 납부기한 연장 등(외국환거래법시행령 제23조)

기획재정부장관은 과징금을 부과받은 자가 다음 각 호의 어느 하나에 해당하는 사유로 과징금 전액을 일시에 납부하기 어렵다고 인정되는 경우에는 법 제12조의2제3항에 따라 그 납부기한을 연장하거나 분할납부하게 할 수 있다.

1. 재해 또는 도난 등으로 재산에 현저한 손실을 입은 경우
2. 사업 여건의 악화로 사업이 중대한 위기에 처한 경우
3. 과징금의 일시납부에 따라 자금사정에 현저한 어려움이 예상되는 경우
4. 그 밖에 기획재정부장관이 인정하는 사유가 있는 경우

기획재정부장관은 제1항에 따라 납부기한을 연장하거나 분할납부하도록 하는 경우 담보를 제공하게 할 수 있다.

기획재정부장관은 제1항에 따라 납부기한이 연장되거나 분할납부가 허용된 자가 다음 각 호의 하나에 해당하게 되는 경우에는 그 납부기한의 연장 또는 분할납부결정을 취소하고 과징금을 일시에 징수할 수 있다.

1. 분할납부 결정된 과징금을 그 납부기한까지 납부하지 아니한 경우
2. 담보의 변경, 그 밖에 담보보전에 필요한 기획재정부장관의 명령을 이행하지 아니한 경우
3. 강제집행, 경매의 개시, 파산선고 등 과징금의 전부 또는 나머지를 징수할 수 없다고 인정되는 경우

제16장 외국환평형기금

제1절 외국환평형기금의 의의

"외국환평형기금"(exchange equalization fund)은 자국통화의 안정을 유지하고 투기적인 외화의 유출·유입에 따른 악영향을 막기 위해 정부가 직간접적으로 외환시장에 개입, 외환의 매매조작을 위해 보유·운용하는 자금이다. 우리나라에서는 원화기금계정과 외화기금계정으로 구분되어 한국은행에 설치되어 있으며, 기획재정부장관이 외환수급상에 있어서 긴급한 사태 등이 발생하여 필요하다고 인정할 경우 쓸 수 있다. 그리고 외화매입을 위한 원화자금이 부족한 경우 외국환평형기금채권을 발행해 조달할 수 있으며, 이에 따라 발생한 손실은 「외국환평형기금 채권발행 임시조치법」에 따라 세금으로 거둔 금액 중 남은 것은 세계(歲計)잉여금으로 메워주도록 되어 있다.

통화관리의 주체인 한국은행의 발권력에 의하지 않고 정부의 기금으로 외환시장에 개입하는 것은 통화관리 측면에서도 대외적 불균형에 따른 통화증발 압력을 재정에서 완화하게 되어 궁극적으로 물가안정을 기할 수 있다는 것이 이론적 배경이다.

1. 외국환평형기금의 운용체계

1) 운용 및 관리주체

외국환평형기금의 운용 및 관리주체는 기획재정부장관이며 운용에 관하여 구체적 사무처리는 한국은행총재에 위탁되어 있다. 기획재정부장관은 매 회계년도마다 외국환평형기금 운용계획을 수립하는데 기금운용계획서는 국무회의심의를 거쳐 대통령 승인을 받은 후 회계연도 개시 80일전까지 국회에 제출되어 승인을 받는다. 한국은행총재는 기획재정부장관으로부터 위탁을 받은 범위 안에서 구체적인 기금운용 및 조달에 따른 사무를 처리하고 있다.

2) 외국환평형기금의 외환시장소성

외국환평형기금은 기금조성재원의 대부분을 한국은행에 정기예치하고, 한국은행은 이 자금을 재원으로 외환시장[1]에서 외화매매거래를 통한 수요와 공급을 조정하는 간접방식으로 외환시장의 안정을 기하고 있다.

2. 외국환평형기금의 설치 · 조성 · 운용

1) 설　치

외국환거래를 원활하게 하기 위하여「국가재정법」제5조에 따른 기금으로서 외국환평형기금을 설치한다(외국환거래법 제13조제1항). [개정 2009. 1.30]

---

1) "외환시장"(foreign exchange market)이란 외환의 수요자와 공급자간에 외환거래가 정기적 또는 지속적으로 이루어지는 시장을 가리킨다. 외환의 수요와 공급은 모든 대외거래의 결과로 나타나는데 구체적으로 외환수요는 상품 및 서비스의 수입, 이전지급 등 경상지출과 장단기 자본지출에 의해 결정된다. 그리고 외환공급은 상품 및 서비스의 수출, 이전수입 등 경상수입과 장단기 자본수입에 의해 결정된다. 외환시장의 기능은 이러한 외환의 수요와 공급을 조절하는 데 있으며 이는 통화간의 교환비율인 환율을 매개로 하여 이루어진다.

2) 조 성

외국환평형기금은 다음의 각 호의 재원으로 조성한다(외국환거래법 제13조제2항). 〈개정 2011.4.30.〉

현재 외국환평형기금의 자금조달은 대부분 채권발행에 의존하고 있다.

1. 정부로부터의 출연금 및 예수금
2. 외국환평형기금 채권의 발행으로 조성된 자금
3. 외국정부, 외국중앙은행, 그 밖의 거주자 또는 비거주자로부터의 예수금 또는 일시차입금
4. 제6조제1항제2호 및 같은 조 제2항에 따른 예수금
5. 제11조의2에 따른 외환건전성부담금 및 제11조의3제3항에 따른 가산금
6. 그 밖에 외국환거래의 원활화를 위하여 필요한 자금 등 대통령령으로 정하는 자금

3) 운 용

외국환평형기금은 다음의 각 호의 방법으로 운용한다. 다만, 제2항제5호에 따른 외환건전성부담금 및 가산금으로 조성된 외국환평형기금의 경우에는 제2호의 방법 또는 제4호 중 금융회사 등에 대한 외화유동성 공급을 위한 거래에 한하여 운용한다(외국환거래법 제13조제3항). 〈개정 2011.4.30.〉

1. 외국환의 매매
2. 한국은행 · 외국정부 · 외국중앙은행 또는 국내외 금융회사 등에의 예치 · 예탁 또는 대여
3. 외국환업무취급기관의 외화채무로서 국가가 보증한 채무를 상환하기 위하여 국가가 예비비 또는 추가경정예산으로 지급하기 전까지 국가를 대신하여 일시적으로 하는 지급
4. 그 밖에 외국환거래의 원활화를 위하여 필요하다고 인정되어 대통령령이 정하는 방법

4) 기금채권의 발행 등(외국환거래법 시행령 제26조)

① 법 제13조 제7항에 따른 외국환평형기금채권("기금채권")의 발행은 모집, 매출 또는 입찰의 방법으로 한다.

② 기획재정부장관은 기금채권의 원활한 발행을 위하여 필요하다고 인정되는 경우에는 다음 각 호의 기관으로 하여금 기금채권을 인수하게 할 수 있다.

1. 한국은행
2. 외국환업무취급기관
3. 「자본시장과 금융투자업에 관한 법률」에 따른 투자매매업자, 투자중개업자, 집합투자업자, 신탁업자 및 증권금융회사
4. 「보험업법」에 따른 보험회사

5) 대행기관

기획재정부장관은 기금채권의 원활한 발행을 위하여 기금채권의 발행에 관련된 업무를 다음 각 호의 구분에 따라 금융회사, 법무법인, 회계법인("대행기관")에게 대행하게 할 수 있다(외국환거래법 시행령 제26조제3항). 〈신설 2012.12.12.〉

1. 금융회사: 기금채권의 발행전략의 수립 지원 및 기금채권의 모집·매출의 알선 등에 관한 업무
2. 법무법인: 기금채권 발행과 관련한 신고서류 및 투자계약서의 작성, 법률자문 등에 관한 업무
3. 회계법인: 기금채권 발행과 관련된 회계업무

기획재정부장관은 대행기관의 투명하고 공정한 선정을 위하여 관계전문가로부터 의견을 들을 수 있으며, 이에 따른 대행기관의 선정 등에 필요한 사항은 기획재정부장관이 정한다(외국환거래법 시행령 제27조제4항~5항). 〈신설 2012.12.12.〉

제17장 지급과 거래

제1절 지 급

1. 지급절차

1) 지급 등의 허가

기획재정부장관은 이 법을 적용받는 지급 또는 수령과 관련하여 환전절차, 송금절차, 재산반출절차 등 필요한 사항을 정할 수 있다(외국환거래법 제15조제1항). 기획재정부장관은 다음 각 호의 하나에 해당한다고 인정되는 경우에는 국내로부터 외국에 지급하고자 하는 거주자·비거주자, 비거주자에게 지급하거나 비거주자로부터 수령하려는 거주자에게 그 지급 또는 수령할 때 대통령령[1]으로 정하는 바에 따라 허가를 받도록 할 수 있다(외국환거래법 제15조제2항).

---

1) 제29조(지급 또는 수령의 허가) ① 기획재정부장관은 법 제15조제2항에 따라 지급 또는 수령의 허가를 받도록 하는 경우에는 허가를 받아야 하는 사유와 지급 또는 수령의 종류 및 범위를 정하여 고시하여야 한다.
② 제1항에 따른 지급 또는 수령의 허가를 받으려는 자는 기획재정부장관이 정하여 고시하는 허가신청 서류를 기획재정부장관에게 제출하여야 한다.
③ 기획재정부장관은 제2항에 따라 지급 또는 수령의 허가신청을 받은 때에는 다음 각 호의 사항을 심사하여 허가 여부를 결정하고 신청인에게 통지하여야 한다.
1. 해당 지급 또는 수령이 허가 대상인지의 여부
2. 해당 지급 또는 수령의 사유와 금액
3. 해당 지급 또는 수령의 원인이 되는 거래 또는 행위의 내용
④ 기획재정부장관은 법 제15조제2항에 따라 지급 또는 수령에 대하여 허가를 받도록 조치한 사유가 소멸하게 된 때에는 해당 조치를 지체 없이 해제하여야 한다.

1. 우리나라가 체결한 조약 및 일반적으로 승인된 국제법규를 성실하게 이행하기 위하여 불가피한 경우
2. 국제 평화 및 안전을 유지하기 위한 국제적 노력에 특히 기여할 필요가 있는 경우[전문개정 2009.1.30]

2) 지급 또는 수령의 방법의 신고

거주자 간, 거주자와 비거주자 간 또는 비거주자 상호 간의 거래나 행위에 따른 채권·채무를 결제할 때 거주자가 다음 각 호의 어느 하나에 해당하면(제18조에 따라 신고를 한 자가 그 신고된 방법으로 지급 또는 수령을 하는 경우는 제외) 대통령령으로 정하는 바에 따라 그 지급 또는 수령의 방법을 기획재정부장관에게 미리 신고하여야 한다. 다만, 외국환수급 안정과 대외거래 원활화를 위하여 대통령령으로 정하는 경우에는 사후에 보고하거나 신고하지 아니할 수 있다(외국환거래법 제16조). 〈개정 2017.1.17.〉

1. 상계 등의 방법으로 채권·채무를 소멸시키거나 상쇄시키는 방법으로 결제하는 경우
2. 기획재정부장관이 정하는 기간을 넘겨 결제하는 경우
3. 거주자가 해당 거래의 당사자가 아닌 자와 지급 또는 수령을 하거나 해당 거래의 당사자가 아닌 거주자가 그 거래의 당사자인 비거주자와 지급 또는 수령을 하는 경우
4. 외국환업무취급기관을 통하지 아니하고 지급 또는 수령을 하는 경우 [전문개정 2009.1.30.]

(1) 지급 또는 수령 방법의 신고(외국환거래법 시행령 제30조)

① 법 제16조에 따라 지급 또는 수령의 방법을 신고하려는 자는 기획재정부장관이 정하여 고시하는 신고 서류를 기획재정부장관에게 제출하여야 한다.

② 법 제16조 각 호 외의 부분 단서에서 "대통령령으로 정하는 거래의 경우"란 다음 각 호의 경우를 말한다. 〈개정 2017.6.27〉

1. 거주자와 비거주자가 상계의 방법으로 결제할 때 기획재정부장관이 정하여 고시하는 방법으로 일정한 외국환은행을 통하여 주기적으로 결제하는 경우
2. 법 제18조에 따라 기획재정부장관에게 신고한 방법에 따라 채권을 매매, 양도 또는 인수하는 경우
3. 계약 건당 미화 5만달러 이내의 수출대금을 기획재정부장관이 정하여 고시하는 기간을 초과하여 수령하는 경우
4. 거주자가 건당 미화 1만달러 이하의 경상거래에 따른 대가를 외국환업무취급기관등을 통하지 아니하고 직접 지급하는 경우
5. 그 밖에 기획재정부장관이 정하여 고시하는 경우

(2) 상계에 따른 지급방법

"상계"란 거주자가 비거주자와 수출입, 용역거래 등 대외거래에 따른 채권, 채무를 매 건별로 결제하지 아니하고 일정시점에서 서로 상쇄하고 차액만 결제하는 거래를 말한다. 이는 상호계산과 일반상계로 구분되는데, 상호계산은 상대방과의 거래가 빈번하여 채권·채무를 상호계산계정에 기록하였다가 월단위로 결산하여 차액을 정산하는 방법이고, 일반상계는 상호계산방식이 아닌 경우로서 특정시점에서 채권·채무를 서로 상쇄하고 차액만을 정산하는 방법이다. 상호계산방법으로 채권·채무를 결제하고자 하는 경우에는 지정거래 외국환은행에 신고하면 되고 일반상계는 연계무역과 관련한 상계 등 일부 인정된 경우를 제외하고는 기획재정부장관에게(업무위탁에 따라 한국은행에) 신고하여야 한다.

(3) 제3자지급 등에 따른 지급방법

"제3자지급 등"이란 거주자와 비거주자간 채권·채무를 결제하는 경우 거주자가 당해 거래의 당사자가 아닌 제3자에게 지급 또는 영수하거나, 당해 거래의 당사자가 아닌 거주자가 당해 거래의 당사자인 비거주자에게 지급 또는 영수하는 것을 말한다. 거주자가 제3자로부터 영수하는 경우에는 신고가 필요 없으나 인정된 거래에 따른 채권의 매매 및 양도와 채무의 인수가

이루어진 경우 등을 제외하고 제3자에 대한 지급은 기획재정부장관(업무위탁에 따라 한국은행에)에게 신고하여야 한다.

(4) 외국환업무취급기관을 통하지 아니하는 지급방법

대외거래의 결제는 원칙적으로 외국환업무취급기관을 통하여 지급・영수, 추심 또는 계정간 이체방식으로 이루어져야 한다. 거주자가 비거주자로부터 외국환은행을 통하지 아니하고 영수하는 거래는 제한이 없으나 거주자가 외국환은행을 통하지 않고 비거주자에게 직접 지급하는 경우(예: 거주자간 금전의 대차계약에 따른 대출자금, 보증계약에 따른 보증채무 이행대금, 채권의 매매계약에 따른 매매대금 등의 직접 지급)에는 일부 허용되는 거래(예: 국내에서 거주자간 또는 거주자와 비거주자간 미화 1천불 이하의 물품 매매대금을 직접 결제)를 제외하고는 기획재정부장관에게(업무위탁에 따라 한국은행에) 신고하여야 한다.

(5) 수출입대금결제

국내기업 등 거주자가 물품을 수출입하고 동 수출입대금을 결제하는 데에는 원칙적으로 결제방식과 결제기간 등에 제한이 없다. 다만 일부 본지사간 수출거래 등 다음과 같은 특별한 수출입거래의 경우는 사전에 기획재정부장관에게(업무위탁에 따라 한국은행에) 신고해야 한다.

(가) 신고대상 수출거래

신고대상 수출거래는 다음과 같다.

거주자가 수출입대금의 지급 등을 하고자 하는 경우에는 신고를 요하지 아니한다. 다만, 다음 각호의 1에 해당하는 방법으로 지급등을 하고자 하는 자는 한국은행총재에게 신고하여야 하며, 다만, ②, ③ 본문 중 불가피한 사유로 인정되는 경우에는 1년을 초과한 날로부터 3월 이내에 사후신고를 할 수 있다.[2] 제1항의 단서 규정에 의한 신고를 받은 한국은행총재는 매월별로 익월 10일 이내에 동 신고사실을 국세청장 및 관세청장에게 통보하여야 한다.

2) (외국환거래규정 제5-8조제1항제1호).〈재정경제부고시 제2005-25호, 2006.1.1. 개정〉

① 계약건당 미화 5만불을 초과하는 수출대금을 ㉠ 본지사간의 수출거래로서 무신용장 인수인도조건방식 또는 외상수출채권매입방식에 의하여 결제기간이 물품의 선적 후 또는 수출환어음의 일람 후 3년을 초과하는 경우, ㉡ 본지사간의 수출거래로서 수출대금을 물품의 선적 전에 수령하고자 하는 경우, ㉢ 본지사간이 아닌 수출거래로서 수출대금을 물품의 선적 전 1년을 초과하여 수령하고자 하는 경우. 다만, 선박, 철도차량, 항공기, 「대외무역법」에 의한 산업설비의 경우는 제외한다.

(나) 신고대상 수입거래(외국환거래규정 제5-8조제1항제2호)

① 계약건당 미화 5만불을 초과하는 미가공 재수출할 목적으로 금을 수입하는 경우로서 수입대금을 선적서류 또는 물품의 수령일부터 30일을 초과하여 지급하거나 내수용으로 30일을 초과하여 연지급수입한 금을 미가공 재수출하고자 하는 경우, ② 계약건당 미화 2만불을 초과하는 수입대금을 선적서류 또는 물품의 수령 전 1년을 초과하여 송금방식에 의하여 지급하고자 하는 경우. 다만, 선박, 철도차량, 항공기, 「대외무역법」에 따른 산업설비에 대한 미화 2백만불 이내의 수입대금을 지급하는 경우는 제외한다.

(다) 대응수출입 이행의무(외국환거래규정 제5-9조)

① 건당 미화 5만불을 초과하는 수출대금을 물품의 선적 전에 수령한 자는 동 대금을 반환하거나 대응수출을 이행하여야 한다.
② 선적서류 또는 물품의 수령 전에 송금방식에 의하여 건당 미화 2만불을 초과하는 수입대금을 지급한 자는 동 대금을 반환받거나 대응수입을 이행하여야 한다. 〈기획재정부고시 제2009-2호, 2009.2.4 개정〉

문제 1

외국환거래법상 거주자와 비거주자간의 거래에서 한국은행 또는 외국환은행에 신고의무 대상이 아닌 것은? (제5회 무역관리사, 2014. 8. 30.)

① 상계 및 상호계산방법에 의한 결제
② 수출입대금의 법정기간을 넘기는 결제

③ 외국환거래의 당사자가 아닌 제3자와의 지급 또는 수령
④ 외국환업무취급기관을 통하지 아니한 수령

정답 ④

2. 지급수단 등의 수출입 신고

기획재정부장관은 이 법의 실효성을 확보하기 위하여 필요하다고 인정되어 대통령령이 정하는 경우에는 지급수단 또는 증권을 수출 또는 수입하고자 하는 거주자나 비거주자로 하여금 당해 지급수단 또는 증권을 수출 또는 수입함에 있어서 대통령령이 정하는 바에 의하여 신고하게 할 수 있다(외국환거래법 제17조). [전문개정 2009.1.30]

다만, 법 제16조 및 제18조제1항에 따라 신고를 한 자가 신고 내용에 따라 지급수단등을 수출 또는 수입하는 경우는 제외한다.(외국환거래법 시행령 제31조)

1. 우리나라가 체결한 조약 및 일반적으로 승인된 국제법규의 성실한 이행을 위하여 필요한 경우
2. 자본의 불법적인 유출·유입을 방지하기 위하여 필요한 경우

3. 자본거래의 신고 등

자본거래를 하려는 자는 대통령령으로 정하는 바에 따라 기획재정부장관에게 신고하여야 한다. 다만, 외국환수급 안정과 대외거래 원활화를 위하여 대통령령으로 정하는 자본거래는 사후에 보고하거나 신고하지 아니할 수 있다(외국환거래법 제18조제1항). 〈개정 2017.1.17.〉

제1항의 신고와 제3항의 신고수리(申告受理)는 제15조제1항에 따른 절차 이전에 완료하여야 하며, 기획재정부장관은 제1항에 따라 신고하도록 정한 사항 중 거주자의 해외직접투자와 해외부동산 또는 이에 관한 권리의 취득의 경우에는 투자자 적격성 여부, 투자가격 적정성 여부 등의 타당성을 검토하여 신고수리 여부를 결정할 수 있다(외국환거래법 제18조제2항~3항).

기획재정부장관은 제3항에 따른 신고에 대하여 대통령령으로 정하는 처리

기간에 ① 신고의 수리, ② 신고의 수리 거부, ③ 해당하는 결정을 하여 신고인에게 통지하여야 하면, 이 중 "신고의 수리 거부"의 결정을 한 경우 그 신고를 한 거주자는 해당 거래를 하여서는 아니 된다. 또한 "거래 내용의 변경 권고"에 해당하는 통지를 받은 자가 해당 권고를 수락한 경우에는 그 수락한 바에 따라 그 거래를 할 수 있으며, 수락하지 아니한 경우에는 그 거래를 하여서는 아니 되며, 제4항에 따른 처리기간에 기획재정부장관의 통지가 없으면 그 기간이 지난 날에 해당 신고가 수리된 것으로 본다.(외국환거래법 제18조제4항~7항). [전문개정 2009.1.30.]

1) 자본거래

법 제18조제1항 단서에서 "대통령령으로 정하는 자본거래"란 다음 각 호의 거래를 말한다.(외국환거래법 시행령 제32조제2항)

1. 외국환업무취급기관이 외국환업무로서 수행하는 거래. 다만, 외환거래 질서를 해할 우려가 있거나 급격한 외환유출입을 야기할 위험이 있는 거래로서 기획재정부장관이 고시하는 경우에는 신고하도록 할 수 있다.
2. 기획재정부장관이 정하여 고시하는 금액 미만의 소액 자본거래
3. 해외에서 체재 중인 자의 비거주자와의 예금거래
4. 추가적인 자금유출입이 발생하지 아니하는 계약의 변경 등으로서 기획재정부장관이 경미한 사항으로 인정하는 거래
5. 그 밖에 기획재정부장관이 정하여 고시하는 거래

문제 2

다음 국제간 거래중 외국환거래법상 자본거래에 해당되지 않는 것은?

(제4회 무역관리사, 2014. 3. 15.)

① 예금계약 ② 증권의 발행이나 모집
③ 부동산의 취득 ④ 해외 여행경비

정답 ④

4. 외국환거래의 제한

외국환거래법에서는 경제여건이 급격히 악화되어 외화의 유출입이 감내할 수 없는 수준에 도달할 것으로 인지되는 경우에는 자유로운 외환거래법 운용원칙의 예외로서 안정장치(Safeguard조치)를 발동하여 적절한 대응이 가능하도록 예외규정을 두고 있다.

외국환거래법 제6조(외국환거래의 정지 등)제1항에서 "기획재정부장관은 천재지변·전시(戰時)·사변(事變), 국내외 경제사정의 중대하고도 급격한 변동 그 밖에 이에 준하는 사태가 발생하여 부득이 하다고 인정되는 경우에는 대통령령이 정하는 바에 따라 다음 각 호의 하나에 해당하는 조치를 할 수 있다"고 규정하고 있다. 〈개정 2011.4.30., 2017.1.17.〉

1) 외국환거래의 제한조치

1. 이 법을 적용받는 지급 또는 수령, 거래의 전부 또는 일부에 대한 일시정지
2. 지급수단 또는 귀금속을 한국은행·정부기관·외국환평형기금 또는 금융회사 등에 보관·예치 또는 매각하도록 하는 의무의 부과
3. 비거주자에 대한 채권을 보유하고 있는 거주자로 하여금 그 채권을 추심하여 국내로 회수하도록 하는 의무의 부과

2) 허가의 의무와 예치의 의무

"기획재정부장관은 다음 각 호의 어느 하나에 해당된다고 인정되는 경우에는 대통령령으로 정하는 바에 따라 자본거래를 하려는 자에게 허가를 받도록 하는 의무를 부과하거나, 자본거래를 하는 자에게 그 거래와 관련하여 취득하는 지급수단의 일부를 한국은행·외국환평형기금 또는 금융회사 등에 예치하도록 하는 의무를 부과하는 조치를 할 수 있다"고 규정하고 있다(외국환거래법 제6조제2항). 〈개정 2011.4.30.〉

1. 국제수지 및 국제금융상 심각한 어려움에 처하거나 처할 우려가 있는 경우
2. 대한민국과 외국 간의 자본이동으로 인하여 통화정책·환율정책 그 밖에 거시경제정책을 수행하는 데에 심각한 지장을 주거나 줄 우려가 있는 경우

제1항과 제2항에 따른 조치는 특별한 사유가 없으면 6월의 범위에서 할 수 있으며, 그 조치 사유가 소멸된 경우에는 그 조치를 즉시 해제하여야 하고(외국환거래법 제6조 제3항), 제1항부터 제3항까지의 규정에 따른 조치는 「외국인투자 촉진법」 제2조제1항제4호에 따른 외국인투자에 대하여 적용하지 아니한다(외국환거래법 제6조제4항).

기획재정부장관은 제1항제3호의 조치를 하기 위하여 필요한 경우 해당 거주자의 관할 세무관서의 장에게 「국제조세조정에 관한 법률」 제34조에 따른 해외금융계좌정보의 제공을 요청할 수 있다. 이 경우 해외금융계좌정보의 제공을 요청받은 관할 세무관서의 장은 특별한 사정이 없으면 그 요청에 따라야 한다(외국환거래법 제6조제5항). 〈신설 2017.1.17.〉

5. 외국환거래의 비밀보장

이 법에 따른 허가·인가·등록·신고·보고·통보·중개(仲介)·중계(中繼)·집중(集中)·교환 등의 업무에 종사하는 사람은 그 업무와 관련하여 알게 된 정보를 「금융실명거래 및 비밀보장에 관한 법률」 제4조에서 정하는 경우를 제외하고는 이 법에서 정하는 용도가 아닌 용도로 사용하거나 다른 사람에게 누설하여서는 아니 된다(외국환거래법 제22조). [전문개정 2009.1.30].

제18장 행정처분 및 벌칙

제1절 행정처분

1. 경고 및 거래정지 등(제19조)

1) 경 고

기획재정부장관은 이 법을 적용받는 자가 다음 각 호의 어느 하나에 해당하는 경우에는 경고를 할 수 있다.

1. 제15조부터 제18조까지의 규정에 따라 허가를 받거나 신고를 한 경우 허가사항 또는 신고사항에 정하여진 기한이 지난 후에 거래 또는 행위를 한 경우
2. 대통령령으로 정하는 금액(거래 또는 행위 유형에 따라 금액을 달리 정할 수 있다) 이하의 거래 또는 행위로서 제15조부터 제18조까지의 규정에 따른 절차 준수, 허가 또는 신고("신고 등")의 의무를 위반하여 거래 또는 행위를 한 경우

2) 행위의 제한 및 허가의 취소

기획재정부장관은 이 법을 적용받는 자의 거래 또는 행위가 제15조부터 제18조까지의 규정에 따른 신고등의 의무를 5년 이내에 2회 이상 위반한 경우에는 각각의 위반행위에 대하여 1년 이내의 범위에서 관련 외국환거래 또

는 행위를 정지 · 제한하거나 허가를 취소할 수 있다(외국환거래법 제19조제2항). 〈개정 2017.1.17.〉

기획재정부장관은 제2항에 따른 처분을 하려는 경우에는 청문을 하여야 하며, 제1항 또는 제2항에 따른 처분에 필요한 사항은 대통령령으로 정한다(외국환거래법 제19조제3항~4항). [전문개정 2009.1.30.]

제2절 벌 칙

외국환거래법에서는 "이 법에 의하여 허가를 받거나 신고를 하여야 하는 거래 또는 행위를 하고자 하는 거주자 또는 비거주자는 그 허가를 받지 아니하거나 신고를 하지 아니하고는 당해거래 또는 행위에 관하여 지급 등을 하여서는 아니된다."라고 규정하고, 이를 위반하거나 그 밖에 외국환거래법령을 위반한 자에 대하여 행정처분과 과태료, 벌금, 징역, 몰수, 추징 등의 각종 벌칙을 규정하고 있다.

또한 법인의 대표자나 법인 또는 개인의 대리인, 사용인, 그 밖의 종업원이 그 법인 또는 개인의 재산 또는 업무에 관하여 제27조, 제27조의2, 제28조 및 제29조의 어느 하나에 해당하는 위반행위를 하면 그 행위자를 벌하는 외에 그 법인 또는 개인에게도 해당 조문의 벌금형을 과(科)한다. 다만, 법인 또는 개인이 그 위반행위를 방지하기 위하여 해당 재산 또는 업무에 관하여 상당한 주의와 감독을 게을리하지 아니한 경우에는 그러하지 아니하다.(제31조-양벌규정). 〈개정 2017.1.17.〉[전문개정 2009.1.30.]

1. 5년 이하의 징역 또는 5억원 이하의 벌금[1]

다만, 위반행위의 목적물가액(價額)의 3배가 5억원을 초과하는 경우는 그 벌금을 목적물 가액의 3배 이하로 한다.	1. 제5조 제2항을 위반하여 기준환율 등에 따르지 아니하고 거래한 자 2. 제6조 제1항 제1호의 조치를 위반하여 지급 또는 수령이나 거래를 한 자 3. 제6조 제1항 제2호의 조치에 따른 보관·예치 또는 매각 의무를 위반한 자 4. 제6조제1항제3호의 조치에 따른 회수의무를 위반한 자 5. 제6조제2항의 조치에 따른 허가를 받지 아니하거나, 거짓이나 그 밖의 부정한 방법으로 허가를 받고 자본거래를 한 자 또는 예치의무를 위반한 자 6. 제10조제2항을 위반하여 외국환업무를 한 자
	제1항의 징역과 벌금은 병과(倂科)할 수 있다.

2. 3년 이하의 징역 또는 3억원 이하의 벌금[2]

다만, 위반행위의 목적물가액(價額)의 3배가 3억원을 초과하는 경우는 그 벌금을 목적물 가액의 3배 이하로 한다.	1. 제8조제1항 본문 또는 같은 조 제3항에 따른 등록을 하지 아니하거나, 거짓이나 그 밖의 부정한 방법으로 등록을 하고 외국환업무를 한 자(제8조제4항에 따른 폐지신고를 거짓으로 하고 외국환업무를 한 자 및 제12조제1항에 따른 처분을 위반하여 외국환업무를 한 자를 포함한다) 2. 제9조제1항 전단, 같은 조 제3항 또는 제5항에 따른 인가를 받지 아니하거나, 거짓이나 그 밖의 부정한 방법으로 인가를 받고 외국환중개업무를 한 자(제9조제3항에 따른 신고를 거짓으로 하고 외국환중개업무를 한 자 및 제12조제1항에 따른 처분을 위반하여 외국환중개업무를 한 자를 포함한다) 3. 제15조제2항에 따른 허가를 받지 아니하거나, 거짓이나 그 밖의 부정한 방법으로 허가를 받고 지급 또는 수령을 한 자 ② 제1항의 징역과 벌금은 병과할 수 있다.[본조신설 2017.1.17.]

3. 외국환거래의 비밀보장 위반

2년 이하의 징역 또는 2억원 이하의 벌금	- 제22조(외국환거래의 비밀보장)위반하여 정보를 이 법에서 정하는 용도가 아닌 용도로 사용하거나 다른 사람에게 누설한 사람 - 징역과 벌금은 병과할 수 있다.

1) 외국환거래법 제27조(벌칙)제1항, 〈개정 2017.1.17.〉
2) 외국환거래법 제27조의2(벌칙)

4. 1년 이하의 징역 또는 1억원 이하의 벌금[3]

다만, 위반행위의 목적물 가액의 3배가 1억원을 초과하는 경우 : 그 벌금을 목적물 가액의 3배 이하로 한다.	1. 제8조제5항에 따른 인가를 받지 아니하거나, 거짓이나 그 밖의 부정한 방법으로 인가를 받고 계약을 체결한 자 2. 제10조제1항을 위반하여 확인하지 아니한 자 3. 제16조 또는 제18조에 따른 신고의무를 위반한 금액이 5억원 이상의 범위에서 대통령령으로 정하는 금액을 초과하는 자 4. 제17조에 따른 신고를 하지 아니하거나 거짓으로 신고를 하고 지급수단 또는 증권을 수출하거나 수입한 자(제17조에 따른 신고의무를 위반한 금액이 미화 2만달러 이상의 범위에서 대통령령으로 정하는 금액을 초과하는 경우로 한정한다) 5. 제19조제2항에 따른 거래 또는 행위의 정지·제한을 위반하여 거래 또는 행위를 한 자 6. 제32조제1항에 따른 과태료 처분을 받은 자가 해당 처분을 받은 날부터 2년 이내에 다시 같은 항에 따른 위반행위를 한 경우 ② 제1항제4호의 미수범은 처벌한다. 〈개정 2017.1.17.〉 ③ 제1항의 징역과 벌금은 병과할 수 있다.

5. 몰수·추징(외국환거래법 제30조)

제27조제1항 각 호, 제27조의2제1항 각 호 또는 제29조제1항 각 호의 어느 하나에 해당하는 자가 해당 행위를 하여 취득한 외국환이나 그 밖에 증권, 귀금속, 부동산 및 내국지급수단은 몰수하며, 몰수할 수 없는 경우에는 그 가액을 추징한다.〈개정 2017.1.17.〉, [전문개정 2009.1.30.]

6. 과태료

1억원 이하의 과태료 다만, 제29조에 해당하는 경우는 제외한다.(외국환거래법 제32조제1항), 2011.4.30., 2016.3.2., 2017.1.17.〉	1. 제8조제4항에 따른 변경신고를 하지 아니하거나 거짓으로 변경신고를 하고 외국환업무를 한 자 2. 제9조제1항 후단에 따른 변경신고를 하지 아니하거나 거짓으로 변경신고를 하고 외국환중개업무를 한 자 또는 같은 조 제2항을 위반하여 거래한 자 3. 제16조에 따른 신고를 하지 아니하거나 거짓으로 신고를 하고 지급 또는 수령을 한 자 3의2. 삭제 〈2017.1.17.〉

3) 외국환거래법 제29조(벌칙), 〈개정 2016.3.2., 2017.1.17.〉

	4. 제18조제1항에 따른 신고를 하지 아니하거나 거짓으로 신고를 하고 자본거래를 한 자 5. 제18조제5항을 위반하여 신고수리가 거부되었음에도 그 신고에 해당하는 자본거래를 한 자 6. 제18조제6항을 위반하여 같은 조 제4항제3호의 권고내용과 달리 자본거래를 한 자
5천만원 이하의 과태료 다만, 제29조에 해당하는 경우는 제외한다(외국환거래법 제32조제2항).〈신설 2017.1.17.〉	1. 제16조 또는 제18조를 위반하여 신고를 갈음하는 사후 보고를 하지 아니하거나 거짓으로 사후 보고를 한 자 2. 제20조제3항 또는 제6항에 따른 검사에 응하지 아니하거나 검사를 거부・방해 또는 기피한 자 3. 제20조제5항 또는 제6항에 따른 시정명령에 따르지 아니한 자
3천만원 이하의 과태 (외국환거래법 제32조제3항).〈개정 2017.17.〉	1. 제16조 또는 제18조를 위반하여 신고를 갈음하는 사후 보고를 하지 아니하거나 거짓으로 사후 보고를 한 자 2. 제20조제3항 또는 제6항에 따른 검사에 응하지 아니하거나 검사를 거부・방해 또는 기피한 자 3. 제20조제5항 또는 제6항에 따른 시정명령에 따르지 아니한 자 4. 제21조에 따른 기획재정부장관의 명령을 위반하여 통보 또는 제공을 하지 아니하거나 거짓으로 통보 또는 제공한 자
1천만원 이하의 과태료 (외국환거래법 제32조 제4항) 〈신설 2017.1.17.〉	1. 제8조제4항에 따른 폐지신고를 하지 아니한 자 2. 제9조제3항에 따른 신고를 하지 아니한 자 3. 제19조제1항에 따른 경고를 받고 2년 이내에 경고 사유에 해당하는 위반행위를 한 자 4. 제20조제1항 또는 제2항에 따른 보고 또는 자료 제출을 하지 아니하거나 거짓으로 보고 또는 자료 제출을 한 자 5. 제20조제4항 또는 제6항에 따른 자료를 제출하지 아니하거나 거짓으로 자료 제출을 한 자 6. 제24조제2항에 따른 기획재정부장관의 명령을 위반하여 신고, 신청, 보고, 자료의 통보 및 제출을 전자문서의 방법으로 하지 아니한 자

제1항부터 제4항까지의 규정에 따른 과태료는 대통령령으로 정하는 바에 따라 기획재정부장관이 부과・징수한다(외국환거래법 제32조제5항).〈개정 2017.1.17.〉

부 록

부록 Ⅰ. 법률관련 용어 모음

- **가산금**: 국세를 납부기한까지 납부하지 아니한 경우에 "국세징수법"에 따라 고지세액에 가산하여 징수하는 금액과 납부기한이 지난 후 일정 기한까지 납부하지 아니한 경우에 그 금액에 가산하여 징수하는 금액을 말한다.
- **가산세**: 세법에서 규정하는 의무의 성실한 이행을 확보하기 위해 의무를 이행하지 아니한 경우에 세법에 의하여 산출한 세액에 가산해 징수하는 금액 중 가산금을 제외한 금액을 말한다.
- **계약(契約)**: 계약이라 함은 일방 당사자에 의한 청약의 의사표시와 청약과 내용이 일치하는 타방 당사자에 의한 승낙의 의사표시에 의하여 성립하는 법률행위를 말한다.
- **고시(告示)**: 행정기관이 국민 일반에게 널리 알리기 위하여 일정한 사항을 공고하는 일종의 공고형식으로 원칙적으로 법규로서의 성질을 가지지 아니한다.
- **공탁(供託)**: 공탁이라 함은 금전 · 유가증권 그 밖에의 물건을 법원에 임치하는 것으로, 공탁에는 ① 채무소멸을 위한 공탁(변제공탁) ② 채무담보를 위한 공탁(담보공탁) ③ 단순히 보관의 의미로 하는 공탁(보관공탁) ④ 그 밖에 특수한 목적으로 하는 것(특수공탁) 등이 있다.
- **과징금**: 행정청이 일정한 행정상의 의무를 위반한 자에게 그 이익액에 따라 과하여지는 부과하는 금전적 제재로서 의무이행의 확보수단이다. 이는 주로 경제법상의 의무를 위반한 자가 위반행위를 함으로써 경제적 이익을 얻을 것이 예정되어 있을 경우 부과하게 된다. 즉 위반행위로 인한 불법적인 경제적 이익을 박탈하고 오히려 경제적 불이익이 생기게 하려는 것이다.
- **과태료**: 국가 또는 지방자치단체가 일정한 행정상의 질서위반행위에 대한 제재인 행정질서벌로서 형법상의 형벌이 아닌 금전벌의 일종으로 의무위반에 대한 사후적 제제수단의 개념이다.
- **권한의 위임(委任)**: 1. 당사자의 일방이 법률행위의 행사를 상대방에게 위탁하고 상대방이 이를 승낙함으로써 성립하는 계약
  2. 행정관청이 그의 권한의 일부를 다른 행정기관에 이전하여 수임기관의 권한으로 행사하도록 하는 것
- **권한의 위탁(委託)**: 그 권한을 위임하는 행정관청의 하급행정청 또는 보조기관에 어떤 행위나 사무 따위를 행할 것을 부탁하는 일

- **규범(規範)**: 사물의 본보기, 모범
- **규칙(規則)**: 1. 어떤 일을 할 때, 여럿이 다 같이 따라 지키기로 약정한 질서나 표준(교통규칙, 경기규칙)
  2. 관청 같은데서 사무처리 및 내부규율 등에 관하여 제정한 규범(사무처리규칙, 인사규칙)
- **규정(規定)**: 1. 어떤 일을 하나의 고정된 규칙으로 정함, 또는 그 정해진 규칙
  2. 어떤 사항을 법령의 조항으로 정함, 또는 그 정해진 조항, 규정
- **기간**: 세법에 있어서 기간이란 어느 시점에서의 어느 시점까지의 계속된 기간을 말한다.
- **기한**: 기한은 장래에 그 발생이 확실한 사실에 법률행위의 효력을 의존케 하는 것을 말한다.
- **법(法)**: 법률・법령・조례 등 구속력을 갖는 온갖 규칙
- **법규(法規)**: 1. 법률의 규정・규칙・규범을 통틀어 이르는 말
  2. 국민의 권리・의무를 규정하여 '활동을 제한하는 법률이나 규정'을 통틀어 이르는 말
- **법령(法令)**: 법률과 명령의 통칭
- **법률(法律)**: 사회생활을 유지하기 위한 지배적 특히 국가적인 규범으로서 국회의 의결을 거쳐 대통령이 서명・공포하여 성립하는 규범이다.
- **시행규칙(총리령・부령)**: 국무총리 또는 행성각부의 장이 소관사무에 대해 법률이나 대통령령의 위임 또는 직권에 의해 발하는 법규명령이다.
- **시행령(대통령령)**: 대통령이 법률로 구체적인 위임을 받은 사항과 법률을 집행하기 위해 필요한 사항에 대해 발하는 법규명령이다.
- **승인**: 승인은 어떤 요건이 충족된 경우 특정행위를 할 수 있도록 허용해 주는 것
- **소멸시효(消滅時效)**: 권리의 불행사가 일정기간 계속됨으로써 권리의 소멸을 초래하는 제도. 취득시효와 함께 널리 시효라는 말로 총칭된다.
- **유권해석(有權解釋)**: 법을 해석하는 권한을 가지고 있는 기관의 해석을 말한다.
- **예규(例規)**: 상급행정청이 하급행정청에 대하여 그 감독권의 발동으로서 발하는 행정규칙의 한 형식을 말한다.
- **인가**: 제3자의 법률행위를 보충하여 그 법률상 효력을 완성시켜 주는 행정행위로 비영리법인 설립인가, 공공조합의 설립인가, 사업양도 인가 등이 있다.
- **인정**: 인정은 요건에 부합하는지의 여부를 확인하여 주는 것 또는 절차를 말한다.
- **조례(條例)**: 지방자치단체의 자주법(自主法)

- **조약**: 조약이란 국제법상 완전한 주체가 될 자격이 있는 국가 사이의 문서에 따른 합의이며 서로가 일정한 행위를 할 것과 또는 하지 않을 것을 내용으로 하는 협약이다. 조약이 유효하게 체결되었을 경우에는 당사국은 조약의 규정을 충실히 준수하고 성실하게 이행할 의무가 생기는 것이며 조약에 의하여 국제법이 성립하는 것이다. 조약은 국회의 동의와 대통령의 비준 및 공포로서 이루어진다. 다만 그 국내법상의 효력에 있어서는 우리나라는 이것에 대하여 국내법과 동일한 효력을 인정하고 있다(헌법 제6조).
- **통고처분**: 전매 따위에 관한 법률을 어긴 행위에 대해서 벌금, 과료, 몰수 등에 해당하는 금액을 납부할 것을 알리는 행정 처분.
- **통첩(通牒)**: 국제법상으로는 국가의 일방적 의사표시를 내용으로 하는 문서, 행정법상으로는 행정관청이 관하의 기관·직원 또는 지방자치단체 등에 대하여 어떤 사항을 통지하는 형식이다.
- **행정규칙(行政規則)**: 행정주체가 정립하는 일반적인 규정으로서 법규의 성질을 가지지 않은 것으로서 행정기관 공무원들의 직무에 대한 준칙을 정해놓은 법조 형식의 규정을 말한다.
- **훈령(訓令)**: 하급관청의 권한행사를 지휘하기 위하여 발하는 명령. 그리고 훈령은 대체로 관보로서 공시하는 것이지만, 공시하지 않는 것도 있다.
- **허가**: 법령에 의한 일반적 상대적 금지를 특정한 경우에 해제하여 일정한 행위를 할 수 있게 하는 자유를 회복시켜 주는 행위로 부작위적 의무를 해제하는 명령적 행정행위이다. 실정법상으로 허가라는 용어는 인가(은행업, 신용금고업), 면허(의사, 약사, 자동차운전), 등록(사설학원), 지정(소매담배인), 승인 등으로 사용되고 있다.
- **협정**: 실질적 의의의 조약의 한 명칭이다. 주로 정부가 행정권에 속하는 사항에 관하여 단독으로(즉, 입법부의 동의 없이) 외국정부와 체결하는 약정(정부간 협정)에 쓰인다. 그러나 협정이라는 명칭은 대단히 중요한 정치적인 조약에 쓰이는 경우도 있으며, 근래에는 외국주둔군의 지위에 관하여 조약이 대개 협정의 형식으로 체결되고 있다. 한미행정협정(SOFA)이 그러하다. 이러한 중요한 내용의 협정은 각국헌법의 규정에 따라 다르나, 일반적으로 입법부의 동의를 요하는 것이다.

부록 Ⅱ. 국제무역관계법규와 관련된 시험안내

1. 국제무역사1급

(1) 한국무역협회 주관으로 년 2회 실시

(2) 시험과목

교시	시험과목	세부내용	출제형태
1교시(90분) (09:30 ~ 11:00)	**무역규범(40)**	**대외무역법 · 통상 통관/환급**, FTA 전자무역	객관식 80문항 (4지선다형)
	무역결제(40)	대금결제 외환실무	
2교시(90분) (11:20 ~ 12:50)	무역계약(40)	무역계약 운송보험	객관식 80문항 (4지선다형)
	무역영어(40)	무역영어 무역관련규칙	

(3) 합격기준: 매 과목을 100점 만점으로 하여 과목별 40점 이상,
평균 60점 이상 획득시 합격

(4) 시험접수비: 40,000원(부가세 포함)

(5) 응시자격: 제한없음

(6) 접수방법: http://tradecampus.kita.net

2. 국제무역사2급(구, 무역관리사)

(1) 한국무역협회 주관으로 년 2회 실시

(2) 시험과목

교시 및 제한시간	시험과목	세부내용	문항수	비고
1교시(60분) 09:30-10:30	**무역법규/통관**	기본 무역규범 수출입 통관절차	25문항	객관식 4지 선다형의 필기시험으로 상 · 하반기 연2회 실시된다.
	무역계약/운송 · 보험	무역계약 운송 · 보험	25문항	
2교시(60분) 10:45-11:45	무역결재/무역영어	대금결재	25문항	
		무역영어		
	무역서식	무역서식 해석 및 작성요령	25문항	
		실무사례		

(3) 합격기준: 매 과목을 100점 만점으로 하여 과목별 40점 이상,
평균 60점 이상 획득 시 합격

(4) 응시자격: 제한없음

(5) 시험접수비: 20,000원(부가세 포함)

(6) 접수방법: http://tradecampus.kita.net, 온라인 접수

3. 관세사

(1) 관세청 주관으로 년 1회 1차 시험에 합격한 자에 유효기간이 만료되기 전에 2차 시험을 붙어야 합격이 가능하다.

(2) 시험과목 및 시험방법(관세사법시행령 제5조)

	교시	시험과목	문항수	시험시간	시험방법
제1차 시험	1	**1. 관세법개론(자유무역협정 이행을 위한 관세법의 특례에 관한 법률 포함)** 2. 무역영어	과목 당 40문항 (총 80문항)	80분 (09:30~10:50)	객관식 5지 선택형
	2	3. 내국소비세법(부가가치세법, 개별소비세법, 주세법에 한함) 4. 회계학(회계원리, 회계이론에 한함)	과목 당 40문항 (총 80문항)	80분 (11:20~12:40)	
제2차 시험	1	1. 관세법(관세평가 제외, 수출용 원재료에 대한 관세 등 환급에 관한 특례법 포함)	과목 당 6문항	80분 (09:30~10:50)	논술형
	2	2. 관세율표 및 상품학		80분 (11:20~12:40)	
	3	3. 관세평가		80분(14:00~15:20)	
	4	4. 무역실무(대외무역법 및 외국환거래법 포함)		80분 (15:50~17:10)	

(3) 합격기준

구 분	합 격 결 정 기 준
1,2차시험 공통	매 과목 100점을 만점으로 하여 매 과목 40점 이상, 전 과목 평균 60점 이상 득점한 자 ※ 다만, 매 과목 40점 이상, 전 과목 평균 60점 이상을 득점한 자가 최소합격인원에 미달하는 경우에는 동 최소합격인원의 범위 안에서 매 과목 40점 이상을 득점한자 중에서 전 과목 평균 득점에 의한 고득점자순으로 합격자를 결정

(4) 응시자격

o 제한 없음

※ 단, 제2차시험 합격자 공고일기준 관세사법 제5조 각호의 결격사유에 해당하는 자는 시험에 응시할 수 없음(결격사유 해당자는 시험에 합격하더라고 원천 무효 됨)

(5) 응시수수료(관세사법 시행령 제11조 제2항)

1, 2차 통합: 10,000원

(6) 응시원서 교부 및 접수

인터넷접수(한국산업인력공단 홈페이지를 통하여 접속할 수 있음: www.q-net.or.kr)

4. 원산지관리사

(1) 관세청 국가공인 민간자격증

(2) 시험과목 및 문제구성

교시	과목(문항수)	출제분야
1 교시 (60분)	FTA협정 및 법령 (25 문항)	· FTA 이해 · FTA 관세특례법 · 원산지증명 제도 · 원산지인증수출자 제도 · 원산지 조사 · 원산지 사전심사 · 비밀유지의무, 불복신청, 위반자에 대한 제재 등
	품목분류실무 (25 문항)	· HS 품목분류제도 · 관세율표 통칙 · 관세율표 각 부·류·주의 분류원칙과 품목분류 등
2 교시 (60분)	원산지결정기준 (25 문항)	· 원산지개요 · FTA특혜관세적용조건 · 일반기준 · 품목별기준 등
	수출입통관실무 **(25 문항)**	**· 관세의 개요** **· 관세법 일반** **· 수출입통관** **· 보세구역관리** **· 보세화물관리 등**

(3) 시행시기: 매년 3회 실시

(4) 응시대상: 제한없음

(5) 출제형태: 과목별 25문제, 객관식 4지선다형

(6) 합격기준: 과목당 100점 만점기준 40점 이상, 평균점수 60점 이상

(7) 응 시 료: 50,000원 **※ 자격증 발급 수수료 : 5,000원**

(8) 시행기관: 국제원산지정보원 (기획총괄팀 ☎ 031-600-0734)

참/고/문/헌

[문헌]

강창남 외 2인, e-trade와 관련법규의 이해, 도서출판 두남, 2001.
강홍중 · 이기희 공저, 국제통상관계법, 도서출판 두남, 2001.
고우복, 관세이론과 통관실무, 두남, 2005.
구종순, 제2개정판 무역실무, 박영사, 2005.
———, 제4판 해상보험, 박영사, 2010.
김완순 · 한복연, 「국제경제기구론」, 박영사, 1997.
김정수, 신국제무역론, 박영사, 1996.
김종원, 무역계약서식, 청림출판, 2003.
김희길, 무역관계법규, 탑북스, 2011.
김희길 · 추선애, 통관 및 관세, 탑북스, 2015.
박노형, "국제경제법의 개념에 관하여 고찰", 「통상법률」 제8호, 1996. 4.
박종수, 관세론, 법문사, 1998.
———, 국제통상관계론, 도서출판 두남, 1995.
박형래, 대외무역법, 도서출판 두남, 2006.
박형래 · 라공우, 관세론, 도서출판 두남, 2005.
서성누, 국제통상법(제3판), 삼영사, 2001.
성재호, 국제경제법, 박영사, 2006.
송선욱, 무역관계법규, 도서출판 두남, 2009.
양승규, 보험법(제3판), 삼지원, 1998.
여택동 외 2인, 국제통상과 WTO, 율곡출판사, 2004.
오세창, 국제상무론, 삼영사, 2005.
윤광운 외 2인, 최신무역실무, 삼영사, 2007.
이기수, 제2전정판 보험법 · 해상법학, 박영사, 1997.
전순환, 관세법, 한올출판사, 2009.
———, 대외무역법, 한올, 2013.
전정기, 대외무역법, 율곡출판사, 2005.
정홍주 · 이영수 공저, 국제통상의 이해, 문영사, 2004.
조영정, 국제통상법의 이해, 무역경영사, 2000.
최승환, "국제분쟁해결제도의 유용성", 「통상법률」 제13호, 1997.

통상산업부, 「WTO 협정 해설」, 통상산업부, 1995.
페터 슈레히트림 저(김민중 역), 유엔통일매매법, 두성사, 1995.
한상현 · 엄광열 공저, 무역관계법규, 도서출판 두남, 2001.

기획재정부, FTA활용 실무 매뉴얼, 기획재정부, 2011.
관세청, 2015 달라지는 관세행정, 2015.

[외국문헌]

Bhagwati,J. and Hudec, Fair Trade and Harmonization : Prerequisites for Free Trade?, Volume 1 : Economic Analysis,eds., The MIT Press : cambridge, 1996.

Bhagwati,J. and Hudec, Fair Trade and Harmonization : Prerequisites for Free Trade?, Volume 2 : Legal Analysis., eds., The MIT Press : Cambridge, 1996.

Hautte, Hans Van, The Law of International Trade, London, Sweet &Maxwell, 1995.

Hilf, Meinhard and Ernst-Ulrich Petersmann, eds., National Constitutions and International Economic Law,Deventer : Kluwer Law and Taxation Publishers, 1993.

Incoterms® 2010, ICC, rules for the use of domestic and international trade terms, ICC, The world business organization.

Lawrence, R.Z., "chanllenge for the Global Trading System," Major Issues for the Global Trade and Financial System, 1997.

Schermers & Blockker, International Institutional Law, Martinus Nijhoff Publishers : London, 1995.

Schott, Jeffrey J., WTO 2000 : Setting the Course for World Trade, Washington, D.C: Institute for International Economics, 1996

WTO, The WTO Dispute Settlement Procedures A Collection of the Legal Texts, Geneva, WTO, 1995.

[기타]

대외무역법 관리규정, 2015. 4. 1
관세청: http://www.customs.go.kr/
관세청: FTA포털: http://www.customs.go.kr/kcshome/site/index.do?layoutSiteId=ftaportalkor
법제처: http://www.moleg.go.kr/main.html
「국제우편물 수입통관 사무처리에 관한 고시」

「반송통관업부처리에 관한 고시」
「보세운송에 관한 고시」
「수입통관업무 처리에 관한 고시」
「수출통관업무 처리에 관한 고시」
「전자상거래물품 등의 특별통관 절차에 관한 고시」
「특송물품 수입통관 사무처리에 관한 고시」
FTA원산지아카데미: http://www.ftaedu.or.kr/lu/qfeStdExamination.do?m=getIntroductionKIOI (FTA원산지관리사)
한국무역협회: http://tradecampus.kita.net/front/ContentPage.do?cmd=contentPage&p_contentid=26
한국산업인력공단: http://www.q-net.or.kr/man001.do?gSite=L&gId=24

대전투데이: '관세품목분류 인터넷 경진대회' 수상자 발표, 2014.11.27.
정상외교경제활용포럼: '캐나다, 한국산 유정용 강관 반덤핑관세 재조사', CBSA, CITT, KOTRA 토론토 무역관 자료 종합, 2015.5.18.,
한국경제: 정책의 맥-무역구제 제도, 보호주의 수단으로 활용해선 안 돼, 홍순직, 한국경제, 2015.6.2.

찾아보기

ㄱ

ㅈ

ㅊ

ㅋ

| 저자약력 |

• 김 희 길

동아대학교 법경대학 경제학과 졸업
동아대학교 경영대학원 경제행정학과 졸업
동아대학교 대학원 무역학과 졸업(경제학 박사)
FALIA(일본 · 동경)과정 수료
현) 동명대학교 경영대학 국제통상학과 교수

〔주요 저서 및 논문〕

- 국제무역관계법(삼영사), 2007년 11월
- 제2판 국제무역관계법(삼영사), 2009년 8월
- 무역업무-이론과 실제-(삼영사), 2009년 8월
- 무역관계법규(탑북스), 2011년 9월
- 무역상무론(탑북스), 2011년 9월
- 보험의 이해-이론과 실제-(탑북스), 2013년, 3월
- 중국산 도자기질 타일 반덤핑관세부과 사례에 관한 연구(한국무역상무학회), 2009년 5월
- 해상적하보험에서 통지의무의 문제점에 관한 고찰(한국무역상무학회), 2010년 5월
- 중국의 반덤핑관세부과 사례연구-OPTOMAGIC 광섬유 재심사를 중심으로-(한국국제상학회), 2010년 6월
- 보험계약상 피보험자와 관련한 보험용어상의 문제점에 관한 고찰(한국국제상학회), 2010년 12월
- 소급보험에 관한 연구(한국무역상무학회), 2011년 5월
- Incoterms R 2010의 보험계약조항에 관한 고찰(한국무역상무학회), 2012년 2월
- EU의 세계화조정기금 연구(국제지역학회), 2012년 3월

• 추선애

동아대학교 국제관광통상학부 무역학과 졸업
부경대학교 경영대학원 국제물류학과 졸업
부경대학교 대학원 국제통상물류학과 졸업(경영학 박사)
현) 동명대학교 국제통상학과 초빙교수

〔주요 경력 및 자격〕

부경대학교 국제통상물류학과 강사
동아대학교 국제지역대학원 국제학과 강사
동서대학교 마케팅학과 강사
신라대학과 무역학과 대학원 및 무역학과 강사
㈜ 해우GLS 부산사무소 소장 등 역임
- 유통관리사 1급 · 물류관리사 · 국제무역사 · 사이버무역사
- 무역영어 1급

무역법규[제2판]

2016년 7월 25일 제1판 1쇄 발행
2018년 2월 25일 제2판 1쇄 인쇄
2018년 3월 5일 제2판 1쇄 발행

저 자 김 희 길 · 추 선 애
발행인 김 광 식
조 판 아 람 기 획

07285
발행처 서울특별시 영등포구 선유로3길 10, 617호
도서출판 탑 북 스
등 록 2009.12.21 제 2016-000101 호
전 화 02)365-2223 팩 스 02)365-2224

정가 26,000원
ISBN 979-11-87343-84-4-93320